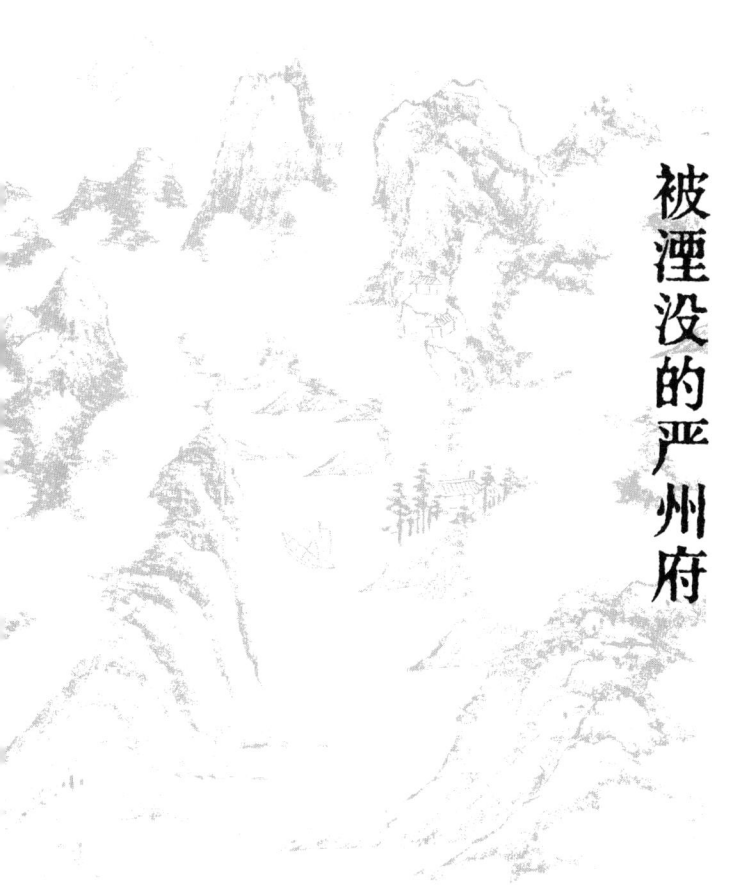

江南以南

被湮没的严州府

〔新加坡〕杨 斌 著

上海译文出版社

题　记

　　我十三岁离开小山村去县城的中学，而后一路走到北京，八年后跨越太平洋和北美大陆到了波士顿，六年后南越太平洋和南海在新加坡停留了十一年，接着北渡澳门，六年后再转移香港。算起来，我这五十二年的人生岁月有四分之三的时光不在家乡的小村，有超过一半时间在海外的大城市学习工作。可是，家乡的一草一木，一人一物，一景一色，一动一静，时常鲜明地在我眼前浮动，在脑海回映，有时呼之欲出。清明节前后乌龙山的鸟啼，油菜花开时水沟里鲫鱼甩尾泼刺一声，烈日灼烧下门口白杨树上知了的嘶鸣，秋风怒号时脚踩在松针上的绵软，冬天一夜之间被大雪压断的竹枝……

　　我出生在浙西南的一个小山村，门前便是巍峨的乌龙山，是传说中宋江征方腊的古战场。我的家乡那时还不是一个镇，不是乌镇，不是盐镇，不是佛山，也不是景德镇，我当然也属于十几年前非常流行的人设"凤凰男"，也是亲友一直骄傲的"小镇做题家"。这一切，对我走出山村，走出祖国，在海外学界挣扎，有着挥之不去的阴影和束缚，但也没有挡住我把目光投射到古今中外的大千世界。我看到了古埃及的少年法老图坦卡蒙，我看到了殷墟的海贝，我看到了"黑石号"阿拉伯式沉船上的长沙窑瓷器，我看到了印度尼西亚坦博拉火山的爆发,我看到了困扰中原士人的南方的瘴,我看到了下西洋的泉舶,我看到了马尔代夫的椰子,我看到了复活节岛上的老鼠,我看到了葡萄牙人的龙涎香,我看到了西非黑奴的脚链,我看到了乾隆皇帝的鼻烟壶,我看到了郁达夫的痛苦、饶宗颐的无奈、张爱玲的想象、知青的抗争以及饥荒的凄惨……

但我的目光也会转向家乡的山村。

目　录

序　两千年之变 / 001

第一章　七山二水一分田 / 001
建德江究竟在何处？/ 002
"三日看不着乌龙山，眼泪就要淌下来" / 008
一城：半朵梅花 / 013
四乡 / 022
"万山之窟" / 025
天灾人祸 / 028

第二章　一尊神：未曾到来的伍子胥 / 037
严州地方志中的伍子胥 / 038
伍子胥的出奔路线 / 045
移动的神灵 / 049
从钱塘到乾潭 / 055

第三章　一位隐士：从高洁到忠烈 / 059
严光本事 / 060
"鸢飞戾天者，望峰息心" / 063

天下第十九泉 / 069

方干：第二个隐士 / 074

从狂奴到罪人 / 077

先生之风，山高水长 / 081

默默无闻的朱买臣 / 089

谢翱之哭 / 094

从高洁到忠烈 / 097

"皋羽与予所遭，乃生民之至不幸" / 103

名扬海外 / 110

第四章　一刹那的辉煌："临安时代"的到来 / 119

"临安时代"的到来 / 120

"两为真主兴王之地" / 124

宋代严州的人口 / 128

宋代建德县的人口 / 132

一时多少俊杰 / 133

明末建德县的人口与粮食 / 145

第五章　一门两太后：与南宋相始终的严陵杨氏 / 153

公主下嫁，皇后和太子亲送 / 154

神秘的家世 / 156

严陵杨氏 / 159

清除韩侂胄 / 163

选定谢皇后 / 168

彻帘复政 / 169

究竟谁是杨妹子？ / 173

杨淑妃 / 180

在越南成神 / 183

第六章 一座浮桥：新安江上第一桥 / 189
白沙大桥 / 190

明代已经不存的严州浮桥 / 192

严州浮桥之修建 / 194

废弃 / 200

范成大亲见 / 201

意大利人的记录 / 203

葡萄牙人所见之明代浮桥 / 210

第七章 一代"贰臣"：方回的建德情结 / 217
任职建德最久 / 218

"此生悲恨岂有涯哉？" / 219

"生世都能几，严州十二年" / 225

"全家先去尽，父老莫依依" / 231

诗友赵宾旸 / 234

"浙右滕元秀" / 238

"回人品卑污"？ / 242

"力不能全国，全其郡可也" / 253

"独与贾似道不偶" / 256

第八章 一条贡道：七里滩的波光帆影 / 279
"奇山异水，天下独绝" / 280

或自谢灵运始 / 282

"西南数百郡之孔道" / 290

传教士之路 / 301

琉球的贡道 / 308

琉球和英国在这里首次相遇 / 311

东亚海上难民的返乡之路 / 315

最后的难民 / 332

第九章 一方世家：明清之际的马氏 / 337

五代二进士 / 338

康熙进士马天选 / 339

万马奔腾 / 341

第一个进士马中骕 / 343

马天选一家四代 / 347

中字辈 / 352

从字辈 / 352

天字辈 / 354

因何消失？ / 356

第十章 一个庄："乾潭庄"的前生后世 / 359

宋代的"乾潭" / 360

明代才有乾潭 / 366

1968 年的乾潭 / 371

"崎头"或"淇头" / 373

乾潭的科举人物 / 378

第十一章 一个村：被湮没的垒柏 / 381

从江岸到江底 / 382

20 世纪 60 年代的垄柏 / 385

"乡民采薪为炭" / 390

海塘柴 / 396

照片中的垄柏 / 400

第十二章 一名寡妇：汪氏之生 / 403

"吾知过乾潭庄者，莫不群相指曰仁里曰德门" / 404

丧夫、丧子、丧孙、丧媳 / 405

可疑的捐田 / 408

"节义双高" / 411

文字的背后：年龄 / 413

争嗣与择嗣的隐情：家产 / 415

情理之中：官府的洞察 / 418

情理之外：沉默的女儿 / 420

汪峰山的捐田 / 421

受启发的侄媳 / 423

"有田才是万万年" / 426

家产之争 / 432

错过的马戛尔尼 / 434

并不孤单的汪吴氏 / 439

第十三章 一直修桥：山村社会的延伸 / 447

建德的古桥 / 448

宋代"乾潭"的桥 / 450

康熙年间乾潭的桥 / 452

千年治平桥 / 456

六百年的胥村义桥 / 460

修桥九座的包汝超 / 462

有亭"一览" / 468

第十四章　一团乱麻：我的家族故事 / 473

从杨早喜说起 / 474

杨家老屋 / 475

吃大户 / 477

太奶奶钱秀珠 / 480

招亲 / 484

太外公 / 486

外公 / 490

汪家六兄弟 / 492

吃食堂 / 495

写信 / 497

后记：何以家乡？ / 503

致　谢 / 506

序

两千年之变

  笔者五六岁，早上起来洗脸的时候，外婆会反复说一句反语："建德县严州府，吃了早饭再洗脸。"按常理，行政次序从大到小依次应为严州府建德县，而早起的正常次序也应该先洗脸而后吃早饭。小朋友贪睡起得晚了，有时候图方便就先吃早饭再洗脸，这当然有违常情。因此，建德县放在严州府前面就错了。外婆的这句话就是教笔者做事要先大后小，有条有理。没想到，建德县还在，严州府却不见了。

  建德县位于浙江省西南山区，境内有著名的一水一山。一水指新安江，也即钱塘江的上游，那是福建、江西、安徽和浙南进入江南的水路要道。新安江往下便是钱塘江，到杭州与大运河相连，唐宋以来便是南方和外国进贡的水路，千百年来意义重大。一山则指乌龙山，因为北宋徽宗年间方腊起义而闻名，特别因明代小说《水浒传》的流传在市井广为人知。大致而言，东西纵向的乌龙山将建德县分为南北两部，建德县城同时也是严州府城的千年古镇梅城，位于乌龙山的南麓山脚，坐北朝南，其南门外便是从西南向东北流淌的新安江，所以千百年来既受益于也受害于滔滔江水。笔者的家乡乾潭则处于建德北部山区，其中心位于乌龙山北麓下一块微型盆地。建德北部丘陵连绵，又有几十里的子胥溪从西向东穿过，最终沿着乌龙山北麓山脚汇入建德江。山水交错，盆地、山坡和河滩点缀，这便是笔者家乡乾潭的地理特征。

浙西南的开发比较晚，虽然建德的地名来自三国的建德侯封地。三国吴大帝黄武二年（223），孙权取"建功立德"之意，封开国将军孙韶建德侯，置建德侯国，建德之名因之诞生，但早期文献记载很少。简单而言，唐天宝设新定郡，乾元年间改成睦州，北宋宣和之后称严州或建德路，下辖六县：建德、桐庐、分水、寿昌、淳安、遂安。南宋知严州董弅概述道："自东汉之末，孙氏据有吴粤之墟，始分歙县之地，建为新安郡；逮隋而更郡名新定，大业改为睦州；唐初，即桐庐县别置严州，寻废州，以县来隶。至国朝宣和中，始复今名。"[1]唐宋以来，严州是东南望郡，故明代之《水浒传》《金瓶梅》《喻世明言》《警世通言》《醒世恒言》《初刻拍案惊奇》《二刻拍案惊奇》以及清代之《儒林外史》《官场现形记》等小说均提及严州。

到了民国，严州行政隶属几经分合，最终被取消。1958年11月，由于建设新安江水电站的需要，决定将建德县治由梅城搬到了白沙镇（现新安江街道），同时遂安县并入淳安县，寿昌县并入建德县，分水县归于桐庐县。水电站建成后，淳安一部分和原遂安大部分均沉入新安江水库，即千岛湖底（包括两座千年古城，也即海瑞曾驻的淳安县城——贺城，以及遂安县城——狮城），而桐庐、建德和淳安划归杭州市管辖。1992年4月，建德县撤县设市，成为建德市。

1　（宋）董弅编：《严陵集》，见王云五主编《丛书集成初编》（长沙：商务印书馆，1937年），"《严陵集》序"，1页。

建德历史上曾经有几个关键的时期，对其历史影响很大。北宋的方腊起义发生在睦州（严州）境内，一度震动东南；可是，相比于南宋南渡苟安对于严州和建德的影响，这件事实在不算什么。方腊起义失败，宋徽宗改睦州为严州，建德军为遂安军，改乌龙山为仁安山，似乎仅此而已。靖康之后南宋迁都临安（今杭州），钱塘江上游的严州依山傍水，处于南宋都城临安的腹背之地，战略位置非常重要，被视为宋室南渡后京畿三辅。两宋有三位皇帝登基前遥领过严州职务，可见其政治和军事之角色。宋亡之后，严州和建德也逐渐沦落为一般的府县。[1] 不过，由于新安江和钱塘江水道为东南的贡道和官道，其交通位置依然重要。特别需要指出的是，严州位于杭州上游，为杭州这个东南重镇提供了重要的物资资源，如青石、木材、木炭、桐油、漆等物资。其中木材和木炭是杭州数十万人口的日常生活尤其是冬季不可或缺的关键物资。1676年作为沙俄使节到访北京的米列斯库（N. Spataru Milescu，1636—1708）对严州的物产有过比较清晰的介绍。他说：浙江省的

> 第四大城市名严州府（Incikheu），位于山区，因而不像其他城市那样著名，但也并非默默无闻。它位于两条可通航的河流之间，这里盛产纸张，销往全国。山里还产铜和漆，中国人用这种漆制作各种杯碗。这种漆的生产方法是：从一种树上流出一种像

---

[1] 中国行政史上有两个建德县：一位于严州府，另一位于池州府（今安徽省东至县）。本书中的建德即指前者，与严州（睦州）并列时指建德县；但行文中有时又指建德路或建德府，因而也是严州（睦州）的代称。

柏油或树脂一样的液体,人们把它采集起来,除去杂质,染成各种颜色,最贵重的颜色为金色和黑色。这种漆只能在潮湿处阴干,一旦干燥后便不再融化。府城下辖六个小城镇,河岸上建有一座九层大宝塔,还有一座特别大的庙宇。[1]

明代冯梦龙(1574—1646)之《醒世恒言》第三十五卷"徐老仆义愤成家"便讲述了严州府淳安县义仆阿寄贩卖山中生漆经新安江到苏州获利的故事,可为佐证。

到了近代,对建德影响至大的有两件事。一个是政治事件,那便是民间所谓的"长毛之乱"。1860年10月,李世贤率领太平军从安徽歙县进入浙江,攻占严州府。到1861年底,浙江除温州、衢州两府城及龙泉、定海等五县未克外,其他均被太平军占领,成为太平天国后期主要基地之一。1862年,浙江巡抚左宗棠由安徽进攻浙江,浙江成为两军反复厮杀之地。到1864年8月,清军次第收复太平军所占府县。在两军交战中,杭嘉湖平原、金(华)衢(州)盆地、宁(波)绍(兴)平原、处州府北部地区生灵涂炭。左宗棠收复浙江后说:"龙游、建德、淳安、桐庐、寿昌、分水、金华、兰溪、东阳、义乌、永康、武义、浦江、汤溪、诸暨等县,皆被贼窜踞最久,蹂躏殆遍。"又说:"通计浙东八府,惟宁波、温州尚称完善,绍兴次之,台州又次之,至金华、衢州、严州、处州等处,孑遗之民则不及从前二十分

---

[1] (罗马尼亚)尼·斯·米列斯库著,蒋本良、柳凤运译:《中国漫记》(北京:中华书局,1990年),142页。米列斯库出生于罗马尼亚莫尔多瓦地区,1675年作为沙俄使节出使中国,1676年在北京觐见康熙皇帝,1678年返回莫斯科。

之一矣。或壮丁被掳而老稚仅存，或夫男惨亡而妇女靡托。"[1]《光绪严州府志》记载："同治元年克复城池，郡中户不满百，丁不盈千。各邑惟淳、遂之民稍多，建、寿、桐、分尤为凋敝。"[2] 严州是浙西名郡，府城虽然狭小，但城内外人口约在 2 万上下，战后存者十不过一，实在凄惨！

地处浙西南山区的严州府受患极深。根据曹树基等推算，1858 年严州府人口数为 101.9 万，而战后严州府人口数为 46.9 万，人口损失 55 万，损失率为 54%；直到 1953 年严州府人口数也不过是 87.3 万，尚未达到一百年前的人口数。[3] 的确，由于战乱和战后的移民，乾潭本地的许多小姓都是在 19 世纪末和 20 世纪初从附近府县移入的，这就大大改变了当地原有的人口结构。1935 年底《东方杂志》发表"中国农村经济研究会"来稿《浙江建德的农民生活》，其中写道："大概因为洪杨时代屠杀过多，人口非常稀少，而且大部分是由温州、台州等处来此开垦荒地的侨民。东南北三乡，邻邑浦江

---

[1] （清）左宗棠：《浙省被灾郡县同治三年应征钱粮请分别征蠲折》，见《左文襄公全集・奏稿》"同治三年"条，光绪十六年（1890）刻本，卷九，14—15 页；又参见曹树基、李玉尚：《太平天国战争对浙江人口的影响》，《复旦学报（社会科学版）》2000 年第 5 期，33—44 页。

[2] （清）吴世荣：《〈严州府志〉重刊凡例》，见（清）吴世荣主修，曹剑波点校，《光绪严州府志》（杭州：浙江古籍出版社，2017 年），上册，3 页。《光绪严州府志》特列"忠义"（卷三十六至三十八，972—1039 页），记录了在严州殉难的官员与百姓，包括女性，并指出"严郡当皖浙交界冲衢要道，自咸丰八年（1858）后粤匪流窜浙境，先后官师将弁尽忠效义大节凛然者，较他郡尤多，其绅民及妇女殉难往往有未经举报，虽分就六邑采访，亦仅得十之二三，特据见闻所及汇而录之，此外尚不无遗漏云"。

[3] 曹树基、李玉尚：《太平天国战争对浙江人口的影响》，38—39 页。

县人也占一小部分。"[1]可见，在"长毛之乱"六七十年后，外来移民成为建德的主要人口，这也和笔者的印象相符，因为笔者小时候经常听到谁谁是台州佬，谁谁是浦江佬，谁谁是青田佬，谁谁又是从东阳来的。

正是由于地理环境和移民的流入，使得建德目前的方言体系非常复杂。笔者家乡的乾潭话和隔着乌龙山的府城梅城以及与梅城隔江而望的三都，其方言大同小异，和建德以北的桐庐方言基本相通，但和建德南面的寿昌话几乎不能交流。有学者的研究指出，严州方言内部的异同情况相当复杂，差异性极大，甚至超过了被认为是浙江吴语中内部最复杂的方言之一的婺州片方言。首先，严州地区的方言，根据原来的县级行政划分（淳安、遂安、建德、寿昌），大致上可分为淳安话、遂安话、建德话（以梅城话为代表）、寿昌话四种土话，其中淳安话和遂安话基本上没有文读现象，而建德话和寿昌话各有一套完整的文读系统。其次，严州方言在县与县之间、乡镇与乡镇之间表现出很大的差异性，给人的印象是似乎一直缺乏相互之间的接触、交流和融合。淳安话和遂安话比较接近，建德话和寿昌话比较接近。[2]其实，即使建德话和寿昌话也难以沟通。笔者1984年去县城新安江中学上初中的时候，就发现和寿昌的同学无法交流，必须使用普通话。再次，明清以来不能上岸居住的"船上人"——九姓渔民有其自己独特的方

---

1 张抵：《浙江建德的农民生活》，《东方杂志》第32卷24期（1935年12月16日），123页。
2 参见曹志耘：《严州方言语音特点》，《语言研究》1997年第1期，86—95页。

言。[1]最后，19世纪末20世纪初的外地移民也带来他们自己的方言，如台州话、青田话、东阳话，等等。

第二件事便是民国时期公路和汽车的通行，公路逐渐与新安江—钱塘江这条水路并行并取而代之。从杭州经萧山、富阳、桐庐到建德、寿昌、淳安并向西连接江西和福建的这条公路，在抗战前便已经修葺，这使得建德以及浙西南的交通出现了根本性的变革。唐宋以来，严州虽然有陆路驿道通往杭州，从府治梅城往北经乌龙岭过乾潭，四个驿站到达桐庐界后向杭州进发，但这在近代以前不过是新安江—钱塘江水路的补充而已。即使在近代公路修建以后，水路依然在此后的二十多年内发挥着主要作用。直到1935年底，有人注意到："在未筑公路以前，建德是这三区交通上的必经要道。现在浙皖公路虽已筑成，但因为运费低廉的关系，货物大多还是由水道运输。"[2]

1959年9月，建德南部的新安江水电站建成发电，淹没了原来遂安淳安两县的大部分区域，形成了千岛湖水域，这给严州和建德的地理面貌造成了千年未遇的变化。遂安和淳安两座县城沉在水底，当地百姓多数被迫移民，两县行政设置也被撤销。更为重要的是，新安

1　相关研究见刘倩:《九姓渔民方言研究》，北京语言大学博士学位论文，2008年。九姓渔民之生活习俗，参见 Sato Yoshifumi, "The Recent History of the Fishing Households of the Nine Surnames, a Survey from the Counties of Jiande and Tonglu, Zhejiang Province," in *The Fisher Folk of Late Imperial and Modern China: An Historical Anthropology of Boat-and-Shed Living* eds. Xi He & David Faure（London: Routledge, 2015）: 313–328. 中文版见贺喜、科大卫主编:《浮生：水上人的历史人类学研究》（上海：中西书局，2021年）。

2　张抵:《浙江建德的农民生活》，123页。

江上游不再通航,自古以来徽商经严州到杭州的水路断绝,持续千年之久的经济活动和文化联系也至此消失。1969年,建德和桐庐交界处的富春江大坝合龙,使得原来滩高水急的七里泷江变成了江阔水深的富春江水库,而其两岸自汉唐以来形成的村落几乎全部没入江底,舟旅不行,风光迥异,人文难续。如此,严州水路先与徽州绝,再与杭州绝;而与杭州之公路囿于时代,其承载量根本无法与传统水路交通相比。这实在是建德历史上的两千年之变!

微观、地区、国家和跨国视野下的地方史

近几十年来,中国历史的研究当中,地区分析的框架逐渐为人接受,虽然我们不能说这完全是施坚雅(W. Skinner)的倡导,但中西学术均在地方史的平台上交汇,这也是不争的事实。在施坚雅提出的九大宏观区域[华北、西北、东北、长江上游、长江中游、长江下游(或长三角,也即江南)、东南沿海、岭南、西南]当中,江南(以及华南)独树一帜,关注最多,成就最多,影响也最大。

江南是一个历史概念,从秦汉到现代所指称的地理范围变迁极大。[1] 学术界讨论的江南,狭义上说,则指镇江以东的江苏南部和浙

---

1 参见周振鹤:《释江南》,《随无涯之旅》(北京:生活·读书·新知三联书店,2007年),308—318页,尤其314—316页。

江北部地区，也就是太湖流域，大致为镇江府、苏州府、松江府、常州府、嘉兴府、湖州府、杭州府。这七府，以苏州为中心，是明清时期富甲天下的区域。在这七府当中，杭州府居于最南面，和镇江府一样，其经济实力不能和其他五府相提并论。而严州则恰恰在杭州以南。

由此而论，浙西南山区的严州府处在一个尴尬的位置。历史上严州府和杭州府并立，因而严州不属于杭嘉湖所在的江南；同时，严州山区并不滨海，以山林经济为主，其他各个行业均不发达，而山林经济因为体量有限，似乎也没有多大影响。因此，从地理上看，严州虽然属于施坚雅归纳的东南沿海（也就是闽浙），但从文化和经济上看，严州府与浙江沿海和福建省千差万别。实际上，与严州地理、族群和文化上最接近的，还是新安江上游的徽州，但严州地狭人稀，无法像徽商那样在江南如竹根一样深入展开。以此而论，严州似乎实在没有什么可以值得一提的了。

如此，严州之不属于江南不同于江南，明矣。不过，严州之所以在近两千年的历史上与杭州府相提并论，当然有其地理、文化与政治的考量。因此，笔者带着自己的独特情感与视角，决定写一本不一样的地方史与家乡史。

全书除了"序"和"后记"之外，共分为十四章。第一章介绍了建德的地理特征，正是"七山二水一分田"这个地理基础产生和制约建德的社会、经济与文化发展的长时段轨迹。第二章考证了建德北部伍子胥崇拜的来源，指出虽然伍子胥本人未曾经过建德，但其水神／潮神这一文化现象从滨海的江南水乡传到了浙西南的山区，这恰恰揭示了建德"江南以南"这个地理文化座标。第三章从神到人，介绍了东汉隐士严光在严州（和建德）的事迹，特别是分析了"严光"这个隐士符号随着历代政治变迁而逐渐形成的两个文化象征：高洁与忠烈。前者自汉代以来逐渐形成，后者因宋末谢翱的哭祭而与高洁并列。

第四章注目于严州的高光时刻，也就是南宋定都临安之后严州成为京畿腹地，在政治和文化上大放异彩。第五章追踪与南宋相始终的两位严州籍杨太后，继续展示严州作为名邦望郡对风雨飘摇中的赵宋之重要性，而第二个杨太后在越南成神，更凸显了严州在跨域文化中不经意留下的雪泥鸿爪。第六章介绍了南宋时代严州府城外的一座浮桥。这座严州府城外横跨新安江的浮桥，几次重修，前后三百年，早被建德遗忘，但中外旅人偶有记录，元代意大利旅行家鄂多立克（Friar Odoric，1265—1331）曾经亲历，因而得以被欧人知晓。第七章为南宋末年知严州并降元的方回辨诬。方回在建德任职七年，而后又居住五年，加上他因以建德降元而数百年来被污名化，自然不能与严州历代贤牧如范仲淹、陆游等比拟，但方回之建德情结最浓厚。第八章由人及江，综合历代文献，从人文地理的角度分析了严子陵钓台所在的七里泷江这条水路，严子陵所代表的高洁与谢翱所代表的忠烈，两千年来成为士人极其宝贵的精神源泉，令人肃然起敬。在其绝佳山水之背后，七里泷江也是一条官道、贡道、传教士之路以及难民之路，东南琉球岛国与西洋大英帝国居然首次在此相遇，为严州再添一抹跨国的传奇。

南宋之后，严州因土瘠民贫，泯然众矣。其间虽有商辂之三元及第，但不过是昙花一现而已。第九章注意到了明清之际严州出了两位进士和二十多位秀才的马氏家族，科场一时众马嘶鸣，但在清初之后倏然消失。究竟原因，不过在于战乱与疾病，从中或许可以管窥科举之成本与风险。第十章以笔者的家乡乾潭为例，分析了建德因山区开发与水路交通而逐渐形成的珠连玉串般的村落群。乾潭之地名不见于唐宋,其聚居成村可能在明代,而其名首载于康熙县志。自明清以来,乾潭之经济、地理乃至人文最大变化者来自于1969年富春江大坝的建成,沿江的乾潭村落因此大抵湮没,乾潭之商业中心也成为稻田。笔者根据采访,重绘了1969年前的乾潭镇,算是对家乡的一点告慰罢了。第十一章继续对家乡的探索,挖掘了湮没江底五十余年的千年古村垒柏。垒柏村在宋代严州文献中即有蛛丝马迹,其形成与新安江密切相关,村民几乎全部汪姓,是徽州经济和文化沿江而下的产物。垒柏虽然靠江,其经济却是以山林为基础,大致为参差十万人家的杭州提供燃料(木柴和木炭),为抵挡海潮保护浙江的海塘堤坝提供建筑原料(硬柴)。如此,小小的垒柏居然对东南也有相当贡献。第十二章则引入了性别的话题和微观史的角度,不厌其烦地介绍了嘉庆时期垒柏村一位寡妇汪吴氏捐田的事迹。捐田的背后,是这位青年丧夫、中年丧子丧媳丧孙的女性对择嗣自主权的捍卫。汪吴氏的痛楚、忍耐与智慧,体现了弱者对父权社会的抗争。汪吴氏达成了心愿,成功了;然而,被她激励的许许多多的未亡人还在虚无飘渺的幻想中挣扎。第十三章回到了建德的人文地理面貌,那就是许许多多跨溪的桥。修桥自唐宋以来便是建德的传统,而民间修桥是其中关键。本章讲述了建德北部许多乡村和家族近千年来一直修桥的事迹,凸显了传统社会地方的自治和张力。这一座座桥,可谓是山区社会联系的纽带和走出去的隐喻。第十四章则以笔者的家族故事来补充"洪杨之乱"后的建德社会状况。

本书的写作,最初并无一个全盘计划,而是随着兴趣、阅读以及研究的深入,一个主题一个主题地进行,但主题的选择亦颇费苦心。

等到全书大致有个眉目时，笔者突然发现暗藏的一个主线便是微观、地区、国家和跨国视野下的地方史。这个角度，既正视了建德这个浙西南山区小县的地理独特性，也就是不同于北邻的江南地区，又揭示了这个地方是在与国家建构的相互过程中得以形成的，同时还努力地勾勒了建德这个不沿海的内陆山区如何在跨国的交流中有其一席之地。微观、地区、国家与跨国数者互相结合，塑造了建德两千年的历史，虽然它们的贡献因时而异，各不相同，当然更非均质。当然，两千年之变也蕴含着本书乃至许多长时段历史研究的核心，那就是：自然环境（主要是地理环境和气候）既是某地社会产生、延续和发展的基础，也束缚了这个社会的发展框架，这或许就是所谓的"路径依赖"吧。另一方面，外来的（包括邻近地区的、国家的，乃至跨国的）因素和影响时常打乱本地的日常秩序，给本地以刺激（包括破坏）、机遇和灵感；同时，本地的因素和势力有时也因缘际会，在他乡乃至异国得以延伸或移植。总而言之，在稳定不变的自然环境下，经济、文化的互动即使在一个封闭的山区依然是主线。

长期以来，地方史的书写是在国别史（也就是王朝—民族国家）的大框架下进行的，大致先述其行政设置与变迁，再述及经济文化人口等，其前提与立场便是：某个地区其内部是均质的，在国家的框架下形成显著的地方特色，因而可以拿出来自成一体，从古至今顺流而下。这就是地方史书写的通史模式。这种模式是有道理的，它和一两百年来学术界关于文明史与族群史的书写是一脉相通的。以往的学者，他们强调某个文明或者某个族群因为其内部特殊的特征而区别于他者（特别是相邻的他者），所以文明史和族群史就是按照这个界定展开的。某个文明某个族群自有渊源，自有特征，自我认同，从而区别于他者。这个范式，最近几十年来遭到了挑战和修订。以族群为例，人类学界意识到族群并非因为其内部均质而区别于他者/邻者；相反，这些族群恰恰是因为互相往来、互相交流（有时包括互相敌对、仇视、隔离和想象）而互相区别，因而产生了自我认同。如此，文明和族群必须在互动的立体网络中才能得到相应的理解与同情。

我以为，地方史的书写也理应如此。某个地方/地区是在和相邻以及不相邻的其他地区、国家以及跨国的势力多重维度的联系和交往中形成了自我的特征与认同。没有他者，就没有我们；没有互动，就没有个体。正是在这样的思路下，这本书和此前的《季风之北，彩云之南》不谋而合，从西南到江南/东南，企图尝试地方史和区域史书写的新范式，有其特定的旨趣和意义。

如上所述，拙作的文眼在于"被湮没"。这个"被湮没"，既是形而下者，也就是说严州府的很大一片区域被水淹没了；也是形而上者，也就是说严州府绵延一千多年的行政编制不复存在了。无论是形而上者还是形而下者，恰恰都与历史的真谛不谋而合：遗忘就是沉没；湮没即是忘却。因此，被湮没的严州府便是历史的具体而微者。历史学家的努力，历史的叙事，究其本质，不过是被忘却的纪念罢了。

图 1.1 钱塘江水系图[1]

---

1 "钱塘江水系图",钱塘江志编纂委员会编:《钱塘江志》(北京:方志出版社,1998年),图14页。

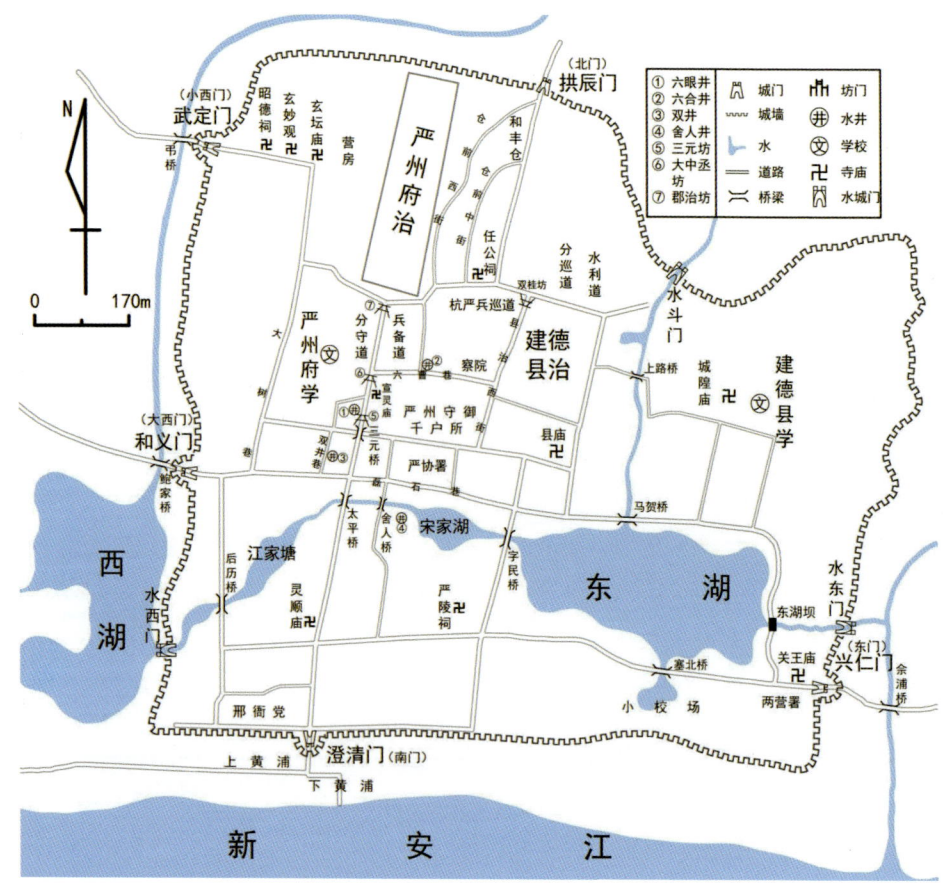

图 1.2 明万历四十二年（1614）严州府城复原图[1]

---

[1] 赵界：《宋元以来严州府城形态研究》，上海师范大学历史地理学硕士学位论文，2018 年，75 页。

图1.3 清代道光年间严州府暨建德县舆图[1]

---

1 "A Military Map of Yenchow foo. ca. 1800–1843. 严州府军事地图",制图年代:清道光五年后(1825—1843);原图尺寸:60.5cm×51.5cm;版式类型:彩绘,大英图书馆(British Library)藏,Cartographic Items Additional MS. 16,358.f.。

图 1.5　南峰塔东眺三江口

图 1.6 吴氏宗祠

图 1.7 吴氏"孝子坊"

图 3.6 浙江省富春山（Foo-chun-hill, in the Province of Che-kiang）[1]

---

[1] （英）托马斯·阿罗姆绘，（英）乔治·N. 赖特著，赵省伟编译：《一个英国皇家建筑师画笔下的大清帝国》，《西洋镜》第一辑（北京：台海出版社，2007 年），115 页。此图即为"钓台图"。

图 4.1 商辂画像[1]

---

[1] "Portrait of a Chinese Official, Perhaps Shang Lu（1414–1486）." 高 35.5 厘米，宽 25 厘米，哈佛艺术博物馆藏（Harvard Art Museums/Arthur M. Sackler Museum, Gift of Dr. Denman W. Ross），https://hvrd.art/o/206510。

图 5.1　恭圣仁烈皇后画像[1]

1　《历代帝后像轴》，纸本设色，南薰殿旧藏，第 28 开，台北故宫博物院藏。

图 5.2　杨后题、马远画《倚云仙杏》[1]

1　https://theme.npm.edu.tw/exh109/She/ch/page-3.html#lg=1&slide=0。台北故宫博物院藏。

图 6.1 "太平昭关"[1]

---

1 (英)阿罗姆:《中华帝国图景》,101 页。

图 10.1　1919 年的建德与乾潭（黄鸣教授绘制）

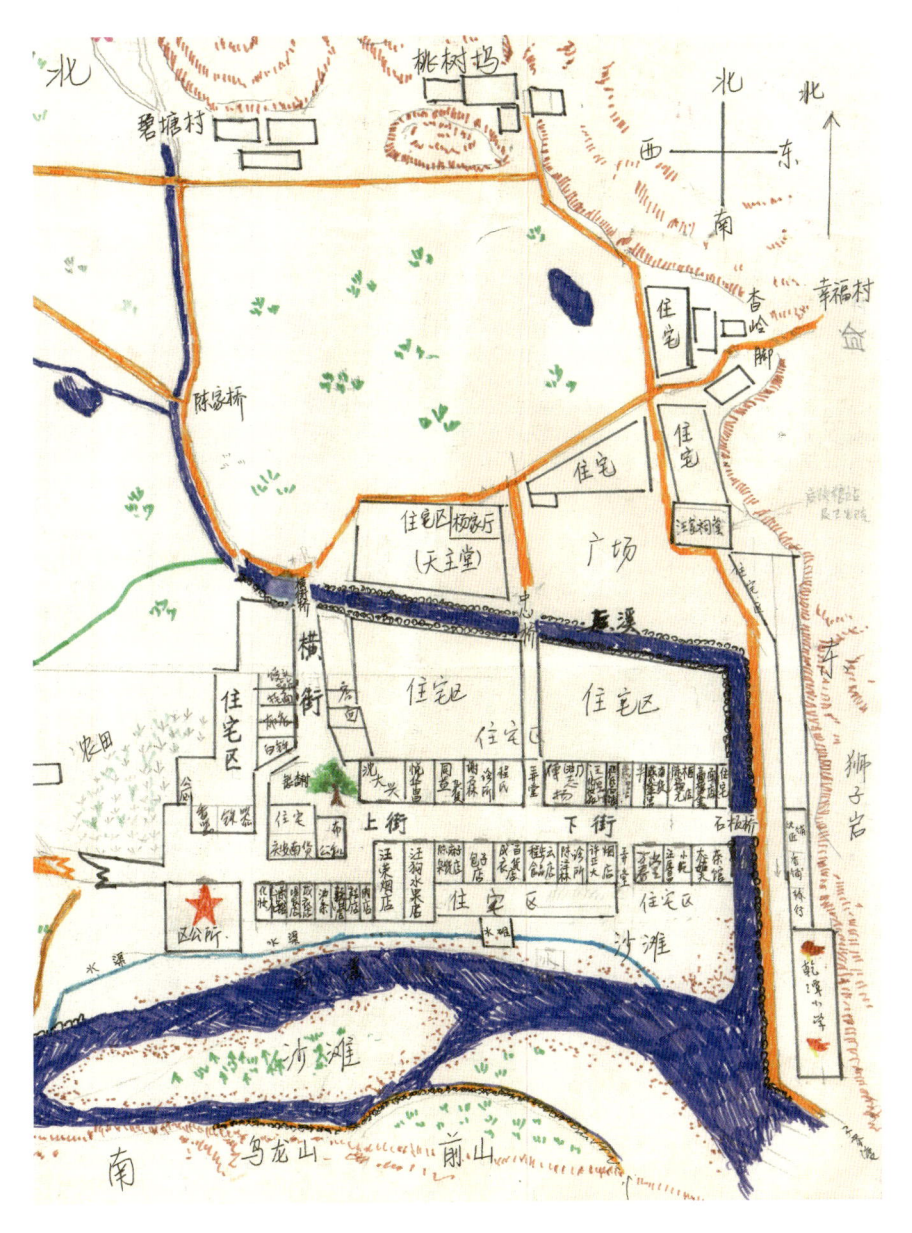

图 10.2　1968 年的乾潭（手绘）

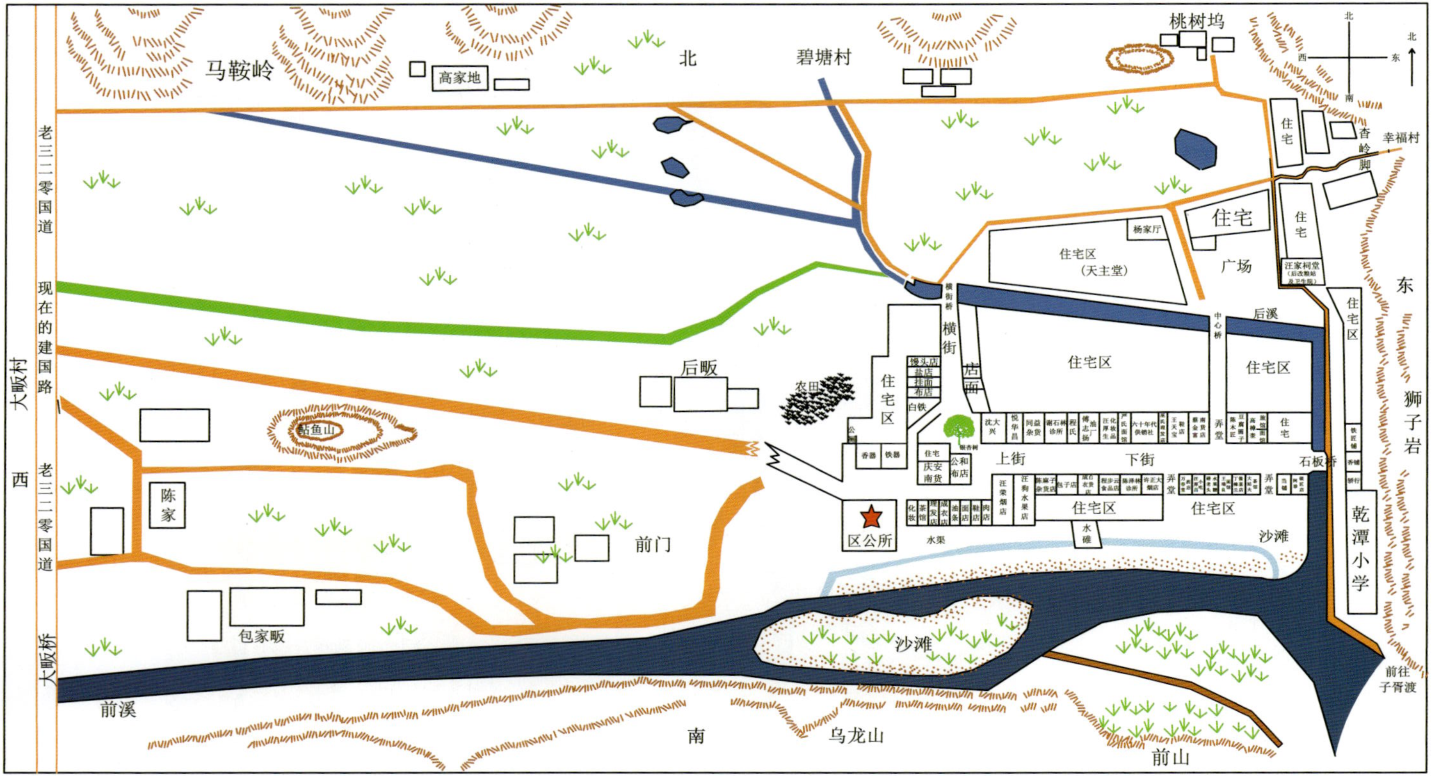

图 10.3 1968 年的乾潭（电脑绘图）

图 13.1　青云桥

图 13.2　西山桥

第一章 七山二水一分田

建德江究竟在何处?

建德位于浙西南山区，境内丛山交错，一水如带，溪流入江处或冲积为田畈，群山环抱处偶尔蓄积小盆地。因此，从地貌上看，七山二水一分田是建德乃至严州最真实的写照。

提及建德，不能不先说新安江，实在是因为这条江塑造了建德乃至严州两千年的历史文化和经济生活。新安江为钱塘江水系干流上游段，古称渐水、浙江，又称徽港，因其起源于徽州休宁县（今属安徽黄山市）和婺源县（今属江西）的浙源（即浙江水之源的意思）境内。新安江东入浙西，经淳安至建德与兰江（又称东阳江、婺港）汇合后为钱塘江干流桐江段、富春江段，东北流入钱塘江，是为钱塘江正源。新安江干流长 373 公里，流域面积 1.1 万多平方公里。在 20 世纪 50 年代之前，从安徽屯溪坐船可以顺流直下抵达杭州，而后经大运河北上至南京和北京各地。后人有诗言严州云："吾家远在钱塘外，却有轻舟下富春。秋水洗出千峰碧，一帆吹落万里尘。秦砖汉瓦严陵濑，越壤吴根山里人。江底没处繁华尽，胥溪花落又一村。"

关于新安江水系及其走向，清人宗源瀚解释得很清楚：

浙江僻在南服，不与四渎之列。然包纳众流，直走东溟，实巨津也。正源在西，出安徽黟歙诸山，曰新安江。东南流入府境，过淳安及建德县治前。又东流至府城东之七淇头，与南源会。南源即兰溪江也。新安江挟之而下，水势甚盛，东流过七里泷，曰桐江，海潮至此而退。方其来也，与江水相吞吐；及其退也，江水随潮下注，迅急如箭，惯啮塘根。[1]

具体说来，新安江干流从淳安入建德，经过芹坑村、朱家村、沧滩村、江村埠、洋溪镇、朱池村、下涯埠、黄饶村、下施家埠、十里埠到了府城梅城，而后继续向东经七淇头转向北经小里埠、苕溪口、下社村、胥口埠、长淇村、垄柏村、冷水坑进入进入桐庐县境。[2] 新安江在建德境内唐人孟浩然（689—740）称之为建德江，其《宿建德江》脍炙人口，云："移舟泊烟渚，日暮客愁新。野旷天低树，江清月近人。"[3]

大致从2017年起，笔者觉得有必要对本地的历史作一研究，脑中随之提出一个疑问。那就是，孟浩然宿建德江，当年究竟宿在哪里？要搞明白这个问题，必须先确定建德江在哪里。（图1.1）

建德江，顾名思义，应该是建德境内的浙江的一段水路。不过，历史上建德的辖区，从狭义而言，专指建德县；从广义而言，可以是建德府或建德路，与严州或睦州大致相当，辖有六县。如果从广义的角度看，那么，建德江就包括今天的新安江一部分和桐江（现在称为

---

1 《浙江严州府总图·严州府图说》，见（清）宗源瀚纂，《浙江全省舆图并水陆道里记》，下册，209页。
2 《严州府图说》，《浙江全省舆图并水陆道里记》，下册，219页。
3 （唐）孟浩然，佟培基笺注：《孟浩然诗笺注》（上海：上海古籍出版社，2019年），521页。

富春江），这当然是不大妥当的，也与历史记载不相符。因为，历代文献中，一般将清溪（新安江上游）、新安江、桐庐江、富春江、钱塘江一一列出，而建德江则相对罕见。那么，建德江的最早记载是在什么时候？

最早记录"建德江"一名的似乎还是孟浩然。他于唐玄宗开元十八年（730）离乡赴洛阳，而后漫游吴越，在杭州经钱塘江逆流到建德，留下数篇诗作，其中以《宿建德江》最为流传。这首诗似乎是古人第一次直接称这段江面为"建德江"，按其本意，大概也是因为这段江面在当时的建德境内。建德虽然因三国时孙权封孙韶为建德侯而名，但从三国到孟浩然所在的盛唐这五百年间，建德县兴废无常。永淳二年（683），唐高宗李治复置建德县；神功元年（697），武则天徙睦州州治到建德。据此，孟浩然的时代，确实有建德县的存在，而且还是睦州的州治，行政地位相当重要。因此，孟浩然以"建德江"称呼建德县境内的这段河流，理所当然。然而，《梁书》卷五十六《侯景传》已见建德江之记载，可知孟浩然并非建德江的命名者。可是，如果没有孟浩然，天下有几人得闻建德江呢？

那么，建德江究竟在何处？何处始？何处终？

不妨先看清代的文献。成书于18世纪的《古今图书集成》，是现存规模最大、资料最丰富的类书。其中严州府之"山川考"记载："胥口江，一名建德江，在县东二十五里。"据此，建德江就是在从乾潭流出的子胥溪入口的这段江面。[1]顾祖禹的《读史方舆纪要》成书于

---

1 《古今图书集成·方舆汇编·职方典》第一千十七卷"严州府部汇考一"（上海：中华书局影印，1934年），140册，10页。

康熙三十一年（1692），其中说，"胥口溪，府东二十五里。自胥岭发源，三十里至胥口，逆流十里达于江，亦谓之胥口江，亦谓之建德江"。[1] 定稿于乾隆四年（1739）的《明史》也抄录称：建德"又东北有胥溪，来入江，谓之胥口，亦曰建德江"。[2] 这段话因为没有标点，可能会导致一个误会，把胥口溪当作胥口江（建德江）。仔细看，顾祖禹说的是，胥口溪向东三十里到达胥口的大江，胥口南北这一段江面称为胥口江，也即建德江。这段江面之所以命名为胥口江，是因为胥口溪的注入。那么，《古今图书集成》和《读史方舆纪要》又从何处得知建德江即胥口江呢？古人编辑文献，特别是官方文献，绝对不会也不敢凭空捏造，必有前朝文献记录。查文献可知，以上两书几乎原封不动抄录自《万历严州府志》："胥口江，一名建德江，在县东二十五里，以伍子胥经此因名胥村。"[3] 自宋代图经之后，《万历严州府志》可谓严州遗存最重要、最全面的地方志了。

《读史方舆纪要》亦稍有补充，说，新安江"又东胥口江流合焉，亦谓之建德江口。梁大宝末侯景将刘神茂复据东阳叛，遣其党元颙等下据建德江口，景将谢答仁等攻建德，擒颙等杀之。胡氏曰：'建德江口在府城东十里'"。[4] 此处的"胡氏"指的是胡三省。胡三省（1230—1302），台州府宁海县人，宋末元初杰出的历史学家，是《资治通鉴》最好的注释家。不过，参照其他文献，胡的解释有误。

1　（清）顾祖禹：《读史方舆纪要》（北京：中华书局，2005年），卷九十，4155页。
2　《明史》，卷四十四，1103页。
3　（明）杨守仁主修：《万历严州府志》，日本藏中国罕见地方志丛刊（北京：书目文献出版社，1990年），卷二，28页。
4　《读史方舆纪要》，卷九十，4154页。

顾祖禹说，新安江向东流和胥口江（建德江）合流，合流之处就是建德江口；那么，新安江和建德江在哪里汇合呢？《严州图经》卷二明确地说："新安江一名歙江，一名歙港，在城南，来自徽州，至城东二里合婺港，又东入浙江"；即，新安江流经梅城往东二里就汇合婺港（东阳江），二水交界后往东即入浙江。[1]这样说来，其实新安江和东阳江的交界处，也就是和胥口江（建德江）的汇合处，即目前的三江口。三江口就是顾祖禹所说的建德江口。而胡三省则称"建德江口在府城东十里"，地理位置不准确。胡大概是把胥口溪入口的胥口（子胥渡附近）当作了建德江口；可是，根据《严州图经》卷二"胥口渡，在县东二十里"，则胡氏所说"十里"依然不对。

不过，上述清代文献基本都确定建德江即胥口江，同时很清楚地指出了胥口溪和胥口江的区别。《万历严州府志》说："胥口溪在县东二十五里，自胥岭发源三十里至胥口，逆流十里达于胥口江，即建德江也。"[2]那么，清代的建德江/胥口江的起止位置在哪里呢？

根据前引《严州图经》"新安江"一条，则建德江始于梅城东二里处，也即三江口。而建德江的终点，如果按《古今图书集成》和《读史方舆纪要》的说法，以胥口溪入江处计算，那么胥口也就是子胥渡附近即建德江终点。胥口大概据梅城二十五里，据此，建德江不过是指三江口往东北二十二三里的河段。当然，如果泛泛而言，我们也可以把七里滩（钓台）以南的河段都称作建德江，因为这一段都处在建

---

1 《严州图经》，卷二，85页，见政协建德市委员会编，罗嘉许点校，《严州图经·景定严州续志》（杭州：浙江古籍出版社，2017年）。本书引用时，分别称《严州图经》和《景定严州续志》。

2 《万历严州府志》，卷二，28页。

德境内。这样说的话,建德江也不过四五十里而已。

不过,历史上的桐江、富春江、新安江、建德江往往重叠混用。新安江是钱塘江的上游,其在建德境内又称建德江,在桐庐境内称桐江,进入富阳境内称富春江,而后为钱塘江,浩浩汤汤流入东海。由于桐庐县、建德县历史上均属于一郡/府(桐庐郡、睦州、严州或建德路),因此境内的新安江各段名称也常混用,或者说,没有明确的界限。以宋末元初知建德的方回为例,他就把自己的作品命名为《桐江集》,自己的孙女取名为"桐娘",这表明,所谓桐江就是建德路境内的新安江。

那么,孟浩然宿建德江,究竟宿在哪里呢?孟浩然说的是自己"移舟泊烟渚",因此,首先可以肯定的是,当晚不是宿于梅城城内。也就是说,他或者睡在船上,或者泊船后宿于附近的岸边或者沙洲。可是,他究竟在何处泊舟呢?

以建德江的起止而言,从钓台,经垄柏、张村、江南坞、子胥渡/胥口、乌石滩到三江口,这一段虽然宋代就称"有风七里,无风七十里",水流湍急,可是,这些村落、码头、渡口应该都可以停船歇息。那么,究竟何处比较有可能过夜呢?以有限的历史文献考,张村,也就是垄柏对面的村落,是可以停泊过夜的。按《严州图经》,宋代的时候,张村在县东三十里,设管界巡检司,"管土军一百人"。[1] 张村之险要,或许推到唐代亦如是。此外,胥口溪汇入建德江口,也就是子胥渡附近似乎也可以停泊过夜。明代人就以为孟浩然泊舟之处是现在的胥口,也就是胥溪入建德江之处。《万历严州府志》称:"胥

---

1 《严州图经》,卷二,73 页。

口江,一名建德江,在县东二十五里,以伍子胥经此因名胥村。唐孟浩然诗:移舟泊烟渚,日暮客愁新。野旷天低树,江清月近人。"[1] 的确,胥口溪入建德江处有子胥渡,可以泊船过夜,南宋范成大就在此停留一夜,可惜他误记为"胥口"为"西口"。至于其他地方,我们就无从可知了。不过,孟浩然的诗里还是给我们留下了蛛丝马迹。诗中第三句说,"野旷天低树",就给我们提供了一幅秋江暮色图。"野旷"二字尤为关键,说明泊舟附近地面开阔,视线可以看得很远;正因为看得很远,所以天尽头的树显得低矮。因此看,在建德江最窄处的张村,不符合这个地理特征,因而不是孟浩然停泊过夜处。那么,建德江沿岸有什么地方符合旷野这个地理特征呢?

我们知道,新安江和富春江两座大坝的建成,淹没了建德江两岸的许多山坡和村落,不过,七里滩逆流而上以险恶著称,江面狭窄,水流湍急,两岸高山峭壁,因此,当年的旷野好像也不多。以这个地貌,可以排除张村、子胥渡等处。唯有新安江、建德江和东阳江三江汇合处,有较多的河滩、平地、田野。以此论之,孟浩然很可能泊舟于现在的三江口附近。从三江口往三都方向看,确实有"野旷天低树"的可能。

"三日看不着乌龙山,眼泪就要淌下来"

除了穿州而过的新安江,严州境内还有一山逶迤,颇引人注目。

---

[1] 《万历严州府志》,卷二,28页。

| 第一章 | 七山二水一分田

乌龙山是建德境内的第一山峰，最高处海拔916.6米。《建德市地名志》介绍说，乌龙山：

> 位于古镇梅城以北，新安江、富春江之北岸。因山石乌黑、山体巍峨、蜿蜒如龙而得名。又名乌山、仁安山。乌龙山主体呈扇形，黄壤，海拔916.6米。形成于燕山运动后期，由火山喷发后的酸性岩浆凝结而成。早期曾处于浅海之中，故而山巅地层中时有螺壳等水生生物遗迹出现。由于山体是火山喷发形成的断层，相对高度达800余米，几乎是拔地而起，高临江岸，气势十分雄伟。

又说："乌龙山是昱岭山脉的分支，东至胥溪，西至杨村桥集镇，南临大江，北界乾潭集镇，方圆百余里，自成山系，有其支脉。"[1]

乌龙山沿着新安江北侧东西展开，将建德县一分为二。新安江顺着山势浩浩荡荡蜿蜒从山南向东绕过山麓，折而向北。千年古府严州城便坐落在此山南麓，面对大江。倚山临江，风流殊异。在乌龙山的北面便是笔者的家乡乾潭镇。笔者小时候每天一睁眼便是巍峨乌黑的乌龙山，从小就听到这样的家乡名言："三日看不着乌龙山，眼泪就要淌下来。"言本地人对于乌龙山的感情。因为乌龙山就在门前，所以乾潭人都称其为前山。

从乾潭镇看乌龙山，巍巍峨峨，自东向西展开，仿佛矗立着一扇

---

[1] 《建德市地名志》编纂委员会、建德市民政局编：《建德市地名志》（北京：方志出版社，2015年），44页。

巨大的屏风。山麓是茂密的树林，仿佛黄宾虹笔下浓墨的山水画一般。小时候，早晨起来，捧着饭碗，抬头便看见层峦叠嶂，有时山间云雾缭绕，宋末遗民谢翱称"乌龙烟霭北"[1]；有时青峰如洗，直插蓝天，天天所见，不以为奇。范仲淹的《萧洒桐庐郡十绝》也专门写及乌龙山，其一云："萧洒桐庐郡，乌龙山霭中。使君无一事，心共白云空。"其二又说："萧洒桐庐郡，开轩即解颜。劳生一何幸，日日面青山。"[2]北宋曾任严州通判的张伯玉曾登乌龙山，有诗写道：

> 桐川本无尘，况此幽阁迥。万木含秋声，一轩与天净。前峰翠分滴，后谷语相应。槛下江云归，檐前古雪凝。岩僧对游客，湛若寒冰莹。百虑缘心空，独饭随疏磬。嗟余本林壑，谬与世纷竞。一作市朝人，几伤麋鹿性。旧山别来久，萝蔓锁幽径。长恐客沈深，未得归期定。息中来此境，时觉襟韵胜。犹愧招隐心，聊为小山咏。[3]

这是登高望远而慨叹世俗磨人。

乌龙山不仅是建德名胜，也是浙西名山。四大名著之一的《水浒传》便曾提到这座名山。《水浒传》第一百十六回对杭州通往严州必经之山岭，也就是乌龙山背的乌龙岭，曾有描述。"宋江调兵，水陆并进，直到乌龙岭下，过岭便是睦州……那乌龙关隘，正靠长江，山

---

[1] （宋）谢翱：《春日迟子芳游乌龙山》，《晞发集》，卷八，清康熙四十一年（1702）刊本。
[2] （宋）范仲淹：《萧洒桐庐郡十绝》，《严陵集》，卷三，36页。
[3] （宋）张伯玉：《登乌龙山寺阁》，《严陵集》，卷四，44—45页。

峻水急,上立关防,下排战舰。宋江军马近岭下屯驻,扎了寨栅。步军中差李逵、项充、李衮引五百牌手,出哨探路。到得乌龙岭下,上面擂木炮石打将下来,不能前进,无计可施。"所谓乌龙关隘,便是乌龙岭;而"山峻水急"四字则道出了乌龙岭的地势险隘,易守难攻,令能征善战的水浒人马折损惨重,几乎无计可施,令人唏嘘。当年武松故事拍成电视剧时,笔者还是小学生,村里的孩子马上把电视剧里的一句话传开了,那就是"解珍解宝,性命难保"。《水浒传》是小说,但方腊起义而又被镇压则是史实。那么,乌龙山是因何而名?又是何时而名的呢?

乌龙山,顾名思义,言其山脉绵延不断,森林茂密,远看仿佛是深黑色的一条龙在舞动,故以"乌龙"为名。这个解释并没有文献支持,虽不中亦不远矣,可以说是苏东坡的"想当然耳"。具体而言,什么时候有了乌龙山这个称呼?这当然要从地方文献去找。建德现存最早的地方志《严州图经》附载的数幅图中,就画出了乌龙山所在,可惜没有文字标明。其"府境总图"在府治后画了陡峭的山脉(图2.1),[1] 遗憾的是,没有文字说明是什么山。有文字说明或标明的,则统统称此山为"仁安山"。《严州图经》内的"建德府内外城图"中,建德府城北为"仁安山";"建德县境图"也署名"仁安山";卷一"祠庙"介绍"山神坛"也说"在仁安山之阳"。[2] 那么,"仁安山"一名从何而来?

答案还是可以从《严州图经》中找到。其卷二之"山"写道:"仁

---

1 《严州图经》,卷一,22—23页。
2 《严州图经》,卷一,24—25页,47页。

安山在城北一里，高六百丈，周回一百六十里，旧名乌龙山，其傍当驿路，有岭，亦名乌龙岭。宣和初，臣僚建言，谓龙为君象，应州、县山水地名，有龙字者当避。及方腊之乱，复言狂贼窃发，由土地之名未正，乞锡以忠顺之名，定一方。乃语州、县、乡名及山与岭，悉改今名。"[1]

这一条很清楚地说明了乌龙山改名为仁安山的背景。由于方腊起义，朝廷以为"乌龙"以"龙"名山，犯禁；何况还有方腊起义的"教训"——有官员称方腊之乱，就是因为"乌龙"山名所导致，故建议改名。于是"仁安"代替"乌龙"，成为山名。"仁安"可以理解为因（朝廷之）仁而（得到地方、百姓之）安；或者也可以理解为"仁义"和"安顺"，这则是对严州地方和百姓的鼓励和期望了。

宣和二年十月（1120年底），方腊率众在歙县七贤村起义，不久被镇压，所以"乌龙山"改名为"仁安山"也应当在方腊起义失败后。《严州图经》最早修于绍兴年间，属于南宋初年，离方腊失败不过十八年。因此，《严州图经》照搬了北宋末年改名后的称呼，注此山为仁安山。不过，官方钦定的地名究竟难以持久，民间依然称此山为乌龙山可想而知。故康熙年间的《建德县志》直接说，北宋之改名仁安山，今已恢复称乌龙山。尽管如此，《严州图经》还是留下很多宣和前的史料，今人可知：乌龙山确实早在唐代就叫乌龙山，它也应该就是这座山最早的名称。

《严州图经》卷一"碑碣"记载，龙兴寺的石碑石刻，提到了唐代时候的"乌龙山"。根据石刻，唐代时存有"唐乌龙山许尊师孝感

---

[1] 《严州图经》，卷二，84页。

瑞芝记"的文章和"唐乌龙山有道先生许公碑"碑刻。这两处有关许公（有道先生）的文献虽然在宋代可能不存，但都提到了"乌龙山"这个名称。唐代睦州人方干有《题乌龙山禅师》一诗，云："暑夜月华犹冷湿，自知坐卧逼星宫。晨鸡未暇鸣山底，早日先来照屋东。人世驱驰方丈内，海波摇动一杯中。伴师长住应难住，归去仍须入俗笼。"[1]不知方干所说的禅师是否为有道先生？但无论如何，在唐代"乌龙山"这个名称已是事实。

那么，唐代之前呢？北朝郦道元（466或472—527）编纂的《水经注》卷四十介绍"浙江水"时提到了乌龙山。浙江水，就是浙江（钱塘江的古称）。其中说："浙江又东北迳建德县南。县北有乌山，山下有庙，庙在县东七里。庙渚有大石，高十丈，五尺围，水濑浚激而能致云雨。"《建德市地名志》解释称，"乌山"就是乌龙山。这当然没错。不过，究竟当时是否也叫乌龙山，就不得而知了。

一城：半朵梅花

严州府与建德县府县同城，府治为梅城（今建德市梅城镇）。关于梅城的名字由来，传说是因其沿江的城墙砌成半朵梅花形状，从而得名。梅城坐落于新安江、兰江和富春江（建德江或桐江）三江汇合之处，北枕乌龙山，南临三江口，依山傍水，风光秀丽，是一座千年

---

[1] （唐）方干:《题乌龙山禅师》,《严陵集》,卷二,17页。

古镇。武则天神功元年,睦州州治迁至建德县城,从那时起到清末民国,梅城作为府治长达一千二百多年,历史文化底蕴深厚。

唐代之前的梅城,我们很难知道了。《严州图经》则保留了梅城的最早记录,当时它被称为罗城,建于晚唐。中和四年(884),陈晟攻打睦州刺史韦诸,韦诸被俘,陈晟自领睦州刺史,并建罗城。[1]

> 罗城周回十二里二步。刁衎《大厅记》云:陈晟筑罗城,按旧经周回十九里,高二十五尺,阔二丈五尺。今城,宣和三年平方腊后知州周格重筑。城有八门,东曰望云;南曰定川,曰安流;西曰安泰,曰和平;北曰嘉贶;东北曰百顺;西南曰善利。善利门旧有复城,出溪湖两间,相传为凤凰觜,既重筑,悉平之,塞为城隅。绍兴八年,知州董弅因父老有请,即城隅辟为门,还榜旧名。[2]

根据上述记录,陈晟建的罗城,周长大约8公里。不过,唐代的梅城已经没有遗存了。幸运的是,最近在梅城的挖掘当中发现了唐代的礌石。此石状如石碾,两端带有榫头,长度近3米,直径近1米,足有3吨多重。根据地方文献,礌石上刻四十字:"伟哉礌石,作镇此州。显晦以时,灾祥寡由。制服貔彪,消殄巨蠹。桑麻遍野,谷麦

---

[1] 《严州图经》,卷一"题名",49页。陈晟"据睦州十八年,死,弟询代立"。有关梅城的历史变迁,参见倪志新:《六朝唐宋睦州的政区、城市及交通研究》,浙江大学中国古代史硕士学位论文,2016年;赵界:《宋元以来严州府城形态研究》。

[2] 《严州图经》,卷一,37页。

盈丘。千亿万年，世沐洪庥。"现存的礌石有些刻字依然可见。严州礌石大概是镇州之宝，可以镇妖，可以辟邪，可以招祥，可以增收。

北宋徽宗年间方腊起义，罗城被毁。此后知州周格重新建筑，但规模很小，"仅足公宇而已，燕游之地，往往芜废"。[1] 不过仍设有八个城门，正面（南面）临江的是定川门和安流门，春水秋波一览无余。唐高僧贯休《新定江边作》就描绘了江边秋色，云："江边山顶深秋时，身闲萧洒身无为。石头青草取次坐，松风竹风撩乱吹。数声好鸟来依我，一点征帆去是谁。惆怅古贤何处在，潺湲夕照满江湄。"[2] 这正是梅城的秋江落日图。曾知睦州的吕希纯为有诗赞定川门，云："江如丁字凑城隈，长畏蛟龙鼓浪来。门表奠川聊致祷，职当求瘼愧非才。两滩涨定沙痕白，七里山晴雾雨开。放出庾家楼上月，却留宾从少徘徊。"[3] 范仲淹也有《江干闲望》一诗，云："江干日清旷，寓目一揭笲。落叶信流水，归云识旧峰。兰荪谁共采，凫雁自相从。莫爱蘋风起，波来千万重。"[4]

到了元末，周格建的罗城又毁，明将李文忠夺取严州后重修。这次重修，把府城向西北移动，以"坐龙山之正脉也"。[5] "周八里二十三步六分，高二丈四尺，阔二丈五尺。门有五：东曰兴仁，南曰澄清，西曰和义，北曰拱辰，西北曰武定，各覆城楼，护以月城。惟拱辰门附山，不设月城，为铺四十有八。东西北为城濠，各一千一百

1　《景定严州续志》，卷一，111页。
2　（唐）贯休：《新定江边作》，《严陵集》，卷二，29页。
3　（宋）吕希纯：《定川门》，《严陵集》，卷六，68—69页。
4　（宋）范仲淹：《江干闲望》，《严陵集》，卷三，35页。
5　《万历严州府志》，卷三，55页。

有五步。"[1] 后人指出："李文忠重筑之严州府城，除沿用东侧近碧涧的一段城墙外，西北、正北都向内作了收缩，向南则移近新安江。此城东凭碧涧为护城河，南以江水作城濠，遥望三江盛景，北有乌龙山，西有建昌、屯军诸山为天然屏障，在城防、景观、游历等方面优势尽显。"[2] 由此看来，明初的梅城规模要远小于北宋的罗城。大概是为了军事防御考虑，所以城墙的高和宽几乎一致，有利于城墙上排兵布阵。明代对此格局又有多次修建。"宏（弘）治四年知府李德恢修；嘉靖三十七年知府韩叔阳遍筑敌台；万历五年知府杨守仁重修；崇贞（祯）十六年知府胡崇德加砖五尺。"[3]（图1.2）以上可见，明代中后期的重修也都以军事防御为目的，大约是因为东南面临倭寇侵犯，不得不作戒备。

那么，明代严州府城内外的居民（也即梅城的城市人口）有多少呢？大约在万历五年，严州府同知龚天申"访得城内外，据十家保甲牌面，共计人户二千三百五户，实在人丁四千三百六十八丁"，这"实在人丁"，包括"乡宦、军职、举监、生员、儒家、吏"等。[4] 丁是成年男子，由此推算，梅城城墙内外的人口约为2万人左右。目前梅城的城镇人口亦不过如此。

到了清代，"康熙十二年，知府梁浩然、建德县知县项一经同修。

---

1 《光绪严州府志》，卷五"营建"，1页。
2 尧志刚、施凤伟、王征宇：《明清严州城考古调查报告》，《杭州文博》2015年第1期，68页。
3 《光绪严州府志》，卷五"营建"，1页。
4 （明）龚天申：《城守江防丁夫议论》，《光绪严州府志》（下），卷二十五，785页。

二十一年大水,知府任凤厚修;二十五年又水,任凤厚偕同知张超越、通判王嘉植暨建德县知县戚延裔复修。雍正三年,知府张芳修。乾隆九年,洪水冲塌,知府富绅、同知王元令、建德县知县上官德舆重修,十九年,知府吴士进、同知史凤辉、建德县知县王宾同阖属士民,公捐修理东南二隅"。[1]由此可见,清代修建的城墙,从一开始就不够牢固,屡次为洪水冲毁,这大概是因为明清以来严州(建德)的经济状况不佳,没有足够的财力一气呵成修筑起坚固的城墙体系。总之,明清两代的梅城,体系大致一致。图1.3即道光年间梅城的军事防御图,可以看到梅城除了东北角之外,四面城墙耸立,南面临江有二门,西面有二门,北面和东面各有一门。隔江而立的南北双塔亦明确标出。

由于府县同城,梅城城内的衙门众多,各种机构应有尽有,这让本就逼仄的空间更显拥挤。有研究者指出:

> 府城背山面河,地势北高南低,就城市布局而言,与中国古代传统城市布局有相似之处,官署衙门所居与普通民众聚居有明显的分隔现象,政治中心处城池正北,俯瞰大江,一大街直通南门达江,将府城一分为二,这也符合中国传统城市街道布局中"中轴线"的概念;作为一座山间小城,自南宋以来,1000多年基本未发生变化,其城市内部形态保持令人惊异的稳定。[2]

关于官衙,笔者不再赘言。不妨将注意力集中到梅城城内的坊,

---

1 《光绪严州府志》,卷五"营建",1页。
2 赵界:《宋元以来严州府城形态研究》,106页。

因为这最能体现梅城千年来的文化积蕴。本书所谈的坊，便是俗称的牌坊，也即官方民间出资修建来弘扬正气、表彰乡贤的建筑物。[1]梅城城内从宋代开始，尤其在明清两代竖立了众多的石坊，成为城内随处可见的景观。

根据性质，梅城城内的石坊大致分为两类。一类是官府修建，用来激浊扬清提倡民风；另一类是百姓倡修，用来记载本府本县科举中第之杰出者。如"辑睦坊在府前西街"，宋淳熙（1174—1189）中建，明成化十五年（1479）知府朱凯重建；"严陵郡治坊"，在嘉靖乙未年（1535）由知府吴世泽修建，乙卯年（1555）知府宿应麟再修，万历六年（1578）知府杨守仁重修；"激浊扬清坊"，嘉靖乙酉年（1525）知府庄壬春建，乙卯年（1555）修。[2]不妨以《乾隆严州府志》为例略作分析，当时城内共有"坊表"七十四座。[3]在府学前就有"斯文在兹坊"和"兴贤育才坊"，在建德县儒学前有"攀龙附凤坊"，都表达了对科第的美好祝愿。实际上，庆祝本地科举高中而修建的坊也占了多数。如三元坊（以及三元桥）为明代三元及第的商辂所建，解元坊为何海（1399）所建，冠英坊为明代进士柴文显（1445）所建，进士坊为乌浚、柴文显、蒋泰、徐怀、徐庄、何渥、王浚所建，世柱史坊为御史余思宽、余乾贞所建，世都宪坊为宋应奎、宋邦机、宋贤（一家数代）所建，世登金榜坊为郎庆、郎胜、郎滋（一家数代）所建；

---

1 宋、元时期严州城内基层管理组织的架构，即乡—厢—井（坊）的组织架构。这种架构与一般认为的所谓"厢坊制"并没有什么显著的分别，仅须看作名称的不同而已。赵界：《宋代以来严州府城形态研究》，105页。

2 《万历严州府志》，卷二，66页。

3 《乾隆严州府志》，卷五"营建"，25—27页。

兄弟进士坊为俞夔、俞稷所建,黄甲传芳坊为进士吴倬、吴钦所建,彩凤联飞坊为举人柳本泰、徐汝圭所建,双凤鸣阳坊为进士徐楚、吴世良所建,双凤呈祥坊为进士何云雁、陈鑨所建,祖孙科甲坊为宋显、宋澄、宋应奎、宋邦机、宋贤所建,丛桂坊为举人杨滔、杨琦、杨钦(同年中举)所建。以上可见,这些科第之坊,或是因为科名高显,或是同年登科,或是兄弟数人乃至一家数代,而且乡人所敬重。我们大致也可以知道,严州城内文气浓厚,科第之家颇为不少,如柴氏、俞氏、宋氏、郎氏、余氏等等。

梅城倚乌龙山南麓而建,因而乌龙余脉侵入城中,兼有山泉溪流自峻岭山谷而下,穿城而过。晚唐的陆龟蒙(?—881)曾在咸通六年(865)到睦州,拜谒刺史陆墉,在乌龙山的龙兴观老君院作《引泉诗》,其中就描绘了乌龙山的景色:"新定山之角,乌龙独巉然。除非净晴日,不见苍崖颠。上有拏云峰。下有喷壑泉。泉分数十叉,落处皆𣾷潺。"[1] 北宋张伯玉《睦州》一诗中写了严州城的风景,云:"千家楼阁丽朝晖,人到于今说钓矶。雨后数峰骄欲斗,春来两港活如飞。高吟多谢沈家令,中酒长怜杜紫微。更爱严城无锁处,白云摇漾去还归。"[2] 范仲淹的《萧洒桐庐郡十绝》也描绘了山泉潺潺的城景,其三云:"萧洒桐庐郡,全家长道情。不闻歌舞事,绕舍石泉声。"其五云:"萧洒桐庐郡,家家竹隐泉。令人思杜牧,无处不潺湲。"[3]

1　(唐)陆龟蒙:《引泉诗》,《严陵集》,卷二,24页。
2　(宋)张伯玉:《睦州》,《严陵集》,卷四,43页。
3　(宋)范仲淹:《萧洒桐庐郡十绝》,《严陵集》,卷三,36页。

因为山泉溪流的原因，梅城有东湖、西湖。[1] 东湖"在城东门内建德县前百步。嘉靖四十年（1561）知府韩叔阳因旱涝不常，筑堤以捍之。遂成巨浸，水由太平桥"入西湖。西湖：

> 在城西南和义门外，广袤五百四十二丈，上有宝华洲，唐刺史侯温开置。宋靖康初，知州凌唐佐申乞充放生池。景定二年水冲坏，知州钱可则亟堤之。明年正月祝尧之日放生于湖，邦人乐其有爱君之心。东阳楼晏记范纯仁有《西湖四景》诗，一云："万顷琉璃麋翠林，日迟风暖物华新"；二云："白鹭文鸳鉴里飞，红桥朱阁影参差"；三云："深堂高阁启清风，舟泛荷香柳影中"；四云："夕阳照水晚登楼，皎月涵波夜泛舟"等句。又嘉靖间分守参政张子弘、知府张任重修，于湖洲上建浼文堂。万历间知府陈文焕磊石坚筑，实郡中之佳景也。[2]

这是万历年间梅城西湖的建设。所谓天下西湖三十六，梅城亦占其一。范仲淹就曾写诗描绘湖中采莲的情景，其七云："萧洒桐庐郡，千家起画楼。相呼采莲去，笑上木兰舟。"[3] 在最近的考古和修葺中，西湖和东湖或扩展或挖掘，相连的水道也得以恢复，可谓一桩美事。

除了东湖、西湖，梅城城中有水井多处，有"九井"之称。"九井，在府城内，《新定续志》云："郡城岸江枕山，泉味甘冽。旧为井者九：

---

1 关于东湖、西湖，参见陆逸文、舒仁辉：《严州东、西湖述论》，《杭州学刊》2017年第4期，180—190页。
2 《万历严州府志》，卷二，24—25页。
3 （宋）范仲淹：《萧洒桐庐郡十绝》，《严陵集》，卷三，36页。

曰桂泉，在双桂坊；曰清泉，在子城外西北；曰华泉，在兜率寺西百步；曰甘泉，在遂安军门内西；曰酿泉，在郡圃；曰秀泉，在添差通判廨东；曰海底泉，在和平门西；曰白龙泉，在安泰门外；曰碧波泉，在嘉贶门外。"[1] 到了万历年间，由于城内水井众多，九井是指哪几口井，郡人也说不清楚了。"或谓甘泉、秀泉不列于九井，然皆未有考也。"[2] 不过，"九井储清"已经成为"严陵八景"之一。城内犹存的两口古井至今仍为居民所用。一是传说三国吴国太的国太井；一是明代宣德年间严州富户马景福开凿的六眼井，匠心独出，解决了打水人多取水不及的问题（图1.4）。

严陵八景在明代大致形成，包括：千峰古槲、八面层峦、双塔凌云、二江成字、三墩毓秀、九井储清、七里扬帆、双台垂钓。[3] 不妨介绍一下至今犹存的双塔。传说北峰塔和南峰塔始建于三国时期，历代屡毁屡建，现存的双塔，为明嘉靖二十五年（1546）重建。古代以八卦表示方位，"卯"为北方，"巽"为南方，故双塔又分别称为"卯塔"和"巽峰"。北峰塔建在碧溪坞北高峰之上，北依乌龙山，南临"三江口"。北峰塔为外七层内六层结构砖塔，中有阶梯盘旋而上。登塔远眺，新安江自西向东、兰江由南向北，两水相交东流成富春江，形如"丁"字，如唐杜牧诗句"越嶂远分丁字水，腊梅迟见二月花"所言。碧溪坞碧水淙淙，唐代诗人刘长卿在此建有碧涧别墅。北高峰，又名"高峰山"，为乌龙山支脉。《民国建德县志》卷四载："高峰山，

1　《万历严州府志》，卷二，25页。
2　《万历严州府志》，卷二，25页。
3　《乾隆严州府志》，卷三"封域"，28页。

在城东五里，即北高峰乌龙山之支也。双峰耸秀，林木清幽，为一郡奇观。山巅旧有浮图七级，宁寺塔相望，嘉靖间旧塔圮，知府庄壬春重建，郡民复建东岳天妃、文昌、三官庙。"[1]

南峰塔为八面七级密檐式砖塔，塔基直径为 8.6 米，塔身通高 35 米。塔内有梯，系夹道，单线，分层，逐层盘旋而上，可达第七层。塔顶中心为复钵，钵上为两个重叠圆形葫芦，再上为宝瓶，整个塔刹为金属制成。底层立有一石碑，上刻《重建卯巽二塔记》，为明代鄢懋卿所撰书。《民国建德县志》卷四引用旧志曰："南高峰，在城南三里，上有浮图久圮。明嘉靖丙午乡达俞夔因旧址重建，工未竣，知府韩叔阳终成之，与北塔对峙。"[2] 登塔东眺，三江口一览无余（图 1.5）。2019 年 10 月 16 日，梅城南峰塔和北峰塔入选第八批全国重点文物保护单位。

四乡

严州府治在乌龙山南麓与新安江北岸之间的坡地，极其逼仄。不但府城如此，整个建德县乃至严州府均是如此。群山蜿蜒，大江与溪流纵横分割，以致县境内几无平地。相对集中的田地不过是河流岸两侧滩地与山间的盆地。因此，建德的四乡（东南西北）土地狭窄，村

---

1 《民国建德县志》，卷四"疆域"，23 页。
2 《民国建德县志》，卷四"疆域"，36 页。

落人口数目均低于全国平均数，并无出众处。

东乡在府治以东。府治以东其实就是乌龙山东南麓以及余脉，并无大块田地；再往东便是建德江，建德江东岸亦是山脉，山脉与建德江之间不过是坡地和河滩，空间十分有限。其地理位于官方水路交通要道，但人口、经济均不足道。

南乡与府治隔江相望，主要沿着兰江逆流向南展开。南北向的兰江与东西向的山脉之间有许多小型盆地和冲击平原，因此反而是建德平地最多的乡。但南乡最重要的经济也不在于耕种，而是依赖山林与河流的经济作物与贸易。南乡也是除了建德县治之外科第最发达者。为《唐诗三百首》注疏的章燮（1783—1852）便是南乡人。章燮，字象德，号云仙，浙江严州府人（今建德市三河乡章家村人）。他本是塾师，在教课之余注疏蘅塘退士孙洙所编《唐诗三百首》，在原有旁批之外，广征博引，堪称注本中最详尽、最严谨的版本。章燮《唐诗三百首注疏》六卷，自道光十四年（1834）秋季刊印以来，最为流传。此外，嘉庆二十三年（1818）戊寅恩科吴宝治，庚辰进士，也是南乡人，他也属于建德的最后几个进士之一。

乾隆三十六年（1771）建造的吴氏宗祠便高悬着吴宝治高中进士的荣耀（图1.6）。吴氏宗祠坐落在原麻车乡（现大洋镇）高垣村，占地面积2800平方米，规模宏大，整体呈"四字"，共三进，花岗岩铺地。通往吴氏宗祠的道路上，原来有两座高大的孝子坊，建于咸丰年间，是为嘉奖乾隆年间吴氏的两位孝子（均为举人）吴文朴和吴文迈。吴文迈的石坊在"文化大革命"中被毁，现存的吴文朴孝子坊四柱三间五层，全部由淳安茶园的青石构建，高5.7米，宽6.2米，雕刻龙凤、花卉、飞禽、瑞兽等（图1.7）。此孝子坊上层横坊正面刻"乾隆辛酉科举人吴文迈",背面刻"钦旌孝子"四个字,横坊往上依次竖有石匾刻"荣恩"两字和"孝子坊"三个大字。

西乡情景和东乡相似,不过就是在新安江两侧,其村落比东乡稍多,著名的白沙渡口便在西乡,汉代朱买臣的故事也在此乡。北乡位于乌龙山山麓以北,和县治相背,与桐庐、分水相邻。境内也是溪流山脉相间,其文化远不如县治,其经济远不如南乡。北乡大致就是目前的乾潭镇以及钦堂乡。《万历严州府志》卷四"乡都"详细记载了宋代至明代的建德县下辖的乡都,使我们大致了解传建德一城四乡的设置与地理。"自城至一都为买犊乡,里三:买剑里,息奸里,丰稔里";"自二都至四都为新亭乡,里五:仁爱里,余铺里,仁丰里,惠及里,孝弟里";"自五都至七都溪东为白鸠乡,里五:井泉里,谢浦里,万俞里,云思里,上浦里";"自七都溪西至八都为孝行乡,里七:金灵里,宣风里,白鸠里,中义里,叔度里,求苏里,常乐里";"自九都至十二都为建德乡,里五:东林里,旌孝里,大川里,马日里,沿江里";"自十三都至十五都为慈顺乡,里七:胥源里,麟化里,清风里,新义里,杨溪里,招贤里,均平里";"自十六都至十七都为龙山乡,里三:弦歌里,下坑里,靖泰里";"自十八都至十九都为仁行乡,里三:慈孝里,延化里,怀仁里";自二十都至二十一都为芝川乡,里二:节妇里,隐溪里"。[1]以上九乡二十一都,为当时建德县最基本的乡村行政区划。

那么,这二十一都是如何划分的呢?以《万历严州府志》为本,可以看出二十一都的划分以县治梅城为中心,从其东南建德江南岸开

---

[1] 《万历严州府志》,卷四,92—93页。

始，顺时针方向到正南，西南，西北，正北，最后到东北，依次为一都到二十一都。这二十一都，每二或三都并为一乡，共九乡。不过到了明末，二十一都作为行政区划逐渐废弛。以数字引领的"都"，作为地名，也逐渐消失。而二十一都中惟有三都镇和下二都村这两个地名流传下来，至今还在使用。

"万山之窟"

南宋以来，严州为天下名郡，但其山川、人物、户口、田赋，其实颇为不堪。《景定严州续志》"税赋"中承认："郡处万山中，土最瘠，民最贫，均赋任役，不可一日无仁政。"[1] 此点严州乡贤、状元方逢辰最清楚不过了。他在给《景定严州续志》的"序"中明白地说：

> 严于浙右为望郡，而界于万山之窟。厥土坚而隔，上不受润，下不升卤；雨则潦，霁则槁。厥田则土浅而源枯，介乎两□，节节级级，如横梯状。其民苦而耐，其俗啬而野，其户富者亩不满百，其赋则土不产米，民仅以山□而入帛。官兵□廪，则取米于邻郡以给，而百姓日籴，则取给于衢、婺、苏、□之客舟，较之浙右诸郡，其等为最下下。而严之所以为望郡，而得名者，不以田、不以赋、不以户口，而独以"云山苍苍，江水泱泱"，有子

---

1 《景定严州续志》，卷二，123页。

陵之风在也。[1]

"万山之窟"四个字实在说明了建德的地理特征。作为严州首县，建德的田地主要位于沿江两岸，因而早在明代就基本开垦殆尽。乾隆三十八年（1773），临海、建德、奉化、太平、龙泉、平阳、江山等七县"开垦田地山塘五十五顷六十八亩有奇"。[2] 合七县"田地山塘"不过五十五顷，可见当时浙江农业空间已达极限。乾隆五十九年（1794），"建德县开垦额内荒田二十八亩有奇"。[3] 嘉庆四年（1799），"建德县开垦地七十亩有奇，照例升科。从之"。[4] 连开二十八亩荒田和七十亩山地这样的小数目都郑重其事地上报皇帝，虽然是体制所定，可是相比其他地区的垦荒数，实在有些小题大做，这完全是因为建德土地有限，垦荒难有作为。

由于山多田少，严州自古以来便不是粮食产地，粮食自给是一个长期的难题。到了宋代，便出现了婺州和严州之间绢米互易的风波。皇祐年间（1049—1054）开始，严州每年替婺州代绢三万六千匹，婺州则向严州输米一万五千石。这项措施延续了两百多年，大致两便。然而，到了景定元年（1260）八月，"严州之绢，起解版曹，不至有

---

1 《景定严州续志》，105页。"□"处缺字。
2 《清高宗纯皇帝实录》，卷九百四十二，740-1页。本书明清实录之搜寻即引用源。"中央研究院历史语言研究所"、韩国国史编纂委员会：《明實錄、朝鮮王朝實錄、清實錄資料庫》，https://hanchi.ihp.sinica.edu.tw/mqlc/hanjishilu？ 20：47906227：10：/raid/ihp_ebook2/hanji/ttsweb.ini：：：@SPAWN#top。
3 《清高宗纯皇帝实录》，卷一千四百六十四，564-1页。
4 《清仁宗睿皇帝实录》，卷五十六，727-1页。

欠，惟婺州之米，多是占吝，遂至拖压。盖以严为邻郡，莫可谁何，未免忽视。今据严州申，积欠米计二万八千三百余石，今年合拨之米，又不在此数"。也就是说，不算上景定元年的份额，婺州拖欠了将近两年的米谷，这严重影响到严州百姓的生计。然而，即使严州"虽屡常申述，朝廷亦屡行催督，婺州官吏视为故常，更不遵奉"。在这样的困境下，"圣旨令严州于岁额代婺绢内，截留一半，一万八千匹，自市米充军食，仍以一半绢解赴户部。婺州亦令解绢一万八千匹，补足户部元额，却与免拨米还严州。并自景定元年分为始，仍下户部，照应施行。其婺州所欠米数，照元行下运司，严催拨还"。[1] 也就是允许严州用一般的纳绢数目在市场上换米，婺州则须向朝廷上交绢一万八千匹。可是，婺州"犹拒命不听"。第二年，户部只好恢复了皇祐旧制，但要求婺州必须先输米到严州，然后严州再输绢户部。至于后续如何，可惜未有资料。

到了明初，由于建德山多地少，生齿不繁，明朝的许多政策无法在当地实施。与此同时，一旦发生水旱灾害，建德百姓不得不求助于官府赈济。洪熙年间（1425），建德百姓提出：严州地少民寡，一里民户不到五百，请求征科按照每里的民户多寡分配，而不是在各里平均。"严州府建德县民言，浙江诸郡为里有一千二千者，惟严州一郡里不及五百，布政司凡有征科一概派办，乞敕本司以里数民户多寡为等差，庶几赋役适均。上谕行在户部臣曰：有司掌民赋役不均如此，民少者何以堪之？其移文诰责，布政司且戒其后来。"[2] 明朝洪

---

1 《景定严州续志》，卷二"军饷"，124—125页。
2 《明宣宗实录》，卷六，168页。

武年间在各地设立粮长，负责征收、输送本地粮食。然而，建德本地产粮很少，没有必要在民间设立和其他地区相同比例的粮长。景泰四年（1453），"裁减各处粮长时，浙江建德县奏：本县粮止三千余石，旧设粮长二十四名，民苦其扰。事下户部议，请移文浙江等布政司并直隶苏松等府州县各谕，所属实征粮米不及万石者，粮长止存一名，仍禁其生事扰民，有犯情重者谪本处卫所充军从之"。[1] 明代的一石米约重153.5斤（明代一斤为594.6克），大致折算明代一石为现在的182.5斤。建德县粮食产量为3000多石，以3500石计算，合现在的638750斤。这大约63万斤的粮食由二十四个粮长负责征收和运送粮食税，每人合计负责约26000斤，实在是属于事少人多。

天灾人祸

说到建德的天灾（自然灾害），水灾当然排第一位。建德的水灾，首先是春夏之交的梅雨季节，暴雨连绵，山间各个溪流挟澎湃之势，冲入江中，导致新安江水位大涨，沿江百姓苦不堪言。梅城的城墙修建，除了军事防御，另一个主要目的便是防止江水倒灌入城。笔者上小学时，曾有一个夏天连续下了几个星期的暴雨，导致收下的稻谷无法晒干，抽出谷芽，大家被迫用锅将稻谷炒干。水灾还可能发生在夏秋之际，因为建德虽然属于内陆山区，但距离东海不远，常受到台风

---

1 《明英宗实录》，卷二百二十七，4954页。

的影响。台风来临时，大风毁屋折木，大雨可能导致水灾。同时，无论春夏之交还是夏秋之交，都是建德早稻或者晚稻以及其他作物的生长期，因此水灾对于农作物的收成影响极大。

除了水灾，建德也受到旱魃的威胁。或问，建德境内有大江大河和无数溪流，怎么会有旱灾呢？事实恰恰相反。建德境内山多田少，加上一些山地和坡地，如果在农作物的生长期没有降雨，溪流就会干涸，溪流两岸的田地很容易发生旱灾。如1934年建德遭受特大旱灾，农田几乎颗粒无收。

我们不妨从明清实录中看看建德的水旱灾害。《明实录》中相关记载不过区区数条。宣德元年（1426），建德"境内人民缺食"。[1]四年（1429），"浙江严州府建德县奏，岁荒民饥，凡借官仓谷九百五十一石七斗济之，俟秋成偿官"。[2]四年之后，饥荒再次发生，"严州府建德、遂安、分水三县皆奏民饥，已将预备仓谷量口赈济，俟秋成如数还官"。[3]除了上述三条，还有明神宗年间（1573—1620）的大水。"浙江严州山水大涌，建德、桐庐、淳安、遂安、分水五县漂没数千家。"[4]相比之下，《清实录》记载得就比较详细。满清以武力得天下，可谓"马上得之"，但在统治稳固之后，马上开始了赈济灾民、旌表贞节这类活动，增加其道德的合法性。

清代第一次灾荒是在康熙五十三年（1714）。此年，"免浙江建德

---

1 《明宣宗实录》，卷二十一，561页。
2 《明宣宗实录》，卷五十九，1404页。
3 《明宣宗实录》，卷一百六，2358页。
4 《明神宗实录》，卷四百三十四，8200页。

等四县、严州一所本年分水灾额赋有差"。[1] 此次是水灾。这当然不是入清以来建德遭受的第一次自然灾害，只不过到了康熙末年，清王朝正当盛年，有能力减免钱粮赈济灾民，因而得以记录在案。此后，赈济建德的记录逐渐增多。

雍正三年（1725），"免浙江兰溪、建德二县雍正二年分水灾额赋有差"。[2] 乾隆元年（1736），"赈浙江兰溪、建德等六县水灾饥民"。[3] 二年，大水冲毁了建德临江的田地，"应征银米，永请豁除"。[4] 五年，"免浙江钱塘、永康、建德三县，荒废冲坍田地山荡，无征银四百七十四两有奇，米二十三石三斗有奇"。[5] 九年，"浙江巡抚常安疏报：浙省七月初三等日，风雨骤作，山溪江水，一时陡涨"，严属之建德、淳安、遂安、桐庐、分水等，"浸没田禾花豆，冲塌城垣堤岸、仓廒衙署、营房民舍，人口间有淹毙"，而"其淳安、建德、常山、开化等四县，被灾更重"。[6] 从时间和描述情况看，这应该是一次台风导致的灾患。不久，各地包括严州"被旱被水灾民"新旧额征得以豁免，同时官府开始赈济灾民。[7] 此年，乾隆皇帝"闻得淳安、建德、常山、开化四县，田庐俱被冲淹，非别处被灾可比"，"着于三月内再

---

1 《清圣祖章皇帝实录》，卷二百六十，563-2 页。
2 《清世宗宪皇帝实录》，卷三十三，503-1 页，503-2 页。
3 《清高宗纯皇帝实录》，卷二十四，548-2 页。
4 《清高宗纯皇帝实录》，卷五十，847-1 页。
5 《清高宗纯皇帝实录》，卷一百二十二，793-2 页。
6 《清高宗纯皇帝实录》，卷二百二十四，896-1 页，896-2 页。
7 《清高宗纯皇帝实录》，卷二百三十，969-2 页，970-1 页。

加赈一月。以接济之"。[1] 可谓天恩浩荡。十一年，浙江巡抚常安奏称"勘明归安、龙游、建德三县，冲废沙积，坍卸无征田地，所有应征地丁银米，请循例豁免，应征漕白二粮，一并开除。均应如所请。从之"。[2] 十二年，建德遭受牛瘟，这对农业生产十分不利。"据常安奏称：浙省严州府属建德、淳安、寿昌、桐庐四县并严州一所，近时牛疫流行。民力艰窘。请照乾隆五年之例，饬令地方官，查明牛疫人户，每只借银三两，于次年麦熟秋收后分作两次征完。共需银三千六百余两。"最后议定："照各地方牛疫之轻重，定借银之多寡，并按各户所种田数，少者借银一二两，多者借银二三两。俟来岁麦秋两熟后归款。"[3] 十六年，浙江多处遭受旱灾，"建德、淳安、遂安、寿昌、桐庐、分水等五十七州县等地及玉环一厅旱灾民灶，并缓征本年地丁场课、新旧漕粮"。[4] 十七年正月，乾隆皇帝考虑到上年旱灾，此年青黄不接之际，"小民糊口维艰，难资力作，深可轸念"；要求浙江督抚"按期被灾之轻重"赈济。建德、淳安、寿昌属于受灾最轻者，但浙省督抚回奏，无论轻重，各地均发放一个月口粮，"则三四月间。青黄不接，又得糊口，延至五月内，豆麦届收，即有接济"。[5] 以后又蠲缓浙江乾隆十六年分之"额赋有差"。[6] 十八年秋，建德水灾，"豁免浙江建德

---

1 《清高宗纯皇帝实录》，卷二百三十四，21-1 页，21-2 页；卷二百三十七，50-1 页。
2 《清高宗纯皇帝实录》，卷二百七十四，579-1 页。
3 《清高宗纯皇帝实录》，卷之三百，926-2 页。
4 《清高宗纯皇帝实录》，卷之三百九十六，202-1 页，202-2 页；卷四百五，318-2 页，319-1 页。
5 《清高宗纯皇帝实录》，卷四百六，327-1 页，327-2 页。
6 《清高宗纯皇帝实录》，卷四百十三，403-1 页，403-2 页。

县被水冲塌田亩额赋"。[1]

嘉庆七年（1802），建德旱灾，缓征"新旧额赋"。[2] 十六年，建德等地旱灾缓征"本年额赋"。[3] 二十五年，建德等地水灾，缓征"被旱被水新旧额赋，给贫民一月口粮并冲塌房屋修费"。[4] 从嘉庆末年开始，小冰期降临，整个东亚世界进入低温多雨模式，建德遭受水灾更加频繁。道光年间（1821—1850）和咸丰年间（1851—1861）的赈灾记录可以为证。

道光元年（1821），道光皇帝考虑到上年水灾，因而贷给富阳、临海、宁海、建德、淳安、遂安六县及杭严台州二卫"上年被水被旱无力佃农籽种口粮"。[5] 三年夏，"缓征浙江建德、淳安二县被水村庄新旧额赋"。[6] 则此年春夏之交有大水。同年秋，又有水患，赈"建德、淳安二县冲塌房屋修费"，免"建德、淳安、分水三县沙石积压田地额赋"。[7] 此年冬，"缓征浙江建德县被虫歉收村庄新旧额赋"。[8] 四年夏，建德遭受山洪，幸亏"山水消退甚速，所有冲刷田亩，无碍秋成。经该县查明贫户，捐资酌给，无庸再加抚恤"。[9] 则此次可能是地区性暴雨造成山洪暴发，山溪水患，但雨停患消，对粮食作物影响不大。

1　《清高宗纯皇帝实录》，卷四百四十七，818-2 页。
2　《清仁宗睿皇帝实录》，卷一百三，388-2 页。
3　《清仁宗睿皇帝实录》，卷二百四十八，347-2 页，348-1 页。
4　《清宣宗成皇帝实录》，卷七，154-1 页。
5　《清宣宗成皇帝实录》，卷十二，228-2 页，229-1 页。
6　《清宣宗成皇帝实录》，卷五十三，944-1 页。
7　《清宣宗成皇帝实录》，卷之六十，1053-1 页。
8　《清宣宗成皇帝实录》，卷六十一，1061-2 页。
9　《清宣宗成皇帝实录》，卷七十，124-1 页。

道光皇帝"命浙江续碾仓谷一万余石,平粜余姚建德两县贫民"。[1]道光八年,严州大水,"蠲缓浙江淳安、建德、桐庐、寿昌四县水灾村庄新旧额赋有差,给贫民一月口粮",[2]并"赈建德、淳安、遂安、桐庐、分水五县灾民"。[3]十二年,蠲缓建德、淳安、遂安、寿昌、桐庐等"被水被旱被风村庄新旧正杂额赋有差"。[4]十四年秋,建德、淳安遭受水灾,"被水灾民一月口粮,并房屋修费"。[5]冬,"蠲缓浙江建德、淳安、桐庐、分水"等"十五州县暨杭严卫被水庄屯新旧额赋有差;除建德、淳安、桐庐、分水、丽水五县及杭严卫冲决田地额赋"。[6]十五年十月,蠲缓建德、淳安、寿昌、桐庐等地"被水被旱庄屯新旧额赋有差"。[7]二十一年,蠲缓浙江建德、淳安等"九县及嘉湖卫被水庄屯新旧正杂额赋有差"。[8]二十八年冬,缓征建德、遂安、分水、桐庐等地"被水被风庄屯新旧正杂额赋"。[9]二十九年,赈"建德、桐庐二十四州县及杭严嘉湖二卫被水灾民"。[10]三十年冬,蠲缓建德、淳安、遂安、寿昌、桐庐、分水等地"被水村庄新旧额赋有差"。[11]以上可见,道光皇帝的三十年间(1821—1850),建德发生水灾十次,平均三年一次,这对

---

1 《清宣宗成皇帝实录》,卷六十九,101-2页。
2 《清宣宗成皇帝实录》,卷一百四十,148-2页,149-1页。
3 《清宣宗成皇帝实录》,卷一百四十四,209-1页,209-2页。
4 《清宣宗成皇帝实录》,卷二百二十四,346-1页,346-2页。
5 《清宣宗成皇帝实录》,卷二百五十五,882-1页。
6 《清宣宗成皇帝实录》,卷二百六十,968-1页。
7 《清宣宗成皇帝实录》,卷二百七十三,213-2页。
8 《清宣宗成皇帝实录》,卷三百六十二,533-1页。
9 《清宣宗成皇帝实录》,卷四百六十二,836-1页。
10 《清宣宗成皇帝实录》,卷四百七十三,951-2页,952-1页。
11 《清文宗显皇帝实录》,卷二十二,316-2页,317-1页。

建德民生是一个巨大的冲击。

咸丰二年（1852）夏，免建德、淳安、遂安、寿昌、桐庐、分水等地"被灾缓征银米"。[1]二年冬，蠲缓建德、淳安、遂安、寿昌、桐庐等地"被旱被水被风歉收地亩新旧额赋"。[2]三年冬，蠲缓建德、淳安、遂安、寿昌、桐庐、分水等地"被水被风被虫被雹庄屯新旧正杂额赋有差"。[3]四年冬，蠲缓建德、淳安、遂安、桐庐、分水等地"被水灾区新旧额赋"。[4]五年冬，蠲缓建德、淳安、遂安、桐庐、分水、寿昌等地"被水被旱被潮新旧漕粮额赋有差"。[5]六年冬，蠲缓建德、淳安、遂安、寿昌、桐庐、分水等地"被水被旱被蝗被潮庄屯本年额赋有差"。[6]七年冬，蠲缓建德、淳安、桐庐、遂安、寿昌、分水等地"灾歉地方正耗银米及额征漕粮"。[7]八年冬十一月，蠲缓建德、桐庐、分水等地"被扰地方新旧额赋有差"。[8]十二月，蠲缓建德、遂安、桐庐、淳安、分水等地"被水被旱被风灾"，"本年额赋有差"。[9]九年冬，蠲缓建德、淳安、遂安、寿昌、桐庐、分水等地"被风被雹地亩新旧钱漕额赋有差"。[10]咸丰当政十一年（1851—1861）内，建德遭灾（主要还是水灾）九次，几乎每年一次，民生艰难，一眼便知。

1　《清文宗显皇帝实录》，卷六十四，848-1页。
2　《清文宗显皇帝实录》，卷七十六，1000-2页，1001-1页。
3　《清文宗显皇帝实录》，卷一百十三，761-1页。
4　《清文宗显皇帝实录》，卷一百五十三，665-1页。
5　《清文宗显皇帝实录》，卷一百八十五，1071-2页。
6　《清文宗显皇帝实录》，卷二百十六，385-2页，386-1页。
7　《清文宗显皇帝实录》，卷二百四十二，744-2页，745-1页。
8　《清文宗显皇帝实录》，卷二百六十九，1161-2页。
9　《清文宗显皇帝实录》，卷二百七十二，1214-2页。
10　《清文宗显皇帝实录》，卷三百三，438-1页，438-2页。

| 第一章　七山二水一分田

然而，雪上加霜的是，水患尚未结束，人祸已然到来。咸丰末年（1861），太平军攻占严州，建德、严州乃至整个浙江历史上最大的灾难到来了。经此战乱，严州人口损失大半，于是开始了清末同治和光绪年间（1862—1908）对建德等地持续近四十年的赈济。同治三年（1864），蠲缓建德、淳安、桐庐、寿昌、分水等"三十五州县被扰地方本年额赋"。[1] 所谓"被扰"，指的是太平军侵入了浙江，杭严衢一带成为两军反复争夺的战场，以致生灵涂炭，惨不可言。从同治三年开始一直到同治十三年，起初，每年冬天清王朝都宣布，或蠲免建德、淳安、寿昌等县被扰地方积欠额赋，或蠲免"建德、淳安、遂安、寿昌、桐庐、分水等州县被水被旱被风被雹地方新旧漕粮额赋"。[2] 这里表面上说的"被水被旱被风被雹"，实际上是对饱受战争创伤的严州府实行休养生息，免征赋税钱粮。[3] 这项措施一直持续到光绪二十二年（1898）。[4] 也就是说，从 1864 年到 1898 年的三十五年间，建德等地没有交过钱粮。1898 年后由于缺记，情况不明。

总之，战乱后的三十多年内，《清实录》中有关建德的记录大致每年一条，不过就是缓征钱粮而已。虽然称是因为"被水被旱被风被霜"，"被水被旱被风被雹被潮被虫"，"被水被旱被风被雹"，"被水被旱被风被虫"，"灾歉"，没有说明的真实情况是人口锐减，田地荒芜，百姓不过是苟免于难，勉强生存而已，故清王朝豁免赋税，与民生息，

1　《清穆宗毅皇帝实录》，卷一百一，221-2 页。
2　《清穆宗毅皇帝实录》，卷一百一十九，643-2 页。
3　参见《清穆宗毅皇帝实录》，不再枚举。
4　《清德宗景皇帝实录》，卷二十三，355-1 页。光绪七年、十四年缺记，料想也是缓征。

这或许就是所谓统治者的仁政吧？由此看来，从道光开始，因小冰期影响建德陷入了几十年连续水灾的困境，经济凋敝可想而知。这是大自然和地理环境对建德的巨大约束。到了咸丰末年，在自然灾害重喘息未定的建德父老又遭受了人为的兵劫，人口锐减，田地荒芜。或曰，建德在清末的困境仿佛是清王朝的具体而微者，仿佛是长达两千余年的帝国机制衰败难以延续的象征。

第二章

一尊神：未曾到来的伍子胥

严州地方志中的伍子胥

乾潭镇位于建德的北部，境内溪流纵横，多丘陵山地，其东部有建德江，上衔新安江，下接富春江，自南而北纵贯而过。乾潭境内有许多与春秋时期著名军事家伍子胥有关的地名。其西北和桐庐县交界处为一高耸连绵之山岭，名曰胥岭；胥岭脚下有一自西向东蜿蜒前行之溪水，名曰子胥溪，简称为胥溪。子胥溪又称大源，盖其南面有一平行小溪，称为小源，大源小源相会于双溪口。大源从胥岭水东流三十里后注入建德江，和建德江呈"丁"字；子胥溪北岸建德江西岸为一渡口，名曰子胥渡，而此段建德江又因此成为文献中的胥江（胥口江）。这些地名，必先有人居村落，而后因伍子胥事迹或传说，因之名诸山水，乃有胥岭、胥村、胥江村、胥口等名。

既然这些地名因伍子胥而名之，则当时当地之村民百姓当有崇祀伍子胥之举。查方志可知，在胥岭、胥村、胥口曾有子胥庙，或曰英烈王庙。此外，本地也有子胥由此渡江去吴国的系列传说，以为伍子胥曾到本地，或曾居本地。那么，问题来了，伍子胥到过乾潭、到过建德吗？不妨先查阅建德最早的地方志。

成书于淳熙年间的《严州图经》给后人留下了关于伍子胥在建德最早的记录。《严州图经》卷二关于伍子胥的记录不过区区数条。其一，"县境"一门中记载：建德县"北至分水县界六十里，以胥岭为界，

| 第二章 | 一尊神：未曾到来的伍子胥　　039

自界至分水六十三里"。[1] 这是古严州／建德文献中第一次记载胥岭地名，虽然不曾直书伍子胥，但胥岭之胥指代伍子胥，而胥岭因伍子胥路过而得名，可以说是相当明确的。再者，胥岭之方位也是清晰的。它在建德县治同时也是严州府治梅城北六十里，而从胥岭向北到分水县治六十三里。若以唐后工部采用的营造尺计算，宋代一里约576米。《图经》的六十里相当现在的六十九里。从梅城翻越乌龙岭辗转到胥岭，或许不到六十九里路，但大致不差。故宋时之胥岭即今日之胥岭，当无疑议。

其二，"乡里"记载，"慈顺乡管里七：胥源里，麟化里，清风里，新义里，杨溪里，招贤里，均平里"。[2] 可见，胥源里当时已经是建德县北的一个村落，可惜不知其确切方位，从而无法得知现在相对应的村庄。不过，以常理推测，胥源里在子胥溪源头附近，也就是胥岭脚下溯溪向西一带，当不至大谬。

其三，"馆驿"记载，"胥村驿在县北二十五里，当临安府大路"。[3] 馆驿也就是当时的驿站，负责接待公务人员以及邮递等交通事务。以此条记载，胥村驿坐落于乾潭本地人熟知的大畈村。大畈村一直位于严州府至临安府（杭州）的大路，府治梅城向北翻越乌龙岭后，驿路稍折东向北十里即大畈村，是南北陆路交通要道，为杭州（浙北杭嘉湖平原）连接金华、衢州（浙西南）以及赣西皖南闽北必经之地。

或有人问，胥村驿是否可能在胥口也即子胥渡附近？按，胥村驿

1　《严州图经》，卷二，71页。
2　《严州图经》，卷二，72页。
3　《严州图经》，卷二，77页。

此条明确指出，"当临安府大路"，故胥村不在建德江边可知。不过，后来地方志确实有混淆胥村和胥江村之处。或许因一村因人口而扩张到邻近地区，或许起初便别为二村。

其四，"寺观"记载，"龙门庵，在芝川乡胥口。距城三十里"。[1] 按，此条明确记载胥口，但方位略微模糊。"距城三十里"者，应言"距城东三十里"。建德江从府治梅城南顺乌龙山南麓向东数里，即折向北二三十里，绕到乌龙山北麓，恰子胥溪顺乌龙山北麓自西向东汇入建德江。二水交汇处为胥口，成"丁"字形。故胥口或可指江面，为二水交汇之处，江面宽阔，江流奔腾，也可指村庄，为子胥溪两岸之村落；而子胥渡则在子胥溪北岸建德江西岸处。龙门庵在子胥渡沿江往北数里处，因地处龙门坎而得名。

其五，"祠庙"记载，"英烈王庙，在胥岭，盖伍子胥别庙。旧不载祀典。绍兴九年，因修图经，考正本原，取吴山本庙封爵名之。岁时遣官致祭焉"。[2]

按，《图经》此条关于伍子胥之记载颇为重要。第一，此条直言"旧不载祀典"，则可推测，绍兴年前，也即至少南宋初年前此庙业已存在，当无疑问。考伍子胥崇拜在钱塘江流域之传播，或可推到五代甚至李唐之前。第二，此条也记载了伍子胥信仰由民间而被官方认可的经过。绍兴九年（1139），因董弅重修《严州图经》，考证了胥岭这座庙的来龙去脉，决定把它纳入官方崇祀的系统内。这个官方认可接纳的决定，在两个方面对这座庙作了重要规定，从而大大提高了这座

1　《严州图经》，卷二，81 页。
2　《严州图经》，卷二，83 页。

庙的地位和影响力。一是命名，二是致祭。此前，胥岭此庙虽有俗名（如子胥庙之类），但并无官方名称。绍兴九年的修志者特意以"临安吴山英烈王本庙"的封爵来命名胥岭之庙，因而，胥岭此庙称为英烈王庙。这样把胥岭子胥庙溯本清源，使它流传有序，从民间自发的奉祀提升到官方信仰的体制内，其重要性不言而喻。既然官方认可并命名，则严州府或建德县每年要派官员去胥岭祭拜，其日期、官员、等级、程序、牺牲、耗费当有相应的规定。

又，英烈王庙虽然位于建德县内，但在《严州图经》卷首建德县图中并未标志，反而在分水县图中标识。这大概是因为严州府和建德县同城，标志物众多，县图尺幅有限；而胥岭位于建德县境西北，与分水交界，故不得不标志于分水县图，并不意味着英烈王庙在分水县境。可惜，《严州图经》分水县卷早佚，无法核对。而《景定严州续志》恰恰相反，把英烈王庙列入分水县卷的祠庙，稍后表之。以此论之，在严州／建德／乾潭境内信奉伍子胥至少在北宋年间；胥岭子胥庙是当地最早的伍子胥庙宇，其历史也在南宋之前；建德官方奉祀胥岭伍子胥庙明确记载为绍兴九年，即公元1139年。

其六，"水"记载，"胥口江，在城东二十五里，地名胥村，故以名水"。[1] 此段记录上一章已经讨论。从实际方位考察，胥口江位于梅城东二十五里，不是指胥溪，而是指胥口附近（也就是子胥溪和建德江交汇处）的一段江面／水面，即"丁"字的交接处，是子胥溪入江的一段宽阔水面，故云从州治梅城二十五里到胥口江。

---

[1] 《严州图经》，卷二，85页。

其七,"津渡"记载,"胥口渡在县东二十里"。[1] 按,胥口渡即子胥渡。胥口有时写作西口,是因为发音相近的原因。后人有联云:"家国子胥渡,烟雨建德江。"

其八,"古迹"记载,"胥村距城四十里。相传伍子胥逃难在此。后以名村,有庙(已见祠庙门)"。[2] 此条记录也非常重要。第一,它首先记载了伍子胥逃难经过建德北部的传说,是地方文献关于伍子胥的最早记录,因而以后有关伍子胥被贬黜到此的说法可以置之不理。第二,胥村距州治梅城四十里,而馆驿记载胥村驿在县北二十五里,则胥村中心(主要村庄)则大概位于胥村驿(现大畈村)往西北十五里地。又,胥村有伍子胥庙,即上述之胥岭英烈王庙;而县境记胥岭到梅城六十里,则胥村在胥岭东南二十里可知。以此推论,当时胥村行政区划大致相当于20世纪60—80年代的乾潭公社/乡,唯行政中心不在目前的乾潭镇,而是在大畈村和胥岭之间的某地。笔者以为,很可能在现在的龙庆寺附近。以上是《严州图经》卷二建德县关于伍子胥的记载,卷一严州府则并无提及伍子胥之处。

宋代关于严州的第二部地方志是景定年间(1260—1264)郑瑶等撰修的《景定严州续志》。卷五建德县记载溪水,"胥口溪隶芝川乡","在邑之东境入于浙江"。[3] 浙江即建德江。此条可证胥口江非胥口溪。"古迹"又载,"石船在胥口西半里之濒江丛石中,长一丈半,宛然小舟也。春水退,乡民则视舟中沙石多寡占一岁籴事之少"。[4] 石船在《民

---

1 《严州图经》,卷二,85页。
2 《严州图经》,卷二,86页。
3 《景定严州续志》,卷五,144—145页。
4 《景定严州续志》,卷五,144—145页。

国建德县志》仍有记录，可惜因 1969 年富春江大坝蓄水而淹没了。

关于胥岭的英烈王庙，《景定严州续志》中未见于建德卷，而是载入分水县。卷五建德县"祠庙"无载；卷九分水县"祠庙"有曰英烈王庙，"在县西南四十五里分水乡歌舞岭。相传子胥避难如此，喜而歌舞，后人因此名岭。庙左有小池，旧云与钱塘潮候相应"。[1] 这说明，到了景定年间，位于胥岭的英烈王庙划入了分水县。位于建德和分水交界处的胥岭，其行政归属有所变动，也是相当自然的事。以其距离县治远近，胥岭离建德县治梅城较远。另，分水县的这则记录解释了歌舞岭地名的由来。歌舞岭和胥岭其实相连，不过一在分水县境，一在建德县境。其中关于伍子胥的描述，则比《严州图经》具体而微。

按，以伍子胥逃难经过而命名的地名，在乾潭境内还有早午岭，在胥岭东南二三十里地。传言伍子胥翻到此岭，时间尚未到中午，岭上农家邀请他一起吃饭。这顿饭既非早餐，又非午饭（倒是和西方的"brunch"（早午餐）有异曲同工之妙；大约住在山岭的农家，因为太阳照耀的时间相对晚，因而早饭比平地的农家晚），后人遂称此岭为早午岭（后来又误写为早胡岭）。这个传说，大概和歌舞岭命名的时代差不多，也就是在南宋。可惜早午岭地名在宋志中无载。

再次，分水县记录中最后一句"庙左有小池，旧云与钱塘潮候相应"颇值得玩味。《严州图经》并无此段，因此庙旁有无小池不可知悉。不过，大约因"绍兴九年，因修图经，考正本原，取吴山本庙封爵名之。岁时遣官致祭焉"，在一百二十年后的景定年间（1260—1264）多了这么一个传说，把庙旁边的一个小池和钱塘江潮联系在一起。大

---

[1] 《景定严州续志》，卷九，170 页。

家知道，伍子胥死后，滨海深受海潮之害的吴越百姓，把他供奉为水神和潮神，希望保护当地免受潮水之苦。而绍兴九年的考证本原，正好把胥岭的小庙和吴山的本庙纳入一个官方系统，所以人们也把小庙旁边的小池和伍子胥掌管的钱江潮水挖通，连在了一起。

以上是建德最早方志关于伍子胥传说的记载，此后的明清方志因袭之，增添之。以明代《万历严州府志》为例。其建德县图有"胥口埠"，位于胥口渡附近；卷五记"英烈王庙""在县北四十五里胥岭，伍子胥别庙也。宋绍兴九年因修图经，考正本原，取吴山本庙封爵名之。岁时遣官致祭"。[1] 此段与《淳熙严州府志》相同，但万历府志添加了下一句，"今胥村、胥口亦有焉"。也就是说，到了万历年间，本地有三所英烈王庙，分别在胥岭、胥村、胥口。胥村有子胥庙，当在宋代，《严州图经》已有记载；胥口有庙，或在宋之后。乡贤高雷锋叔叔告知：当年他在大畈村上初中（60年代初），学校就设在子胥庙里，彼时塑像已经不存，但土台仍在。高叔叔和笔者父亲是同学，则笔者父亲也曾在那里上学。

至于胥口的伍子胥庙，可能在民国及民国前已倒塌，未曾听长辈谈及。不过，清初遂安人毛升芳从水路经过，见过胥口的子胥庙，有诗《桐庐晓发》为证："烟雨桐江放棹迟，万家云树晓参差。荒城早市喧归梦，梵阁残钟动远思。两岸青山伍相庙，一帆白水子陵祠。啼鹃似惜行人去，凄切深林不自知。"[2] 其中"两岸青山伍相庙"一句就是指胥口的子胥庙。

1　《万历严州府志》，"建德舆图"，10页；卷五，110页。
2　（清）宗源瀚辑：《国朝严州诗录》，续有访辑再刊二编，卷二，12页。

宋代两志为建德最早之方志，也就是地方文献中关于伍子胥的最初记载，时间大致是淳熙年间，或可推到南宋初年，即 12 世纪 30 年代，但是距离伍子胥本人的时代也有一千六百多年了。那么，伍子胥本人真的到过建德/乾潭吗？

伍子胥的出奔路线

先看看伍子胥的基本史实。伍子胥（？—公元前 484），名员，字子胥，春秋时楚国人，为楚大夫伍奢次子，《史记》有传。大致的故事情节如下：公元前 6 世纪末，伍子胥父亲和兄长为楚平王所害，伍子胥出逃到吴国，此后率吴师侵楚，鞭尸楚平王，为父兄复仇。伍子胥快意恩仇，是春秋末年也是中国历史上最著名的复仇故事之一，历来为人称颂，成为文学、戏曲中著名的题材，其传说脍炙人口，在民间广为人知（图 2.2）。

记载伍子胥的最早文献是《左传》，以后又经过了《吕氏春秋》《韩非子》等加工，综合各家之说并奠定之后各种故事版本的是司马迁的《史记》。

《左传》关于伍子胥史迹的记载，时间跨度大致是从鲁昭公二十年（公元前 522）到鲁哀公二十二年（公元前 473），并没有伍子胥由楚入吴一路惊险的叙述。《左传》的有关记录，分别见于昭公十九年、二十年、三十年、三十一年，定公四年，以及哀公元年和十一年。其记录枝干简略，叙事平实，既没有记载伍子胥入楚之后鞭尸复仇的事情,也没有伍子胥死后悬目东门以及鸱夷沉江的记载,但包括了从"出亡""复仇""忠谏"到"殒身"的各个情节,成为《史记》中《伍子胥列传》以及后来各种文本的基础。比如,《左传·昭公二十年》关于伍子胥出奔的记载仅有"员如吴"[1]三个字,这三个字,给后来的史学家、文学家、说书人和大众留下了无限想象和创作的空间。

距《左传》不久的《吕氏春秋》就在《左传》记载的基础上添加了许多细节,不知是有所本还是基于想象。《吕氏春秋》中的《孟冬纪·异宝》一篇对伍子胥的行踪作过部分记载。"五员亡,荆急求之,登太行而望郑曰:'盖是国也,地险而民多知。其主,俗主也,不足与举。'去郑而之许,见许公而问所之。许公不应,东南向而唾。五员载拜受赐,曰:'知所之矣。'因如吴。"[2]这样,伍子胥入吴是根据许公的建议。春秋时期各国争霸,既有楚、晋争霸的冲突,又有楚材晋用的故事。北方的晋国和南方的楚国都是春秋时期的大国,晋文公和楚庄王都是春秋五霸之一,因而两国是"欢喜冤家",经常打打闹闹又互相帮忙。郑国是楚大夫出亡晋国时的第一站,而许正位于楚郑交界的地方,因此,伍子胥故事初始出现了"许公",正合题中之义。

吴国位于今天江苏、安徽两省长江以南部分以及环太湖的浙江北部,太湖流域是吴国的核心。从郑国到吴国必然要经过昭关,于是就有了伍子胥过昭关的故事。昭关在今天安徽省含山县城以北7.5公里处。其东有马山,其西有城山,整个山脉呈东西走向,连绵几十里,地势险要,周围湖泽大河。昭关令追捕伍子胥,伍子胥便无法过关,

---

[1] 《左传》(台北:台湾开明书店,1991年),209页。
[2] 《吕氏春秋》(上海:上海经纬书局,1936年),53页。

不得不绕到旁边的大江，得到一渔翁的帮助而渡江奔往吴国。从地图上可以看到，过了昭关，就出现了长江。《左传》简约，没有江上丈人的故事；而《吕氏春秋》增加了这个情节，说伍子胥"至江上，欲涉，见一丈人，刺小船，方将渔，从而请焉。丈人度之，绝江，问其名族，则不肯告，解其剑以予丈人，曰：'此千金之剑也，愿献之丈人。'丈人不肯受，曰：'荆国之法，得五员者，爵执圭，禄万担，金千镒。昔者子胥过，吾犹不取，今我何以子之千金剑为乎？'"[1]

相较于先秦的文献，《史记》关于伍子胥的记载就比较详细，或许司马迁本人得到了前人没有看过的文献，或许是出于司马迁本人的加工和想象。当楚王以"生汝父"为饵召伍子胥兄弟回楚都时，伍子胥和其兄伍尚意见分歧。伍尚要去郢都见父亲，伍子胥认为这是楚王的陷阱，劝说其兄，"不如奔他国，借力以雪父之耻"。[2]伍尚不从，结果被捕杀；楚王还派遣使者前去追捕伍子胥。伍子胥"贯弓执矢向使者，使者不敢进，伍胥遂亡"。[3]

那么，伍子胥随后逃往何处呢？《史记》中说，伍子胥"闻太子建之在宋，往从之"。[4]太子建是楚国的太子，之前因为和其父楚王有矛盾，出走宋国。伍子胥的父亲伍奢曾经是太子建的老师（太傅），此前，楚平王因听信谗言，怀疑太子作乱，于是迁怒于太子太傅伍奢，将其下狱，并派人前去杀太子建。太子听闻后，出奔宋国。有了这层渊源，伍子胥自然而然地奔向宋国去找楚太子建。宋国位于现在的河

---

1 《吕氏春秋》，53页。
2 《史记》（上海：中华书局，1982年），卷六十六，2172页。
3 《史记》，卷六十六，2172页。
4 《史记》，卷六十六，2172页。

南商丘和安徽淮北一带，在楚国的东北方向，因此伍子胥出奔是逃向北方。

伍子胥到了宋国，和太子建会合，没想到此时宋国发生内乱，"乃与太子建俱奔于郑。郑人甚善之"。[1] 郑国位于今天的河南省中部，是宋国的西面邻国，所以伍子胥从宋国到郑国是向西行进。不久，太子建又到了北方的晋国，大约是想游说晋顷公帮助自己回楚国。晋国是大国，野心不小，晋顷公就对太子建说，听说郑国很信任你，如果你作为我攻打郑国的内应，郑国一定被灭亡；到那时，我就把郑国封给你。太子建接受了这个建议，回到郑国，结果被人告密，反而被郑定公所杀。伍子胥只好带着太子建的儿子胜再次出逃，投奔吴国而去。这一路情形，《史记》中的记载大致如《吕氏春秋》，但也增添了一些细节，如江上丈人帮助渡江后，"伍胥未至吴而疾，止中道，乞食"。[2] 也就是说，伍子胥此后一路乞讨到了吴国，也就是今天的苏州一带。

综上所述，伍子胥是个古代的移民，生于楚国，出奔宋郑，移居吴国，死于吴国。也就是说，伍子胥出奔不是从楚国向东逃到长江下游，更没有向东南到新安江流域，其出奔路线和浙江无关。据此，伍子胥没有到过乾潭，也没有到过建德。

可是，为什么位于浙江西南的建德早在宋代就有伍子胥的传说、伍子胥的祠庙以及以他命名的溪流、渡口和村落呢？简单地说，这是伍子胥崇祀习俗在吴越之地流传的结果。伍子胥不仅仅是移民，还是移神（移动的神灵）。

---

[1] 《史记》，卷六十六，2173页。
[2] 《史记》，卷六十六，2173页。

移动的神灵

伍子胥帮助吴国称霸，报了杀父之仇，最后忠谏屈死，这都符合春秋战国时期的道德标准：他慷慨激昂，为父兄复仇，符合习俗，得到了普遍认可；他振兴吴国，深受吴国人民的尊崇；而他此后的悲惨遭遇，塑造了悲剧英雄的形象，更令人悲痛和哀悼。伍子胥从此和"忠烈"二字连在一起，化身为忠烈的象征。传说他被赐自尽，投尸江中，《史记》记载：临死前，伍子胥"乃告其舍人曰：'必树吾墓上以梓，令可以为器；而抉吾眼悬吴东门之上，以观越寇之入灭吴也。'乃自刭死。吴王闻之大怒，乃取子胥尸盛以鸱夷革，浮之江中。吴人怜之，为立祠于江上，因命曰胥山"。[1] 成书于东汉的《吴越春秋》卷五记载，夫差逼迫伍子胥自杀后，盛怒未息，"乃弃其躯，投之江中。子胥因随流扬波，依潮来往，荡激崩岸"。[2] 这里，伍子胥成为潮神的形象呼之欲出。成书时代不明但多数认为在汉末之前的《越绝书》卷十四则说，伍子胥被投躯江中，"发愤驰腾，气若奔马，威凌万物，归神大海。仿佛之间，音兆常在。后世称述，盖子胥，水仙也"。[3] 直接把伍子胥视为水神。总之，对于夫差逼迫伍子胥自尽，吴民愤愤不平，知与不知，莫不哀之，为之立庙。就这样，伍子胥成为吴国百姓崇祀的英雄和神灵。

---

1   《史记》，卷六十六，2180 页。
2   （汉）赵晔著，（元）徐天祜音注，苗麓点校：《吴越春秋》（南京：江苏古籍出版社，1986 年），66 页。
3   李步嘉：《越绝书校释》（武汉：武汉大学出版社，1992 年），326 页。

越国虽是吴国的敌对之方，而且伍子胥还直谏、苦劝吴王夫差不要中了越国的计策，但越国君臣对雄才大略、刚烈忠贞的伍子胥十分钦佩，也为伍子胥在苏州江边立庙。《吴越春秋》卷十记载，越国大夫文种说："吴之所以强者，为有子胥。今伍子胥忠谏而死，是天气前见，亡国之证也。"[1]《越绝书》卷十五在讨论吴越两国的谋臣伍子胥和范蠡时总结说："伍子胥勇而智，正而信，范蠡智而明，皆贤人。"[2] 可见，在汉末之前，吴越两国的对手、忠臣——伍子胥和范蠡二人均得到了高度赞赏。《吴越春秋》卷十还记载，越王勾践灭吴后诛杀功臣，大夫文种被赐死，文种"葬一年，伍子胥从海上穿山胁而持种去，与之俱浮于海，故前潮水潘候者，伍子胥也。后重水者，大夫种也"。[3] 则伍子胥又与文种相提并论，伍子胥作为潮神，文种作为水神。两个忠臣惺惺相惜，生前敌手，死后相伴，均留在吴越人民的记忆当中。

就这样，伍子胥不仅是忠烈英灵，还成为吴越之地的水神潮神。吴越两国处于低洼之地，境内有长江大河，又有湖泊无数，更因临海饱受潮水之苦，因而早就有崇祀水神的习俗。《后汉书·列女传》记载："孝女曹娥者，会稽上虞人也。父盱，能弦歌，为巫祝。汉安二年五月五日，于县江沂涛婆娑迎神，溺死，不得尸骸。娥年十四，乃沿江号哭，昼夜不绝声，旬有七日，遂投江而死。至元嘉元年，县长度尚改葬娥于江南道傍，为立碑焉。"[4] 可见，在汉代吴越地区就有端

1　《吴越春秋》，132页。
2　李步嘉：《越绝书校释》，338—339页。
3　《吴越春秋》，150页。
4　《后汉书》，卷八十四，2794页。

午祭祀波神（水神、潮神）的传统。至于水神、潮神是谁？习俗从何而来？现在大家都以为是始于屈原投水自杀，其实在古代就有争论，可能这一风俗在各地各有其起源。

南朝的《荆楚岁时记》曾经辨析此说。"五月五日竞渡，俗为屈原投汨罗日，人伤其死，故并命舟楫以拯之。"[1]也就是大家以为端午竞渡是由屈原投江而来；但《荆楚岁时记》对这个当时流行的说法提出了异议。它引邯郸淳《曹娥碑》，说"五月五日，时迎伍君。逆涛而上，为水所淹"；因而指出"斯又东吴之俗，事在子胥，不关屈平也。《越地传》云起于越王勾践不可详矣"。[2]也就是说，《荆楚岁时记》认为吴地端午崇祀水神起源于伍子胥，和屈原无关。那么，吴地端午崇祀伍子胥的风俗从何时开始呢？《荆楚岁时记》作者认为是从勾践开始，但也不能确定。可见，伍子胥作为潮神、水神崇拜在南朝时期是确定无疑的了。

宋代《太平广记》引《钱塘志》描述了伍子胥成仁后转为潮神的过程：

> 伍子胥累谏吴王，赐属镂剑而死。临终，戒其子曰："悬吾首于南门，以观越兵来。以鲶鱼皮裹吾尸，投于江中，吾当朝暮乘潮，以观吴之败。"自是自海门山，潮头汹高数百尺，越钱塘渔浦，方渐低小。朝暮再来，其声震怒，雷奔电走百余里。

1　（南朝梁）宗懔原著，谭麟译注：《荆楚岁时记译注》（武汉：湖北人民出版社，1985年），92页。

2　（南朝梁）宗懔原著，谭麟译注：《荆楚岁时记译注》，92页。

时有见子胥乘素车白马在潮头之中，因立庙以祠焉。庐州城内淝河岸上，亦有子胥庙。每朝暮潮时，淝河之水，亦鼓怒而起，至其庙前，高一二尺，广十余丈，食顷乃定。俗云：与钱塘江水相应焉！[1]

这段话表明钱塘江一带的浙江百姓如何借用吴地潮神伍子胥来迎合本地信仰的需要，因为浙江人民千百年来深受钱塘江潮水灾害的威胁。淝河之水与钱塘江水相互呼应，隐喻了崇祀潮神伍子胥从南到北的迁徙！

很自然的，长江流域也出现了水神伍子胥的崇祀风俗。宋代陆游《入蜀记》载：在归州白沙市（今湖北秭归县）附近有一山，"山上有伍子胥庙。大抵自荆以西，子胥庙甚多"。[2]因此，早在宋代，伍子胥的祭祀就已经远远超出了原先的吴越地区，抵达长江中游地区。伍子胥的祭拜年深日久，其本源逐渐不为人知，闹出了许多笑话。《古今图书集成·神异典》卷四八引《唐国史补》："一乡一里，必有祠庙焉。为人祸福，其弊甚矣。有为伍员庙之神像者，五分其髯，谓之五髭须神。如此皆言有灵者多矣。"[3]《唐语林》记载："又号为伍员庙者，必五

---

[1] （宋）李昉等编：《太平广记》（北京：中华书局，1982年），卷二百九十一，2315页。
[2] （宋）陆游著，柴舟校注：《入蜀记》，见《入蜀记·老学庵笔记》（上海：上海远东出版社，1996年），卷六，92页。
[3] 《古今图书集成·博物汇编·神异典》第四十八卷"神像部杂录"（上海：中华书局影印，1934年），493册，36页。

分其髯，谓'五髭须'。"[1]则早在唐代，民间无知，已然把伍子胥误会成"五髭须"。南宋高文虎的《蓼花洲闲录》就记录了民间把杜甫和伍子胥放在一庙一起祭祀的闹剧。"温州有土地杜十姨，无夫。五髭须相公，无妇，州人迎杜十姨以配五髭须，合为一庙。杜十姨为谁？杜拾遗也。五髭须为谁？伍子胥也。若少陵有灵，岂不对子胥笑曰：'尔尚有相公之称，我乃为十姨，何雌我邪？'"[2]

钱塘江一带崇祀潮神伍子胥的文献颇多，历史遗迹留存也不少，此处不再一一征引。元代刘一清著有《钱塘遗事》一书，多载南宋事迹，其中杭州吴山的"伍子胥庙"一条记录颇详，可以一观。文曰：

> 庙在吴山头，其下当御路，名"朝天门"。理宗辛卯，庙遭回禄后，赐缗钱二万三千，重建旧址。殿讲陈公益作记，其略曰：吴山庙者，春秋伍大夫庙也。春秋伍氏子世为楚忠臣，大夫挟父兄不报之仇，去国千里，傍徨江上。渔父不受万钟之禄以捐其躯，濑女不吝千金之身为效其死，故能识要离之勇，荐孙子之智，借吴师以入郢，会诸侯于汉水，功亦伟矣。及夫差狠愎，踊跃用兵，贪壤东齐，受赂仇越，大夫不忍见吴之为池沼、苏台之游麋鹿，竟以直死。当时知与不知，莫不哀之，因名其山而立祠焉。君子曰：伍大夫于是忠孝两全矣。大夫以抑郁不平之气，随流扬波，依潮来往，犹能激为疾风甚雨，奔雷激电，震荡于越兵入城之顷。

---

[1] （宋）王谠：《唐语林》，见《〈唐语林〉外十一种》（上海：上海古籍出版社，1991年），卷八，204页。

[2] 《古今图书集成·博物汇编·神异典》第五十四卷"神庙部杂录"（上海：中华书局影印，1934年），494册，10页。

其与荆轲慕义白虹贯日,孔明英气能为风云者,何以异哉?自春秋至皇宋千有余年,景象相传,理宗赐额"忠清",又建阁于门之上,御书"英卫之阁"以扁之。每岁春秋醮祭,命学士院降付青词。宝祐癸丑再火,而此碑亦不存矣。谓金石之文终久不磨,亦无是理也。[1]

这篇短文,颇有几个有意思的地方。其一,引述殿讲陈公益文中"君子曰:伍大夫于是忠孝两全矣"一句,高度评价了伍子胥,反映了宋代主流学者对伍子胥的赞赏。其二,杭州祭祀伍子胥自春秋到宋理宗赵昀(1205—1264),已经有一千多年的历史,已成为吴越百姓的传统。也就是说,吴山伍子胥庙也有悠久的历史了。格外值得注意的是,乾潭胥岭的子胥庙,就是在绍兴九年(1139)以临安吴山伍子胥本庙的封爵而命名。第三,宋室南迁杭州,对伍子胥崇祀以及伍子胥庙颇多照顾。辛卯年(1231),伍子胥庙遭回禄(火灾),朝廷"赐缗钱二万三千",在旧址重建;此外,宋理宗还赐匾额"忠清",表达对伍子胥的赞赏,而且又"御书'英卫之阁'",期盼伍子胥护国卫国能够播及南宋;最后,宋理宗还派人每年两次祭祀,"每岁春秋醮祭,命学士院降付青词",这可能是继续原来的传统。可惜的是,癸丑年(1253),此庙又遭大火。

上述可知,伍子胥的传说和奉祀,是一个移动的过程。就地域而言,从吴国向南到越国(或者就是以吴越为基地),向北到淮河流

---

[1] (元)刘一清:《钱塘遗事》(扬州:江苏广陵古籍刻印社,1990年),27—28页。

域，向西抵长江中游，绵延扩展。就内容而言，伍子胥先以英烈忠诚著名，为忠臣之神灵；而后因水乡之需要，因缘际会成为水神（潮神）逐渐流播四方。随着年代历久，民间忘其本源，某些地区讹传为"五髭须"神。

从钱塘到乾潭

我们知道，伍子胥在江南的事迹主要在苏州一带。苏州有胥江，是伍子胥主持开挖的人工运河，将太湖水从西引入苏州，后来称为"胥溪"。胥江水源出太湖，经胥口、木渎，汇入后来的京杭大运河，过横塘，进胥门入苏州。随着伍子胥崇拜的形成和扩张，伍子胥的传说也向南向北向西传播开来。这种模式在乾潭本地伍子胥崇祀中也得到了印证，因为宋代方志中提到了位于山岭之中（而非溪流江流之畔）的子胥庙与钱塘江相应，仅仅因为前者庙旁有一小小的池塘！

建德县西北胥岭上的英烈王庙，便是于绍兴九年自吴山本庙命名而来，列入官方的崇祀序列。也就是说，建德百姓对伍子胥的崇拜，至少从北宋后期就开始了。这个时间，和伍子胥崇祀在杭州钱塘江流域的流传是吻合的。因此，胥岭的伍子胥庙正好体现了伍子胥传说和奉祀从钱塘到乾潭（建德）的流传。

不过，胥岭的伍子胥崇祀，从宋代方志看，似乎仍然停留在对伍子胥忠烈的敬仰和崇敬，尚未把伍子胥作为江水和潮水的神灵。缘何？第一，胥岭的庙称为英烈王庙，似乎只是彰显了伍子胥作为忠臣和悲剧英雄的形象。第二，更重要的是，此庙位于建德西北和分水交界的连绵山岭之中，周围并无大河湖泊，因此此庙的最初建立不大可能是出于伍子胥是水神和潮神这个原因。第三，在两宋期间，从建德江溯流而上，在建德境内有许多水神崇拜的祠庙，如龙王庙，其间恰恰没有关于伍子胥的崇祀。《严州图经》建德卷记载了和梅城隔江而望的两港龙王庙。"两港龙王庙，在水南。先是雨涨，则二水争行，溢入城为患。元祐八年，知州吕希纯即二港汇流处立庙，又为文以祭二港龙神，俾如兄弟，更相逊避。自是无复水患者四十年，而岁久庙废。绍兴四年，水患复作，州人相与重建，自是安流。今迁在望云门外东山上，其废兴始末，附见前卷祠庙门。"[1] 两港即两江（新安江和东阳江），因为二水汇合常导致水患，故建龙王庙以镇之。而桐庐、遂安、寿昌、分水诸县均有此类龙王庙，掌管水旱江河，可见当时伍子胥在严州一带（建德江和新安江一带）尚未变为水神。可是，如前所述，《景定严州续志》谈到了胥岭英烈王庙旁边的小池和钱塘江潮候相应，表明伍子胥作为潮神的信仰已逐渐为当地所知晓，开始攀附。只是旧神（龙王）尚在，新神（潮神伍子胥）不便取而代之，因而潮神伍子胥还只是在山岭间逡巡徘徊，后来才逐渐从山岭走到山下的胥村扎根。到了明代，潮神伍子胥终于下了山，顺着子胥溪来到建德江边，胥口附近出现了英烈王庙。由于此处祠庙面临子胥溪和建德江，所以胥口的子胥庙，一定是把伍子胥作为潮神和水神来崇拜的，希望其保佑本地水旱无灾，渡江平安。

综上所述，我们大致可以得出以下几个结论。第一，伍子胥本人

---

1 《严州图经》，卷二，83页。

无论在逃难奔吴的途中,还是在吴国效忠的过程中,都没有到过乾潭(建德)。因此,乾潭关于伍子胥亲临本地的事迹纯属传说。第二,乾潭本地自发崇祀伍子胥、为伍子胥建庙始于胥岭的子胥庙,可见伍子胥的传说到达建德(严州地区)至少在北宋后期,甚至还可能更早。第三,严州正式把伍子胥列入官方奉祀系统是在绍兴九年(1139)。第四,乾潭本地最早的伍子胥形象还是属于忠臣孝子的"英烈王"模式,是汉代崇尚血亲复仇的遗迹;而本地伍子胥作为水神和潮神的形象,出现于南宋,到明代扎根。

需要强调的是,虽然伍子胥没有到过乾潭,没有到过建德,但是,伍子胥事迹在本地的流传达千年之久,深深融入了乾潭和建德千百年来的历史书写、传统延替和社会生活当中,在当地百姓的记忆中历久弥新。小小乾潭和江南的中心苏州一样,都拥有胥溪和胥口这些以伍子胥为名的地名;从这个意思上说,伍子胥的到与不到,并没有那么重要。

伍子胥的到与不到,显示了江南水乡中伍子胥信仰随着水系的传播。可以说,位于浙西南的建德,本来是不应该有伍子胥崇拜的,实际上我们也没有发现钱塘江(新安江)在伍子胥传播到建德中的任何作用。显然,钱塘江和新安江不是伍子胥崇拜传到建德的渠道。伍子胥崇拜反而最早出现于胥岭,而后胥岭上区区一个水池附会了水神伍子胥在建德山区的存在与延续。

有意思的是,伍子胥的信仰似乎到建德的北部就裹足不前了,乾潭这一山区也成为伍子胥南传的极限。毗邻建德之西南的淳安县,就没有伍子胥的崇祀,因为《严州图经》卷三淳安县并没有记载伍子胥的任何事迹。伍子胥(之传说)虽然翻越了桐庐和建德交界的胥岭,但乌龙山之巍峨挡住了他的足迹,迫使他顺着胥溪沿乌龙山北麓之山脚进入了建德江,而后无声无息。这也说明,作为水神的伍子胥,并不是从钱塘江而上传到建德的。否则,他就会到达坐落在乌龙山南麓的严州府城以及更南的淳安县和遂安县乃至徽州。

一个远在苏州的异乡之人,顺水而下并翻山越岭成为建德北部(乾潭)的神灵,显示了神灵传播的强大与灵活。无独有偶,在伍子胥时代一千多年后,一个与建德相关的女性,居然在万里之外的越南成为神灵,她便是南宋托籍严州的杨太后(详见本书第五章)。虽然她和伍子胥相隔千年,性别相异,但两者从人到神,特别是在异地成神,有着相同的逻辑。

第三章

一位隐士：从高洁到忠烈

严光本事

在建德民间,流传着严州之名源于严子陵这样一个说法。南宋初年知严州的董弅就指出:严州"盖以子陵钓台为是邦重,故以名州,州境山水,清绝著称"。[1] 这当然是一个美丽的误会。不过,后来称作七里滩的严陵濑的确源于严子陵,而严姓在乾潭、建德乃至桐庐的确都是大姓,这些都是严子陵留下的痕迹。因此,说严子陵是严州的一个文化符号,并不为过。

细细究来,作为文化符号的严子陵并不单纯指他本人,更重要的是他在此处隐居(的活动,特别是钓鱼)以及相关的自然风光和此后陆续产生的人文环境,由此出现了一系列的人文景观如钓台、祠堂、书院、天下第十九泉、方干之白云源、谢翱之墓,当然还有历代官府及文人之修建、参观、题咏、图绘等文艺活动,特别是北宋名臣范仲淹的加持。因此,作为文化符号的严子陵,其形成是一个漫长的历史过程,而他所承载的精神内涵也有重要的流变。[2] 钓台也逐渐从单一

---

[1] (宋)董弅:《严陵集》序,《严陵集》,1页。
[2] 关于"严子陵"这一文化符号之研究,参见胡晓明:《从严子陵到黄公望:富春江的文化意象——〈富春山居图〉的前传及其展开》,《华东师范大学学报(哲学社会科学版)》2016 年第 4 期,15—28 页;律其林:《严光形象研究》,四川师范大学中国古代史硕士学位论文,2019 年;陈济川:《元前严子陵钓台的文学书写》,山东大学中国古代文学硕士学位论文,2019 年;陈济川:《唐代严子陵钓台的文学书写》,《哈尔滨工业大学学报(社会科学版)》22 卷第 3 期(2020 年 5 月),100—105 页。

的严子陵钓鱼处，扩展到包括方干、谢翱、范仲淹以及相关自然和人文景物的综合体。简单地说，从汉到宋，严子陵钓台代表着不事王侯的隐士群体，其核心价值是高洁；从宋末到明清，由于有宋义士谢翱的哭拜，严子陵钓台转而代表忠君死国的义士群体，成为遗民的寄托，其核心价值是忠烈。

虽然严子陵的故事大家都很熟悉了，可是仍有必要看一下记录严光最有名的《后汉书·逸民传》的说法：

> 严光字子陵，一名遵，会稽余姚人也。少有高名，与光武同游学。及光武即位，乃变名姓，隐身不见。帝思其贤，乃令以物色访之。后齐国上言："有一男子，披羊裘钓泽中。"帝疑其光，乃备安车玄𫄸，遣使聘之。三反而后至。舍于北军，给床褥，太官朝夕进膳。
>
> 司徒侯霸与光素旧，遣使奉书。使人因谓光曰："公闻先生至，区区欲即诣造，迫于典司，是以不获。愿因日暮，自屈语言。"光不答，乃投札与之，口授曰："君房足下：位至鼎足，甚善。怀仁辅义天下悦，阿谀顺旨要领绝。"霸得书，封奏之。帝笑曰："狂奴故态也。"车驾即日幸其馆。光卧不起，帝即其卧所，抚光腹曰："咄咄子陵，不可相助为理邪？"光又眠不应，良久，乃张目熟视，曰："昔唐尧著德，巢父洗耳。士故有志，何至相迫乎！"帝曰："子陵，我竟不能下汝邪？"于是升舆叹息而去。
>
> 复引光入，论道旧故，相对累日。帝从容问光曰："朕何如昔时？"对曰："陛下差增于往。"因共偃卧，光以足加帝腹上。明日，太史奏客星犯御坐甚急。帝笑曰："朕故人严子陵共卧耳。"

除为谏议大夫，不屈，乃耕于富春山，后人名其钓处为严陵濑焉。建武十七年，复特征，不至。年八十，终于家。帝伤惜之，诏下郡县赐钱百万、谷千斛。[1]

根据《后汉书》，严光（字子陵）是光武帝刘秀早年的同学，光武帝建立东汉王朝时，严光就躲了起来；刘秀则想请他来帮忙，派遣使者"三反"才请到严光前来一见，可是严光却拒绝当官，哪怕刘秀亲自到馆舍拜访邀请。最终，严光拒绝了谏议大夫的职位，"耕于富春山，后人名其钓处为严陵濑焉"。此后，刘秀再度征召，严光依旧拒绝。《后汉书》将严光列入"逸民"传，一方面是表彰严子陵隐逸不仕的高洁，另一方面也展现光武帝刘秀的求贤若渴和雍容大度。刘秀对严光故作"狂奴故态"一笑了之，再三拜会严光，甚至以帝王之尊与严光一榻同寝，容忍严光以足加腹，这都是史家刻意描写的天子圣德。值得注意的是，《后汉书》中记载的几个细节，如披羊裘、钓鱼（渔夫）以及"足加帝腹"，在后世一直流传并改写。特别是"足加帝腹"的情节，体现了当时盛行的天人感应之说。总之，严光之事通过《后汉书》而广为士人所知（图3.1）。

严子陵不事权贵淡泊名利的事迹，很快使得他成为隐士的代表人物，成为高洁的象征。汉代以来，无论是在名利场中打滚的官员，还是奔赴科场的学子，抑或是告别仕途的政客，乃至披星戴月锱铢必较的商人，都纷纷表达了对严子陵的景仰，抒发自己对高洁的向往，这也成为相关诗文永恒的主题。不妨以时代为序略加勾勒。

---

[1] 《后汉书》，卷一百一十三，2763—2764页。

"鸢飞戾天者，望峰息心"

歌咏严子陵之隐逸者，或自谢灵运（385—433）始。谢灵运深受权争之累，厌倦案牍而寄情山水，所以他在《七里濑》一诗中写道："羁心积秋晨，晨积展游眺。孤客伤逝湍，徒旅苦奔峭。石浅水潺湲，日落山照耀。荒林纷沃若，哀禽相叫啸。遭物悼迁斥，存期得要妙。既秉上皇心，岂屑末代诮？目睹严子濑，想属任公钓。谁谓古今殊，异世可同调。"[1] 其中含义虽然委婉，但艳羡、仰慕严子陵的清净还是相当明晰的，而诗中的"羁心""孤客""徒旅""迁斥"等词语都可见其遭贬斥而倦公务的心情，也成为后来的迁客谪人借严子陵抒发心中块垒之开端。

南朝的沈约（441—513）在描绘了七里濑"洞澈随深浅，皎镜无冬春。千仞写乔树，百丈见游鳞"的自然景物后，感叹："纷吾隔嚣滓，宁假濯衣巾。愿以潺湲水，沾君缨上尘。"[2] 这最后二句源自《孟子·离娄上》："沧浪之水清兮，可以濯我缨。"[3] 后世便以"濯缨"比喻品行高洁，超脱世俗，这也是沈约赋予严子陵的意义。颇受沈约欣赏的吴均（469—520）在《与朱元思书》中就写到这段风景，说："鸢飞戾天者，望峰息心；经纶世务者，窥谷忘反。"[4] 意思和"濯缨"一致，讲的都是

---

1 （南朝）谢灵运：《七里濑》，《严陵集》，卷一，1页。
2 （宋）沈约：《新安江水至清浅深见底贻京邑游好》，《严陵集》卷一，1页。
3 （宋）朱熹：《四书章句集注》（上海：中华书局，1983年），280页。
4 （唐）欧阳询撰，温绍楹校：《艺文类聚》卷七《山部上·总载山》（上海：中华书局上海编辑所，1965年），130页。

七里濑的景物（包括严子陵事迹）让人忘却俗务。所谓息心者，息世俗心，息功名心，息富贵心耳。孟浩然的"挥手弄潺湲，从兹洗尘虑"，大意亦如此。

开元年间，孟浩然（689—740）有吴越之行。从开元十八年到二十一年（729—732），孟浩然自洛阳沿汴河东南行，经过淮河和长江到达杭州。从杭州出发，他溯浙江而上，游览了浙西风光，而后转天台到越州。[1] 既然走了水路，孟浩然也自然不会错过严子陵钓台。他在《经七里濑》写道："予奉垂堂诫，千金非所轻。为多山水乐，频作泛舟行。五岳追向子，三湘吊屈平。湖经洞庭阔，江入新安清。复闻严陵濑，乃在兹湍路。叠障数百里，沿洄非一趣。彩翠相氛氲，别流乱奔注。钓矶平可坐，苔磴滑难步。猿饮石下潭，鸟还日边树。观奇恨来晚，倚棹惜将暮。挥手弄潺湲，从兹洗尘虑。"[2] "钓矶平可坐，苔磴滑难步"一句证明他攀登了钓台。全诗先描写了七里滩的美丽风景，然后借着自然之美，不留痕迹地赞叹了严子陵不着尘虑的高洁。

唐代的睦州，距离中原文化的中心长安和洛阳依然很远，虽然较岭南近，但也是中原士人不愿任职之地。因此，迁客谪人之怨，也借着严子陵而发。天宝七年（748），进士李嘉祐在《至七里滩作》中写道："迁客投于越，临江泪满衣。独随流水远，转觉故人稀。万木迎秋序，千峰驻晚晖。行舟犹未已，惆怅暮潮归。"[3] "迁客""投""泪""独""故人""惆怅""归"等字词，比较典型地反映

---

1 刘文刚：《孟浩然年谱》（北京：人民文学出版社，1995年），3页。
2 （唐）孟浩然：《经七里濑》，《严陵集》，卷一，2页。
3 （唐）李嘉祐：《至七里滩作》，《严陵集》，卷一，2页。

| 第三章 | 一位隐士：从高洁到忠烈

了这些中原人士到南方的心情。七里濑（严子陵）传递的这类情绪和形象，此后在刘长卿、杜牧以及范仲淹身上最为浓郁。

与李嘉祐相交甚厚的刘长卿一生仕途坎坷，大半在南方谪贬途中。他曾贬任睦州司马，与当时居处浙江的诗人皇甫冉、秦系、严维、章八元等都酬答颇频，其中的一个主题便是谪怨。李嘉祐在《入睦州分水路忆刘长卿》中写道："北阙忤明主，南方随白云。沿洄滩草色，应接海鸥群。建德潮已尽，新安江又分。回看严子濑，朗咏谢安文。雨过暮山碧，猿吟秋日曛。吴洲不可到，刷鬓为思君。"[1] 首句便揭示了刘长卿到睦州的背景。刘长卿本人并不讳言，他说："南归犹谪宦，独上子陵滩"，感慨"惆怅梅花发，年年此路看"[2]。他在送梁侍御的诗中写道："新安君莫问，此路水云深。江海无行迹，孤舟何处寻。青山空向泪。白日岂知心。纵有余生在，终伤老病侵。"[3] 也是诉尽谪迁之悲。其实当时睦州并非如此偏鄙无文，和南方烟瘴之地的永州等地相比，更是山清水秀，实在是一个清闲去处。刘长卿无论如何抱怨和悲伤，他的诗中也没有用"瘴"字来描绘睦州和七里濑，便是一个明证。他的幽怨，不过是因为个人政治生涯郁郁不得志罢了。

刘长卿经过七里濑数次，当然也登过钓台，对此处的美景大加赞叹：

1　（唐）李嘉祐：《入睦州分水路忆刘长卿》，《严陵集》，卷一，2页。
2　（唐）刘长卿：《却归睦州至七里滩下作》，《严陵集》，卷一，3页。
3　（唐）刘长卿：《赴新安赠别梁侍御》，《严陵集》，卷一，4页。

悠然钓台下,怀古时一望。江水自潺湲,行人独惆怅。新安从此始,桂楫方荡漾。回转百里间,青山千万状。连崖去不断,对岭遥相向。夹岸黛秋色,沈沈绿波上。夕阳留古木,水鸟拂寒浪。月下扣舷声,烟中采菱倡。犹怜负羁束,未暇依清旷。牵役徒自劳,近名非取向。何时故山里,却醉松花酿。回首惟白云,孤舟谁复访?[1]

最后几句还是回到了想摆脱俗务的心愿。无论是真是假,这都是因严子陵而引发的感叹。

因为是谪迁,所以送别自然而然也成为其中的一个旨趣。刘长卿就送别了许多友人,"挥手桐溪路,无情水亦分"以及"潮水无情亦解归,自怜长在新安住"便是其中的感叹。[2]他在送苗侍郎的诗中综合了官场险恶、贬迁、送别三者,直抒胸中的不平之气,说:"地远心难达,时危谤易成""日下人谁忆,天涯客独行""孤舟百口泪,万里一猿声。落日看乡路,空山向郡城。岂令冤积气,千古在长平"。[3]他在七里濑邂逅南贬的薛承规时写道:"迁客归人醉晚寒,孤舟暂泊子陵滩。怜君更去三千里,落日青山江上看。"[4]刘长卿在睦州时与严维来往唱和极多,所以他的《七里滩重送严维》将离别这一主题写得情景交融,情真意切,云:"秋风渺渺水空波,越客孤舟欲榜歌。手

---

[1] (唐)刘长卿:《奉使新安自桐庐县经严陵钓台宿七里滩下寄使院诸公》,《严陵集》,卷一,5页。
[2] (唐)刘长卿:《睦州送尊师醮毕还越》及《新安江送陆沣归江阴》,《严陵集》,卷一,3页。
[3] (唐)刘长卿:《按覆后贬官赴睦州奉赠苗侍郎制使》,《严陵集》,卷一,3页。
[4] (唐)刘长卿:《使还七里濑下逢薛承规赴江南贬》,《严陵集》,卷一,5页。

折衰杨悲老别,故人零落已无多。"[1]

杜牧以世家大族的身份远离中枢,南迁睦州,幽怨殊多。他在《新安道中》写道:"重过江南更千里,万山深处一孤舟。"[2] 他虽然没有指睦州为"瘴"地,说"虽免瘴云生岭上",却依然强调睦州之偏远,和朝中权贵失于联络,难得消息,所谓"永无京信到天涯"。[3] 虽然远迁,但杜牧出自京兆杜氏,是唐代名相杜佑之孙,自觉前途无量,欲在仕途更上一层楼,因此和沈约不同,不愿"濯缨"。所以杜牧告别睦州回长安之际说:"岩壑会归去,尘埃终不降。悬缨未敢濯,严濑碧淙淙。""浅深须揭厉,休更学张纲。"[4] 张纲(108—143)为东汉名臣,以直言不阿著名,曾将其车车轮埋于洛阳都亭,表示不惜官位,说"豺狼当路,安问狐狸",上书弹劾国舅、大将军梁冀。杜牧"休更学张纲"就是要提醒自己,不要太嫉恶如仇,而是要讲求方式,这样才能在明哲保身的基础上建功立业。杜牧虽然决意在官场进取,但他视严子陵为隐逸高洁之士,还是一目了然的。

唐代权德舆(759—818)在游历钓台之后写了首五言长诗,相对全面地总结赞颂了严子陵的高风亮节。他回顾了严子陵"不乐禁中卧,却归江上春","则知大贤心,不独私其身",将严子陵比作古之大贤,因而权德舆"我行访遗台,仰古怀逸民",称赞严子陵的"清辉照无

1　(唐)刘长卿:《七里滩重送严维》,《严陵集》,卷一,4页。
2　(唐)杜牧:《新安道中》,《严陵集》,卷一,8页。
3　(唐)杜牧:《郡中有怀寄上睦州员外十三兄歙州刺史邢群》,《严陵集》,卷一,9页。
4　(唐)杜牧:《秋晚早发新定》及《除官归京睦州雨霁》,《严陵集》,卷一,10页。

垠"。[1]权德舆的这首诗,其核心就在于称赞严子陵的高洁,并在继承视严子陵为隐士(逸民)这个传统的同时,将其与古之大贤相提并论,这就为后来称颂严子陵有功于名教者埋下了伏笔。

晚唐文学家罗隐(833—910),字昭谏,号江东生,新城(今浙江省杭州市富阳区新登镇)人。罗隐早年曾游历京师,光启三年(887)归依吴越王钱镠,历任钱塘令、司勋郎中、给事中等职,人称罗给事。新城便在桐庐之北,离钓台不远,故罗隐曾经拜谒严子陵钓台。其《严陵滩》一诗写道:"中都九鼎勤英髦,渔钓牛蓑且遁逃。世祖升遐夫子死,原陵不及钓台高。"[2]诗中大致勾勒了刘秀和严光的故事,得出的结论却是"原陵不及钓台高",也就是九五之尊的刘秀不如蓑衣垂钓的严子陵,极力称赞后者不慕权贵的高洁。

"濯缨"的典故也在咏钓台诗中不断出现。刘驾(852年进士)《钓台》诗云:"澄流可濯缨,严子但垂纶。孤坐九层石,远笑清渭滨。潜龙飞上天,四海岂无云?清气不零雨,安使洗尘氛?我来吟高风,仿佛见斯人。江月尚皎皎,江石亦磷磷。如何台下路,明日又迷津。"[3]厉翼《送尹蔓回睦州》云:"怜君授衣月,远作泛舟行。江阔桐庐岸,山深建德城。千寻乔木影,七里暮滩声。兴尽当停棹,临流更濯缨。"[4]尤其刘驾诗中将严子陵与垂钓渭水的姜太公相比较,认为后者不如前者;诗中同时有"云""江""高风"这些关键字眼,对后来范仲淹的

---

1 (唐)权德舆:《严陵钓台下作》,《严陵集》,卷一,10页。
2 (唐)罗隐著,潘慧惠校注:《罗隐集校注》(杭州:浙江古籍出版社,1995年),289页。
3 (唐)刘驾:《钓台》,《严陵集》,卷二,23页。
4 (唐)厉翼:《送尹蔓回睦州》,《严陵集》,卷二,23页。

名句或有启发。

欧阳詹（约755—800）以浓缩的笔法称赞严子陵的高洁，说："伊无昔时节，岂有今时名？辞贵不辞贱，是心谁复行？钦哉此溪曲，永独英风清。"[1]北宋的李师中有《子陵二首》，其一："阿谀顺旨为深戒，远比夷齐气更豪。半夜光芒侵帝座。有谁曾似客星高？"其二："社稷功名出隐沦，天高听远亦应闻。庞眉一去无人问，七里商山但白云。"[2]他称赞客星，将严光比作白云。因高洁而得名，这是历代对严子陵评价的主流，一直持续到近代，无须一一列举。

1929年，近代学者蒋维乔在游览了钓台之后写道："桐江为皖浙往来所必经。徽州人多经商逐利，其初出经商者，过钓台，辄蜷伏舟中，不敢窥视，意以严先生不求名利。若见之，即经商必失败。嗟乎！俗流之见解如此，而严先生之风，乃益高不可及矣。"[3]（图3.2，应该就是蒋维乔当年看到的情形。）可见严子陵对严州和徽州之民俗文化之影响！

天下第十九泉

或许因为有了钓台，人们也开始进一步挖掘这一带的山水。被后

1　（唐）欧阳詹：《题严光钓台》，《严陵集》，卷二，13页。
2　（宋）李师中：《子陵二首》，《严陵集》，卷四，41页。
3　蒋维乔：《严子陵钓台记》，《旅行杂志》1929年第3卷第3号，8页。蒋维乔（1873—1958），江苏武进（今常州）人，字竹庄，号因是子，近代哲学家、教育家、佛学家。

代尊为"茶圣"的陆羽[1]把严陵滩江心之水列为天下第十九泉，使得钓台一带又多了一处名胜。

陆羽在《茶经》卷下"五之煮"中说，煮茶的水，"用山水上，江水中，井水下"，"其山水，拣乳泉、石池漫流者上"，"又多别流于山谷者，澄浸不泄"，"其江水，取去人远者。井取汲多者"。他还枚举并依次排出了山南、淮南、浙西、剑南、浙东、黔中、江南、岭南各地所产之茶，指出："浙西以湖州上，常州次，宣州、杭州、睦州、歙州下，润州、苏州又下。"[2] 不过，陆羽在《茶经》中并未提到严陵滩的江水，所谓"天下第十九泉"的说法，是陆羽去世后由张又新转录的。因此，后人也怀疑陆羽是否真有此说。

张又新，深州陆泽（河北深县）人，元和九年（814）进士第一。他从荐福寺的楚僧处得知，陆羽曾经口授李季卿天下二十水的排名，列表如下。[3]

表3.1 陆羽之天下二十水

排名	泉名	排名	泉名
第一	庐山康王谷水帘水	第十一	丹阳县观音寺水
第二	无锡县惠山寺石泉水	第十二	扬州大明寺水

---

1 陆羽（733—804），字鸿渐，唐朝复州竟陵（今湖北天门市）人，号竟陵子、桑苎翁、东冈子，又号茶山御史，唐代茶学家，被誉为"茶仙"，尊为"茶圣"。
2 （唐）陆羽:《茶经》，见杨东甫主编《中国古代茶学全书》(桂林：广西师范大学出版社，2011年)，11—12页，18页。
3 （唐）张又新:《煎茶水记》，见《中国古代茶学全书》，24页。

续表

排名	泉名	排名	泉名
第三	蕲州兰溪石下水	第十三	汉江金州上游中零水
第四	峡州扇子峡石中突而泄水，独清冷，状如龟形，俗云虾蟆口水	第十四	归州玉虚洞下香溪水
第五	苏州虎丘寺石泉水	第十五	商州武关西洛水
第六	庐山招贤寺下方桥潭水	第十六	吴松江水
第七	扬子江南零水	第十七	天台山西南峰千丈瀑布水
第八	洪州西山西东瀑布水	第十八	郴州圆泉水
第九	唐州桐柏县淮水源	第十九	桐庐严陵滩水
第十	庐州龙池山岭水	第二十	雪水

不过，张又新对陆羽的排名颇不以为然。他说："此二十水，余尝试之，非系茶之精粗，过此不之知也。夫茶烹于所产处，无不佳也。盖水土之宜，离其处，水功其半，然善烹洁器，全其功也。"此外，张又新还提到了另一个排名，说："故刑部侍郎刘公讳伯刍，于又新丈人行也。为学精博，颇有风鉴，称较水之与茶宜者，凡七等：扬子江南零水第一；无锡惠山寺石泉水第二；苏州虎丘寺石泉水第三；丹阳县观音寺泉水第四；扬州大明寺泉水第五；吴松江水第六；淮水最下，第七。"对这个排名，张又新则颇以为然，说："斯七水，余尝俱瓶于舟中，亲挹而比之，诚如其说也。"可惜的是，刘伯刍只列了此七水，严陵滩之水不在其列，张又新颇为遗憾，此后他曾亲自尝试。"及刺永嘉，过桐庐江，至严子濑，溪色至清，水味甚冷，家人辈用陈黑坏茶泼之，皆至芳香。又以煎佳茶，不可名其鲜馥也，又愈于扬

子南零殊远。"[1]这样，张又新认为严陵滩之水远胜于被刘伯刍排为天下第一的扬子江南零水。

明代中期的钱塘（今杭州）人田艺蘅再次质疑了陆羽的评茶品水标准。田艺蘅，字子艺，号品嵒子，《明史》说他"性放诞不羁，嗜酒任侠。以岁贡生为徽州训导，罢归。作诗有才调，为人所称"。[2]田艺蘅既任徽州训导，当从七里滩往来徽杭。嘉靖三十三年（1554），田撰成《煮泉小品》，认为茶和水要互相配合才行。他说：

严子濑一名七里滩，盖砂石上濑，曰滩也。总谓之浙江。但潮汐不及，而且深澄，故入陆品耳。余尝清秋泊钓台下，取囊中武夷、金华二茶试之，固一水也，武夷则黄而燥冽，金华则碧而清香，乃知择水当择茶也。鸿渐以婺州为次，而清臣以白乳为武夷之右，今优劣顿反矣。意者，所谓"离其处，水功其半"者耶？[3]

同时代的松江华亭（今上海）人徐献忠（1493—1559）在其《水品》中对严陵滩之水也大加赞赏，说：

张君过桐庐江，见严子濑溪水清泠，取煎佳茶，以为愈于南泠水。予尝过濑，其清湛芳鲜，诚在南泠上。而南泠性

---

1 （唐）张又新：《煎茶水记》，见《中国古代茶学全书》，24—25页。
2 《明史》，卷二百八十七，772页。
3 （明）田艺蘅：《煮泉小品》，见《中国古代茶学全书》，185页。

味俱重，非濑水及也。濑流泻处，亦殊不佳。台下湾窈回洑澄渟，始是佳品。必缘陟上下，方得之。若舟行捷，取亦常，然波尔。[1]

虽然张又新、田艺蘅、徐献忠等人一再推崇严陵滩江水，将其与排名前列的诸水相提并论，可是天下第十九泉的排名已定。明代的一些茶书，如黄履道的《茶苑》以及万历八年（1580）进士龙膺的《蒙史》，均提到严陵钓台下泉水陆羽品居第十九。[2] 可见，到了明代，严陵之水为天下第十九泉的名声，已经在茶界深入人心。话说回来，天下第十九这个名次并不差，也着实为钓台增光，严州历代文献自然也忘不了此点。《乾隆严州府志》记载说"十九泉"，"在钓台江心。陆羽与李秀卿评水分为二十等，以严陵濑水为第十九"。[3]

目前在钓台景区有一口井，标为"天下第十九泉"。这自然不是陆羽等人原来所谓的严陵滩江心之水，不过聊以自慰而已。笔者在1984年夏曾经和堂弟、表妹及表弟从富春山后翻越进入钓台景区，也曾在所谓"天下第十九泉"的井中打水解渴。七八年前，我和表妹、表弟两家大小再次翻越进入，已经无路可走，只能从树丛藤蔓中穿越摸索而下，只觉物是人非，不堪回首。

---

1 （明）徐献忠：《水品》，见《中国古代茶学全书》，210页。
2 （明）黄履道：《茶苑》，见《中国古代茶学全书》，670页；（明）龙膺：《蒙史》，见《中国古代茶学全书》，463页。
3 《乾隆严州府志》，卷三"封域"，38页。

方干：第二个隐士

除了天下第十九泉，严子陵钓台在唐代还添加了更为重要的新元素，那就是方干的融入。方干（836—888），睦州青溪（今浙江淳安）人，字雄飞，号玄英，门人私谥曰玄英先生。成书于元成宗大德甲辰（1304）年间的《唐才子传》共记载了唐代才子398人，其中有两位严州人，就是方干以及曾与方干学诗的李频。

方干，字雄飞，桐庐人。幼有清才，散拙无营务。大中中，举进士不第，隐居镜湖中，湖北有茅斋，湖西有松岛，每风清月明，携稚子邻叟，轻棹往返，甚惬素心。所住水木幽阒，一草一花，俱能留客。家贫，蓄古琴，行吟醉卧以自娱。

徐凝初有诗名，一见干器之，遂相师友，因授格律。干有赠凝诗云："把得新诗草里论。"时谓反语为村里老，疑干讥诮，非也。

干貌陋兔缺，性喜凌侮。王大夫廉问浙东，礼邀干至，误三拜，人号为"方三拜"。王公嘉其操，将荐于朝，托吴融草表，行有日，王公以疾逝去，事不果成。干早岁偕计，往来两京，公卿好事者争延纳，名竟不入手，遂归，无复荣辱之念。浙中凡有园林名胜，辄造主人，留题几遍。

初，李频学干为诗，频及第，诗僧清越贺云："弟子已折桂，先生犹灌园。"咸通末卒。门人相与论德谋迹。谥曰"玄英先生"。乐安孙郃等缀其遗诗三百七十余篇，为十卷。王赞论之曰："铭肌镂骨，冰莹霞绚。嘉肴自将，不吮余隽。丽不葩芬，苦不癯棘。

当其得志,倏与神会。词若未至,意已独往。"[1]

《唐才子传》还把方干与战国时期的齐国隐士黔娄(即稷下先生)并列,说黔娄"甘天下之淡味,安天下之卑位,不戚戚于贫贱,不遑遑于富贵,求仁得仁,求义得义","方干,韦布之士,生称高尚,死谥玄英,其梗概大节,庶几乎黔娄者耶"。[2]《新唐书》记李频为"睦州寿昌人","与里人方干善",[3] 则《唐才子传》称方干为桐庐人有误。方干实为清溪人,后来移居至桐庐白云源。方干的移居,一方面是白云源之景色幽美,当更重要的是白云源与钓台一步之遥,正好与前贤朝夕相处。

方干在钓台附近的隐居,为严子陵的事迹增添了新内容。他曾在《山中寄吴磻》诗中描述了自己的隐居生活:"莫问终休否,林中事已成。盘餐怜火种,岁计付刀耕。掬水皆花气,听松似雨声。书窗翘足卧,避险侧身行。果傍闲轩落,蒲连湿岸生。禅僧知见理,妻子笑无名。更拟教诗苦,何曾待酒清。石溪鱼不大,月树鹊多惊。砌下通樵路,窗闲见县城。云山任重叠,难隔故交情。"[4]《山中即事》云:"趋世非身事,山中适性情。野花多异色,幽鸟少凡声。树影搜凉卧,苔光破碧行。闲寻采药处,仙路渐分明。"[5] 隐居生活如此朴素恬淡,仿佛

1　(元)辛文房著,孙映逵校注:《唐才子传校注》(北京:中国社会科学出版社,1991年),694—695页。
2　(元)辛文房著,孙映逵校注:《唐才子传校注》,696页。
3　《新唐书》,卷二百零三,5794页。
4　(唐)方干:《山中寄吴磻》,《严陵集》,卷二,18页。
5　(唐)方干:《山中即事》,《严陵集》,卷二,18页。

成仙之路，这是前代严子陵文献所未载的隐逸与高洁。如果说，严子陵的隐逸是抽象的、模糊的、遥远的，那么，方干的隐居则是具体的、清晰的、近在咫尺的。难怪方干生前身后就博得大名，赢得许多掌声，为严陵风景和形象输入了一股清澈活泼的山泉。

山阴（绍兴）人吴融（850—903）对方干就赞不绝口。他说：

> 把笔尽为诗，何人敌夫子？句满天下口，名聒天下耳。不识朝，不识市。旷逍遥，闲徙倚。一杯酒，无万事。一叶身，无千里。衣裳白云，坐卧流水。霜落风高忽相忆，惠然见过留一夕。一夕听吟十数篇，水榭林萝为岑寂。拂旦舍我亦不辞，携筇径去随所适。随所适，无处觅。云半片，鹤一只。[1]

这是对方干飘然不群的隐居生活之近距离写照。方干死后，其友何鹏哭道："斗牛文星落，知是先生死。湖上闻哭声，门前见弹指。官无一寸禄，名传千万里。死著弊衣裳，生谁念朱紫。我心痛其语，泪落不能已。犹喜韦补阙，扬名献天子。"[2] 何鹏虽然以"官无一寸禄，名传千万里"来褒扬方干的高洁，但实际上方干和达官显宦特别在是睦州的地方官员来往非常密切。除了曾向方干学诗的睦州进士李频外，和方干唱和的官员还包括睦州吕郎中、睦州胡中丞、睦州侯郎中、清溪赵明府（太守）、桐庐郑明府、乡人高僧鉴休上人以及众多的处士、隐者。由此可见，方干的大名，不仅在于他倡导的隐居，还在于

---

1 （唐）吴融：《赠方干》，《严陵集》，卷二，22页。
2 （唐）何鹏：《哭方先生》，《严陵集》，卷二，22页。

他的群友显赫，能为之扬名。无论如何，在严子陵六七百年之后，方干成为钓台的第二位隐士，陪伴前贤，进一步发扬了钓台隐逸与高洁的形象。

从狂奴到罪人

并非所有人都赞同隐居，自然也并非所有人都赞同严子陵的隐居，更不要说颂扬严子陵的高洁了。一些人认为，严子陵不听王命，实在是傲慢无礼。因此，他们借严子陵的傲慢来突出光武帝礼贤下士的形象，唐代罗隐就有这样的论调。他在《刻严陵钓台》中写道："岩岩而高者，严子之钓台也；寥寥而不归者，光武之故人也；故人之道何如？睨苍苍以言之：尊莫尊于天子，贱莫贱于布衣"，而光武帝"造二百年之业，继三尺剑之基"，却对一个故人"有始有卒"[1]，以此歌颂光武帝不忘故人的德行。这不过是借严子陵颂圣罢了。

还有人认为严子陵不是天真，也不是傲慢，而是狂妄。唐彦谦（848—915）在《严子陵》诗中云："严陵情性是真狂，抵触三公傲帝王。不怕旧交嗔僭越，唤他侯霸作君房。"[2] 当然也有人反其意为之，认为严子陵是故作姿态，表面钓鱼，实为钓名，这是一条不用走科举之路的终南捷径。骆宾王就感慨说："且夫垂竿而为事者，太公之遗

---

1 （唐）罗隐：《刻严陵钓台》，《严陵集》，卷七，82—83页。
2 （唐）唐彦谦：《严子陵》，《严陵集》，卷二，13页。

术也。形坐磻溪之术,兆应滋水之璜,夫如是者,将以钓川耶?将以钓国耶?然后知古善钓者,其惟太公乎!又有妙于此者,其惟文王乎!"[1] 未曾到过七里滩的李白,"现存相关钓台作品共10首,数量为唐人之最",采用的就是这种思路。[2] 终究不过是"不才明主弃"的范式。

以严子陵为狂人,而光武帝再三忍耐包容,这样的基调下,光武帝圣明天子的光辉形象愈发呼之欲出。北宋大臣刘昌言(942—999)似乎是衮衮诸公中以严子陵来颂圣的第一人。他写道:

> 汉业中微炎祚衰,四海奸豪窃神器。南阳龙虎方斗争,赤伏真人正天位。先生高隐来富春,耕耒青山自如意。一竿渔钓乐幽深,七里溪光弄苍翠。朝中天子思故人,物色环中引其类。先生独步衣羊裘,咳唾浮云轻富贵。足加帝腹傍无人,星动天文失躔次。卓哉光武真圣君,终使狂奴毕高志。云台千尺尽功臣,谁肯回顾钓台地?[3]

和此前咏钓台诗不同,刘昌言不从钓台而发,而是先歌颂光武帝恢复汉业的雄才,然后再述及光武帝求贤若渴的胸襟与风度;正因如此,光武帝才能容忍狂奴严子陵,并成其"高志"大名。因此,刘昌言作的是反面文章,认为钓台的主角是光武帝,严子陵不过是陪衬而已。他的诗中充满了对建功立业的肯定,所以他断定:襄助光武帝的云台

1　(唐)骆宾王:《应诰》,《严陵集》,卷七,77—78页。
2　陈济川:《唐代严子陵钓台的文学书写》,101页。
3　(宋)刘昌言:《钓台》(二首),《严陵集》,卷三,32页。

二十八将，没有一个会选择来钓台隐居。在这样的基调下，钓台的主题不再是隐逸的高洁之士，而是"圣君"对"不臣"狂奴的容忍，这是圣天子的美德。

刘昌言倡导的颂圣随后便成为钓台的一个新传统。在这个传统中，一般而言，主张君臣两光相得益彰的基调成为主流，一方面称赞严子陵的高洁，一方面歌颂光武成人之美的美德，只不过有音调高低之分而已。范师道（1005—1063）就是如此。他既颂英主又赞贤人，说："乾坤交泰重弥纶，当日严陵道最淳。大汉中兴得英主，先生高退作闲人。滩头风月遗千古，台上纶竿寄一身。今日病夫祠下过，独知疲懦长精神。"[1]

景祐元年（1034）进士吴可玑则塑造了一个体贴入微的严子陵形象，以阐述君臣两光这个主题。他在《钓台》一诗中写道：

> 君王取天下，有人将甲兵。君王得天下，有人相升平。我欲介其间，区区安取成。莫若归养高，高卧岩之扃。直使万乘意，慕仰飞鸿冥。身虽隐渔钓，心岂忘朝廷？常虑天下定，君王志骄盈。群臣习见闻，力谏不尔听。不有不臣者，不足回其清。商山四老人，用是安西京。潜希绝世躅，万一助皇明。年当建武日，上下咸清宁。所怀忆意不陈，终焉为客星。如何逸民传，乃有狂奴名？[2]

1　（宋）范师道:《钓台》,《严陵集》, 卷三, 32页。
2　（宋）吴可玑:《钓台》,《严陵集》, 卷五, 63页。

在他的笔下，严子陵既不是帮助光武帝夺取天下的功臣，也不是帮助光武帝治理天下的贤相；但他心系朝廷，以"不臣"之态来提醒光武帝不要骄傲自满。这个解释，自然去事实颇远，但真可谓用心良苦。无论如何，这些诗文都逃脱不了"最爱清宵银汉上，客星时共帝星辉"的叙述模式，脱不了君圣臣明的腔调。[1]

不过，即使是歌颂圣君明君的严子陵形象，依然得不到某些专制者的容忍。在他们的眼中，严子陵岂止是狂奴，他是天下之罪人！明太祖朱元璋就认为严子陵是沽名钓誉之徒，罪人莫过于此。朱元璋说，光武"中兴之初，民生凋敝，人才寡少，为君者虑恐德薄才疏，致生民之受患，礼贤之心甚切"，所以请严光于朝，谁知他不知感恩，不懂君臣大礼，"及至，不仕而往"，"却乃栖岩滨水以为自乐"，"古今以为奇哉，在朕则不然"。朱元璋进一步指出，"名爵者，民之宝器，国之赏罚"，古往今来，哪一个豪杰不为此奔走天下？他引述《礼记》说："君命赐，则拜而受之"，光武帝"聘士于朝，加以显爵，拒而弗受，何其侮哉！朕观此等之徒，受君恩，罔知所报"，岂不可恨？朱元璋又反过来质问，假如没有光武帝的英武，天下一统，归于太平，严光又怎么能够"安得优游乐钓欤"？因此，朱元璋恨恨地说："朕观当时之罪人，罪人大者莫过严光。"[2]

当然，朱元璋的这种看法不过是独裁者极其偏狭的心态，不能为人们所信服。虽然明太祖以严子陵为历代罪人之首，他的子孙仍然恢复了对严子陵的官方祭拜。明英宗（1427—1464）年间，严州府知府

1　（宋）余辟：《钓台》，《严陵集》，卷五，64页。
2　（明）朱元璋：《明太祖文集》，卷十，《钦定四库全书·集部六·别集类》。

万观称："本府桐庐县旧有严子陵钓台，子陵方西汉之季，风俗颓败，独能恬退廉靖，实颓波之砥柱也。宋范仲淹即台建祠，复其为后者四家以奉祀事，又创书院训其子孙。臣亦叨守是邦，勉循故事，重建祠堂，访其后裔严来，使之看守。乞定议致祀，仍免严来丁役，以励名节。"明英宗"纳其言，即命该部议行"。[1]

先生之风，山高水长

集钓台之大义并加以升华者，莫过于范仲淹。景祐元年（1034）四月，范仲淹因直言批评仁宗皇帝不该废郭皇后一事被贬官到睦州（他在诗文中常称为桐庐郡）。到了睦州，范仲淹大兴州学，建龙山书院，疏浚梅城西湖，修筑南北堤坝，始建严子陵祠堂，开始了官方对严子陵的祭拜，并写下了千古传诵的《桐庐郡严先生祠堂记》。此年秋，范仲淹奉诏赴苏州救灾，因而他在睦州任上实际仅为半年时间，但睦州人却感其功德，为这位先贤建起了"范公祠""思范亭""思范堂""思范坊"等，使范仲淹的名字与严州紧紧连在了一起。

关于建严先生祠堂之事，范仲淹自述曰："高平以谏官贬守睦，始访七里濑，立严子祠，召溪口僧悦，躬画古衣冠，作严子像。既成，自作记。"[2] 并请人以篆书刻石记之。后来的睦州知州叶棐恭（1046年

---

[1] 《明英宗实录》，卷二十九，589页。
[2] （宋）范仲淹：《严先生祠堂记篆者名》，《严陵集》，卷八，88页。

进士）追述说："景祐中，文正范公谪守是郡，始即台下构堂，以祠先生，亲记其事，属丹阳隐者邵疏篆之，刻石今存于郡廨。又命会稽僧悦躬画古衣冠，作先生像于堂中。"[1] 在此之前，唐人已在钓台刻碑石，但并无祠堂。范仲淹作为一方牧守，"构堂而祠之，又为之记"，是官方对严子陵的评价和崇祀，可谓是严子陵的千古知音。故南宋的吕祖谦（1137—1181）总结说："后先生且千年，文正公来主斯地，祀典始举。旷百世而相感者，固自不常遇也。"[2]

范仲淹是谪官，所以他关于钓台及严州的许多诗歌是谪诗，但其中毫无刘长卿的幽怨，而是心胸坦荡乐观向上。范仲淹因"理或当言，死无所避"之谏言被贬，所以一直倡导、秉行不畏权势不贪富贵的品性。他赞赏严子陵的高洁，认为严子陵有功于名教。范仲淹是历代难得的立功立言立德之学者，因而他也推崇明君贤相的理想。范仲淹的诗文，由之总结了钓台的诸多文化意象，此处尝试一一加以介绍。

范仲淹在《出守桐庐道中十绝》中写道："君恩太山重，尔命鸿毛轻。一意惧千古，敢怀妻子荣？"又说："妻子屡牵衣，出门投祸机。宁知白日照，犹得虎符归。"[3] 他还自嘲说，"山水真名郡，恩多补谏官"，"稀逢贤太守，多是谪官来"。[4] 这些都表明了他胸怀坦荡，并不因南贬千里而后悔。范仲淹当然还有雄心壮志，说"子陵滩畔观渔钓，无限残阳媚绿蒲"，[5] 表明了他的积极进取之心志。

1　（宋）叶棐恭：《题严先生钓台》，《严陵集》，卷八，94页。
2　（宋）吕祖谦：《重修严先生祠堂记》，《严陵集》，卷九，107页。
3　（宋）范仲淹：《出守桐庐道中十绝》，《严陵集》，卷三，33页。
4　（宋）范仲淹：《新定感兴五首》，《严陵集》，卷三，34页。
5　（宋）范仲淹：《依韵酬周骙太博同年》，《严陵集》，卷三，35页。

在睦州，范仲淹遇到了从"琼林苑以接花为事因罪黜"贬到睦州的老卒陶旻。听了陶旻的遭遇，范仲淹联系到自己的境遇，颇有感慨。他说：

> 我闻此言聊悒悒，近曾侍从班中立。朝违日下莫天涯，不学尔曹向隅泣。人生荣辱如浮云，悠悠天地胡能执？贾谊文才动汉家，当时不免来长沙。幽求功业开元盛，亦作流人过梅岭。我无一事逮古人，谪官却得神仙境。自可优优乐名教，曾不栖栖吊形影。接花之技尔则奇，江乡卑湿何能施？吾皇又诏还淳朴，组绣文章皆弃遗。上林将议赐民亩，似昔繁华徒尔为？西都尚有名园处，我欲抽身希白傅。一日天恩放尔归，相逐栽花洛阳去。[1]

可见，和一般幽怨的谪人不同，范仲淹"不学尔曹向隅泣"，这是大贤的胸襟。

和刘昌言一味颂圣不同，范仲淹在论及严子陵事迹时，首先强调严子陵的高节与高洁，然后指出光武帝以礼下之，因而得出两人相得益彰的结论。所谓"盖先生之心，出乎日月之上；光武之量，包乎天地之外。微先生不能成光武之大，微光武岂能遂先生之高哉"。因此，范仲淹认为，严子陵的不事王侯，高尚其事，能够激励人、鼓舞人、感染人，"贪夫廉，懦夫立"，所以"是大有功于名教"。范仲淹

---

[1] （宋）范仲淹：《桐庐郡卒陶旻者，本隶琼林苑，以接花为事，因罪黜送于此。寺丞葛君闷感而作〈接花歌〉，幕中章君岷和以相示，因而缀焉》，《严陵集》，卷三，36—38页。

强调严子陵的不事王侯，其实就是强调为臣者要有气节，要敢于为天下而忤天子圣意，这当然也是发范仲淹心中郁垒。范仲淹的这个引申就超出了对一般隐士的评价，将严子陵从隐逸乃至狂奴的序列中剥离出来，归之于有益于礼仪教化的儒家传统中去，这是一个新的角度和归纳。范仲淹之后，杨时称赞严子陵说："回首严陵台上月，清风千古逼人寒。"这是在赞赏严子陵的节操和对士大夫的激励，这也是范仲淹为严子陵始修祠堂的原因。不妨引其《桐庐郡严先生祠堂记》原文，让我们感受一下范仲淹的胸襟风范。

  先生，汉光武之故人也，相尚以道。及帝握赤符，乘六龙，得圣人之时，臣妾亿兆，天下孰加焉？惟先生以节高之。既而动星象，归江湖，得圣人之清，泥涂轩冕，天下孰加焉？惟光武以礼下之。

  在《蛊》之上九，众方有为，而独"不事王侯，高尚其事"，先生以之。在《屯》之初九，阳德方亨，而能"以贵下贱，大得民也"，光武以之。盖先生之心出乎日月之上；光武之量包乎天地之外。微先生不能成光武之大，微光武不能遂先生之高哉！而使贪夫廉，懦夫立，是大有功于名教也。

  仲淹来守是邦，始构堂而奠焉，乃复为其后者四家，以奉祀事，又从而歌曰：云山苍苍，江水泱泱。先生之风，山高水长。[1]

范仲淹认为严子陵"大有功于名教"，这是入世干臣对"无为"隐士的激赏，青年时代的毛泽东也是这样认为的。他说："后世论光

---

1 （宋）范仲淹：《桐庐郡严先生祠堂记》，《严陵集》，卷八，88页。

不出为非。不知光者,帝王之师也。受业太学时,光武受其教已不少。故光武出而办天下之事,光即力讲气节,正风俗而传教于后世。且光于专制之代,不屈于帝王,高尚不可及哉。"[1] 也就是说,毛泽东认为严子陵是光武帝的老师,"讲气节,正风俗而传教于后世",同时"不屈于帝王,高尚不可及"。然而,毛泽东对于严子陵不出来做事,也不以为然。[2] 所以当辛亥元老柳亚子在1949年3月的《感事呈毛主席》诗中说:"安得南征驰捷报,分湖便是子陵滩。"意思是革命成功之日便是他归隐之时,毛泽东便和诗安慰说:"莫道昆明池水浅,观鱼胜过富春江。"邀请柳亚子去北京共商国是。当然,毛泽东了解柳亚子内心愿意出来做事之想法,故有此言。

范仲淹不仅始修严子陵祠堂,对方干也颇为赞赏,将其与严子陵并立。叶棐恭回顾此事说,范仲淹"既而过祠下,望唐处士方雄飞之旧隐,周览裴回,慨想余风,因复图其像于堂之东壁"。[3] 的确,范仲淹对方干另眼相看。在睦州离任后,经七里泷去苏州途中,范仲淹"由江而上登严陵钓台,移舟南岸,宿方干处士旧居",睦州的"章从事闻之,有诗见寄",范遂"因依韵和之"云:"姑苏从古号繁华,却恋岩边与水涯。重入白云寻钓濑,更随明月宿诗家。山人惊戴乌纱出,溪女笑依红杏遮。来早又抛泉石去,茫茫荣利一吁嗟。"[4] 则方干故居

---

1 转引自王光厚:《"力正风俗,传教后世"——毛泽东评严光》,《党的文献》,2007年第2期,88页。
2 王光厚:《"力正风俗,传教后世"——毛泽东评严光》,88—89页。
3 (宋)叶棐恭:《题严先生钓台》,《严陵集》,卷八,94页。
4 (宋)范仲淹:《仲淹自桐庐移守姑苏,由江而上,登严陵钓台,移舟南岸,宿方干处士旧居。章从事闻之,有诗见寄,因依韵和之》,《严陵集》,卷三,38页。章从事即章岷。

与钓台并为胜迹,而方干也与严子陵同享盛名。

北宋的杨杰(约1023—约1092)既登钓台,又访方干故居。他的《子陵钓台》写道:"高风谁得似先生?七里溪山当画屏。功业不随东汉祖,光芒独应少微星。兰台有史传名姓,蓬户无人问醉醒。若使当时忘故态,何由千古羡鸿冥。"《方干故居》写道:"千载富春渚,先生家独存。元英播寰宇,丹桂付儿孙。文正重高节,子陵同享尊。泊舟明月夜,重为吊吟魂。"[1] 方干在杨杰等宋人眼里,就和"子陵同享尊"了,"从今应与严家濑,相对清芬一水长。"[2]

范仲淹之后,严子陵祠堂的维修或重建就成为了传统。1086年叶棐恭知睦州时,"岁月滋久,栋宇渐堕。上漏侧穿,像亦故暗。且地胜事绝,至者喜留名迹,而狂易之徒,往往题名于像之左右,甚非所以伸虔妥灵、耸人观瞻之意。乃以僚属葺堂而完之,始为塑像,以易绘画,庶几二高人之清标俨然长存,而文正公之遗迹,愈不泯也"。[3] 这样,叶棐恭就为严子陵和方干塑像作画,方干的地位愈发高大。

南宋淳熙五年(1178),萧燧(1117—1193)出镇严州。他虽然有心重修严子陵祠,但财力未逮,两年后方"以余力新之"。吕祖谦记曰:

> 后先生且千年,文正公来主斯地,祀典始举。旷百世而相感者,固自不常遇耶!今公作牧,复大葺祠宇,以续前人之绪。继

1　(宋)杨杰:《子陵钓台》及《方干故居》,《严陵集》,卷五,59—60页。
2　(宋)朱彦:《题方氏清芬阁》,《严陵集》,卷六,72页。
3　(宋)叶棐恭:《题严先生钓台》,《严陵集》,卷八,94-95页。

自今以往，沂沿下上者，欵门而心开，升堂而容仪风清，樾濯寒泉，哦高水长之诗，致足乐也。则公岂专为一邦劝哉？祠之前则羊裘轩，其东则客星阁、招隐堂，岸江立表以识路，缭山作亭以待憩。或革或因，面势位置，各有思致。[1]

吕祖谦的这段记录，给我们描述了严先生祠堂建筑群的结构。在祠堂之前，有羊裘轩，之东有客星阁、招隐堂。沿江而上树立标志来引路，一路上还有亭子供游客休息。可惜的是，萧燧之建，"守僧不戒于火，一夕煨烬"。[2]

七年之后，淳熙十二年（1185），严州郡守陈公亮纠合诸官，"各捐缗钱"，"于时岁事再登，工力颇裕，视前之轮奂有加焉。曰三贤堂，曰客星阁，曰招隐堂，曰羊裘轩，规摹高耸，皆逾旧制。且别创遂隐记隐二区，以翼于三贤堂之左右。寓僧有舍，休客有馆，山巅之台有亭，辟登坛之道，而级之以石，道先有亭以憩，视坛稍远复为亭于中，以便游者。阁之东偏有泉，其色如玉，亦亭于上，榜曰玉泉"。[3] 则规模又远胜于前。

1228年，陆游之子陆子遹来知严州，又在钓台创办了书院，以后历任地方官或加修葺，或遣山长，或拨田亩钱粮，使得此处书声琅琅，更富活力。《景定严州续志》记曰：

---

1 （宋）吕祖谦：《重修严先生祠堂记》，《严陵集》，卷九，106—108页。
2 （宋）陈公亮：《重修严先生祠堂记》，《严陵集》，卷九，108页。
3 （宋）陈公亮：《重修严先生祠堂记》，《严陵集》，卷九，108页。

绍定戊子，知州陆子遹始创书院。淳祐辛丑，知州王似始延堂长，训严氏子孙，月计所廪给之。又十一年辛亥，知州赵汝历凿石累土，以广其地。益以栋宇，为门三间，榜曰"钓台书院"。历级而升，为官厅，左仍先生祠也。羊裘轩、客星阁悉仍其旧，以招隐堂废址为燕居堂，下为门庑，榜曰"燕居之门"。由官厅而右，为讲堂，榜曰"清风堂"，堂之北为复屋，榜曰"遂高堂"。堂之南，临流为阁，榜曰"云峰烟水"。为四斋：曰"明善"，在"清风堂"之左，"希贤"在其右；曰"尚志"，在"云峰烟水"之左，"修己"在其右。为"炉亭"，曰"会友"。山长、堂长有位，祭器有库，储畜有仓，庖湢有所。于是延致衿佩，教养其间，纶钓之地，有弦诵声矣。改登台路于书院之右，山腰有亭以待憩息。东台旧有亭，更为亭西台，对立相望，第董事者识。凡芟夷古木，路取径直，无复盘旋之旧，识者非之。郡捐帑五万缗，就城为抵质库，月收其息，以助养士。明年，知州季镛闻于朝，以州学教授兼山长，循故实，以四仲月守致词，遣山长率职事致祭，守亦时往。书院之制，盖略备矣。然枕高凭虚以为基，经壬子世浸，沟湮土颓，不十年廪，廪欲压。景定辛酉，今侯钱可则亟修治之，视旧益胜。客星阁，旧沦于僧舍，颓圮滋甚，命僧撤其故为法堂，更卜爽垲于佛庐之左建焉。此山草木，自是益精神矣。书院有田，今六十四亩有奇，以严氏孙掌之，而山长稽其出纳，养士钱仍给于州。山之阴有平畴山，先生故所耕也。[1]

---

[1]《景定严州续志》，卷三"书院"，127页。

则钓台人文又多一景。

总之,由于范仲淹的倡导,严先生祠堂成为名教胜地,舟行七里滩者必然要登临拜谒。以南宋名臣范成大为例:

> 癸巳岁正月一日,巳午间至钓台。率家人子登台讲元正礼,谒三先生祠。登绝顶,扫雪,坐平石上,诸山缟然,冻云不开,境过清矣。臧获亦贪殊景,忍寒犯滑来登。始,予自绍兴己卯岁,以新安户曹沿檄来,识钓台,题诗壁间。后十年,以括苍假守被召,复至,自和二篇,及今又四年,盖三过焉,复自和三篇。薄宦区区如此,岂惟愧羊裘公,见篙师滩子,惭颜亦厚。乃并刻数字于右庑柱间,而宿西口。[1]

此次他特意带家人登钓台,为其讲解元正礼,可见严子陵、方干和范仲淹都已成为范成大仰慕的先贤。

默默无闻的朱买臣

有趣的是,严光在严州乃至天下之得名日隆,同在严州的朱买臣却默默无闻。朱买臣是西汉名臣,一度与公孙弘、桑弘羊、董仲舒、

---

[1] (宋)范成大:《骖鸾录》,见范成大撰,孔凡礼点校:《范成大笔记六种》(北京:中华书局,2019年),51页。西口当为胥口之误。

司马相如、严助、汲黯、终军、严安、张汤等人齐名,《汉书》有传,提到他参与朝政大事者多处,认为他善于"应对"。朱买臣不但出生、成名早于严光一百多年,其功名卓越,更是作为一小小百姓的严光所不能比拟的。朱买臣在民间流传的事迹中,最著名者莫过于覆水难收这个故事。《汉书》就记载了其妻嫌其贫困而求去的故事:

> 朱买臣,字翁子,吴人也。家贫,好读书,不治产业,常艾薪樵,卖以给食,担束薪,行且诵书。其妻亦负戴相随,数止买臣毋歌呕道中。买臣愈益疾歌,妻羞之,求去。买臣笑曰:"我年五十当富贵,今已四十余矣。女苦日久,待我富贵报女功。"妻恚怒曰:"如公等,终饿死沟中耳,何能富贵!"买臣不能留,即听去。其后,买臣独行歌道中,负薪墓间。故妻与夫家俱上冢,见买臣饥寒,呼饭饮之。[1]

后来朱买臣作为一名隶卒到了长安,受乡贤严助推荐,汉武帝拜其为会稽太守,对朱买臣说了一段著名的话:"富贵不归故乡,如衣绣夜行,今子何如?"锦衣夜行遂成为著名的典故。

> 会稽闻太守且至,发民除道,县长吏并送迎,车百余乘。拜为太守,入吴界,见其故妻、妻夫治道。买臣驻车,呼令后车载其夫妻,到太守舍,置园中,给食之。居一月,妻自经死,买臣

---

[1] 《汉书》,卷六十四,2791 页。

乞其夫钱，令葬。悉召见故人与饮食诸尝有恩者，皆报复焉。[1]

因破东越有功，朱买臣"征入为主爵都尉，列于九卿。数年，坐法免官，复为丞相长史"，但最后因为和御史大夫张汤积怨渐深，上书告张汤"阴事"，结果两败俱伤，"汤自杀，上亦诛买臣"。[2]《汉书》这样书写，就和伍子胥的故事一样，其主旨是颂扬快意恩仇。朱买臣走的是功名富贵的道路，他非常有才能，善于做事，因权力斗争也不免使用各种手段，而这些在先秦乃至秦汉时期都是正面的行径。个人依靠自己的能力而发达，有何不可呢？

朱买臣是吴人，他当过会稽太守，可是，这和建德有什么关系呢？根据《严州图经》的记载，建德有朱买臣之故迹以及祠、墓。卷二"古迹"记云：

朱池距城三十里，相传朱买臣读书处。其东有朱太守祠，唐李频文其碑，石今不存而文传，然词颇浅近，又频集不载为可疑。文谓吴王濞举兵，民不遑，公逃难至此，挹下涯水饮之，曰："水香而善，其地可居。"于是深入大周（大周，地名），得地为蓬荜而居之。后去官，因家于下涯之上，筑室读书，凿池为涤砚所，后人即其姓而名之曰朱池。因其地招公之来，名其里与桥，皆曰招贤。此皆本传所无者，其他皆放本传。传谓："买臣语其妻，我五十当贵，今已四十余矣。"而碑作"四十当贵，今三十九矣"。

---

1 《汉书》，卷六十四，2793 页。
2 《汉书》，卷六十四，2794 页。

当是故为立异。又云咸帝末年立祠于乌陇之后,今又立祠于朱池而不著岁月。今二祠俱存。[1]

虽然淳熙《严州图经》距朱买臣已经将近一千三百年,却表明北宋时期严州已经有朱买臣在本地活动的传说并引为事实,这和建德北部伍子胥的传说如出一辙,显示了位于江南的吴越地方文化信仰在江南以南的山区建德之传播。根据这个记载,吴人朱买臣是为了躲避吴王刘濞的叛乱而逃到建德,因为建德的水美(驰名天下的农夫山泉即建德之水)而定居建德西乡下涯——此地又因传说朱买臣洗砚而被命名为朱池(下涯、朱池地名沿用至今),其乡里与跨水之桥均命名曰招贤。

到了唐代,建德已形成崇祀朱买臣的风俗。朱池之东有朱太守祠,唐代严州乡贤李频作文立碑记之。而此处的朱太守祠,不过是别庙而已。朱太守祠正庙"在乌陇,汉会稽太守朱买臣之神也"。和胥岭的伍子胥庙一样,朱太守祠"旧亦不载祀典。绍兴九年,因修图经,知为会稽郡地,买臣故乡,为加增葺,岁时祀之"。[2] 表明在宋代朱太守祠被提升列入官方的祭祀名单。

《汉书》中没有记载朱买臣被诛之后葬于何处,但《严州图经》卷二"坟墓"云:"汉会稽太守朱买臣墓,在幽径山。按,朱异《严州事迹》曰:朱池之西有山,名幽径。世谓买臣旧葬之山,山有丛棘,

---

1 《严州图经》,卷二,86页。"咸帝"当为汉成帝(公元前33年—前7年在位)之误。
2 《严州图经》,卷二,83页。

俗号朱太守墓。"[1]究竟朱买臣葬于何处，恐难确定。但如果他身死长安，葬于建德的可能性微乎其微，更何况建德并非其出生地。但不管如何，到了唐宋时期，朱买臣已经扎根于严州风俗，成为建德的一部分。然而，令人讶异的是，位列九卿的朱买臣，与严州有如此之渊源，其声名却远不如只在七里泷江蓑衣垂钓的后辈严子陵，原因何在？

笔者喋喋不休叙述朱买臣的故事，就在于朱买臣是追求荣华富贵之人；严子陵却恰恰相反，他是抛弃、拒绝荣华富贵之人。追逐功名利禄，博取荣华富贵，或者不事王侯、鄙视富贵，都是个人的选择，本来无可厚非。然而，在秦法之下，"普天之下，皆是王土，率土之滨，莫非王臣"，人们反而开始珍惜选择之自由，崇尚退隐江湖悠然自得的生活方式。这种思潮从"不为五斗米折腰"的陶渊明《桃花源记》中可以看到，严子陵之流行也是如此。正因如此，朱买臣在严州的名声远远不如严子陵。

或有人问，朱买臣马前泼水的故事在民间流传很广啊？确实。可是，朱买臣以覆水难收来拒绝前妻的复合请求，其主旨不过是父权社会下要求女子从一而终，并因此而广为流传罢了。话说回来，覆水难收这一故事和严州并无瓜葛。

宋末元初的方回，曾引朋友之言枚举了严州的三个隐士，说："严之高士三人：子陵隐于汉，名终不可泯；方干隐于唐，又以诗显；桐君隐而不知为何人，其殆最优乎？"[2]则可见汉代以来，高洁乃论人之最高境界乎？退隐江湖不事权贵，固然为佳；却不若无名无姓泯然江

---

1 《严州图经》，卷二，87页。
2 （元）方回：《读楼攻媿桐君祠记跋》，《桐江集》，卷三。

湖者！在这样的评价体系中，远离富贵的隐士也分三六九等，大家都知道的严子陵与方干，反而不如无名无姓隐居在桐庐桐君山的桐君，何况趋富求贵的朱买臣呢？

谢翱之哭

到了宋元易代之际，由于谢翱的哭拜，钓台的含义作一大变，从高洁转入忠烈，从隐逸变为报国，从出世返回入世。明清易代之际，更有许多遗老受其启发激励，拜谒唱和。需要注意的是，不事王侯的隐逸，本身就蕴含着不与政权合作的意味，是"入仕的反抗、途径或归宿",[1] 因而在易代之际就可能演变为抵制乃至反抗新朝的遗民精神。

谢翱（1249—1295），南宋遗民，字皋羽，一字皋父，号晞发子。度宗咸淳间应进士举，不第。德祐二年（1276）文天祥开府延平，谢翱率乡兵数百人投之，任谘议参军。文天祥兵败，谢翱脱身避地浙东，往来于永嘉、括苍、鄞、越、婺、睦州等地，与方凤、吴思齐、邓牧等结社往来，其中包括"汐社"。之所以称汐社者，是因为传说钱塘江潮水到钓台为止。潮之有信，如人之有节。

至元二十七年（1290），谢翱登严子陵钓台，设文天祥牌位于荒亭隅，亡国之痛，溢于言表。此事在其《登西台恸哭记》记录最详：

---

[1] 陈济川：《唐代严子陵钓台的文学书写》，100—101 页。

始，故人唐宰相鲁公，开府南服，余以布衣从戎。明年，别公章水湄。后明年，公以事过张睢阳庙及颜杲卿所尝往来处，悲歌慷慨，卒不负其言而从之游。今其诗具在，可考也。

余恨死无以藉手见公，而独记别时语，每一动念，即于梦中寻之。或山水池榭，云岚草木，与所别之处及其时适相类，则徘徊顾盼，悲不敢泣。又后三年，过姑苏。姑苏，公初开府旧治也，望夫差之台而始哭公焉。又后四年，而哭之于越台。又后五年及今，而哭于子陵之台。

先是一日，与友人甲乙若丙，约越宿而集。午雨未止，买榜江涘。登岸，谒子陵祠；憩祠旁僧舍，毁垣枯甃，如入墟墓。还，与榜人治祭具。须臾雨止，登西台，设主于荒亭隅，再拜，跪伏。祝毕，号而恸者三，复再拜，起。又念余弱冠时，往来必谒拜祠下。其始至也，侍先君焉。今余且老，江山人物，睠焉若失。复东望，泣拜不已。有云从南来，渹湁浡郁，气薄林木，若相助以悲者。乃以竹如意击石，作楚歌招之曰："魂朝往兮何极，暮归来兮关塞黑。化为朱鸟兮，有咮焉食？"歌阕，竹石俱碎。于是相向感唶，复登东台，抚苍石。还，憩于榜中。榜人始惊余哭，云："适有逻舟之过也，盍移诸？"遂移榜中流，举酒相属，各为诗以寄所思。薄暮，雪作风凛，不可留，登岸宿乙家。夜复赋诗怀古。明日，益风雪，别甲于江，余与丙独归。行三十里，又越宿，乃至。

其后，甲以书及别诗来，言："是日风帆怒驶，逾久而后济；既济，疑有神阴相以著兹游之伟。"余曰："呜呼！阮步兵死空山，无哭声且千年矣！若神之助，固不可知，然兹游亦良伟，其为文词因以达意，亦诚可悲已！"余尝欲仿太史公著《季汉月表》，如《秦楚之际》。今人不有知余心，后之人必有知余者。于此宜得书，故纪之，以附季汉事后。

时先君登台后二十六年也。先君讳某字某，登台之岁在乙丑云。[1]

由是可知，谢翱曾多次登钓台拜谒严先生祠堂。最早一次可能是跟随父亲谢钥，时间在1265年（乙丑年），当时谢翱不过十六岁。《登西台恸哭记》一开头便称死在叛军手上的"唐宰相鲁公"也即颜真卿（709—785），这当然是托词，实际上他讲的是文天祥。之所以讳言，不过是因为宋亡未久以自保耳。谢翱同时期还有《哭所知》《西台哭所思》《哭广信谢公》等诗文，都是哀悼故国和亡友的泣血吞声之作。谢翱自号晞发子，"晞发"意思是晒发使干，用意与"濯缨"同，常指高洁脱俗的行为。《楚辞·九歌·少司命》云："与女沐兮咸池，晞女发兮阳之阿。"谢翱以晞发子自号，不知是在游历钓台之前或之后？无论如何，谢翱以此为号，与严子陵的旨趣是一致的，故其文集名为《晞发集》。

1295年，谢翱病逝于杭州，其友方凤、吴思齐等人遵照谢翱生前的嘱托，于次年正月二十八日丁酉将其移葬严子陵钓台南面的白云源，以文稿殉葬，墓右筑"许剑亭"。"许剑亭"典出春秋时期延陵季

---

[1] （宋）谢翱：《登西台恸哭记》，《晞发集》，清康熙四十一年（1702）刊本。阮步兵即阮籍（210—263），字嗣宗，三国时"竹林七贤"之一，忠于曹魏而佯狂于当权之司马氏，因其曾任步兵校尉，世称阮步兵。

子吴季札"季子挂剑",以此表达谢翱与众志士誓不负约抗元到底的壮志和决心。亭的左侧,立着一块青石碑,碑文写着"粤谢翱之墓"。同年,吴谦作《谢君翱圹志》以示纪念。可惜,如同严子陵祠堂一样,谢翱墓已沉江底。

谢翱拜祭文天祥,是借钓台来抒发亡国之痛。他虽然崇尚严子陵,自己也在附近隐居,可他最大的悲伤是宋元易代。这是严子陵和方干都没有经历过的境况,也是范仲淹都预想不到的情形。在这样的前提下,谢翱就把不事王侯的高洁转化为忠君死国的慷慨与悲壮,钓台的高洁也就摇身一变,转为忠烈。这种变化,从谢翱朋友以及后人对其事迹的描述可以洞见。

从高洁到忠烈

记录谢翱最亲近真实者,当属方凤。方凤(1241—1322),宋元间诗人,浦江人。幼有才学,所交皆一时名士。试太学,举上礼部,不第,后以特恩授容州文学。宋亡后隐居于浦江东北仙华山之阳,后稍出游,多与宋遗民相往还,与谢翱、吴思齐、吴渭等为友,相与结"月泉吟社",以诗唱和,慷慨悲歌。方凤在《谢君皋羽行状》中写道:"君讳翱,字皋羽,姓谢氏,福之长溪人,后徙建之浦城","试有司不第,落魄泉、漳间。会丞相信公开府,杖策诣公,署咨事参军","后避地浙水东,留永嘉、括苍四年,往来鄞越,复五年,戊子夏,至婺,遂西至睦及杭"。

复爱子陵台下白云原，唐玄英处士旧隐，有终焉之志。且欲为文冢，瘗所为稿台南。甲午寓杭，遗人刘氏女以女。至是买屋西山，日与能文词者往还。乙未复来婺睦，寻汐社旧盟。夏由睦之杭，肺疾作，以秋八月壬子终。盖于是距生年己酉，四十有七矣。垂没时语妻刘氏："吾去乡远，交游惟婺睦方、某翁某数人最亲，死必以赴。慎收吾文及遗骨，候其至，以授之。"辛酉讣闻，婺方凤、方幼学、吴思齐，睦冯桂芳、翁登及弟衡，会小炉峰，相向哭。明日，与方幼学、方煮先往台南，度可葬地。[1]

杭人邓牧（1246—1306）为谢翱出游会稽（绍兴）时结交的好友。他俩在1294年相识，可惜一年后谢翱就去世了。邓牧曾记录了谢翱定居严州的经过，说谢翱"过严陵故旧，馆焉，因娶某氏。其地与婺接，故常往来两州间，积十四五年指授，馆下生粲然进于文学"。谢翱病逝时：

东西州故人门生，不远数百里来吊，咸哭尽哀，奉丧去。先是，君买地钓台下，将葬朋友无归者；至是，君葬焉。君生不得志，闲居常有忧色，语声甚微，郁积不平之气，壹宣于文，读之使人凄怆，知其弗寿也。妇茕然无依，子远在二千里外，存亡不相闻，可谓穷已。严陵士风厚，将有集君遗槁以传后者，志且不没。牧归，悲惋不已，诔之曰："上世之士，以文取显耀，而君

---

[1] （宋）方凤：《谢君皋羽行状》，《睎发集》。此处的方某即方凤本人。

穷于文。痛哉皋父！痛哉皋父！"[1]

根据方凤和邓牧的记录，谢翱不但在严州、金华一带当过教书先生，时间长达十四五年，结交严州师友，而且还是严州女婿，死后就葬在严州，真可谓半个严州人了。

方凤、邓牧皆有宋遗民，他们与谢翱同气相求，是可以托付终生的好友，看重的是友情，所以他们的回忆主要介绍谢翱的生平事迹，并没有拔高谢翱的忠义，更没有把谢翱与严子陵相提并论的意图。与他们同时代的元代学者任士林（1253—1309）则不同。任回顾了谢翱早期的经历，委婉记录了谢翱在文天祥手下抗元的事迹，指出谢翱"善哭"，曾经哭夫差、勾践、孔夫子等，"晚登子陵西台，以竹如意击石，歌《招魂》之词曰：'魂来兮何极，魂去兮江水黑。化为朱鸟兮，有咮焉食？'歌阕，竹石俱碎，失声哭，何其情之悲也"。最后，任士林强调谢翱"客"的身份，以田横五百壮士的典故，慨叹说："若翱者，夫亦横之客也欤？"[2] 我们知道，严子陵之所以闻名，是因为他曾经以"客星"记载于《后汉书》，他是光武之客，而非光武之臣。因此，任士林暗地里以文天祥为田横，以谢翱为田横之"客"，就把谢翱与严子陵并列了。稍后不久的吴莱（1297—1340）则直接把谢翱视为文天祥之客，说："武夷谢翱皋羽，故庐陵文公客也"，其作铙歌骑吹等曲，不过是"尽孤臣孽子之心也"。[3] 由此强调了谢翱作为文天

---

[1] （宋）邓牧：《谢皋父传》，《晞发集》。
[2] （元）任士林：《谢处士传》，《晞发集》。
[3] （元）吴莱：《宋铙歌骑曲序》，《晞发集》。

祥之客的身份，把他视作南宋的忠臣烈士（也就是孤臣孽子）。

明初的开国功臣如胡翰、宋濂、刘基，去谢翱的时代不远，都是浙人，而且家乡多在钱塘江一带，更何况他们推翻了灭宋导致谢翱成为有宋遗民的元朝，因而对谢翱情有独钟，进一步阐发了谢翱作为有宋遗民的忠烈形象。胡翰（1307—1381）记录谢翱生平最详。他先记录谢翱之父的孝，而后转到谢翱与文天祥的交往，说："元兵取宋，宋相文天祥亡走江上，逾海至闽，檄州郡，大举勤王之师。翱倾家货，率乡兵数百人赴难，遂参军事。天祥转战闽广，至潮阳被执。"之后谢翱藏匿民间，游历江湖，相识者"不知其为天祥客也"，最终谢翱辗转到了"越之南鄙，依浦阳江方凤。时永康吴思齐亦依凤居，三人无变志，又皆高年，遂俱客吴氏里中"。浦阳江发源于金华浦江县，贯穿诸暨，经萧山南部地区注入钱塘江，与钓台不远，谢翱因而游之。"晚爱睦州山水，浮七里濑，登严光钓台，北向举酒，以竹如意击石，歌曰：'魂归来兮何极，魂去兮关水黑。化为朱鸟兮，有喙焉食。'歌已，失声哭，人莫诘其谁何，惟凤与思齐深悲之。"谢翱又到方干故居参拜。"初，江端友、吕居仁、朱翌辟地白云源。源，故方干所居，在钓台之南。翱率其徒游焉，愿即此为葬地，作《许剑录》。及翱居钱唐，病革，语其妻刘曰：'我死，必以骨归方凤，葬我许剑之地。'凤闻讣，讫如其言。"[1]可以看出，胡翰的《谢翱传》要比葬谢翱的方凤写的传记还要详细，真是顾颉刚所谓"层累的历史"的又一个例证。胡翰的《谢翱传》，以谢父至孝始，以谢翱纯忠终，描绘了一个符合传统美德的忠臣孝子的世家形象，从而为钓台的文化符号在主流意识

---

[1] （明）胡翰：《谢翱传》，《晞发集》。

形态中找到了耀眼的交椅。

宋濂（1310—1381）的《谢翱传》也以谢翱之父谢钥的"至孝"开始，叙及谢翱"试进士不中，落魄漳、泉二州，倜傥有大节"，仿佛春秋的游侠，此后投文天祥。"及宋亡，天祥被执以死，翱悲不能禁，只影行浙水东，逢山川池榭、云岚草木，与所别处及其时适相类，则徘徊顾盼，失声哭。严有子陵台，孤绝千丈，时天凉风急，翱挟酒以登，设天祥主荒亭隅，再拜跪伏，酹毕，号而恸者三，复再拜，起，悲思不可遏，乃以竹如意击石作楚歌招之。"宋濂还评价了谢翱的诗文，说："其诗直溯盛唐而上，不作近代语，卓卓有风人之余。文尤崭拔峭劲，雷电恍惚，出入风雨中，当其执笔时，瞑目遐思，身与天地俱忘。每语人曰：'用志不分，鬼神将通之。'其苦索多类此。婺睦人士，翕然从其学。"并赞曰："翱一布衣尔，未尝有爵位于朝，徒以被天祥之知，麻衣绳屦，章皇山泽间，若无所容其身。使其都重禄，受社稷民人之寄，其能死守封疆，决矣。翱不负天祥，肯负国哉？翱盖天下之士也。"[1] 刘基（1311—1375）的《题谢皋羽传后》以哭为主题，指出："人生有情不可塞，谢生恸哭非狂痴"，"呜呼此士今安在，金石可销心不改。应将魂魄化精卫，衔取南山填北海"。[2] 这样，他们俩都把谢翱提升为天下之士，也就是全天下读书人的楷模。

明代中期的储罐（1457—1513）则明确称谢翱为"有宋遗民"。[3]

1　（明）宋濂：《谢翱传》，《晞发集》。
2　（明）刘基：《题谢皋羽传后》，《晞发集》。
3　（明）储罐：《晞发集引》，《晞发集》。

他强调了谢翱与文天祥的关系，称赞说"翱真丞相之客也。盖其君臣之所感召，师友之所切劘，故底于成就者如此。呜呼，是岂一日而然哉"。他再次强调谢翱是文天祥之"客"，这个"客"的身份，不同于文天祥的手下"相从之士"，既有君臣之义，又有师友之情。这样，所谓丞相之客的谢翱，其身份就与作为天子之客的严子陵一样了。

嘉靖年间（1522—1566）的严州人邓椿则试图将谢翱与方干拉开距离，认为"先生者，当伯仲子陵而玄英非所拟也"，称赞："先生，宋之义士也"，"先生为天祥客"，"心实慕陵风节而依附之也"，"夫始客天祥之门生，得其生也；终墓子陵之侧，死得其所也。若先生，其有宋之完人也矣"。[1] 如此，谢翱不但是天下之士，而且是有宋完人！

总之，从宋末到朱明，文人学者竭力将谢翱与严子陵相提并论，强调两者的客与士身份之统一，继续在主流话语中突出他们的节操，尤其是谢翱的忠烈，不但与高洁并列甚至有取而代之的趋势。因此，谢翱"有宋遗民"这个身份在明清易代之际也愈见光明，成为有明遗民的激励与源泉。

简而言之，到了宋后，严子陵、方干与谢翱就合成了钓台的一组人物，虽然他们的政治兴趣和人生态度不尽一致，但共同的足迹使他们都成为钓台符号的代表，彰显了文化在地后的张力。

1　（明）邓椿：《宋隐士谢翱先生墓碑记》，《晞发集》。

| 第三章 | 一位隐士：从高洁到忠烈

"皋羽与予所遭，乃生民之至不幸"

在中国历史上，和宋元易代一样让人或悲愤或痛心者，当然就是明清易代。原因很简单，因为两者都是所谓汉家天下被胡虏征服，平添了许多遗民血泪。正是在明清易代之际，谢翱一人造就的忠烈使得严子陵钓台成为明末遗民哭拜之地。其中最著名者莫过于屈大均。

屈大均（1630—1696），字介子，号翁山，广东人，早年受业于陈邦彦门下，补南海生员。顺治四年（1647）屈大均参加陈邦彦、陈子壮、张家玉等在广州一带的抗清活动；失败后陈邦彦被执，磔以死，大均收陈等人之骨骸。后屈大均受父命，至肇庆向永历帝呈《中兴六大典书》，授以中秘书，因父殁急归。顺治七年（1650）清兵再围广州，为躲避追捕，屈大均在番禺圆岗乡金瓯山（又名雷峰山）海云寺（今已废）剃发出家，法名今种，字一灵，庵号死庵，以示誓死不臣清朝之意。

顺治九年（1652）以后，屈大均几次云游四海，奔走吴越、幽燕、齐鲁、荆楚大地，北游关中、山西，而后南下会稽，与顾炎武、李因笃、傅青主、魏畊、朱彝尊等反清义士交往，参与反清活动。康熙十二年（1673），吴三桂在昆明起兵，屈大均赴广西，向吴三桂上书谈论兵事，被委任广西按察司副使，监督孙延龄军。不久，知吴只想划江称王，遂托病辞去。康熙二十二年（1683），郑克塽降清，屈大均由南京携家归番禺，终不复出，著述讲学，潜心于广东文献、方物、掌故的收集编纂。康熙三十五年（1696），屈大均病逝，年六十七。屈大均雄才大略，文采斐然，与陈恭尹、梁佩兰称"岭南三大家"，诗有李白、屈原的遗风。因其反清，著作被清廷列为禁书，多毁于雍正、乾隆两朝。尤其乾隆上谕谓屈氏著作"篇篇皆诋毁圣朝语",为"违碍""悖逆"文字,严旨索求查禁,屈氏子孙被迫抱版自首。

屈大均北游时曾登钓台。顺治十五年(1658),屈大均二十九岁,北游远达沈阳,大致还是为了联络反清势力,据说他当时有暗杀满洲要人的意图和举动。[1]此年,南明永历帝退入缅甸,郑成功围南京不利也退入海。屈大均北还,游于江浙之间,参与反清活动,访魏畊、朱彝尊、钱谦益、王士禛等人。[2]1661年春,屈大均游会稽,"渡江至杭,旋辟地桐庐。自娘子岭历汉黄墩,跣行至严子陵祠,游东西钓台"。[3]按,这很可能是屈大均第一次游钓台,拜谒严子陵祠。南宋以来,严子陵祠由于谢翱之行文已然成为遗民哭悼之地。倘若三年前屈大均北上时经过新安江—钱塘江—大运河,必有哭悼之举,也应有诗文传世。因此,当年屈大均北上沈阳未曾经历七里滩可知。

屈大均之《翁山文外》十有《书西台石》文云:"辛丑之春,予避地桐庐。"[4]之所以避地桐庐,是因为他参与魏畊联络张煌言反清而魏畊被执,故屈大均匆忙离开杭州,藏于桐庐。桐庐在严州六县最北,北壤杭州府,消息灵通,可走可还,所以屈大均选择此处暂住。《书西台石》云:

辛丑之春,予避地桐庐,尝从一樵采,自娘岭历汉皇墩,跣行五十余里,以至严先生子陵之祠。祠在富春山麓,万峰回合,

1　邬庆时:《屈大均年谱》(广州:广东人民出版社,2006年),44页,53—54页。
2　邬庆时:《屈大均年谱》,60—68页。
3　邬庆时:《屈大均年谱》,82页。
4　邬庆时:《屈大均年谱》,82页。

滩濑争流，有小鱼，白身尾赤，与五色石子不辨，名子陵鱼。岸上两倒笋石，耸立千仞，下削而上丰，有数十古松支拄，若半坠危云，所谓东西钓台也。当文丞相殉节，有谢翱皋羽者，每登西钓台，以竹如意击石，为《招魂》之歌，歌曰："魂来兮何极，魂去兮江水黑，化为朱鸟兮，有喙焉食。"歌已，痛哭失声，山中断猿寡鹄，落木寒泉，皆为之感动呜咽，助其悲哀。呜呼，此诚天下之至恸者！予也生遭变乱，家国破亡之惨，与皋羽同。而吾乡先达，若陈文忠、张文烈，及吾师岩野陈先生，愤举义旗，后先抗节，其光明俊伟，慷慨从容，亦皆与文丞相同。而皋羽之事文丞相，予之事文忠、文烈、岩野三公，或执鞭弭于沙场，或奉血衣于空谷，其艰难险阻之状，哀痛思慕之怀，历久不衰，亦无有而不同者。今登斯台也，吾将以皋羽之所以哭文丞相者，而哭文忠、文烈、岩野三公，复以哭夫皋羽。子陵有知，其不笑予为愚耶，狂耶？虽然，皋羽与予所遭，乃生民之至不幸，使子陵处此，忠愤所激，抢地呼天，亦不能已于不哭。当夫汉祚中移，国贼未灭，龚胜既绝粒于前，义公复战亡于后，子陵唏嘘流涕，未免有情，岂无《国殇》《吊谋》之篇，兴《平陵》《松柏》一歌，使久闻之而肝肠断绝也者？而惜乎其不传也。古之圣贤，未有一息而忘天下，忠臣义士之心，以至愚而为圣贤。圣广之心，以大智而为忠臣义士，其道一也。祠之中有子陵遗像，幅巾，深衣，垂大带，容貌伟丽，旁为皋羽木主以配，因再拜，酌水陈蔬荐之，而为长歌，书于西台之石，曰："呜呼，皋羽之于子陵兮，非徒慕其高尚，盖美子陵能见汉室之再兴兮，而己不得见胡元之扫荡。彼巨君之无道兮，汉兵亲刲刃于渐台之上，子陵之心已足兮，自可以逍遥乎桐江之漾。苟高帝之仇已复兮,身何必乎卿相,而皋羽之命苦兮,竟为亡国之大夫以丧。圣宋无重兴之期兮,天已绝乎天下之望。士固有幸有不幸兮,幸则见故人之南面而王,留此身于白云兮,为一朝气节之酝酿;不幸则依六帝之攒宫兮,与麋鹿而俱放。为中华而留此肤发兮,肯以为遗民之所仰,盖易地而皆然兮,道既同而有所不让。生既慕子陵之不已兮,死而魂魄必与之相傍,得配享于一堂兮,令终古遗民之气壮。水分沙以彻底兮,山叠云而成嶂。惟两先生之高兮,若东西钓台之相向。闻风而无有不兴兮,论世而无有不谅。我之所遇亦与皋羽同兮,久飞遁乎烟瘴。朝哭文忠与文烈兮,暮哭岩野而神怆。彼三公之于我兮,师弟之情固不浅于宋之丞相。登斯堂而流连兮,欲希踪于子陵而不自量。倘得见真人之再造兮,愿终身乎藜杖。撷蘋芷以薄荐兮,为长歌而相贶。冀神灵之听之兮,哀此被发为狂之情状。"[1]

从此文可见,屈大均登钓台,与其说拜严子陵,不如说祭谢翱。他把自己比作谢翱,而谢翱则是有宋屈大均。他在文中所说的"文忠、文烈、岩野",是指"南明三忠"陈邦彦、张家玉、陈子壮,三人均就义于1647年。[2]

---

[1] (明)屈大均著,李文约校点:《翁山文外》,卷十,见欧初、王贵忱主编《屈大均全集(三)》(北京:人民文学出版社,1996年),182—183页。
[2] 陈子壮(1596—1647),字集生,号秋涛,永历时官东阁大学士兼兵部尚书,兵败殉国。张家玉(1615—1647),字玄子,号芷园,永历时任兵部尚书,兵败自尽殉国,谥文烈。陈邦彦(1603—1647),字令斌,号岩野,广东顺德龙山人,为屈大均之师,1645年在顺德起兵反清,1647年在广州被"寸磔于市",谥忠愍。

在此期间，屈大均可能登过钓台多次。康熙元年（1662），吴三桂绞杀永历帝于昆明，郑成功病逝于台湾。屈大均"至桐江南岸富春山之麓，拜谢翱墓。为表曰《粤谢翱墓》以寄意"，而后南归。[1] 前已述及，谢翱是福建人，但其墓碑上书"粤谢翱墓"，屈大均就抓住这点大做文章，特意强调谢翱是粤人，因为"南明三忠"均是粤人，屈大均亦是粤人。

屈大均此文开头说："岁壬寅春，大均至墓所，敬拜先生，以为先生闽人也，当书曰闽，今乃自称为粤，何居？岂文山败绩于粤，先生不忘文山，以不忘粤耶？宋亡于粤，先生不忘粤，以不忘宋耶？"借着这个设问，屈大均回顾了谢翱追随文天祥转战闽粤最后流亡浙江的历程，说：

> 初，先生从武夷至粤，谒文山于丽江之浦，文山留之幕府，与东莞赵必璵等同参军事。未几，五坡之役，文山被执，先生慷慨与诀，亡匿于潮阳。久之，遂间行抵浙，居浦江，每登子陵钓台，设文山木主，招魂而哭。东望佑思诸陵，北望吴山宫阙，益低徊呜咽而不能自持也。先生之生，不得如子陵复见汉室重兴，死而欲与其精爽相依于泉下，以为天能忘宋之天下，而不能忘宋之人心，宋之人心不可见，而见之于先生辈之恸哭矣。至今客星之亭，猿吟鹤唳，落木流泉，犹若闻其哀鸣惨怛之声焉。呜呼，斯亦天下之至痛者哉！

1　邬庆时：《屈大均年谱》，86页。

而后屈大均突出南宋亡于粤地而粤人赴义的事实,说:

> 当宋之亡,粤之人怀忠蹈义,其死于汤瓶之山,厓㭴之海,以殉其君若相者,有万余人焉。其遗民之仅存者,若赵必㻌、陈庚、陈纪、李春叟、翟龛、赵东山、何文季、邵绩、刘玉、刘宗者,皆东莞人,所谓"东莞十遗民传"也,是皆文山所尝辟之,以与先生同为参军者也。又有香山马南宝者,其悲凉踽躅,亦往往见诸诗歌,有曰:"众星耿耿沧溟底,恨不同归一少微。"未几亦以事被执,痛愤而终。必㻌则遁迹温塘,时西走大奚,东走甲子,瞻望厓山行在,伏地而哭,又画文丞相像于厅事,朝夕哭拜。盖必㻌等与先生,皆受知于文山最深,其事既同,其为情亦同。

由此屈大均引出自己的观点:谢翱是有宋遗民之首,而宋遗民中粤人居多,因此谢翱自认为是粤人。屈大均引申道:

> 先生不欲以闽人自异,而十遗民者视先生不啻同生昆弟。亦忘先生之非粤人也。先生为宋遗民之首,而与粤人最相善,盖以忠义之一脉在焉。先生自称为粤,而大均益张大之。噫嘻,岂非粤人之大幸哉!万历间,东莞有袁昌祚者,尝撰《东莞十遗民传》,使其得见墓上所书,当必以先生为之冠冕矣。先生之墓,自宋末至今三百余年,无有为文以表之者,大均,粤人也,特为之表云。[1]

---

[1] (明)屈大均著,李文约校点:《翁山文钞》,卷六,见欧初、王贵忱主编《屈大均全集(三)》,378—379页。

显然，屈大均强调宋遗民之首谢翱为粤人是因为他以谢翱知己和继承者自居。

屈大均虽然在富春江和钓台只是匆匆而过，但严陵滩一直留存记忆之中。他有五言排律《严滩作》云：

> 谁佐中兴业，桐江百尺丝。潜龙虽勿用，威凤亦来仪。月上千峰夕，云生万壑时。那知天子贵，适与故人期。洗耳秋潭冷，披裘晓露滋。石华闲自拾，琼草可谁贻。山鬼骖玄豹，桐君把翠旗。客星光灼烁，仙洞路逶迤。下视云台将，高为帝者师。论兵嫌吕尚，象物得庖羲。鱼食惟香草，猿飞必上枝。空教望鸿羽，不使嫉蛾眉。舒啸天风起，回舟珠斗移。茫茫烟树外，何以慰相思。[1]

这首诗描写的月夜泛舟严滩，仿佛东坡夜游赤壁，大约屈大均在桐庐时应该常作此游。

正因为严子陵钓台成了忠义的象征，所以咸丰十一年（1861）太平军攻陷严州时，严州知府李文瀛最终选择在此处投水而死。此年六月，严州失守，李文瀛作为地方大员，"急投水中，为左右所救"，结果被太平军俘虏，"胁之降，不从，贼知不可屈，则羁禁之"。三天之后，清军"张玉良援军至，文瀛密谕部下率诈降者为内应，城遂复"。这样，李文瀛先失城后复城，将功抵罪；然后，"七月既望，贼又大

---

[1] （明）屈大均著，赵福坛、伍锡强校点：《翁山诗外》，卷十三，见欧初、王贵忱主编《屈大均全集（二）》，1045 页。邬庆时：《屈大均年谱》，86 页。

举围城，战于东关外，兵溃再陷"，李文瀚兵败逃至七里泷严先生祠堂，觉得此次罪无可逭，决意殉职。他题诗壁上云："不学先生节，身败名亦裂。先生之风高且长，安得与之相颉颃。""遂于钓台下投江死。翌日从人得其尸，殡于江滨之鸬鹚埠。文瀚先以失守褫职，死事闻，复官，赠恤如例，温处道前署守魏喻义、前守丁寿昌重建严先生祠，附祀文瀚于唐方元英、宋范文正、谢皋羽三贤之侧，沈某为终始其事云。"[1] 抗战爆发后，爱国情绪大涨，有人在严子陵祠堂（图3.3）大门上写上了一幅对联："杀尽倭奴；还我河山"，这是钓台之忠义在抗日战争中向爱国主义转化的体现。[2]

名扬海外

当然，作为渔夫的严子陵，其知名度远不如空钩直钓的姜子牙姜太公。前者是躲避光武帝，后者是等待周文王。前者寂寞死去，后者在垂垂老矣的暮年成就周朝八百年基业，也成就了自己一代贤相的声名。特别由于明朝时期《封神演义》这本通俗话本小说的传播，姜子牙的大名在下层民众中妇孺皆知。因此，在明清的青花瓷制作当中，垂钓渭水之畔的姜子牙是一个常见的主题。这些瓷器往往绘制远山近水，古松苍道之下一老翁在岸边垂钓；并有"渭水投竿日，岐山入梦

1　《光绪严州府志》（下），卷三十八，1032页。
2　此条信息由建德乡亲周俊提供，特此感谢。

辰"的文字。意思是说，姜子牙在渭水用直钩不加鱼饵垂钓，周文王梦见得到姜太公之助力，如虎添翼。

姜太公钓鱼愿者上钩的故事，与严子陵垂钓的旨趣恰恰相反，前者是耐心用心求安邦平天下以求功名富贵，这种愿景，更符合普通老百姓的心理；后者拒绝功名富贵，则在士人当中（特别是仕途坎坷之人）颇有呼应。因此，姜太公钓鱼在民间远比严子陵钓鱼有名得多。笔者曾经搜罗了数百片明清青花瓷片，以严子陵为主题的只有一个。下图为清末或民国地方窑口青花筒瓶之小半部分，其中严子陵垂钓之山水仅剩隐约之远景，文字残有"（云山）苍苍，江水泱泱；（先生）之风，山高水长"，可见范文正以来塑造的钓台形象于一斑（图3.4）。

这是明清瓷器中严子陵故事的绘制。其实，为钓台作像的风气始于唐代，其中最早者为项处士，方干曾见其钓台画，并题诗云："画石画松无两般，犹嫌瀑布画声难。虽云智慧生灵府，要且功夫在笔端。泼处便连阴洞黑，添来先向朽枝干。我家曾寄双台下，往往开图尽日看。"[1] 黄庭坚也曾为钓台画题诗云："平生久要刘文叔，不肯为渠作三公。能令汉家重九鼎，桐江波上一丝风。"[2] 元代黄公望的《富春山居图》亦为钓台附近风景，也有学子陵之风之用意。到了近代，张大千曾游过钓台，有作品多幅。需要注意的是，严子陵的形象借其文图不但传播到了东亚华文世界，也传到了西方。

1　（唐）方干：《项洙处士画水墨钓台》，《严陵集》，卷二，19页。
2　（宋）黄庭坚：《题伯时所画严子陵钓滩》，《严陵集》，卷六，66页。

范仲淹的《桐庐郡严先生祠堂记》是宋代以来脍炙人口的名篇，也是推崇严子陵最重要的文章，这篇文章不久便传到了整个东亚文化圈，使严子陵和钓台的大名也在东亚世界传诵。[1] 早在元代，《桐庐郡严先生祠堂记》已经传到越南。应该在1340年前后，傅若金（1303—1342）曾为安南使者抄写《桐庐郡严先生祠堂记》。傅若金《书安南使求书卷后》载："安南使至京师之一月，阮飞卿持纸即余求书。大纸六十二番为一帙，其作大字者三十七纸，纸可四十字，书《醉翁》《喜雨》二亭及《岳阳楼》《严先生祠堂记》。"傅若金还特意指出："余书不足称也。远人之求及此，盖笃好于文者矣，岂不深可尚哉！"由此可知，在此之前，阮飞卿等越南文人已经诵读范仲淹的《岳阳楼记》《桐庐郡严先生祠堂记》等文章，因而特地要求抄写。此次抄写，自然也有助于该文在越南的进一步流传。

由于七里滩是东南朝贡通道，因此，越南使者有可能经历了钓台，可惜文献不足征矣。朝鲜则不然，有文人慕名而专门游历钓台者。朝鲜王朝宪宗时期，诗人赵秀三先后六次到访中国，游览了七里濑，作《过七里滩》，云："山高水长子陵家，暮晋朝梁文叔土。"尹光绍之《奉朝贺崔奎瑞致祭文》则云："云台画功，未尽子陵。子陵之高，非画可能。一竿清风，山高水长。千载少似，惟卿有光。"表明朝鲜文人熟谙严光事迹，对其十分仰慕。因此，他们作的祭文也常常直接或间接引用范仲淹的名句，如"山高水长，烈烈其风""山

---

[1] 李梦琦：《范仲淹〈桐庐郡严先生祠堂记〉传播研究》，《集美大学学报（哲学社会科学版）》第23卷第3期，23—29页，特别是26—28页。本段据李文而成。

高水长，先生之风""芝山苍苍，汾水泱泱。千载精神，仰高俯长"等。还有一些人以严子陵为榜样，在朝代更替之际归隐，拒不出仕，如高丽朝末期的吉再（1353—1419）。有人称赞吉再说："不事二君，义之烈也。遯世无闷，志之洁也。爨婢习诗，相杵相称。邻妇化德，十年守灯。乌山屹立，万丈苍苍。风水东流，千里洋洋。先生之风，山高水长"，又说"惟丽朝注书冶隐吉先生，高义大节卓卓乎，人无能名焉？未知先生之风，山高水长"。则不但吉再有效仿严子陵之高洁之行，朝鲜对其评价也照抄范仲淹之文！其实，范仲淹此文在东亚的选本中常见，因而在东亚文人圈中广为流传，以宋代黄坚的编选《古文真宝》为例，此书挑选了唐、宋时期一些名人名家作品，17世纪中叶在中、日、韩三国均有广泛影响，虽然在中国逐渐淡出视野，却是韩国和日本文人的必读书目。《古文真宝》就收入了范仲淹的《严先生祠堂记》和《岳阳楼记》。朝鲜李朝时期（1392—1897）文人金时习（1435—1493）《得〈古文真宝〉》诗云："此宝若能藏空洞，满腔浑是玉玎。"而后许筠（1569—1618）《惺翁识小录》曰："国初诸公皆读《古文真宝》前、后集，以为文章，故至今人士初学，必以此为重。"日本江户时期（1603—1867）文人林罗山（1583—1657）《〈三体诗〉〈古文真宝〉辨》中说："本朝之泥于文字者，学诗则专以《三体唐诗》，学文则专以《古文真宝》。"可以想见，日韩学者对《严先生祠堂记》的熟悉，并由此而知严州之严陵滩！

图 3.5 是日本出版的《古文真宝》，笔者于 2008 年购于大阪旧书店。此书高 27 厘米，宽 19 厘米，上下两卷。上卷封面内页有毛笔字"吉礼邑光照山净德寺"，下卷末页最后两列为："宽文九（乙

酉）年初冬吉辰 二条通玉屋町上村次郎右卫门新刊"。宽文九年为1669年，相当于我国清朝康熙八年。如此，该书面世已有三百五十多年，故纸张泛黄，虫蛀斑斑。有意思的是，在《严先生祠堂》文下有"按"，云："本传子陵本姓庄。避明帝讳，改姓严。光武拜谏议大夫，不受。耕钓于富春山下。今有钓台、祠堂，在严州桐庐县。"则严子陵生平大概以及严州之钓台与富春山均已提及，由此也在日本广为流传。

当然，严子陵和钓台也传到了欧洲。1843年，鸦片战争刚刚结束之际，托马斯·阿罗姆（Thomas Allom，1804—1872）的《中华帝国图景》(The Chinese Empire Illustrated)便在伦敦出版，全书分四册，共收入128幅钢板雕刻的插画，文字说明由爱尔兰作家乔治·N.赖特（George Newenham Wright，约1794—1877）完成，1858年再版时又增加了39张插图，其中就有钓台图（图3.6）。这本图景制作精美，内容丰富，图文并茂，提供了当时中国的政治制度、人文风俗、自然景观和社会生活各个方面引人入胜的图画和解说，成为英国乃至欧洲最著名的绘画本中国读物，影响极其深远。阿罗姆是英国一位杰出的建筑师、艺术家和地形插画家，后来成为英国皇家建筑师协会的创始成员之一。特别有意思的是，绘图者阿罗姆本人并没有到过中国，他是根据到过中国的威廉·亚历山大（William Alexander，1767—1816）等人的原作，参考其他文字说明，发挥他天才的绘画才能创作的。威廉·亚历山大是英国画家、插画家、版画家，是1793年英国派往清王朝觐见乾隆皇帝的马戛尔尼使团成员，因而留下了不少插画。阿罗姆的这些绘画，既忠实于亚历山大的著作，又更加辉煌大气，大致体现了乾隆末期和嘉庆时期的中国社会，具有极高的艺术和历史价值，令人赞叹不已。和阿罗姆一样，莱特本人也没有到过中国，他的文字说明也是参考前人有关中国的著述而成。因此，哪怕有些描述和当时的情况并不确切，却是引自亲身到过中国的欧洲人的记录，可以看作第一手观感。

需要指出，这幅插画和所有的地志画或者中国传统的山水画一样，既有写实性，也有不真实之处。它真实绘制了富春山沿江危立，也如实绘制了东西双台，登岸处的台阶依山盘旋而上，临岸处的中式建筑，双塔之间的建筑群等，都和历史上文献记载的相符。由此可见，必有欧洲人曾经登上钓台。但是，画中有一瀑布从山顶一泻而下，此处有误。钓台一侧并无瀑布，但钓台附近的确有瀑布，这便是在垄柏村附近的葫芦瀑布。再者，画中一群轿夫抬着一戴着红顶官帽的官员在钓台对岸登陆，似乎要盘旋而上，亦不准确。实际情况应该是在钓台一侧登岸才对。当然，这或许是艺术家因为图面限制，不得不将其移至画面的空旷处。

赖特则在插图下写道：

> 东汉光武帝尚未显达时，有一个朋友叫严子陵。他是个翩翩君子，辅佐光武帝登上皇位。光武帝非常器重他，经常让他留宿宫中，与他同榻而眠。
>
> 正当他飞黄腾达之时，严子陵——光武帝的良师益友、帝国荣誉的缔造者——功成身退，远离权力中心与公众视野，选择做一名农夫，就如同苏拉、马尔伯勒、华盛顿、玻利瓦尔、辛辛那勒斯一样。
>
> 富春山位于浙江省，钱塘江入海处。两岸都是悬崖峭壁，怪

石林立，瀑布从高山上奔腾而下，猛烈地冲击着下面的岩石。在水流的冲击下，深潭翻腾起层层波浪。山间平地上农舍相邻，周围湖光山色，如诗如画。

富春山就是严子陵的隐居之处。逃离了繁重的政务，这个学识渊博的智者过得非常快乐。种地之余，他主要的休闲活动是钓鱼，为此他甚至开凿了一条直达水池的石梯。石梯一端建有一座垂钓用的凉棚，另一端直达农舍。此地既没有公路，也没有马车，滑竿是唯一可用的交通工具，一条小道则是农舍通往外界的唯一通道。[1]

于是，不事王侯的严子陵也为欧洲人所知。

总之，严子陵最初的形象是出世隐士，象征着不事权贵的高洁，成为汉代以来不愿为稻粱谋的儒家、道家隐居的一个符号，是一位世外高人。到了宋元易代，由于谢翱的倡导，钓台也随之成为忠烈之士的圣地，严子陵的高洁为忠烈所代替，隐士的形象为遗民所覆盖，避世与出世转为入世和救世，南宋末年开始的忠君死国之遗民气息在明末清初更得以发挥。同时，随着中华文化在东亚的传播，特别是有关文献的流播，严子陵的事迹也流传到了越南、朝鲜和日本，成为东亚文化圈的一个人物。到了近代，由于欧洲人的游览、记录、绘制，严子陵钓台的景物及事迹也传到了欧洲。

可悲的是，从推崇不事权贵到赞赏忠君死国，从崇尚隐士到赞

---

[1]（英）托马斯·阿罗姆绘，（英）乔治·N. 赖特著，赵省伟编译：《一个英国皇家建筑师画笔下的大清帝国》，114页。

美烈士,在专制制度下的中国人逐渐被剥夺了隐居之自由与逃避之选择,私人空间逐渐被政权所渗透掌控,以顺从和盲从为本质特征的忠臣孝子成为世间楷模。"帝力于我何有哉"的时光早已一去不复返了。

— 第四章 —

一刹那的辉煌：『临安时代』的到来

"临安时代"的到来

建德记录于地方志最早者,莫过于《严州图经》和《景定严州续志》。《严州图经》首修于南宋绍兴九年,即公元1139年,重修于淳熙十二年,即公元1185年,是古严州和建德现存最早的地方志。《严州图经》全书共八卷,现存三卷,文献价值和历史价值异常宝贵。

那么,为什么《严州图经》修于公元1139年,而不是此前或此后呢? 这是一个值得探索的问题。首先要从南渡的南宋政权形势说起。

公元10世纪和11世纪,是东亚群雄并立的战国时代。占据了中央之国的北宋,在北方面临着几个草原族群建立的政权,如契丹辽国和女真金国。起初,契丹辽国比较强大,女真被其统治;后来完颜阿骨打在1115年统一女真各部,起兵攻打契丹,屡战屡胜。备受契丹欺负的北宋看到金国的强大,主动与金签订海上之盟,结成反辽联盟,于1124—1125年灭辽。不料,金国在灭辽过程中,发现北宋软弱无能,遂有灭宋之意。1125年,金兵分东西两路南下攻宋,破燕京、占河北、河南等地,渡过黄河,直逼北宋首都汴梁。曾经和金国联盟灭宋的北宋皇帝宋徽宗不敢承担责任,禅位于太子赵桓(宋钦宗),自己在幕后主政,准备南逃。

靖康元年(1126)正月,金兵东路包围汴京,北宋势如危卵。幸

第四章 一刹那的辉煌:"临安时代"的到来

亏京城守御使李纲抵抗得力,金兵未能破城,双方达成宣和和议。金人要求五百万两黄金及五千万两白银,宋钦宗以康王赵构、太宰张邦昌为人质,并割让中山、河间、太原三镇。同年秋八月,金兵又两路攻宋,西路军破太原;闰十一月,金兵两路会师汴京,围城一个月后破汴京。1127年春,金兵俘徽、钦二帝及大批皇族北去,北宋灭亡,即所谓"靖康之耻",也就是金庸小说《射雕英雄传》里郭靖、杨康名字之来由。

1127年,既是北宋的终结之年,也是南宋的开端。此年6月12日,赵构在应天府(今河南商丘)即位,改元建炎,史称南宋。赵构即南宋开国皇帝,史称宋高宗。南宋大部分时间与金朝东沿淮河西以大散关为界。从建炎元年(1127)到绍兴八年(1138),是南宋政权建立初期的逃难时代。这十年光阴,南宋政权及其皇帝赵构面临着金国的强大压力,不断遭受金兵的进攻,政权未稳,边界未定,战战兢兢,一夕数惊。

宋高宗在位初期,面临山河破碎、父兄被虏、生死存亡之关头。无论投降或者不抵抗,赵家天下都要断送;抗金是生死法门,不得不此。因此,赵构高举收复河山的旗帜,重用主战派李纲和宗泽,在汴京一带曾屡破金兵,局面稍稳。但是,宋高宗没有对抗金国的决心,李纲和宗泽不久被罢免,宗泽忧愤而死,赵构则南逃至扬州。

建炎二年(1128),金国大将完颜兀术又大举南下,高宗一路南逃至杭州,升杭州为临安府。"临安"二字,或可见高宗患得患失的心态。1129年秋,完颜兀术继续南下,高宗被迫乘船出海避难。翌年春,金兵回师,途中被宋将韩世忠在黄天荡围堵,损失惨重。

从1130年起，宋、金发生富平之战、和尚原之战、饶凤关之战等战役，金国克陕西而不能入川，南宋半壁江山渐稳。在此期间，高宗驾驻建康（今南京）。从1129年到1138年，建康实际上是南宋的首都。与此同时，金国内部出现权争，苦于内斗，对南宋也不再咄咄逼人。陷入僵局之际，双方都有了议和的意愿。在这种局势下，绍兴八年（1138）正月，宋高宗离开建康，定都临安，开启了"临安时代"。

从建康南迁到临安，并升临安为都，是有许多原因的。比如说，建康离淮河前线太近，未免不够安全。但其中关键原因，还是宋高宗内心世界的改变，苟安成为他的主张，议和成为南宋的政策，收复中原迎回二帝不过是幌子而已。同时，他也顾忌在抗金战争中坐大的军队将领会黄袍加身。即使军人勇猛忠诚，可是，万一他们北伐迎回二帝，则高宗的皇帝位子不免难保。种种出于一己之私的考虑，导致宋高宗在1138年任命秦桧为相，向金求和。宋、金双方内部虽然都有主战主和的纷争，但最终还是于1139年初（宋绍兴九年，也即金天眷二年）达成了协议。协议内容包括：宋对金称臣，每年贡银二十五万两，绢二十五万匹，计五十万匹两；金将河南、陕西之地还给宋，送还宋徽宗棺木及赵构的生母韦太后。

因此，1138年是宋、金双方和谈求和的一年，而协议终于在1139年初达成。这一年时间，是南宋政权稳固、赵构地位稳固的关键时间点。绍兴协议签订后，南宋半壁江山的局面形成，赵构不再担心其哥哥宋钦宗回来会夺走自己的皇帝宝座，大大地松了口气。定都临安开启了"临安"时代的到来，这就是《严州图经》修纂的关键。

| 第四章 | 一刹那的辉煌："临安时代"的到来

北方威胁暂时消除，南方临安或可暂得。正是在宋高宗觉得自己的政权暂时稳固后，有必要对自己的领土、人口、物产、风俗作一大概统计和了解，才能因地制宜，因俗而治，使发迹于黄河流域的赵家天下能够扎根于地理、气候和文化多有不同的江南，地方志的修纂随即提上日程。而严州由于其突出的战略位置，修志尤为必要和迫切。

北方媾和后，首都临安暂无来自黄河故地的军事威胁，正面威胁不再；而临安的背面，就是从杭嘉湖平原向南延伸到浙西南的丘陵和山地，地势险要，是历代兵家攻防杭州的必经之地。攻杭州者，必先夺取严州，须先拿下北上的险隘乌龙岭，而后几乎一路坦途，杭州无险可守；防杭州，就必先重兵屯守严州，防止乌龙岭的陷落。因此，严州之战略位置，对临安和南宋政权之安危，极为重要。严州和徽州交界，自古山民强悍，民变已有前例，殷鉴未远。徽宗年间，方腊起义，严州陷落后，方腊迅速攻占六州五十二县，东南为之震动。严州陷落，则杭州无险可守，方腊起义经过便是明证。

此外，严州是临安的资源基地，对南宋王室和朝廷的物资供应意义尤其重大。新安江—建德江—钱塘江一线水路，自古以来是闽北、赣西、皖南经浙西南到杭州的交通要道，也是物资供应的生命线。参差十万人家，钱塘自古繁华，相当程度上靠的是新安江水路运送的山区物产，如石、茶、丝、漆、桐、蜜、竹、柴、炭、纸，等等。因此，有必要对遭受方腊事变破坏后的严州，其地理、物产、田地、捐税、人口、交通、官防等各面的情况进行了解和统计。因此，在定都临安后，编撰《严州图经》更具有迫切性。

"两为真主兴王之地"

除了军事防御和经济上的重大意义外，严州（睦州）先是由宋太宗遥领，又由宋高宗当年晋封康王时遥领，对南宋政权的政治合法性也具有相当的意义，对从康王变成皇帝的赵构更具有独特的象征意义。

建隆元年（960）正月，宋太祖（960—976年在位）刚刚黄袍加身登基，诏封其三弟赵光义遥领睦州。《严州图经》存《太宗皇帝初领防御使诏》，云：

> 皇第三弟，新补殿前都虞侯（太宗旧名），擢秀本枝，协谋兴运。自天钟德，秉文武之才；在邦必闻，有孝弟之行。属兹创业，宜被宠光。俾领郡条，兼提使印，官阶等爵，式示等威。征鹡鸰之诗，方思于外御；董貔貅之众，用肃于内朝。虽曰匪亲不居，亦无生而贵者。是膺历试，仍锡嘉名，勉树令猷，永保多福。可特授光禄大夫、检校太保，持节睦州诸军事，行睦州刺史，充本州防御使兼御史大夫，封天水县开国子，食邑五百户。[1]

则赵光义一方面因为"协谋兴运"，也就是协助赵匡胤称帝有功，另一方面"有孝弟之行"，也即是遵从兄弟君臣之礼，因而被封，"持节睦州诸军事，行睦州刺史，充本州防御使兼御史大夫"。这是赵宋第一位遥领睦州的未来皇帝。

---

[1] 《太宗皇帝初领防御使诏》，《严州图经》，8页。

南宋的开国皇帝赵构也曾遥领睦州。《严州图经》中《太上皇帝初授节度使制》则记载，宣和三年十二月壬子（1122年1月）：

> 皇子、检校太保、镇海军节度使、开府仪同三司、广平郡王，食邑九千四百户，食实封三千户。（御名）日干分晖，珠潢疏润。斯干协吉，茂巍巍之奇姿；典命陈仪，称煌煌之华芾。聪达蕴自然之质，艺文成不习之能。诗礼雅言，允迪圣门之训；尧舜正道，率循严傅之规。……可特授太保，遂安、庆源等军节度使，进封康王，加食邑一千户，食实封三百户。勋封如故。[1]

《敕书》大致相同，云：

> 今特授（御名）太保、遂安、庆源军节度使，进封康王，加食邑一千户，食实封三百户。故兹示谕，想宜知悉。将士等各平安好，参佐、官吏、军人、道士、僧尼、耆寿、百姓等并存问之。遣书指不多及。

建炎元年（1127）五月，赵构登基，开启了南宋王朝（1127—1279）。因为自己曾经遥领遂安均节度使，一年后，赵构于建炎二年（1128），特地赏赐严州官民，称："朕当时阽危，勉承大统。念父母兄弟之难，怀生灵涂炭之伤。思所以迎复銮舆，弭宁祸乱，未知攸济，夙夜震惧，无以解忧"，现在虽已登基，但命百官"不许依故事称贺"，

---

1 《太上皇帝初授节度使制》，《严州图经》，9页。

"严州命官、进士、僧道、耆老等,推恩赐帛有差"。[1]

因此,董弅在《严州重修图经旧序》强调:

> 唯严为州,山水清绝,有高贤之遐躅,久以辑睦得名,今因严陵纪号。自唐为军事州,艺祖开基,首命太宗为睦州防御使。先帝政和中,悉褒录祖宗潜藩之地,诏升其军为节度,既而出节少府,以授今上,尝以亲王遥临镇焉,其后继世,以有天下,实似太宗。盖是乡两为真主兴王之地,其视少康之纶,汉文之代,有不足道,则地望顾不重哉![2]

作为地方最高长官,董弅指出本朝太宗和高宗先遥领严州而后成为天子,完全是一模一样的路径。因此,"是乡(严州)两为真主兴王之地"。而后,董弅进一步拔高高宗赵构南渡衍续赵宋的举措,将之比作中国历史上两个著名的中兴,也就是传说中夏代的少康中兴和汉文帝在吕氏之后的中兴刘室。这一方面称颂了当今圣上之英明,另一方面也显示了严州(以及《严州图经》之修订)对于南宋和宋高宗合法性的象征意义。

严州为两帝潜龙之处,其意义之重大,民国建德的乡贤王韧先生(光绪癸巳科举人,曾任浙江省临时议会议员)就看得很清楚。他在《重印〈严州府志〉叙》中说:

---

1 《建炎二年五月十三日圣旨》,《严州图经》,12页。
2 《严州重修图经旧序》,《严州图经》,14页。

> 州之称府，始于南宋，而首自严。宋初，太祖曾遥领严州，太宗又尝为严州团练使。建都临安后，分藩于严而承大统者复有二王。严州为诸帝潜龙之地，故与升州为府。斯时天下称府者四，而浙居二，一为严州府，其一乃永嘉府，是严州之府制，实足与读史者一大证明。[1]

王韧虽然概括的是定都临安后的严州，实际上是总括了严州对于两宋合法性之特殊地位。

在1139年南宋初安这个时空节点，《严州图经》这部地方志便已修成，当局可谓极为重视。我们知道，修志过程往往数月，甚至数年，以此推之，当局或在1138年便下令修志。《严州图经》的修纂，颇费了一番功夫。董弅说，"搜访境内断残碑版及脱遗简编，稽考订正"，而后成书。由于搜罗的文献颇为丰富，董弅借此编纂了《严陵集》，以此来突出严州为文献名邦。他说：

> 因得逸文甚多，复得郡人喻君彦先，悉家所藏书，讨阅相示；又属州学教授沈君傃与诸生广求备录，时以见遗，乃为整比而详择。凡自隋以上在新安郡者，自唐以后迄国朝宣和以前在睦州者取之；其未尝至而赋咏实及此土如唐韩文公、近世司马温公、苏东坡、黄鲁直，盖不得而不录也；其有名非甚显，尝过而赋焉，一篇一咏，脍炙人口者，盖亦不得而遗也。呜呼！其亦庶几诗人

---

[1] 王韧：《重印〈严州府志〉叙》，见（清）吴世荣主修，曹剑波点校，《光绪严州府志》（杭州：浙江古籍出版社，2017年），1页。

本其土风之作,而圣人各系其国之遗意乎?乃若钓台双峙,高风绝企,古今歌诗铭记居多,编之此集,有不容略,故总以州名而为之标目云。[1]

因此,即使从文献搜罗和编纂的角度,严州也要感谢董弅,感谢"临安时代"的到来。综上所述,《严州图经》在此年的修纂更有其特殊性,也就是严州对于宋高宗帝位的合法性的特殊意义以及严州对于"临安时代"突出的军事和经济的战略地位。

到了宋理宗宝祐五年(1257)十月,皇子忠王赵禥(1240—1274)授镇南、遂安军节度使;景定元年(1260)六月,宋理宗立赵禥为皇太子,赐字长源。景定五年(1264)冬十月,在位四十年的理宗驾崩,赵禥即位,是为宋度宗。这样,曾经领遂安军节度使的皇子再度成为皇帝,这是严州的又一荣耀。咸淳元年(1265),宋度宗登基后,特地下旨,升严州为建德府。[2] 其中或称严州为"皇帝潜藩之地",或称"严陵龙水之镇"。严州在宋代三为"真主兴王之地",自然被认为是块福地。

宋代严州的人口

南宋时代的严州,是建德历史上最辉煌的时代。那么,那时的严

---

[1] (宋)董弅:《〈严陵集〉序》,《严陵集》,1—2页。
[2] 《升建德府省札》及《升建德府制可》,《景定严州续志》,卷一,109—110页。

州，作为东南大郡，有多少人口呢？《严州图经》卷一"户口"记载了从晋代到唐代严州的户口数和人口数：

> 自孙权分歙置郡，史书不载户口之数。晋武帝时，户五千五百六十；宋孝武时，户一万二百五十三；隋文帝时，户七千三百四十三。唐高祖时，户一万二千六十四，口五万九千六十八；明皇时，户五万四千九百六十一，口三十八万二千五百一十三；穆宗时，户五万四千七百一十，口三十六万三千三百八十九。[1]

这是宋以前严州户口的粗略记载。可见，宋代之前，严州人口最多超过三十八万人。关于宋代严州的人口，《严州图经》的记录就相对详细一点：

> 国朝《九域志》：主户六万六千九百一十五，客户九千八百三十六。《国史》：天禧中，户四万五千五百八；治平中，户七万五千四百七十三，口二十四万一千七百七十二。绍兴己未，户七万二千二百五十六，丁一十一万一千三百九十四。今户口：户八万八千八百六十七，丁一十七万五千九百卅三。[2]

主户和客户，是中国宋代根据产业的有无划分居民户等的制度。

---

[1] 《严州图经》，卷一"户口"，37页。
[2] 《严州图经》，卷一"户口"，37页。

有常产的税户，划为主户；无常产的侨居者，划为客户。主户，简单地说，就是大大小小的地主；客户，亦称佃户、佃客、地客、火客、火佃、小客、旁户等，除一部分组成城市贫民的所谓坊郭客户外，绝大多数散居农村，以租佃地主的土地为生。客户处于农民阶级的最低层。假如户均人口数唐宋时期保持不变，则南宋淳熙年间严州人口可达五十万之多。

到了南宋时期，严州人口增加很快。《景定严州续志》卷一"户口"记载：

> 前志载，绍兴己未，户七万二千二百五十六，丁一十一万一千三百九十四。淳熙丙午，户八万八千八百六十七，丁一十七万五千九百有三。盖昔者丁钱未蠲，民苦重赋，故生子有不举。自乾道五年，张宣公知州，抗疏祈免，奉旨减放有差。至淳熙，丁口之数，比绍兴增凡六万四千五百有九。开禧元年十二月，御笔尽免两浙身丁钱，从中殿之请也。盖恭圣仁烈皇太后为严人，故有是请。今为户凡一十一万九千二百六十七，口凡三十二万九千二百有六，比淳熙之数益增，岂非先太后深仁厚泽所致哉！故大书之，以著邦人之追慕云耳。

因为治平年间和景定年间分别提供了户数和总人口数，我们可以得出这两个时期，严州的户均人口数分别为3.2人和2.76人。这个户均人数明显是偏低的。较之康熙年间《建德县志》记载的明代户均人口数（最低3.76人，最高5人），相差甚远。那么，宋代严州的户均人口数为什么这么低呢？原因很简单，宋代的人口统计，大致排除了女性，也就是说，治平年间和景定年间的人口数加倍才是严州当时实际的总人口数（分别为 48 万和 66 万），而户均人口数也达到 6.4 人和 5.5 人。[1] 若以户均 5.5 人计算，则宋代严州的人口数大致可以推断，如表 4.1 所见。

表 4.1 宋代严州的人口

资料来源 / 年份	户	丁（成年男子）	总人口
《九域志》	76751（主户加客户）		[42 万]
天禧年间（1017—1021）	45508		[25 万]
治平年间（1064—1067）	75473		241772（实际人口或翻倍）
绍兴己未（1139）	72256	111394	[40 万]
淳熙十二年（1185）	88867	175933	[49 万]
景定年间（1260—1264）	119267		329206（实际人口应加倍）

（"＿"为宋代两志统计数据；"[ ]"为作者估算数据）

这是宋代严州的人口情况，大致比较模糊。唯有南宋时期，严州因为地处战略位置，人口相对繁密，在 13 世纪中期，整个严州府（六

---

[1] 有关宋代文献中的人口统计，参见王瑞来：《纵横辨"丁""口"——宋代人口问题再考察》，《社会科学战线》2022 年第 12 期，105—115 页。王文指出，10—13 世纪中国家庭的平均人口数至少在 5—6 人左右（114 页），而南宋灭亡后江南地区家庭的人口平均数为 5.2 人（115 页），这和本人对严州的估计大致是相符的。

县）人口数达到了66万。不过，南宋末年中国人口在一个亿以上，处于浙西山区的严州，依然属于人口稀少的区域。

宋代建德县的人口

那么，宋代建德县当时的人口是多少呢？

关于建德的人口，《严州图经》卷二"建德县"之"户口"记载，"旧经载：晋太康户三百四十七。宋志：户五百七十，而不载国朝户口数。绍兴己未，户一万六千九百二，丁二万二千六百五十六。今户二万四千八百卅一，丁三万七千八百九十一。"

关于太康和刘宋时期的数据，我们可以明确判断，官方的户数和实际的户数相差太远，无法作为参考。关于南宋时期，假如我们依旧用户均5.5人来推算宋代建德县的人口，可以得到相关数据（表4.2）。

表 4.2 宋和宋以前建德的人口

年份	户	丁	总人口
晋朝太康年间（280—289）	347		
刘宋时期（420—479）	570		
绍兴己未（1139）	16902	22656	［92961］*
淳熙十二年（1185）	24831	37891	［136571］

*"［ ］"内为作者推算人口数

据此，1185年，建德县人口将近14万。假如户均5.5人这个参考数字太高的话,我们以康熙年间《建德县志》记载的明代户均人口数(最低3.76人,最高5人)来推算,分别得到93365人和124155人,那么,无论如何,建德县的人口当在10万以上了。

按,2018年11月,建德市常住人口为44.6万人,扣除原遂安县和寿昌县地区(大同、寿昌、航头、大慈岩和李家镇)约12万人口,余32万人。粗略地说,在八百年前的建德,人口数量已有现在的三分之一了。当然,南宋时期的建德,也是近代之前建德最繁盛的时期。淳熙年间建德的13万人口数,恐怕到了明代依然没有超过。

一时多少俊杰

宋代严州的发达,还表现在两宋时期许多名臣出守睦州(严州),而严州籍的进士也如过江之鲫,达到了空前绝后的地步。继唐代的宋璟和杜牧之后,两宋时期有范仲淹、吕希纯、张栻、吕祖谦、陈公亮、陆游等人。他们不仅为善一方,有的还是两宋名臣、理学大家或者一代骚人,立功立德立言。千百年来,这些名宦已经紧紧地和严州连在一起,实在是严州之光。

除了这些耳熟能详的名臣之外,严州还有一些不为人知的地方官员及其逸事,比如说柳永。柳永(约985—1053),原名三变,字景庄,后改名永,改字耆卿,福建崇安人。柳永是北宋著名词人,作品流传甚广,相传"凡有井水饮处,即能歌柳词"。咸平五年(1002),柳永计划进京参加礼部考试,由钱塘入杭州,因迷恋湖山美好、都市繁华,遂滞留杭州，不久作《望海潮·东南形胜》，名噪一时。大中祥符元年（1008），柳永入汴京（今开封），可惜屡试不第，长期流落京华，填词作曲，所谓"忍把浮名，换得浅斟低唱"，却换来了在市井之中的"浮名"。景祐元年（1034），柳永与其兄柳三接同登进士榜，授睦州团练推官，也就是掌管文书帮助知州处理相关事务。睦州知州吕蔚爱其才华，柳永到任后才一个多月，就以勤于职守为名向朝廷破格举荐，但他的推荐遭到朝臣的非议，因柳永"未有善状"受阻，认为吕蔚之荐不过是出自私人关系。[1] 的确，柳永当时到任不过几十天而已，吕蔚的举荐可能的确是因为赏识柳永之才华。举荐虽然未成，但此事在宋代的官制上添加了一笔。景祐二年（1035），宋仁宗下诏："幕职、州、县官，初仕未成考者，毋得举奏。"[2] 也就是说，第一次担任幕职、州、县官者，在三年一次的考核之前，不能被举荐。宋人叶梦得在其《石林燕语》中详述了此事，说：

> 祖宗时，选人初任荐举，本不限以成考。景祐中，柳三变为睦州推官，以歌词为人所称，到官方月余，吕蔚知州事，即荐之。郭劝为侍御史，因言三变释褐到官始逾月，善状安在，而遽荐论？因诏州县官，初任未成考不得举，后遂为法。[3]

这就是柳永在睦州为中国政治史意外书写的插曲。

---

[1] 谢桃坊：《柳永》（上海：上海古籍出版社，1986年），29页。
[2] （宋）李焘：《续资治通鉴长编》，卷一百十六（上海：中华书局，2004年），2736页。
[3] （宋）叶梦得：《石林燕语》，卷六（上海：中华书局，1984年），88页。

柳永当然留有描写睦州景色的词。其《满江红》就描绘了七里泷江附近的山水：

> 暮雨初收，长川静、征帆夜落。临岛屿、蓼烟疏淡，苇风萧索。几许渔人飞短艇，尽载灯火归村落。遣行客、当此念回程，伤漂泊。
>
> 桐江好，烟漠漠。波似染，山如削。绕严陵滩畔，鹭飞鱼跃。游宦区区成底事，平生况有云泉约。归去来、一曲仲宣吟，从军乐。[1]

仲宣指的是三国时期的王粲（177—217），字仲宣，为"建安七子"之一，著有《从军诗》，其中"窃慕负鼎翁，愿厉朽钝姿。不能效沮溺，相随把锄犁"。"一曲仲宣吟，从军乐"表明了柳永遥想王粲当年追随曹操建功立业的风采，自己也想做一番事业。负鼎翁指殷商时的贤相伊尹，传说伊尹善于烹调，尝负鼎求见商汤被立为相；沮溺，指长沮、桀溺，是春秋时的两位隐士，他们隐居而耕，不愿涉世。柳永要学伊尹，不愿效仿沮溺。这当然也是因为严子陵避世归隐而引出的话题。

范仲淹与柳永也有交往。景祐元年柳永南下睦州时经过苏州，曾经拜谒知苏州的范仲淹。不久，范仲淹被贬睦州。释文莹《湘山野录》记载：

---

[1] （宋）柳永著，陶然、姚逸超校笺：《乐章集校笺》（上海：上海古籍出版社，2016年），555页。

范文正公谪睦州，过严陵祠下，会吴俗岁祀，里巫迎神，但歌《满江红》，有"桐江好，烟漠漠。波似染，山如削。绕严陵滩畔，鹭飞鱼跃"之句。公曰："吾不善音律，撰一绝送神，曰'汉包六合网英豪，一个冥鸿惜羽毛。世祖功臣三十六，云台争似钓台高'。"吴俗至今歌之。[1]

可见柳永词之流行。

宋代严州的繁荣，还表现在科甲鼎盛。《严州图经》"登科记"记录了从咸平三年（1000）到淳祐四年（1244）78榜322人，[2]《景定严州续志》"登科题名"记录了宝庆二年（1226）到景定三年（1262）13榜共77人，其中7榜重复（共31人）。[3] 景定三年后，严州又有6榜55人中第。[4] 以上每榜严州籍进士少则1人，多则七八人乃至14人。如宝庆二年王会龙榜，严州有洪梦炎等11人；咸淳元年阮登柄榜，有何梦桂等14人。还有兄弟5人陆续登科者：江公著（治平四年）、江公望（熙宁六年）、江公佐（元丰二年）、江公明（元祐六年）、江公亮（元符三年）。其他的科举世家还包括詹氏、郎氏、喻氏、方氏、赵氏、邵氏，等等。以此推算，从咸平三年到德祐元年（1275）这二百七十五年90榜，严州登科共计423人，平均每榜4.8人，平

1　（宋）释文莹：《湘山野录》，卷中（上海：中华书局，1984年），35页。自楼钥《范文正公年谱》"景祐二年乙亥，年四十七岁"条，"是年（景祐元年）公（范仲淹）在苏州，奏请立郡学"。（宋）范仲淹撰，李勇先等点校《范仲淹全集》附录二（上海：中华书局，2020年），776页。
2　《严州图经》，卷一，65—69页。此处不计算武进士。
3　《景定严州续志》，卷三，130—131页。
4　《光绪严州府志》，卷十五，379—380页。

| 第四章 | 一刹那的辉煌："临安时代"的到来

均每年近1.6人，这是一个非常高的比率，因为有史以来，严州进士不过700余人而已。因此，宋代乃严州科甲之最高峰。这与南宋苟安江南地域狭窄，参试人数偏少，科举竞争不强有关。

宋代之后，严州的文气逐渐不彰。元代从大德五年（1301）到至正十一年（1351），严州有进士者共7榜12人；明代从洪武四年（1371）到崇祯十五年（1642），严州中试者共58榜114人；清代从顺治六年（1649）到乾隆十九年（1754），严州中试者共23榜41人，人数最多者为雍正八年（1730），有宋楠等5人中试。[1] 在乾隆十九年之后，严州还有几位进士。民国《建德县志》记录了嘉庆到光绪年间的建德籍进士5位：嘉庆十年（1805）徐偻、嘉庆二十年（1815）吴宝治、咸丰二年（1852）蔡兆铬、同治七年（1868）陈进常和光绪九年（1883）张筠。即使排除历代统治地域之宽窄、应试人数之多寡，以科甲而言，明清时期的严州在全国的地位大不如前了。大致而言，明不如宋，清又远不如明。

除了人数，宋代科甲之盛还在于严州出了状元、榜眼和探花各一。淳祐七年（1247）榜中，淳安籍黄蜕为举进士第二，为榜眼；而下一榜（淳祐十年）中，严州出了本地宋代第一个也是唯一一个状元方逢辰。《景定严州续志》非常自豪地记录："淳祐丁未，举人黄蜕大对，为天下第二；庚戌，举人方逢辰大对，为天下第一。"[2] 咸淳元年（1265），淳安籍何梦桂（1229—1303），也是黄蜕在石峡书院的同学，举进士第三名，为探花。方逢辰原名方梦魁，淳安人，也曾就学

---

[1] 《光绪严州府志》，卷十五，379—380页，383—388页；卷十七，416—419页。
[2] 《景定严州续志》，卷三"贡举"，130页。

于石峡书院,淳祐十年(1250)宋理宗钦点状元并御赐此名。此前,唐代睦州分水的施肩吾于元和十五年(820)举进士后中状元,早于方逢辰四百三十年。南宋初期严州可能还出了一位状元,那就是淳熙二年(1175)榜的詹骙。不过,詹骙的籍贯历来有争论,有福建崇安、浙江会稽(绍兴)和浙江遂安三种说法。这大概是为什么淳熙《严州图经》居然没有收录的原因。不过,《光绪严州府志》已经将其收入,注明其为遂安人,并有传。[1] 目前遂安县已经不存,遂安县城(古称"狮城")也在千岛湖底。据民间文献,遂安的确有詹骙祖先之墓,而詹氏也一直是严州科甲大姓。此后,明代淳安籍商辂(图4.1)于正统十年(1445)连中三元,晚于方逢辰约两百年。当然,到了商辂的时代,严州的科第已经大不如前了。因此,方逢辰的状元实际上代表了严州教育与文化的最高峰。[2]

光绪二年(1876)的进士袁昶也值得一提。袁昶(1846—1900),严州桐庐人,原名振蟾,字爽秋,一字重黎,号浙西村人。袁昶曾任总理衙门章京、总理衙门大臣、太常寺卿等重要职务,参与《中法天津条约》谈判,因反对用义和团排外,"连上二疏,力言奸民不可纵,使臣不宜杀",并与许景澄"合上第三疏,严劾酿乱大臣",[3] 遂被慈禧太后所杀。宣统元年(1909),清廷追谥忠节,并下诏在杭州西湖孤山南麓敕建三忠祠,奉祀袁昶、许景澄、徐用仪这三位在排外运动中就义的浙江人。袁昶著述颇多,有《浙西村丛刻》《袁昶日记》等,

---

1 《光绪严州府志》(上),卷十五,376页。
2 以上可见严州科甲前几名者,均出于淳安。实际上,除了严州府城,淳安实为严州六县文风最盛处。
3 《清史稿》,卷四百六十六,12762—12763页。

是一位开明有创见的学者和官员。他因义和团运动而被害,似乎是严州文运衰落的隐喻。

宋元之际的周密(1232—1298)介绍了南宋进士科的"唱名",也就是皇帝亲自宣读殿试的结果,公布以状元、探花、榜眼为首的进士名单。我们不妨借此来想象一下方逢辰当年的荣耀。皇帝唱名的次序为:

第一名承事郎

第二名三名并文林郎

第一甲赐进士及第

第二甲同进士及第

第三甲第四甲赐进士出身

第五甲同进士出身

武举第一名秉义郎

特奏第一名同进士出身。

上御集英殿,拆号唱进士名,各赐绿襕袍、白简、黄衬衫。武举人赐紫罗袍、镀金带、牙笏。赐状元等三人酒食五盏,余人各赐泡饭。前三名各进谢恩诗一首,皆重戴绿袍丝鞭,骏马快行,各持敕黄于前。黄幡杂沓,多至数十百面,各书诗一句于上。呵殿如云,皆平日交游亲旧相迓之人,或三学使令斋臧辈。若执事之人,则系帅漕司差,到状元局祗应,亦有术人相士辈,自衒预定魁选,鼓舞于中。自东华门至期集所,豪家贵邸,竞列彩幕纵观。其有少年未有室家者,亦往往于此择婿焉。期集所例置局于礼部贡院前,三人主之,于内遴选所长,以充职事。有纠弹、笺表、主管、题名、小录、掌仪、典客、掌计、掌器、掌膳、掌酒果、监门等。后旬日朝谢。又数日拜黄甲,叙同年,其仪三名设褥于堂上,东西相向,四十已上立于东廊,四十已下立于西廊,皆再拜,拜已,择榜中年长者一人状元拜之,复择少者一人拜状元。又数日,赴国子监谒谢先圣先师讫,赐闻喜宴于局中。侍从已上及馆职皆与知举官押宴,遂立题名石刻。凡费悉出于官及诸闻馈遗云。[1]

南宋时期,严州地方文风淳厚,科甲鼎盛,这和严州作为全国的一个出版中心是分不开的。严州富产毛竹和木材,水路交通方便,因而造纸和印刷业发达,在宋代出现了严州刻本,这是严州文化的一大盛事和贡献。唐代睦州就有编印图经的记载,而《严州图经》是浙江省现有方志中继《临安志》(乾道)后最早的古本,也是中国现存最早的一部刊有地图的图经,在方志发展史和书籍刊刻史上有着重要的地位。此外,严州还刻印许多书籍,有的保留至今,弥足珍贵。唐代欧阳询撰写的《艺文类聚》一百卷为国内编纂较早而又完整保存至今的大型书籍之一,严州刻本为现存最古老的刻本,刻印于南宋绍兴年间,是存世《艺文类聚》唯一的宋刻本,现存上海图书馆。南宋袁枢撰写的《通鉴纪事本末》四十二卷,刊成于严州州学,系官刊初刻本,并在严州刻印四次,这在古书刊刻史上是很少见的,值得一提。

北宋的司马光主编的《资治通鉴》是一部多卷本编年体史书,

---

1 (宋)周密:《武林旧事》,卷二《唱名》(杭州:浙江人民出版社,1980年),27—28页。

历时十九年完成共二百九十四卷,三百多万字。《资治通鉴》主要以时间为纲,事件为目,从周威烈王二十三年(公元前403)写起,到五代后周世宗显德六年(959)征淮南停笔,涵盖十六朝一千三百六十二年的历史,这是继司马迁之后中国历史编撰的一大贡献。然而,因为《资治通鉴》以时间为纲,对于某一事件的记载被截成数段,分在不同年份,人们看了往往不明所以。袁枢看到了《资治通鉴》的这个缺陷,于是以事件为纲,把《资治通鉴》编排简化,使历史上的事件前因后果一目了然。值得严州自豪的是,袁枢是在严州教授的职位上完成《通鉴纪事本末》的,而且此书也是在严州首印。

袁枢(1131—1205),字机仲,建安(今福建建瓯)人,《宋史》记载说:

> 枢常喜诵司马光《资治通鉴》,苦其浩博,乃区别其事而贯通之,号《通鉴纪事本末》。参知政事龚茂良得其书,奏于上,孝宗读而嘉叹,以赐东宫及分赐江上诸帅,且令熟读,曰:"治道尽在是矣。"[1]

可见当时对《通鉴纪事本末》评价极高。的确,《通鉴纪事本末》开创了一种新的历书体裁——纪事本末体,与编年体、纪传体共同构成了中国传统史书的三大体裁,在中国史学史上有着深远影响。

《通鉴纪事本末》在严州付梓之前,还有幸请得大诗人也是南宋名臣杨万里作序。淳熙元年(1174)正月,杨万里拜知漳州,在去漳

---

[1] 《宋史》,卷三百八十九,11934页。

州的路上经过严州,因为"幼女寄产"停留了两个月。严州知府曹耜劝他留在严州,未果。此事他后来回忆说:"严陵,顷于淳熙甲午寓居两月,以截齐故也。是时曹仲本为将,谂某以州无寓公可耻,留某充员;而先妣及家人子怀土思归,不能从其请。曹丈至今怅然也。"[1] 当时袁枢为严州教授,便请杨万里为《通鉴纪事本末》作序。序云:

> 初,予与子袁子同为太学官。子袁子录也,予博士也。志同志,行同行,言同言也。后一年,子袁子分教严陵。后一年,予出守临漳,相见于严陵,相劳苦,相乐,且相楸以学。子袁子因出书一编,盖《通鉴》之本末也。予读之,大抵寨事之成以后于其萌,提事之微以先于其明。其情匿而泄,其故悉而约,其作窕而撅,其究遐而迩,其治乱存亡,盖病之源医之方也。予每读《通鉴》之书,见其事之肇于斯,则惜其事之不竟于斯。盖事以年隔,年以事析。遭其初,莫绎其终;揽其终,莫志其初。如山之峨,如海之茫,盖编年系日,其体然也。今读子袁子此书,如生乎其时,亲见乎其事,使人喜,使人悲,使人鼓舞未既而继之以叹且泣也。嗟乎!

然后说:

> 子袁子,名枢,字机仲。其为人也,正物以已,正枉以直,

---

[1] 于北山著,于蕴生整理:《杨万里年谱》(上海:上海古籍出版社,2006年),185—186页。

有不可其意，愤怒见于色辞。盖折而不靡，踬而不悔者。孔子曰："刚毅木讷近仁。"子袁子有焉。[1]

这是严州历史上的一段佳话。

　　杨万里虽然不曾在严州做官，和严州也有不解之缘。在严州暂居期间，杨万里和严州通判张构以及诗人冯顾（字子长）均有来往，并为后者的诗集作序。张、冯二人均居住于严陵双桂坊。第二年，杨万里有诗《二月望日》回忆说："海棠著意唤诗愁，桃李才开又落休。小雨轻风春一半，去年今日在严州。"[2] 淳熙十三年（1186），陆游出知严州，杨万里以诗代信，请陆游照顾友人赵子觉（字彦先）。[3] 其一云："闻道云间陆士龙，钓台绝顶啸清风。却将半掬催诗雨，洒入山村作岁丰。""员外治中高帝孙，幕中何幸有诗人。主人不减西湖长，青眼无妨顾德麟。"并自注"故人赵彦先，愿托翁归，故云"。[4] 次年杨万里有寄严州通判赵子觉诗。[5] 淳熙十五年（1188），杨万里返乡经过严州，陆游亲自载酒到钓台迎候。[6] 当时的严州，真是一时多少俊杰！我们当然不能忘记淳熙十四年（1187）陆游撰写并刻于严州的《新刊剑南诗稿》二十卷。[7] 此外，陆游还在此刻印了《南史》八十

---

[1] 于北山著，于蕴生整理：《杨万里年谱》，186 页。
[2] 于北山著，于蕴生整理：《杨万里年谱》，185 页。
[3] 于北山著，于蕴生整理：《杨万里年谱》，299 页。
[4] 于北山著，于蕴生整理：《杨万里年谱》，314 页。
[5] 于北山著，于蕴生整理：《杨万里年谱》，324 页。
[6] 于北山著，于蕴生整理：《杨万里年谱》，354 页。
[7] （宋）陆游著，钱仲联校注：《剑南诗稿校注（一）》（上海：上海古籍出版社，2005 年），3 页。

卷。而陆游自淳熙十五年到逝世前的二十余年之作，由其幼子陆子遹（1178—1250）知严州时续刻《续稿》六十七卷。根据《景定严州续志》，陆遹知严州是在宝庆二年（1226）十一月到绍定二年（1229）三月，《续稿》六十七卷当在这两年多时间内刻成。总之，南宋时期的严州刻本与同时代的科甲、名宦相互辉映，确立了严州文献名邦的地位。

严州与南宋首都临安不过一水之遥，许多严州的特产也因此到了临安。周密在其《武林旧事》中详细介绍了临安的安逸奢华。在介绍各地销售或贡献于杭州的酒（"诸色酒名"）时，他提到了扬州、苏州、常州、镇江、湖州、越州、秀州、婺州、温州、衢州、兰溪等地的美酒，其中严州来的酒为"萧洒泉"。[1] 我们无法得知"萧洒泉"是什么口味的酒，又是如何命名的。想到"萧洒"二字的写法，此酒命名或许和范仲淹《萧洒桐庐郡十绝》这组著名的诗篇有关？周密去范仲淹将近二百四五十年，我们完全有理由相信：在范仲淹去后，严州百姓以其诗句借其大名为本乡的酒命名。

周密介绍的名酒当中还有南宋权贵特制的酒，如"秀邸"的"庆远堂"、"吴府"的"蓝桥风月"、张府的"元勋堂"、荣邸的"眉寿堂"和"万象皆春"、谢府的"济美堂"和"胜茶"、杨府的"清白堂"、杨郡王府的"紫金泉堂"和杨驸马府的"庆华堂"。这三座杨氏府邸，就是来自严州的杨太后家族。这也是严州和南宋皇室的一段不解之缘和传奇故事。

1　（宋）周密：《武林旧事》，101—102页。

明末建德县的人口与粮食

南宋之后，严州府的地位就大不如前了，在全国的政治、经济和文化中所占的份额亦越来越小。南宋末任严州知府方回投降元军后，曾献上《建德府节要图经》，记录了建德六县之建制、沿革、疆域、食货、选举、人物、艺文、风俗、杂志。方回在复述了绍兴己未年和景定壬戌年的户口和人丁数之后，指出："权奸贾似道当国，中外苟且，玩愒版图，漫不经意。今兵火后，未知登耗之物产之宜。万山丛蔽，山居八，田居二，往往樵薪为生，仰米旁郡，地狭人稠，土瘠民窭。浙西诸郡皆腴，而此独穷陋，加以南渡都杭，是为西南数百郡之孔道，舟车必由，迎饯疲瘁，而郡益乏。"[1] 这也是实情。

蒙元祚短，有关严州的记录很少，难以追溯，我们不妨看看明代建德的人口与经济。建德在明清两代都是普通的县，山多地少，人口一向不繁。《康熙建德县志》卷三"食货"对于本县的地理、经济和人口作了真实概括："建邑山童湍激，地满人稀，土田所入，供赋之外，胜积无几。卒岁所需，仰给邻壤。况年来灾眚频仍，人民流亡，本业荒废。"[2] 可见，当时建德经济、人口均在下等。《康熙建德县志》有记载建德历代人口，笔者据此作一初步的讨论。

关于人口，《康熙建德县志》记载云："宋，无考；元，无考。"而

---

1 《光绪严州府志》（下），卷二十五，776 页。
2 （清）戚延裔修，马天选等纂：《康熙建德县志》，《稀见中国地方志汇刊》第十四册（北京：中国书店，1992 年），卷三"食货"，1099 页。

明代"洪武二十四年，户一万八千五百三十四，口七万三千五百六十三"，[1] 户均人口约为 4 人（3.97）。到了永乐年间，"永乐十年，户一万六千六百九十六，口六万四千九百六十二"，户数和人口数均有所下降，户均人口约为 3.89。此后"宣德年间无考"，"天顺年间无考"。"成化年间，户一万一千五百八十八，口五万八千八十七"，户数和人口数继续下降，但户均人口约为 5 人，比洪武和永乐年间超过 25%。而后"弘治年间无考；嘉靖年间无考"。"隆庆年间，户一万一千五百二十一，口四万三千二百九十二"，户数略有下降，而口数急剧下降了 15000 多人；户均人口不到 4 人（3.76），为明代至此最低。"万历四十年赋税全书，户口人丁一万九千一百七十九丁五分"，包括"市民人口一千六百一十口"，"人丁二千二百七十九丁"，"所丁一百三十一丁"，"乡民人口五千二百八十口"，"人丁九千八百二十五丁五分"，"所丁一百二十六丁"。按，"丁"本意是指成年男子。古代中国朝廷收人头税，所以每个丁都需要交人头税；而基层政府的人口统计往往不能及时更新，所以"丁"逐渐在账本上转化为赋税单位。因而在万历四十年（1612）建德的赋税全书中，出现了"丁五分"这样的记载，也就是字面上的"半个成年男子、半个丁"。所以这个万历四十年的记录，实际上是赋税文献，无法反应当时的人口数。

那么，从洪武二十四年（1391）到隆庆六年（1572）的一百八十年，建德人口大致是多少呢？为什么官方的记载会出现人口减少的情况呢？

在估算历史上的人口时，我们首先要明白，文献中记载的是官方

1　《康熙建德县志》，卷三"食货"，1099 页。以下均见 1099 页。

统计的人口，其主要目的就是为了征收赋税和征发劳役，便于管理。因此，总是有人力图逃避官府的登记来逃避赋税科发劳役。一般而言，官方的数据总是少于实际人口数。

第二，官方的统计，其准确性也会因为不同情况而相差甚远。一般新王朝建立时，从中央到地方，用力甚勤，统计数据相对可靠；之后出现了惰政怠政的现象，统计数据往往直接抄袭前次，有时略加改正，可靠性越来越差。以此而论，洪武二十四年（1391）的统计相对可靠。当时建德县有家庭18534户，全县人口73563人；考虑到逃避统计的人数，当时建德人口约为8万人。而永乐十年（1412）的建德人口数目则颇为可疑。因为从洪武二十四年到永乐十年的三十年间，建德并未经过战乱，人口和家庭数居然都下降了，不知何故？

成化年间（1465—1487）建德户数和人口数继续下降，但户均人口约为5人，比过去上升了四分之一强。户均人数增加了，表明社会稳定发展了，可是户数和人口数反而下降，这是一个不可解释的现象。因此，这个统计也不可靠。隆庆年间（1567—1572）建德的户数和人口数急剧下降，全县只有11521户人家，总人口为43292人，只相当于洪武二十四年人口数的一半多一点而已。因此，这个官方的统计同样不可靠。明代为什么会出现建德人口减少的记录呢？推其原因，大概是地方的里长保长为了逃避赋税劳役，故意隐瞒少报户数和人口数。人口减少不过是账面上的现象。

那么，明代的建德究竟有多少人呢？

笔者以为，洪武二十四年的统计大致是准确的。那么，明初建德大约有8万人；到了鼎盛时期，大约为10万人。为什么是10万人呢？

笔者的根据是成化年间的户均人数比洪武和永乐年间增长了四分之一，故大致推测总人口数也约莫增长了四分之一。虽不中，亦不远矣。

因此，宋代和明代的建德县，其人口繁盛时有10万人之多，这是一个很可观的数字。有人会问，在古代生产力尤其是粮食产量低下的时候，建德山多地少，水田更为稀罕，能养活10万人么？不妨算下账。

《康熙建德县志》引《万历四十年赋役全书》，记载了万历四十年建德的田亩数。此年，"田一千六百六十七顷四十二亩八厘九毫"，包括"官田六十七顷六十八亩五分一厘"和"民田一千六百顷七十三亩五分七厘九毫，每亩科银八分三厘六毫，该银一万三千三百八十二两一钱五分一厘二毫四忽四微"；"地一千二百六十七顷三十二亩六分四厘九毫"，包括"官地二十八顷九十二亩四分"和"民地一千二百三十八顷四十亩一分九厘七毫，每亩科银一分八厘五毫，该银二千二百九十一两四分三厘六毫四丝四忽五微"；"山五千一百二十五顷九十四亩一分三厘"，包括"官山一百八十九顷八十四亩四分二里"；其余是"乡山"。[1] 乡山根据不同地区分为两部分，科银差别较大，估计一部分是以茶叶等经济作物为主，科银每亩五厘四毫，共计二千一百一十二两三分多；另一部分每亩科银较少，为三厘五毫，共计三百五十八两七钱二分多；"塘五十五顷七十六亩七分八厘九毫"，包括"官塘二顷二亩八分八厘"和"民塘五十三顷七十三亩九分九毫"；此外，还有"基地"和"官湖"，可以不计。以上田、地、山、池塘、湖等共"科银二万五千三十四两三钱九分七厘

---

1 《康熙建德县志》，卷三"食货"，1099—1100页。以下见1100页。

一毫七丝八忽二微","内除优免银一千四百九两七钱五分八厘六毫","实征银二万三千六百二十四两六钱三分八厘五毫七丝八忽二微"。

以下只计算民田、山、地等，零头不计，如表4.4（一顷等于一百亩）。

表4.3　万历四十年（1612）建德田地统计

民田	民地	乡山	民塘
160073亩	123840亩	492610亩	5373亩

那么，万历四十年的统计，转化为现在的计量衡，究竟有多少亩呢？清代田土的计量规制，基本上沿袭明代。根据有的学者研究，明末清初的浙江亩积略小于今天的亩，至于具体缩小多少，各地很不一致。万历四十年建德的田亩数打个九折，大约是现在度量衡中的亩数。不过，这不过是古今度量衡变化导致的计数不同而已，对实际粮食产量并无影响。

以上是万历四十年建德的耕地和赋役情况，也就是明朝末年建德的经济状况。这些数目比较详细，可以作为我们推算建德当时粮食的产量的依据，从而大致估算建德土地是否可以养育10万人口。

我们需要先看看明清时代江南粮食的亩产量，从而估计建德的粮食亩产量以推算其粮食总产量。国内外学者对清代粮食亩产量的估算存在颇大的分歧。原因一是统计数据的模糊和稀缺，比如古代的计量单位的变化，官方的斗和民间的斗的差别。第二，更重要的是，粮食产量地区间差别很大。江南地区当然是明清时期粮食亩产最高的地区。建德位于杭嘉湖以南，粮食亩产应该达不到长三角的水平，但大致也不会相差多少。国内外学者对于清代粮食亩产的估算，估计值最高为 367 斤/亩，最低为 155 斤/亩，相差 212 斤/亩。[1] 这些估算，讨论的是全国的亩产量，但各地区差异很大，很难作为建德粮食亩产估算的参考。

李伯重曾讨论了 1823 年前华亭—娄县地区的水稻产量。[2] 华亭—娄县地区属于长三角，又是水稻种植区，同时讨论的是清中期之前的粮食产量，与明末清初差别不大，因此可以作为建德的参考。李伯重的研究指出，华娄地区的耕地基本上都是较好的水田（即上等和中等的田地），因此这些水田在正常年成的水稻亩产量，应属于江南较好水田的收获量，即上述的头等（3.6 石）和次等（2.5 石）的亩产量。换言之，大约在 3 石上下。当然，华娄地区也有一些相对较差的水田，其亩产量大约为 1.5 石。

那么，明末清初建德的耕作制度是如何的呢？

笔者少年时期的 80 年代，可以说是建德农业和粮食生产的顶峰。农民采取二年五种制。第一年早稻和晚稻，晚稻收割后种小麦或油菜，第二年初夏收割。精耕细作，农民从年头忙到到年尾，粮食亩产量很高，出现了吨粮田，也就是每亩亩产量（两季稻谷加小麦亩产）超过 1000 公斤。笔者家里有一丘田，晚稻亩产也可达到 900 斤，家父极为自豪。此外，还有山地的红薯、玉米、茶叶，菜园的蔬菜瓜果，有的农家春秋季节还养蚕。

不过，明清时期的耕作制度以及农作物和现在大不相同。首先，

1　石涛、马国英：《清朝前中期粮食亩产研究述评》，《历史研究》2010 年第 2 期，143—155 页。

2　李伯重：《一八二三年至一八三三年间华亭—娄县地区水稻亩产量———一种新研究方法的尝试》，《历史研究》2007 年第 6 期，55—64 页。

当时双季稻并未普遍实行,因此,大约两年三收(两季水稻加上一季小麦或者油菜);同时,水稻和小麦产量比现在低得多;其次,从新大陆传过来的粮食作物如红薯、南瓜和玉米并未在建德广泛种植。水稻和小麦除外,其他农作物为油菜及大豆等豆类。因此,粗略地说,当时建德粮食亩产量肯定比不过长三角的华亭—娄县地区。因此,我们不妨把华娄地区中等田地的亩产量(每亩 2.5 石)作为建德普通年份的估算;而其下等的亩产量(每亩 2 石)作为建德较差年份的估算。这个估计差错不会太远。

那么,一石相当于多少斤呢?同样,石作为容积单位,折算成重量单位,历史上和地区间的差异也很大。清代一石大约 140 斤,也有高达 160 斤的。我们不妨以 140 斤来计算,则建德民田水稻亩产量分别为 350 斤(好年份)和 280 斤(差年份)。除了水稻,还有小麦。小麦产量比水稻低得多,不妨以水稻产量的四分之一计,则分别为 88 斤和 70 斤。以此估算,建德的稻、麦粮食年总产如表 4.4。

表 4.4 万历四十年建德的粮食总产量估算(斤)

年均亩产量(斤)	民田田亩数(亩)	总产量(斤)
433	160073	69311609
350	160073	56025550

以建德 10 万人口计算,年人均口粮可以分别达到 560 斤和约 700 斤。这个数字,是非常可观的。当然,一部分粮食需要折算交给国家。即使如此,人均口粮也将远远在人口繁衍需要的最低限度 400 斤以上。换言之,以当时建德的民田和粮食产量,养活 10 万人不成

问题。或有人问，此处计算出建德的产量足以供应本地人口，为什么此前又强调严州和建德缺粮？这是一个类似平均工资的问题，因为实际上农田与土地之占有并不是平均的，因而即使理论上不缺粮，实际生活中无地或少地的农民往往缺粮，特别是在遭受水旱灾害的时候。此外，如果租地种，其中约一半的粮食是需要作为田租交给地主的。民国时候，建德的田租是每亩三担或两担干谷。[1] 以此推算，每亩田租大约就是一半的粮食。因此，历代说建德缺粮，确是实情。

以上只计算了民田。建德当时还有民地 123840 亩、乡山 492610 亩以及池塘 5373 亩。民地、乡山，从建德的历史和现状出发，应该基本不是生产粮食的。读者切切不可忘记，建德从来不是主要的产粮区；粮食生产也不是建德的强项。所谓靠山吃山靠水吃水，建德的经济，很大程度上依靠境内蔓延的山林。建德自唐宋起，就以山区特产著名，如漆、桐油、茶、麻、蜜、柏、水果、木、竹、柴、炭、丝等；同时，新安江、建德江等水路不仅是各地商业往来的重要商道，也养育了如水上人家"九姓渔民"。因此，这些经济作物、渔业和商贸也是建德经济举足轻重的部分，如千百年来依赖出产销售山林特产生存的垄柏村。

1　张抵:《浙江建德的农民生活》，1935 年，123 页。

第五章

一门两太后：与南宋相始终的严陵杨氏

公主下嫁，皇后和太子亲送

宋末元初的周密，曾经回忆了南宋末年"公主下嫁"的一场盛事。他说："南渡以来，公主无及嫁者，独理宗朝周汉国公主出降慈明太后侄孙杨镇，礼文颇盛，今撮梗概于此。"也就是说，南宋偏安之后，对公主的婚姻没有像北宋那么讲究，惟独周汉国公主的婚事是个例外，十分讲究。根据周密的记录，其婚礼盛况一时无两：

> 先是，择日遣天使宣召驸马至东华门，引见便殿，赐玉带、靴、笏、鞍马及红罗百匹、银器百两、衣著百匹、聘财银一万两。对御赐筵五盏，用教坊乐。候毕，谢恩讫，乘涂金御仙花鞍辔狨座马，执丝鞭，张三檐伞，教坊乐部五十人前引还第，谓之"宣系"。进财物件，并照《国朝会要》，太常寺关报有司办造。先一月，宣宰执常服系鞋，诣后殿西廊观看公主房奁。[1]

公主的嫁妆包括："真珠九翚四凤冠，褕翟衣一副，真珠玉佩一副，金革带一条，玉龙冠，绶玉环，北珠冠花筐环，七宝冠花筐环，真珠大衣背子，真珠翠领四时衣服，迭珠嵌宝金器，涂金器，贴金器，

---

[1] （宋）周密：《武林旧事》，25 页。

| 第五章 | 一门两太后：与南宋相始终的严陵杨氏

出从贴金银装蟾等，锦绣销金帐幔、陈设、茵褥、地衣、步障等物。"[1]可谓豪华！

婚礼当天，"驸马常服玉带，乘马至和宁门，易冕服。至东华门，用雁币、玉马等行亲迎礼。（用熙宁故事）公主戴九翚四凤冠，服褕翟缠袖，升辂"。[2]公主的队伍前后按次序依次为："天文官、本位从物从人，烛笼二十，插钗童子八人，方扇四，圆扇四，引障花十，提灯二十，行障、坐障。"[3]可谓隆重！

更令人不敢置信的是皇后和皇太子亲自送公主到杨府。

皇后亲送，乘九龙辇子。皇太子乘马，围子左右两重。其后太师判宗正寺荣王、荣王夫人及诸命妇。至第，赐御筵九盏。筵毕，皇后、太子先还，公主归位，行同牢礼。（用开宝礼。）然后亲行盥馈舅姑之礼。（开宝通礼。）谒见舅姑，用名纸一副，衣一袭，手帕一合，妆盝、藻豆袋，银器三百两，衣著五百匹，余亲各有差。

而后"三朝，公主、驸马并入内谢恩，宣赐礼物，赐宴禁中。外庭奉表称贺。赐宰执、亲王、侍从、内职，管军副都指挥使已上，金银钱胜色子有差，（依熙宁式。）驸马家亲属各等第推恩"。[4]可谓恩宠至极！

---

1 （宋）周密：《武林旧事》，26页。
2 （宋）周密：《武林旧事》，26页。
3 （宋）周密：《武林旧事》，26—27页。
4 （宋）周密：《武林旧事》，26—27页。

公主下嫁，皇后和皇太子亲自送到驸马府，这可谓是空前绝后的礼节。那么，为什么宋理宗如此安排？这当然不是驸马杨镇本人有什么丰功伟绩，而是因为杨镇是慈明太后的侄孙。慈明太后就是宋宁宗的皇后杨氏。因此，公主下嫁这一空前绝后的盛况完全是杨太后的遗泽所致。

这就不得不说杨太后的故事。严州籍贯的两位杨太后，象征了这个东南狭仄山区流星般的辉煌以及流星划过之后天空的黯淡。

神秘的家世

第一位杨太后的身世颇为神秘。[1]《宋史》记载："恭圣仁烈杨皇后，少以姿容选入宫，忘其姓氏，或云会稽人。庆元元年三月，封平乐郡夫人。三年四月，进封婕妤。有杨次山者，亦会稽人，后自谓其兄也，遂姓杨氏。"[2]《宋史》是官修的正史，居然不知道皇后的姓氏，实在是

1　相关研究可见鲍绪先：《浙江淳安发现宋恭圣仁烈杨太后家族宗谱及其墓地——宋宁宗杨后与宋度宗杨淑妃生平及其家族考》，《东南文化》1992年第3—4期，231—234页；何忠礼：《南宋杨皇后姓氏、籍贯考》，《邓广铭教授百年诞生纪念论文集》（北京：中华书局，2007年），541—545页；吴业国：《南宋宁宗杨皇后籍贯、身世献疑》，《中国典籍与文化》2010年第3期（总74期），147—148页；刘广丰：《南宋后族淳安杨氏家族考论》，《杭州师范大学学报（社会科学版）》2017年5月第3期，115—123页。其中以刘文最为详尽。

2　《宋史》，卷二百四十三，8656页。

令人吃惊。杨皇后自然有名有姓，可《宋史》居然说她自己"忘其姓氏"，实在可疑。试问，除了因为年纪很小不知姓名外，哪有人会忘记自己的姓名？或由此推知，"忘其姓氏"不过是讳言耳，目的是掩盖其卑微的出身。周密在其《齐东野语》中记录了杨皇后的发迹：

> 慈明杨太后养母张夫人善声伎，随夫出蜀，至仪真长芦寺前僦居。主僧善相，适出见之，知其女当贵。因招其父母饭，语之故，且勉之往行都，当有所遇。以无资告，僧以二千楮假之，遂如杭。
> 或导之入慈福宫，为乐部头。后方十岁，以为则剧孩儿。宪圣尤爱之，举动无不当后意。有嫉之者，适太皇入浴，侪辈俾服后衣冠为戏，因譖之后。后笑曰："汝辈休惊，他将来会到我地位上在。"其后茂陵每至后所必目之，后知其意。一日内宴，因以为赐，且曰："看我面，好好看他。"傅伯寿草《立后制》有云："洪惟太母，念我文孙。美其冠于后庭，俾之见于内殿。"盖纪实也。
> 既贵，耻其家微，阴有所遗，而绝不与通。密遣内珰求同宗，遂得右庠生严陵杨次山以为侄。既而宣召入见，次山言与泪俱，且指他事为验，或谓皆后所授也。后初姓某，至是始归姓杨氏焉。次山随即补官，循至节钺郡王云。[1]

也就是说，杨太后本来是张夫人的养女，而张夫人可能不过是一个乐伎班头。他们在四川的时候，一个善于相面的僧人说杨太后面容

---

[1] （宋）周密著，张茂鹏点校：《齐东野语》（北京：中华书局，1983 年），卷十，175 页。

贵不可言，并给了张夫人楮币[1]两千资助他们去杭州撞运气。到了杭州，张夫人被人引荐进入了吴皇后的慈福宫，"为乐部头"。而杨皇后当时不过十岁，在乐部"以为则剧孩儿。宪圣尤爱之，举动无不当后意"。宪圣即宪圣慈烈皇后吴氏（1115—1197），是宋高宗赵构的第二任皇后，汴梁（今河南开封）人，颇有作为。绍熙五年（1194），吴氏支持赵汝愚、韩侂胄等大臣发动的政变，迫宋光宗禅位予其子宋宁宗，称"绍熙禅位"。

因为杨皇后受到当时吴太后的宠爱，所以遭到周围一些人的嫉恨，借机谗言诋毁。吴太后却笑着说："你们这些人不要大惊小怪，她将来的地位会超过我。"宋光宗之子赵扩，也就是后来的宋宁宗（1194—1224年在位）每次来慈福宫时，都对杨皇后目不转睛。吴太后明白他的意思，就把杨皇后赐给了赵扩，并叮嘱说："看我的面子，以后要好好对她。"正是由于吴太后的提携，才有杨皇后之后的发达。所以后来在她被立为皇后时，傅伯寿起草的《立后制》说："洪惟太母，念我文孙。美其冠于后庭，俾之见于内殿。"这几句讲的就是吴太后早年提携杨皇后，将其赐予赵扩，成就一桩美事。

赵扩果然没有辜负奶奶的嘱托，1194年登基，1195年便封杨皇后为平乐郡夫人，1198年又进封婕妤。此时的杨婕妤，深受赵扩的宠爱，遗憾自己出身低微，于是请太监（内珰）帮助她联系同宗之显贵者。太监就推荐了杨次山，后者是严州的右庠生。杨婕妤觉得杨次山家世不错，又是读书人，互相一拍即合，认杨次山为侄子（此处周

---

[1] 楮币即宋、金、元时发行的会子、宝券等纸币，因其多用楮皮纸制成，故名楮币。

密记载有误,当是认杨次山为兄)。"既而宣召入见,次山言与泪俱,且指他事为验,或谓皆后所授也。"这样,在杨婕妤的导演、太监的居中联络以及杨次山的配合下,一出自小离家长大后认祖归宗的戏曲就完美上演了。杨婕妤有了拿得出手的家世,杨次山有了进身的内援,互相依托,皆大欢喜。

周密笔记之详细与《宋史》之简约对比鲜明,但内容大致相符,惟后者称杨太后和杨次山均为会稽人,且杨皇后认杨次山为兄。杨氏互为兄妹为实情,称其为会稽人,不知何据?实际上,严州地方文献均对杨次山有记载,并因此以杨太后为严州人氏。不妨略加介绍。(图 5.1)

严陵杨氏

《景定严州续志》最早记录了杨太后为严州人氏。其卷一"户口"记载两浙受益于杨太后的恩泽而被减免身丁钱的故事,说:"开禧元年(1205)十二月,御笔尽免两浙身丁钱,从中殿之请也。盖恭圣仁烈皇太后为严人,故有是请。今为户凡一十一万九千二百六十七,口凡三十二万九千二百有六,比淳熙之数益增,岂非先太后深仁厚泽所致哉!故大书之,以著邦人之追慕云耳。"[1] 景定去杨太后不过数十年,因此说杨太后为严人,证据不能不令人信服。

《景定严州续志》卷三之"乡会"记载:"严为恭圣仁烈皇后毓庆

---

1 《景定严州续志》,111 页。

之乡，后兄杨惠节王次山，字仲甫，后侄敏肃王谷，字声之，忠宪王石，字介之，每集必为统盟其后，节钺蝉联，缨绂辉映，率继先志。"[1]并记录绍定年间的一次乡会名单，其中就包括新安郡王杨谷和永宁郡王杨石。因此，景定年间编撰的严州地方志对于纠正后来的《宋史》颇有作用。这一点，编撰《四库全书》的馆臣早有认识，他们指出：《景定严州续志》之"户口"门中，"载宁宗杨皇后为严人"，而"乡会"门中，亦载主会者为新安郡王、永宁郡王。新安者杨谷，永宁者杨石，皆后兄杨次山之子也。而《宋史》乃云："后，会稽人。"当必有误。此可订史传之讹也。[2] 可是，《景定严州续志》亦有为太后讳者，为严州讳者，那就是没有提到杨太后与杨次山是后认的兄妹而已。

有意思的是，1987年淳安县发现了杨氏墓址，研究人员并借此也找到了附近杨家村村民珍藏的《弘农杨氏宗谱》，以此对严州杨太后的身世作了一些新的探索。[3]《浙江通志》和《淳安县志》都记载了杨太后之父杨宇的墓在淳安潦源巧坑，也即现在的皇后坪村，可惜原墓在"大跃进"和"文革"中早被毁坏。"碑、坊无存，封土堆被夷为平地，幸墓穴尚未被掘，仅存遗址。现墓地长8.40米、宽7.50米，墓向坐南朝北，四周均为民居。"[4] 村民提供的《弘农杨氏宗谱》提供了关于杨太后身世的详细记录，如表5.1所列。

1　《景定严州续志》，132页。
2　《景定严州续志》，106页。
3　鲍绪先：《浙江淳安发现宋恭圣仁烈杨太后家族宗谱及其墓地——宋宁宗杨后与宋度宗杨淑妃生平及其家族考》，231—234页。
4　鲍绪先：《浙江淳安发现宋恭圣仁烈杨太后家族宗谱及其墓地——宋宁宗杨后与宋度宗杨淑妃生平及其家族考》，231页。

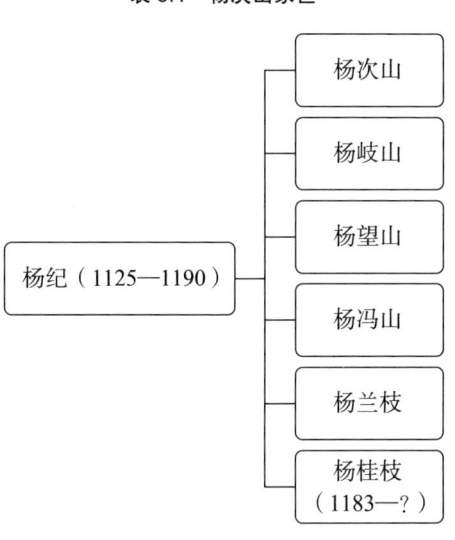

表 5.1　杨次山家世

```
                         ┌─ 杨次山
                         │
                         ├─ 杨岐山
                         │
                         ├─ 杨望山
杨纪（1125—1190）─────────┤
                         ├─ 杨冯山
                         │
                         ├─ 杨兰枝
                         │
                         └─ 杨桂枝
                            （1183—?）
```

根据宗谱，杨纪字子序，举进士第，因女贵，赠永阳郡王。他初娶徐氏，生长女杨兰枝；继娶张氏，生杨次山等四男及杨桂枝一女。宗谱还记录，1183 年生杨桂枝那天晚上，杨纪梦见一白发老人手持丹桂，付之于杨纪，须臾生女，因而取名为桂枝。这些当然是后来的附会之言。宗谱还附录了杨太后创作的宫词三十首（原为五十首）。关于杨次山，宗谱记录："字仲甫，纪公长子，恩赐建坊于城市太平桥祖址之所，初举太学生，后妹入宫为宁宗后，遂以外戚知（门合）事。"有子三人，杨谷、杨石、杨原。杨谷和杨石文献都有介绍，唯幼子杨原不见于各种文献。宗谱记载他"幼通经史，长谙韬略，举进士第，历官至利州统制，以功封"定国侯。

淳安发现的宗谱为我们推测正史中杨太后的认祖归宗和附籍严州提供了一些珍贵的信息。首先，杨纪是举进士第，假如这是真的，那么,杨太后认杨次山为兄,不是如周密所言因为杨次山是右庠生,而是因为杨次山之父杨纪是进士。进士在宋代已经是学问、仕途和门第的关键因素了,因此杨太后认杨次山为兄,就有了一个进士的父亲,其身世可谓好看好听好用。第二,杨次山有幼子杨原,虽然不见于正史,但非常可能是真的。根据取名的原则,谷、石、原均属一类地理名词;而杨原之所以为见于严州文献者,大概是因为他举进士第,因而一直在外做官,所以反而不能像他的两位哥哥一样参加本地的乡会。不过,我们需要注意的是,杨氏宗谱不知何时修成,而宗谱之陋习便在于美言,往往攀附,因此,对此宗谱所说的杨太后乃杨纪亲生的第二个女儿,不必当真。

　　幸运的是,新发现的《杨惠罙墓志》有助于我们解决杨太后的身世疑团。[1]杨惠罙墓碑立于咸淳十年(1274),墓主杨惠罙是杨太后的侄孙女,杨次山是她的祖父,杨谷是她的父亲。杨惠罙出生于嘉定十四年(1221),杨太后对她十分宠爱,从小就抱入宫中抚养。不幸的是,杨惠罙的婚姻为政治绑架,及笄之年就嫁给了史弥远的侄孙史茂卿,两人育有二子。更不幸的是,结婚十年史茂卿即病逝,那时杨惠罙不过二十四五岁。又过十年,长子去世;不久,次子又过世。杨惠罙本人于咸淳十年去世,享年五十四岁。宝庆二年(1226)她五岁时封令人,绍定元年(1228)七岁时封淑人,绍定五年(1232)十二岁时封新安郡夫人,端平二年(1235)十四岁封荣国夫人,景定二年

---

[1] 史公善:《杨惠罙墓志》,见章国庆编《宁波历代碑碣墓志汇编》(上海:上海古籍出版社,2012年),324—326页。另可参阅刘广丰:《南宋后族淳安杨氏家族考论》。

（1261）四十岁时周汉国公主下嫁时赐燕外馆，封广国夫人。这几次赏封，基本都是在杨家飞黄腾达的关键时刻；端平二年则可能是其大婚之际。此外，非常值得注意的是，从十四岁封荣国夫人到四十岁封广国夫人，其间长达二十六年，这或许说明了作为政治婚姻的牺牲品，杨惠罙在史弥远去世后亦被冷落？

杨惠罙墓志对于辨析杨氏疑云有相当的贡献。其一，它指出"世家严之淳安"；其二它记载杨惠罙的曾祖（也就是杨次山的父亲）是杨渐，这和其他的文献记载不一。笔者以为，杨惠罙去其曾祖不过百年，而且墓志对于家族的籍贯和姓名记载非常严肃，虽然有托附，但名字断然不该有错。因此，杨家籍贯为严州之淳安而不是上虞或者严州之遂安可知；而杨渐是杨次山之父亦可确定。

笔者以为，关于杨太后的人生大事特别是政治活动，应以正史为主；关于其家世，应以墓志铭为主；然后辅之以族谱和笔记。杨太后最大的可能还是中原来的难民，因为家庭贫困而被养母张氏收养，最后因缘际会入宫。据此，笔者以为杨太后与杨次山后来攀附为兄妹，以此为自己谋一个体面的出身。

清除韩侂胄

附籍严州的杨婕妤，果然不同凡响，不但亲自在南宋的宫廷中发挥了举足轻重的作用，而且影响了此后一百七十多年的南宋政治，值得一说。

杨婕妤的宫廷生涯非常成功。首先，她圆了一个嫔妃的最大梦想，当上了皇后。其次，她参与了此后南宋政坛上几件大事，也就是清除权臣韩侂胄和结盟史弥远，使得杨家的富贵传至百年之外。

　　起初，宋宁宗已有韩皇后。《宋史》记载，韩皇后，"相州人，其六世祖为忠献王琦。初，后与姊俱被选入宫，后能顺适两宫意，遂归平阳郡邸，封新安郡夫人，进崇国夫人。王受禅，册夫人为皇后。后父同卿，由知泰州升扬州观察使；母庄氏，封安国夫人"。[1] 则韩皇后出身名臣之后，读者或可体会为什么杨婕妤也要找一个进士门第。更重要的是，当时的权臣韩侂胄是韩皇后的叔祖，"自以有定策功，声势熏灼"，"时天下皆知侂胄为后族"；虽然韩皇后之父韩同卿知道月满则亏的道理，"不敢干政"，很多人甚至"不知同卿乃后父也"。[2] 不管如何，韩侂胄的地位，自然使韩皇后多了一层加持。可以想见，韩皇后在世时，杨婕妤根本不可能想象自己有朝一日自己会成为皇后。

　　庆元六年（1200），韩皇后崩，后宫空出了位置，千载难逢的机会来了。此时，杨桂枝颇受宁宗宠爱，"庆元五年，进婉仪。六年，进贵妃"，[3] 从而与皇后的宝座也就一步之遥了。可是，当时与她竞争的还有宁宗的另一爱妃曹美人。正如《宋史》所说："恭淑皇后崩，中宫未有所属，贵妃与曹美人俱有宠。"此时，丧失了内援的韩侂胄"见妃任权术"，希望能够立性情柔顺的曹美人为皇后，"劝帝立曹。

1　《宋史》，卷二百四十三，8656 页。
2　《宋史》，卷二百四十三，8656 页。
3　《宋史》，卷二百四十三，8656 页。

而贵妃颇涉书史，知古今，性复机警，帝竟立之"。[1] 从此，杨贵妃变成了杨皇后。此间，历经四朝（高宗—孝宗—光宗—宁宗）曾一度垂帘听政的太皇太后吴氏可能也施以援手。[2] 韩侂胄谋立曹美人为后，便为他后来的覆灭留下了伏笔。

韩侂胄被杀之事，《宋史》记载说：

> 次山客王梦龙知其谋，密以告后，后深衔之，与次山欲因事诛侂胄。会侂胄议用兵中原，俾皇子曮入奏："侂胄再起兵端，将不利于社稷。"帝不答。后从傍赞之甚力，亦不答。恐事泄，俾次山择廷臣可任者，与共图之。礼部侍郎史弥远，素与侂胄有隙，遂欣然奉命。参知政事钱象祖，尝谏用兵贬信州，弥远乃先告之。礼部尚书卫泾、著作郎王居安、前右司郎官张鎡皆预其谋。开禧三年十一月三日，侂胄方早朝，弥远密遣中军统制夏震伏兵六部桥侧，率健卒拥侂胄至玉津园，槌杀之。复命弥远。象祖等俱赴延和殿，以殛侂胄闻，帝不之信，越三日，帝犹谓其未死。盖是谋悉出中宫及次山等，帝初不知也。[3]

1　《宋史》，卷二百四十三，8656页。
2　1194年夏，宋孝宗崩，"时光宗疾未平，不能执丧，宰臣请垂帘主丧事，后不可。已而宰执请如唐肃宗故事，群臣发丧太极殿，成服禁中，许之。后代行祭尊礼。寻用枢密赵汝愚请，于梓宫前垂帘，宣光宗手诏，立皇子嘉王为皇帝。翌日，册夫人韩氏为皇后，撤帘"。因此，吴氏对宁宗继位有着关键作用，联想到杨桂枝曾经伺候吴氏，又是吴氏赐给宁宗，并加以嘱托，可以想见宋宁宗在杨桂枝和曹美人之中选皇后，必然要考虑吴氏的态度。《宋史》，卷二百四十三，8648页。
3　《宋史》，卷二百四十三，8656—8657页。

从此处看，清除韩侂胄是杨皇后主谋，这恐怕夸大了她的作用。无论如何，杨皇后通过其兄杨次山与史弥远等人合作除掉了韩侂胄，这是事实，而杨皇后的权术也令人惊叹。[1]

此后朝中史弥远专权，并由此引发了宁宗立嗣的风波。嘉定十四年（1221），宋宁宗因为没有儿子，选了"宗室子贵和，立为皇子，赐名竑"。然而，赵竑不满专权的丞相史弥远，与其爆发了严重的冲突。

> 初，竑好琴，弥远买美人善琴者纳之，而私厚美人家，令伺皇子动静。竑嬖之，一日，竑指舆地图示美人曰："此琼崖州也，他日必置史弥远于此地。"美人以告弥远。竑又书字于几曰："弥远当决配八千里。"竑左右皆弥远腹心，走白弥远。弥远大惧，阴蓄异志，欲立他宗室子昀为皇子，遂阴与昀通。[2]

嘉定十七年（1224）闰八月丁酉，宋宁宗病入膏肓，一直在等待这个时机的史弥远开始了他的废立大计。[3]《宋史》记载：

> 帝大渐，弥远夜召昀入宫，后尚未知也。弥远遣后兄子谷及石以废立事白后，后不可，曰："皇子先帝所立，岂敢擅变？"是夜，凡七往反，后终不听。谷等乃拜泣曰："内外军民皆已归

1　刘广丰，《南宋后族淳安杨氏家族考论》，118页。
2　《宋史》，卷二百四十三，8657页。
3　刘广丰，《南宋后族淳安杨氏家族考论》，118—119页。

心，苟不立之，祸变必生，则杨氏无噍类矣。"后默然良久，曰："其人安在？"弥远等召昀入，后拊其背曰："汝今为吾子矣！"遂矫诏废竑为济王，立昀为皇子，即帝位，尊皇后曰皇太后，同听政。[1]

也就是说，这次宫廷政变，杨皇后开始并未参与，实际上是被史弥远裹挟。杨皇后之所以一开始反对史弥远废赵竑，首先因为这不是宋宁宗的本意，因此她说："皇子先帝所立，岂敢擅变？"其次，赵竑作为养子和宋宁宗的继承人已有三年，在此期间必然和杨皇后建立起了比较密切的互信关系。因此，中途换人对杨皇后是不利的，特别是换了一个权臣选定的继承人，难免不让杨皇后担忧自己和家族的命运。史弥远明白杨皇后的忧虑，让杨皇后的两个侄子，也就是杨次山的儿子杨谷和杨石入宫劝说杨皇后，一夜之间杨皇后六次拒绝，杨谷和杨石在史弥远的威逼之下七次进宫，杨皇后依然不听。最后，杨谷和杨石哭着以杨氏家族的前途提醒说："苟不立之，祸变必生，则杨氏无噍类。"这就说中了杨皇后内心：她之所以拒绝很大程度上也是为此。因此，沉吟良久之后，杨皇后不得不委曲求全，询问史弥远选定的继承人何在。史弥远遂将赵昀召入拜见杨皇后。杨皇后拍着赵昀的背脊说："汝今为吾子矣！"不得不接受了这个结局。于是赵昀即帝位，即宋理宗（1205—1264），杨皇后被尊为皇太后，一同听政。

---

[1] 《宋史》，卷二百四十三，8657—8658 页。

选定谢皇后

杨太后还为宋理宗选定了谢皇后，延续了她在内宫的影响力。谢皇后，名道清，天台人，父亲渠伯早死，家庭困败，因而谢道清小时候"躬亲汲饪"。谢道清本人长得也不好看，而且一只眼睛有毛病，所谓"生而黧黑，瞖一目"。[1] 照这样的情形，不要说入宫了，就是嫁到一个普通的官宦人家可能性都不大。然而，谢道清出身名门，她的祖父杨深甫当丞相的时候"有援立杨太后功，太后德之"。《宋史》记载：

> 理宗即位，议择中宫，太后命选谢氏诸女。后独在室，兄弟欲纳入宫，诸父擗伯不可，曰："即奉诏纳女，当厚奉资装，异时不过一老宫婢，事奚益？"会元夕，县有鹊来巢灯山，众以为后妃之祥。擗伯不能止，乃供送后就道。后旋病疹，良已，肤蜕，莹白如玉；医又药去目瞖。时贾涉女有殊色，同在选中。及入宫，理宗意欲立贾。太后曰："谢女端重有福，宜正中宫。"左右亦皆窃语曰："不立真皇后，乃立假皇后邪！"帝不能夺，遂定立后。初封通义郡夫人，宝庆三年九月，进贵妃，十二月，册为皇后。[2]

这样，相貌平平的谢道清就因为杨太后的援手成为中宫之主，这

---

1 《宋史》，卷二百四十三，8658 页。
2 《宋史》，卷二百四十三，8658—8659 页。

也解释了她为什么亲送周汉国公主到驸马府,尽管她不是公主的生母。不过,谢皇后因为姿色平平,并不得宠。"后既立,贾贵妃专宠;贵妃薨,阎贵妃又以色进。后处之裕如,略不介怀。太后深贤之,而帝礼遇益加焉。"[1]

谢道清在南宋覆灭之际也成为举足轻重的人物。开庆元年(1259),蒙古兵渡江南下,"理宗议迁都平江、庆元,后谏不可,恐摇动民心,乃止"。[2] 后来理宗崩,度宗立,谢皇后成了谢太后,"号寿和圣福";再后来度宗崩,瀛国公宋恭宗赵㬎即位,谢太后就成了太皇太后。在主幼国辱之际,虽然她"年老且疾,大臣屡请垂帘同听政,强之乃许",而国事终不可为。[3] 德祐二年(1276),元军兵临宋都临安,谢道清求和不成,只好抱着五岁的宋恭帝,带着南宋皇族向元军统帅伯颜投降。至元二十年(1283),谢道清在北京去世,享年七十四岁。

彻帘复政

正因为杨太后对理宗有拥立之功,所以理宗后来才把独生女儿周汉国公主下嫁杨太后之侄孙镇,并让皇后谢道清以及太子亲自送亲。1261年,宋理宗"以镇为宜州观察使,赐玉带,寻升庆远军承宣使。

---

[1] 《宋史》,卷二百四十三,8659页。
[2] 《宋史》,卷二百四十三,8659页。
[3] 《宋史》,卷二百四十三,8659页。

诏：'驸马都尉杨镇家合有赏典，杨蕃孙官两转，杨铎、杨鉴官一转，并直秘阁，余转官进封有差'"。[1] 这充分显示了皇帝对杨家的恩典，也是对杨太后的报答，而杨家在宋元之际也为赵宋奔走效力。1276年初，蒙古大军逼近临安，驸马都尉杨镇、国舅杨亮节以及俞如圭等护送吉王赵昰、信王赵昺去福建，目的就是为了赵家保留血脉。"大元兵至皋亭山，镇等奉之走婺州。丞相伯颜入临安，遣范文虎将兵趣婺，召镇以王还，镇得报即去，曰：'我将就死于彼，以缓追兵。'"[2]

杨氏一族一贯谨慎从事，这对杨皇后而言也是十分有利的。以杨皇后之兄杨次山为例，虽然他在联络史弥远诛韩侂胄中立下了大功，"加开府仪同三司。寻进少保，封永阳郡王。南郊恩加少傅，充万寿观使。致仕，加太保，授安德军、昭庆军节度使，改封会稽郡王"，一路荣华富贵，但《宋史》评价"次山能避权势，不预国事，时论贤之"[3]，所以称得上是一个不错的国舅爷。杨次山的儿子杨谷和杨石也是如此。杨谷，"至太傅、保宁军节度使，充万寿观使、永宁郡王"，[4]《宋史》记载不多。他的弟弟杨石之明哲保家颇令人敬佩。杨石，"字介之，乾道间入武学，以恭圣仁烈后贵，赐第。庆元中，补承信郎，差充阁门看班祗候，寻带御器械"。[5] 杨石也是一路加官进爵，"嘉定改元，除扬州观察使、知阁门事，进保宁承宣使。久之，授保宁节度使，提举万寿观，奉朝请，进封信安郡侯。十五年，以检校少保进封

1　《宋史》，卷四十五，879页。
2　《宋史》，卷四十七，939页。
3　《宋史》，卷四百六十五，13595—13596页。
4　《宋史》，卷四百六十五，13596页。
5　《宋史》，卷四百六十五，13596页。

开国公"。[1]杨石是武举出身，善射。嘉泰四年（1204），杨石参加迎接金国使节，"金使颇骄倨，自矜其善射，石从容起，挽弦三发三中的，金使气沮"，[2]可见射术出众。不过，相比箭术，杨石的明哲谦慎更令人惊艳。

宋理宗登基后，杨太后垂帘听政，此时杨家是何等辉煌。杨石却看到了危险的兆头，秘密给姑姑杨太后上书，恳请彻帘复政。《宋史》记载：

> 时宝庆垂帘，人多言本朝世有母后之圣。石独曰："事岂容概言？昔仁宗、英宗、哲宗嗣位，或尚在幼冲，或素由抚育，军国重事有所未谙，则母后临朝，宜也。今主上熟知民事，天下悦服，虽圣孝夭通，然不早复政，得无基小人离间之嫌乎？"乃密疏章献、慈圣、宣仁所以临朝之由，远及汉、唐母后临朝称制得失上之，后览奏，即命择日彻帘。进石少保，封永宁郡王。以寿明慈睿仁福三册太后宝，进至太傅。[3]

杨石此举，可谓是抽薪止沸，否则，杨氏一族的前景堪忧。因为宋理宗是史弥远一手选定，史弥远虽然暂时同意杨太后垂帘听政，但时间一久，必然会对杨太后不利。杨石此举，可谓拯救杨太后及杨氏的富贵于既倒。此外，杨石面对加官进爵也是能推就推，能辞就辞。《宋史》称赞说：

1　《宋史》，卷四百六十五，13596 页。
2　《宋史》，卷四百六十五，13596 页。
3　《宋史》，卷四百六十五，13596—13597 页。

石性恬澹，每拜爵命必力辞。恭圣祔庙，除太师。兄谷疑于辞受，石力言曰："吾家非有元勋盛德，徒以恭圣故致贵显，曩吾父不居是官，吾兄弟今偃然受之，是将自速颠覆耳。矧恭圣抑远族属，意虑深远，言犹在耳，何可遽忘？"乃合疏恳辞，至再三，不受。及属疾，除彰德、集庆节度使，进封魏郡王。卒，年七十一，赠太师。[1]

因此，从汉代到南宋乃至明清的外戚之中，杨氏一族的恩遇之隆且能善终，十分罕见。这既得益于杨皇后的才华与机敏，也得益于杨氏的恬淡谦慎。

杨太后一生历经风霜剑雨，由于她的才能与谨慎，终于功德圆满。"宝庆二年十一月戊寅，加尊号寿明。绍定元年正月丙子，复加慈睿。四年正月，后寿七十，帝率百官朝慈明殿，加尊号寿明仁福慈睿皇太后。十二月辛巳，后不豫，诏祷祠天地、宗庙、社稷、宫观，赦天下。五年十二月壬午，崩于慈明殿。寿七十有一，谥恭圣仁烈。"[2]有意思的是，2001年，浙江省杭州市文物考古所对吴庄基建工地进行了抢救性考古发掘，发现了杨太后的住宅遗址主体建筑一处，并在当年被评为全国十大考古发现之一。[3]

以事功论，严州的杨太后自然比不上汉代的吕后、北魏的冯太后、唐代的武后、北宋的刘太后，可是，要论在中国历史上影响最深远之女性者，杨太后定然名列前茅。

1　《宋史》，卷四百六十五，13597页。
2　《宋史》，卷四百六十五，8658页。
3　杭州市文物考古所:《南宋恭圣仁烈皇后宅遗址》(北京：文物出版社,2008年)。

究竟谁是杨妹子？

杨太后的诗词书画也非常出色，是中国艺术史上的重要人物。她有《宫词册》词五十首和题画书法作品流传至今，传世之画有《宋杨婕妤百花图卷》，海峡两岸的两个故宫博物院以及海外都流传有其手泽。杨皇后还曾为宋宁宗代笔，在当时多位宫廷画家如马远、朱锐、刘松年、李嵩、马麟等的画上题诗，落款或称"杨妹子"。然而到了明代，人们便产生了误解，以为杨妹子是杨皇后的妹妹。这桩公案，四百多年后才被张葱玉、陈器伯、启功和江兆申破解，一一澄清，解开了宫廷书画史上的一个谜团。[1]

1957年，"民国四公子"之一的张伯驹（1898—1982）在整风运动中被划为"右派"；1961年，经陈毅元帅的筹划，张伯驹携妻子潘素奔赴长春避祸，出任吉林省博物馆第一副馆长。张伯驹，本名家骐，字伯驹，别号丛碧、春游主人、好好先生等，河南项城人，是现代屈指可数的收藏家和书画家、诗词学家及京剧研究家。在长春，张伯驹邂逅了一群和他志趣相投的文化遗老，于是提议每周聚会一次，大家在谈笑之余，就金石书画词章掌故等等"随书一则，录之于册"，这就是《春游琐谈》一书的来由，著文者包括叶恭绰、于省悟、罗继祖、周汝昌等三十六人。"春游"者，一指张伯驹藏有隋代展子虔《游春

---

[1] 本节依据以下著述，张伯驹编著：《春游琐谈》（郑州：中州古籍出版社，1984年）；启功：《谈南宋院画上题字的"杨妹子"》，见《启功丛稿（论文卷）》（北京：中华书局，1999年），148—155页；江兆申：《杨妹子》，见《双溪读画随笔》（台北：故宫博物院，1977年），10—38页。

图》，引以为宝，故自号"春游主人"；又指诸位遗老游于长春。有意思的是，在《春游琐谈》中竟有两篇短文专论南宋宫中的杨妹子，还有一篇提到了杨妹子，可见杨妹子之迷人。

大概是看到了黄君坦引述明末清初陈贞慧《秋园杂佩》中"陆文裕得杨妹子写扇。折痕尚在"语句，笔名玉谷的陈器伯专门写了《杨妹子》一文。[1] 文章开宗明义，说"余以为杨妹子即宋宁宗杨皇后，而非杨皇后另有妹子也"；而后解释说，杨皇后"忘其名忘其姓忘其籍贯"，认杨次山为兄，"遂姓杨氏，有兄而后有妹，人以为杨妹子"，"故即以杨妹子为姓名"。正因为她"出身孤子无依"，所以不可能有妹妹。张伯驹反问说："若无杨妹子，则杨妹子诗词，来源何自？"陈器伯则指出，"宋代皇后能诗者惟宁宗杨皇后与高宗吴皇后二人"，所谓宫词，或有"杨后宫词"，或有"杨皇后诗"，如《题朱锐雪景册》赐大少保"风吹醉面不知寒，信脚千山与万山，天瞥琼街三十里，更飞柳絮与君看"，但并无所谓"杨妹子诗"。因此，"可见杨妹子除了杨皇后外，更无另一人也"。陈器伯的文章不知写于何时，但《春游琐谈》之张伯驹自序署年壬寅，也就是1962年，应该是编辑中或编好后所写。无论如何，这篇文章以及他们关于杨妹子的讨论

---

[1] 苏宇：《再谈折叠扇》，《春游琐谈》，35页；玉谷：《杨妹子》，《春游琐谈》，138—139页。苏宇即黄君坦（1901—1986），字孝平，号叔明、苏宇、蛀翁，福建闽侯人，曾任北洋政府教育部、财政部、司法部秘书、《续修四库全书》提要特约编辑，后为中央文史研究馆馆员。陈器伯即陈寥士（1898—1970），原名陈道量，字企白，号寥士、玉谷、十园，浙江宁波府镇海县人，民国学者、藏书家、诗人，曾任汪精卫伪国民政府行政院秘书处主任。陈贞慧（1604—1656），字定生，宜兴人，复社成员，与冒襄、侯方域、方以智合称"明末四公子"，《秋园杂佩》为其笔记。

| 第五章 | 一门两太后：与南宋相始终的严陵杨氏　　175

是在 1962 年前后，而 1962 年或此前的可能性较大。则陈器伯断言杨妹子即杨皇后在 1962 年或此前。

张伯驹之所以提到杨妹子诗词，是因为他曾收藏有杨婕妤的《百花图》。1958 年，北京琉璃厂宝古斋从东北购得南宋杨婕妤的《百花图》卷，这大概是当年溥仪偷运出宫后遗留东北的清宫旧藏。杨婕妤之《百花图》为绢本设色花卉山水，曾编入乾隆之《石渠宝笈》初编。故宫博物院没有收购此卷，所以张伯驹就收为己藏。当时张伯驹已经将自己大半生所藏的晋唐宋元书画贡献国家，所以就想以这幅皇家手迹自娱。他说："余所藏金唐宋元名迹尽归公家，此卷欲自怡，以娱老景。余《瑞鹧鸪》词结句'白头赢得对杨花'即指此卷也。"[1] 1959 年底，书画鉴定家杨仁恺从沈阳来北京，求阅《百花图》，并记曰：

> 此卷早已闻之，惟迄未见及。1959 年去京，始闻此卷曾送故宫博物院，经鉴定不真退回，旋卖与张伯驹。通过周怀民向张妻潘素求看，细观卷中一诗一画，画上花卉均有题名，同时书甲子，多至三个，不解何故。后面山水设色，风格为马、夏一流，而花卉（粉已反铅）则迥非院体，反而有民间之风，此当是故宫博物院不收之根据欤？卷后明人题为杨妹子作。梁清标旧物。[2]

黄君坦是张伯驹的老朋友，肯定在北京期间就见过杨妹子书画。

1　张伯驹：《烟云过眼》（北京：中华书局，2014 年），46 页。
2　转引自荣宏君编著：《张伯驹年谱》（香港：中华书局有限公司，2022 年），217 页。

他专门搜罗文献，著成《杨妹子诗词》一文。[1]黄君坦说："妹子诗翰数见于书画录笔记者尚不少，惜未著有诗词集，遂不以诗词家称。"而后抄录了杨妹子《题马远梅花四幅》。其一《白玉蝶梅》，云："重重叠叠染缃黄，此际春光已半芳。闲处不禁风日暖，乱飘积雪点衣裳。"并再题"晴雪烘香"四字。其二《著雪红梅》，云："铁衣翠盖映朱颜，未悉何年入帝关。默被画工传写得，至今犹似在衡山。"并再题"朱颜傅粉"四字。其三《烟锁红梅》，云："夭桃艳杏岂相同，红润姿容冷淡中。披拂轻烟何所似，动人春色碧纱笼。"并再题"霞消烟表"四字。其四《绿萼玉梅》，云："浑如冷蝶宿花房，拥抱檀心忆旧香。开到寒梢尤可爱，此般必是汉宫妆。"并再题"层叠冰绡"四字。黄君坦还引项鼎铉《呼桓日记》、厉鹗《南宋院画录》、姚际恒《好古堂家藏书画记》、汪砢玉《珊瑚网》等等，枚举南宋院画中的有杨妹子题诗或落款的例子。[2]则明清两代均见杨妹子遗泽，杨妹子果然为南宋宫中书画之活跃人物。

不过，黄君坦此文的真正目的是和陈器伯打擂台。黄君坦坚信杨妹子不是杨皇后，而是杨皇后之妹。他说，马远的画上有杨娃印章，"杨娃即后妹也，以艺文供奉内廷。凡远书进御及颁赐贵戚，皆命杨

---

[1] 黄君坦：《杨妹子诗词》，《春游琐谈》，169—175页。
[2] 项鼎铉（1574—1619），秀水县（今浙江嘉兴）人，万历二十九年（1601）进士，《呼桓日记》为其日记；厉鹗（1692—1752），号樊榭，钱塘（今浙江杭州）人，清代著名诗人、学者，《南宋院画录》是其对南宋百余年间画院机制、人物、画作相关文献所作的汇集；姚际恒（1647—约1715），仁和（今浙江杭州）人，祖籍安徽休宁，清代学者，《好古堂家藏书画记》为其书画著录著作；汪砢玉（1587年—？），徽州人，明代书画家、藏书家，著有《珊瑚网》四十八卷。

妹子署题"。而后黄君坦再引明清诸家之说,大致以杨娃为杨妹子,杨妹子即杨皇后之妹。

然而,杨妹子是杨皇后之妹,恰恰是明代才出现的误解,此点书画大家张葱玉、启功和江兆申均有详细论述。张葱玉在分析天津市艺术博物馆藏无名氏作《月下把杯图》时说:

> 此图为散册,各家著录所未载,风格极近马远,似出于马氏诸人手笔。图上楷书七言诗,后押坤卦小玺。对幅楷书"人皆无著便无愁"一绝句,押杨姓之章及坤卦小玺,均为宋宁宗后杨氏所书,诗意与图合,且尺幅大小如一,非后人从他处移来配入者。杨后书,明人沿袭《书史会要》之说,且误读杨姓之章为杨娃之章,无不以为杨后之妹杨妹子所书,甚且以娃为妹子之名,其实杨妹子其杨后自称,见元吴师道题马远《仙坛秋月图》自注。清代如孙永泽、王士禛,亦皆狃于旧说,《香祖笔记》且以为师道之说为误矣。吴其贞虽知画题皆出杨后,而未能辨杨后与杨妹子实为一人。今传世题画之迹尚多,以所钤坤卦小玺及坤宁睿笔诸印记验之,无一非杨后书,别无杨妹子其人。以此知吴说为确,而诸书皆误,附志于此,以去数百年之惑。[1]

张珩(1914—1963),名葱玉,字珩,号希逸,后以字行。张葱玉为近代首屈一指的鉴藏家,他目光如炬,一语便道出了明代以来诸家错误的关键就是把印章中的"杨姓"误读为"杨娃",而后误以为

---

[1] 引自黄君坦:《杨妹子诗词》,173—174页。

杨娃为杨妹子,也即杨皇后之妹。他见过马远的真迹,研读过杨妹子的真迹和押印,因而拨乱反正,澄清了这五百年的误会。

启功或许受了张葱玉的启发,随后不久进一步讨论了此事。他在1964年发表的文章《谈南宋院画上题字的"杨妹子"》,先从时间前后一一列举了元代以来的相关论述,从而梳理了杨妹子为杨后之妹这个误解的来源。元人吴师道(1283—1344)在《题马远仙坛秋月图诗》自注说:"宫扇,马远画,宋宁宗后杨氏题诗,自称杨妹子。"吴师道去宋不远,他非常清楚地指出,杨妹子就是杨后。可惜的是,到了明代,吴师道的话就或被忘却,或被歪曲误读了。明初陶宗仪(1322—1403)《书史会要》有记:"宁宗皇后妹,时称杨妹子,书法类宁宗。马远画多其所题,往往诗意关涉情思,人或讥之。"则陶宗仪似乎首倡杨妹子为杨后之妹此说。明代文学家王世贞(1528—1590)在陶宗仪的错误之上,进一步提出了"杨娃"之说,认为杨娃就是杨妹子。他在跋马远的名作《画水》图十二帧(今藏北京故宫博物院)中云:"其印章有杨娃语,长辈云:'杨娃者,皇后妹也。'"又说:"杨娃者,果宁宗恭圣皇后妹也,书法类宁宗。"可见王世贞以"印章有杨娃"而解释杨娃即杨妹子。随后,"印章有杨娃"的错误也就承袭而下。厉鹗《南宋院画录》引项鼎铉《呼桓日记》说:"后有杨娃之章一小方印。"当然,明清两代也有认为题字者即杨皇后,这是继吴师道之说,也就是正确的说法,因而不再枚举。不过,吴其贞(约1607—1681)在《书画记》中说马麟雪梅图云:"上有杨妹子题五言绝句一首,有坤卦印,此乃杨后印,后即妹子姊也。"又说马麟梅花图云:"上有楷书题五绝一首,用坤卦图像,盖杨妹子奉杨后所题页。"王士祯(1634—1711)《香祖笔记》驳斥了吴师道之说,称:"以杨妹子为杨后,误。"这大概就是杨娃＝杨妹子＝杨后之妹的源流。

启功而后指出了王世贞误读"杨娃"印章。他说，马远《画水》十二帧现藏于故宫博物院，其上有一朱文长方小印"壬申贵妾杨姓"，篆文多不合《说文》，而王世贞不能读，误以为"杨姓"为"杨娃"，造成了杨娃即杨妹子的错解。几乎与此同时，台北的江兆申也注意到了杨妹子这个问题，他根据台北故宫博物院收藏的有杨妹子题字的绘画作品以及美国收藏家顾洛阜（John M. Crawford, Jr.）收藏的杨妹子书法作品，同样辨明"杨娃"为"杨姓"之误读，可谓英雄所见略同。

江兆申指出，台北故宫博物院所藏画册中，确定有杨妹子题字的有两开，一是马远的《倚云仙杏》（图5.2），一是无款桃花，两幅都有坤卦印（"☷"）。两者均收入《石渠宝笈》，前者标签写有"马远倚云仙杏，设色画红杏一枝，款，臣马远画。有宋杨后题，迎风呈巧媚，泣露逞红妍。钤印三，坤、杨妃翰墨、交翠轩印"，如下图。[1] 后者《石渠宝笈》著录云："题云，千年传得种，二月始敷华，无款，有坤字、杨妹翰墨二印。"江兆申经过研究，指出：所谓"杨妃翰墨"和"杨妹翰墨"实为一印，都是"杨姓翰墨"之误；这些都是杨后杨妹子的印，而前人如项鼎铉所称的"杨娃之章"之《杨娃》，当系"杨姓"之误读。因此，"杨娃之章"不过是一个空中楼阁，而杨后与杨妹子实际同为一人。

因此，有关南宋院画杨妹子之谜团，陈器伯虽然不是书画鉴藏家，但他根据蛛丝马迹，明确指出杨妹子即杨皇后，张葱玉和启功则有机会见到杨氏手泽以及相关画作，从书画鉴定的角度正本清源，

---

[1] 江兆申：《杨妹子》，9页。

完全推翻了明代以来的误解,明确了杨妹子即杨皇后这个事实;此后不久,海峡东岸的江兆申根据台北和美国所藏真迹,也从艺术史的角度得出了和陈、张、启功同样的结论。至此,杨妹子之谜团已解,无须赘言。

杨淑妃

以上便是南宋初期附籍严州的杨太后。到了南宋末年,严州又出了一位杨太后。这第二位杨太后,当然也出自杨氏一族。可惜,相比第一位杨太后,第二位的结局就非常凄惨,以跳海为南宋陪葬而告终。第二位杨太后并不是皇后,而是宋度宗赵禥(1240—1274)的淑妃。《宋史》记载很短,云:

> 杨淑妃,初选入宫为美人。咸淳三年,进封淑妃。推恩亲属幼节等三十四人进秩有差。生建国公昰。宋亡,昰走温州,又走福州。众推为主,册妃为太后;封弟昺为卫王。
> 至元十四年,大军围昰于海上。明年四月,昰卒,昺代立。十六年春二月,昺投海死,妃闻之大恸,曰:"我艰关忍死者,正为赵氏祭祀尚有可望尔,今天命至此,夫复何言!"遂赴海死。其将张世杰葬之海滨。[1]

---

[1] 《宋史》,卷二百四十三,8662页。

由此可见，和第一位杨太后一样，杨淑妃先入宫选为美人，咸淳三年（1267）进封淑妃，生有一子赵昰（1269—1278）。赵昰于德祐二年五月初一（1276年6月14日）即位，改元景炎，史称宋端宗，杨淑妃母以子贵，被立为皇太后。1277年宋元十字门海战之中，小皇帝掉入海中，几被溺毙，在其后的逃亡途中于1278年5月8日在冈洲梅蒉岛病逝。于是赵昰的异母弟赵昺被丞相陆秀夫立为皇帝，仍奉端宗母杨淑妃为皇太后。1279年3月19日，宋元崖山海战，宋军全军覆没，陆秀夫背负刚满八岁的赵昺跳海殉国，杨太后亦投海殉国，宋朝正式灭亡。

明末清初的遗民屈大均还为杨太后陵作文记之：

> 杨太后陵，在厓山海滨。番禺张诩铭云："朝闽夕广，提二弱孤。依臣张陆，为宗社图。所奔波者，赵氏块肉。今则亡矣！伊畴之属。茫茫大海，履之若无。止见仁义，不见其躯。曹娥死孝，贞义死信。惟后死之，仁至义尽。山陵峨峨，尺土孔多。六鳌擎负，毋使随波。"布政使刘大夏，尝过慈之陵，泫然曰："后死国而弗祀，义弗称。"谋立庙厓门之上，人感其意，不日而就，是为全节庙。[1]

然而，我们在同情杨淑妃母子的凄惨遭遇之际，依然不知杨淑妃的家世。根据淳安发现的杨氏宗谱，杨淑妃与杨桂枝系出同一个始

---

[1]（明）屈大均著，李默校点：《广东新语》，见欧初、王贵忱主编《屈大均全集（四）》（北京：人民文学出版社，1996年），卷十九，452页。

祖,杨淑妃是杨太后之兄杨次山的曾孙杨瑞芝之女,其家世如下:杨次山—杨谷—杨文尚—杨瑞芝—杨淑妃。关于杨文尚,杨氏宗谱记载:"字赐候,任岭南节度使,生于庆元乙卯年正月十八日丑时,卒于宝祐甲寅年三月十四日未时,初娶胡氏,继娶闵氏,合葬在十五坑(今淳安县里商乡),土名庄山上。生子二,长名瑞芝(即淑妃生父),次名荣芝。"[1]杨瑞芝,又讳钦,字尔敬,"居潦源叹口下首汪坂,即杨家村也。初以进士第,任兵部侍郎使。继以女贵,赠燕国公。于嘉定丁丑年五月二十二日亥时生,于景泰丁丑年十二月初三日午时卒。娶童氏,赠夫人","子二,长伯一(亮节),次伯三(亮忠),女一为度宗淑妃。"[2]关于杨淑妃,杨氏宗谱也没有她的名字,只是说她是杨亮节之姐,而后事迹如《宋史》所略记。

周密对杨淑妃也有记录。他说,杨淑妃是杨缵之女,而杨缵是杨石的养子。这和杨氏宗谱称杨淑妃出自杨谷之后,大不一样。[3]因周密与杨缵熟识,故其说不可不慎重待之。[4]关于杨亮节,《宋史》虽然有记载,称其为国舅,但未记载是杨淑妃之兄或之弟。后来杨亮节与杨镇一起受命护送杨淑妃与其子赵昰、赵昺去福建,路上曾经背着外甥赵昰"徒步匿山中七日",[5]这也是题中之义。根据周密的记载,杨

1　转引自鲍绪先:《浙江淳安发现宋恭圣仁烈杨太后家族宗谱及其墓地——宋宁宗杨后与宋度宗杨淑妃生平及其家族考》,234页。
2　转引自鲍绪先:《浙江淳安发现宋恭圣仁烈杨太后家族宗谱及其墓地——宋宁宗杨后与宋度宗杨淑妃生平及其家族考》,234页。
3　刘广丰,《南宋后族淳安杨氏家族考论》,121页。(宋)周密:《浩然斋雅谈》(北京:中华书局,2010年),卷下,53页;《齐东野语》,1997年,卷十"混成集",187页。
4　(宋)周密:《癸辛杂识》,178—179页。
5　《宋史》,卷四十七,939页。

亮节与其姐杨太后一样，"溺海而死"。[1] 有趣的是，2023年我在福州遇见了杨志民先生，他告诉我说：他出生在漳浦，是杨国舅的后裔；传说杨国舅逃难之际，有一个儿子留在了漳浦。

对于严州的两位杨太后，杨氏宗谱十分自豪，称："南宋百余年间，杨氏以淑德而母仪天下者二人，恭圣太后佐宁宗定锄奸之策；建嗣之谋，厥功伟矣。景炎太后（端宗之母）际国家多难之秋，播越海滨间（艰）关岭表卒，以身殉社稷，与忠臣义士争烈。呜呼！克嗣徽音，二后可谓贤哉。"[2]

在越南成神

杨太后投海而死，用自己的生命陪伴了南宋的覆亡。有意思的是，和伍子胥一样，她的肉体虽然消亡，但其传说及形象在北部湾一带流传，最后在越南成为其重要海神——南海四位圣娘的原型。[3]

越南为临海国家，东西狭窄，海岸线从南至北，天然地将越南的山地与海洋联系在一起。作为一个海洋国家，越南海洋文化丰富，海神众多，其中就包括南海四位圣娘。南海四位圣娘是越南的重要海神，

---

[1] （宋）周密：《癸辛杂识》，122页。
[2] 转引自鲍绪先：《浙江淳安发现宋恭圣仁烈杨太后家族宗谱及其墓地——宋宁宗杨后与宋度宗杨淑妃生平及其家族考》，234页。
[3] 本节据牛军凯：《"海为无波"：越南海神南海四位圣娘的传说与信仰》，《海交史研究》2011年第1期，49—60页。

其信仰地域主要在越南的中部和北部，大致也就是北部湾区域，其主庙在义安省琼瑠县乾海门（芹海门），因而称为乾海神或芹海神。义安省位于越南的中北沿海地区，东临北部湾，北邻清化省，南接河静省，西临老挝，是进出北部湾的战略要地，胡志明就出生在这里。

南海四位圣娘（有时是三位）的人物原型来自南宋，但成神在越南，颇有意思。关于南海圣娘的主神，在19世纪之前有本土和外来两种说法。本土说认为其是传说中的越南人祖先雄王之后，或认为是宋朝末帝卫王昺之皇后，这个皇后是越南欢州人；外来说则称之为南宋公主赵氏。[1] 这三种说法体现了南海圣娘来源之丰富，或者说多种势力、多种文化都在这个信仰符号中交杂、合作、竞争。不过，到了19世纪之后，南海圣娘之原型逐渐统一，固定到了南宋末年的杨太后及其女儿。越南方面的汉文资料或者说是杨太后与其两个女儿，或者说是杨太后与其三个女儿；而在越南的华人或指称南海圣娘是杨太后，或者认为华人信仰之宋杨贵妃（南海四位圣娘演变而来）就是杨太后。此后，以杨太后为原型的南海四位圣娘的这一系统就成为主流，广为接受。当然，根据《宋史》，杨太后并无女儿；不过，在中国香港地区流传着杨太后女儿晋国公主（金夫人）的故事，此处姑且不论。

根据越南文献记载，宋军崖山战败，杨太后及公主从崖山跳海溺亡，而后随波浮沉数千里，漂到越南的义安省芹海门，其尸体栩栩如生，当地的僧人以为灵异，收葬后灵迹显著，土人为之立祠。这个漂海的传说，自然是附会之言，但也有史实为其依托。《宋史》记载，

---

[1] 当然，雄王也是从中国南部而来，出自中国传说里的炎帝神农氏；不过，雄王长期以来已经在越南本土化，被视为是越南民族和国家的开端。

第五章　一门两太后：与南宋相始终的严陵杨氏

崖山海战后：

> 陆秀夫走卫王舟，王舟大，且诸舟环结，度不得出走，乃负昺投海中，后宫及诸臣多从死者，七日，浮尸出于海十余万人。杨太后闻昺死，抚膺大恸曰："我忍死艰关至此者，正为赵氏一块肉尔，今无望矣？"遂赴海死，世杰葬之海滨，已而世杰亦自溺死。宋遂亡。[1]

也就是说，杨太后及其随从投海而死，的确是事实。需要指出，崖山之后，不但宋军有尸体可能漂到越南沿海，更有上万以丞相陈宜中为首的南宋军民出走越南，这是杨太后转身一变为南海圣娘的一个重要的历史和文化背景。

除杨太后外，越南的兴安地区还奉祀其妹杨贵妃。兴安省的宋杨贵妃祠坐落在金洞县香杨村，香杨村原名华杨村，位于黎朝时期重要的商业中心铺宪（宪南）附近，有"第一京畿，第二铺宪"之称。铺宪是越南北方外贸中心，称为"来朝万"（即万国来朝），有众多华人居住，这是宋杨贵妃信仰得以存续的原因。[2]

因此，杨太后的信仰可能最初从淹留越南的华人中传出，而后越南当地百姓也逐渐了接受了这个华人的信仰。阮炳在其《南海四位圣娘谱录》中记载：

---

[1] 《宋史》，卷四十七，945—946页。
[2] 转引自牛军凯:《"海为无波"：越南海神南海四位圣娘的传说与信仰》，58页。

> 时香葛社人民，忽被疾疫，犬吠竟夕，寝不成安，是夜民人行礼，祈祷天地，至夜间，父老皆梦见一人身衣红衣，手执红旗，从西方来，自称天使，宣召人民谓曰，今有宋皇后三母子，及侍女一名，都是尽忠死义，上帝怜之，敕为海神，主治大乾海口。[1]

越南百姓遂发现四具女尸体浮于海上，"颜色如生，行礼埋葬，否则皇天责及，疫厉流行，吾民不能逃其疢矣"。另一越南文献《皇越一统地舆志》记载亦大致如此。杨太后及公主也投海后，"芳魂不散，游做海神，化为沉香木，流入乾海门，附灵于里妪曰，宋淑妃寄芳于木，周游十二海门，占得此处灵地，命立庙祀之"，越南百姓遂迎香木立庙祭祀。[2] 因此，杨太后漂到越南义安省，则是数百年间逐渐附会而成为大众所接受的传说。

除了民间的力量，官方在这个传说接受史中也发挥了独特且相当关键的作用。在崖山跳海之后数十年间，越南陈朝英宗（1293—1314）便开始了官方对杨太后的祭祀。《〈岭南摭怪列传〉续》载：陈英宗南征时驻跸乾海门，晚上做梦有一女神拜泣："妾赵宋妃女，为贼所逼，困擒风涛。至此，上帝敕为海神久矣。今陛下师行，愿意赞立功。帝觉，召故老，问其事；祭，然后发，海为无波。及凯还，命有司立祠时祀。"[3]《大南一统志》也几乎一模一样记载说：

---

[1] 转引自牛军凯：《"海为无波"：越南海神南海四位圣娘的传说与信仰》，54 页。
[2] 转引自牛军凯：《"海为无波"：越南海神南海四位圣娘的传说与信仰》，54 页。
[3] 转引自牛军凯：《"海为无波"：越南海神南海四位圣娘的传说与信仰》，55 页。

英宗亲征占城，舟抵乾海门，夜梦神人曰，妾赵宋妃子，为贼所逼，因于风涛至此，上帝敕为海神久矣，今愿赞圣功以杀贼。继觉，乃命致祭启行，海为无波，直抵阇盘城，大捷，及还，命加封赠国家南海大乾圣娘。[1]

越南的官方史书《大越史记全书》则记载，兴隆十九年（1311）：

加尊先帝先后徽号，及加封各处名神，立芹海门神祠。先是，帝亲征，至芹海门驻营，夜梦女神泣曰，妾赵宋妃子，为贼所逼，因于风涛至此，上帝敕为海神久矣，今陛下师行，愿翼赞立功。帝觉，召故老问事实，祭然后发，海为无波，直至阇槃，克获而归。至是，命有司立祠，时祭焉。[2]

这些越南的文献就大致表明，似乎在杨太后投海数十年间，越南沿海民间便开始流传她是海神的信仰，到了14世纪初，越南陈朝便将这一民间信仰提升到官方的高度，不但立庙祭祀，而且加封为"国家南海大乾圣娘"。这和北宋期间伍子胥在建德成神的经过是一样的。

越南官方的第二次加封是在后黎朝（国号大越）圣宗时期（1460—1497）。《大南一统志》记载，1470年，"圣宗亲征占城，舟过乾海门，诣祠密祷风恬浪帖，直抵占境，克之师还，帝舟已过汴海，忽东风回帆，舟复至祠下，遂命登秩，赠建祠宇，因名回舟处为东回

---

[1] 转引自牛军凯：《"海为无波"：越南海神南海四位圣娘的传说与信仰》，55页。
[2] 转引自牛军凯：《"海为无波"：越南海神南海四位圣娘的传说与信仰》，55页。

村，此后屡著灵应"。《南海四位圣娘谱录》则称黎圣宗曾加封神祇为"国母皇婆大乾国家南海四位圣娘"。[1] 由此可见，南海圣娘的信仰在越南官方愈加深入，甚至帮助了大越国对占城（位于今越南的中南部地区）征讨，可见十分灵验。

这样说来，籍贯严州的杨太后，居然漂洋过海，在万里之外的越南成神封圣，实在令人感叹！因此，比较伍子胥在建德北部以及杨太后在越南的信仰，我们发现，前者是异乡人在建德被崇拜祭祀的过程，并成为建德文化和传统的一个重要组成部分，彰显了外来文化在建德的扎根融合；后者则是严州后裔在万里之外的越南被崇拜祭祀的过程，也成为越南文化和传统的一个重要组成部分，彰显了因严州而辗转产生的一丝薄缕于特定际遇下在越南的扎根融合。伍子胥与杨太后，一男一女，他们最初是人，后来成神，而且都在远离故乡的异国他乡成为水神，或可管窥建德这个浙西南山区小县在地区、国家乃至跨国交流中扮演了一个虽然微不足道却也不容小觑的角色。

1　转引自牛军凯：《"海为无波"：越南海神南海四位圣娘的传说与信仰》，55 页。

第六章

一座浮桥:新安江上第一桥

白沙大桥

说起新安江/建德江上第一桥，大家通常会想到白沙大桥。

白沙大桥是钱塘江上游第一座大型公路石拱桥，桥址位于原来的白沙渡下首，故名之白沙。宋代《严州图经》卷二记载："白沙渡在县西六十里。"[1] 根据《建德市地名志》，白沙大桥于1959年10月1日奠基施工，1960年7月1日建成通车，是中国第一座多孔、大跨径石拱桥。整座大桥桥长362米，高24米，桥面宽10米，其中行车道宽7米，两侧人行道各宽1.5米；有桥墩5座，主孔6个，中间两主孔跨50米，左右四边孔各跨45米，每个主孔两侧之上各有3个小孔；南北桥头各有一对大石狮，栏杆上还有260只小石狮。[2] 大桥统合了古代赵州桥和卢沟桥的艺术风格，而又克服了石拱桥的笨拙，形体宏伟而轻快，可谓巧夺天工。

白沙大桥的修建，是为了配合新安江水电站的建设，因而汇集了全国的能工巧匠，代表了全国最高的科技水平。大桥的建成，结束了新安江"走遍天下路，难过白沙渡"的历史，郭沫若为此题写了"白沙桥"桥名。2011年1月，白沙大桥作为新安江水电站的组成部分，

---

1 《严州图经》，卷二，86页。
2 《建德市地名志》，434页。

被列为浙江省文物保护单位。2022年底,"新安江水电站建设档案"入选中国档案文献遗产名录(全国共198件)。这批档案,内容涉及新安江水电站工程建设期间的重大事件决议、工程图纸、建设者的奉献以及中央领导的试产等方面,包括1500多卷文件档、7000多张照片和1900多卷工程图,全面记录了中华人民共和国成立后第一座"自己设计、自制设备、自行施工"的大型水电站的建设过程,展现了1949年后第一次大规模水库移民中严州人民"舍小家、顾大家"的牺牲精神,其政治意义绝对不亚于1959年的"国庆十大工程"(包括人民大会堂、中国历史博物馆、钓鱼台国宾馆,等等)。这批档案对于建德和严州地区意义尤为特别,它突出反映了严州人民作出的巨大牺牲和贡献,也是以新安江水电站(千岛湖)为中心的钱塘江上游千年未有之生态、社会和经济变迁的忠实记录。

目前,建德境内的新安江上除了白沙大桥,还有其他七八座跨江大桥。从新安江上游往下看,第一座在新安江电厂内;第二座为电厂大桥,在新安江水力发电厂大门前,1987年1月建成通车;第三座为新安江大桥,位于建德市新安江主城区,1994年6月建成,因其形似彩虹,当地称为彩虹桥;第四座即白沙大桥;此外还有新世纪建成的洋安大桥、洋溪大桥、马目大桥、严州大桥、三都大桥等。可见这三十年交通运输之飞速发展。如此看来,1960年修成的白沙大桥是名副其实的新安江第一桥了。

也不尽然。

其实,在20世纪50、60年代,政府曾经计划在梅城修建一座跨江大桥。笔者80年代末期在梅城上高中时,登上城墙,往东俯瞰江面,隐隐约约看到水面下有几个水泥桥墩。梅城的同学告诉我,那是当年修桥而建的桥墩，而后因为要建新安江水电站，放弃了在梅城修建跨江大桥的计划，只留下了桥墩。

根据一高中同学的父亲回忆，当时的桥址选在严东关附近的菜园村，目的是为了连接乾潭和金华，这样就把杭州和金华的公路直接接通了。负责修桥的是解放军某部，在挖桥墩的时候还有人员伤亡。现在，在梅城往东（上游方向）的十里埠江面已经修成一座跨江大桥，这是金华—建德高铁的必经之桥，可以说是50、60年代那座未修成的桥的翻版。

以此看来，本来梅城会有新安江上第一桥。

那么，白沙大桥就是新安江上第一桥了？未必！

明代已经不存的严州浮桥

就连绝大多数梅城本地人也不知道，早在千年之前的宋代，严州府城前就有了一座跨江大桥，那就是严州浮桥。

乾隆十九年（1754）修纂的《乾隆建德县志》卷四"经略"记载了历史上的这座严州"浮桥"，说："郡城澄清门外，向有浮桥一座，后因修造维艰，遂改设渡夫四名。相传浮桥大链二条，原存府库，明时为金华府浮桥借用。借券贮库，岁久渐忘，莫议再举。但以南北通衢要津，虽现在点金之术，而此桥终不可废，笔之于志，亦曰姑俟之云尔。"[1]

---

1 《乾隆建德县志》，卷四"经略"，8页。

也就是说，在明代之前，梅城的澄清门外就有一座浮桥跨新安江，浮桥连接南北两岸；由于修建成本太高，浮桥最终腐朽废弃；官方于是设立了渡口，配备四名渡夫，载人划船过江；而浮桥剩下的两条跨江铁链，本来收存在严州府的府库里，明代的时候被金华府修建跨婺江浮桥借走了；府库原来存有借据，但年深日久，不但借据无找，浮桥之事也逐渐被人遗忘。

由此可见，明代之前，严州府前有一座浮舟连接、两条铁链锁住的跨江大桥！这座跨江大桥，自然是新安江历史上第一座大桥！那么，问题来了？这座严州浮桥建于何时？存在多久？何时废弃？谁人曾见？

1919年修撰的《民国建德县志》对此桥考据较为详细。其卷四"疆域"不仅记载了浮桥大铁链和借券，还追溯了桥的首建和重修。"浮桥，（旧志）在定川门外。宋治平三年作，钱鳃有记。又重修浮桥，记二。一黄灏为知州，郑之梯撰；一徐邦宪为知州，谢德舆撰。后宝祐间知州李介叔大修，郡绅方逢辰记。"[1]也就是说，严州浮桥首修于北宋治平三年（1066），而后至少修过三次。最后一次是在宝祐年间（1253—1258），严州籍状元方逢辰还为此事作文记之。

以此看来，宋代的严州浮桥乃是名正言顺的新安江/建德江第一桥！

不妨搜罗相关史料，对于严州浮桥的历史作一些初步的勾勒。其实，南宋留下的两部最早的严州地方志淳熙《严州图经》和《景定严州续志》都记载了这座浮桥。

1　《民国建德县志》，卷四"疆域"。

《严州图经》卷一之"桥梁"记载："永通桥在定川门外，浮歙江上。旧曰政平，故谏议大夫江公望名之。"卷一之"碑碣"又记载："治平三年，会稽钱勰撰《睦州新作浮桥记》。"[1] 这是关于浮桥最早的记录，我们大致可以知道浮桥的修建情况。浮桥首建于治平三年，即公元1066年，距今九百五十三年，不可谓不是一个伟大的工程；浮桥位于定川门外，定川门为严州府城南门，正对新安江，《严州图经》之《建德府内外城图》和《府境总图》均标识之，可见其重要性；浮桥建成后，严州籍进士江公望将之命名为政平桥。

那么，浮桥究竟是怎么修建的呢？《景定严州续志》卷一之"桥梁"记载："定川门外，跨新安江为浮梁，凡百二十艘，旧名政平，前志名永通。"[2] 也就是说，浮桥是用120艘小船连接而成。以此估算，桥长在200米以上。浮桥最早修建于江公望活动的年代，也就是12世纪中叶。江公望是宋代严州人，根据《严州图经》，他于熙宁六年（1073）登进士科。

严州浮桥之修建

那么，严州浮桥究竟是谁修的呢？查钱勰《睦州新作浮桥记》云：

---

1 《严州图经》，卷一，42、70页。
2 《景定严州续志》，卷一，114页。

| 第六章 | 一座浮桥：新安江上第一桥

　　睦古郭会稽之地，据浙江上游，当闽、粤、瓯、骆、黟、歙、鄱阳数道之冲；又南出交广五岭，属之徼外。虽别道循江绝湖，率多巨风骇浪，漂溺濡滞之患，淹久岁日，使程贾赀度不至时，轻裘版舆，木榻揭篋，由此塗出者，常居水道之半。郡治建德，东阳江与歙溪二水合于东南，湍悍奔激，夏辄暴涨，虽穷冬冱涸，深不可涉。故四方之宾客至者，解鞍弛担，倚立露坐，而舆夫郊野之人，抱布囊粟，负刍荷薪以输县；以趋市门者，贾组易镈，左提右挈，以返田里；以行庆予者，累累然杂进两涘，引吭顿足，以须舟子。沂沿上下，移晷乃复，探怀出金，而后得济。烈风骄阳，其偎僵暍。[1]

　　这段话讲述了江水之无常以及两岸人民过江之不便，引出了浮桥修建之原因。"今上治平之初元，工部郎中吴兴刘公，罢按察判南北道来临是邦"，"明年，始命行歙溪之陕中，直郡城之南隅，维舟以为桥，利济斯民焉。其积功佣千有七百。自十二月庚子至乙丑乃成"。根据此文，治平初年，刘公担任严州知州，看到严州百姓苦于江水，遂在第二年召集佣工一千七百余人，以浮舟为基础连成一桥，这就是最早的严州浮桥。那么，刘公究竟是谁呢？

　　政和四年（1114）春，江公望作《睦州政平桥记》提到了首建浮桥的是刘述。刘述为什么会想到建浮桥呢？这和他的经历和专长有关。他来任严州知府前担任工部郎中，工部主管营建，所以他是这方面的专家，因而才会想到系舟成桥的方案。浮桥用舟船充当浮体桥墩，

---

[1] （宋）钱顗：《睦州新作浮桥记》，《严陵集》，卷八，92—93页。

以解决水流湍急一时无法建造桥墩的难题。不过,浮桥修成约五十年就腐朽了,于是有了重建之事。

重建是在政和四年,由严州知州李勉之主事。江公望《睦州政平桥记》记载:

> 州之南有大源,其源西出于歙,合婺水东注于大江。夏秋雨淫,二水斗湍悍决,溢啮高岸,拔大木,州人患之。行道所会,前值瓯闽,江南浙东都邑之民,源源而来。后奠杭歙,通途支道,蹑踵而至。适二水之患,弛负解橐,骈肩重足,徯渡者积石。依山之民,平旦负薪乌裹果木之实,趋城市以贸朝晡之膳,老稚仰哺,至夜暮不得食。工部刘公述,创为浮梁,悉弭斯患。出于仓卒,未有为修完之计者,故不五十年而毁矣。前日之患,复见于今日。[1]

李勉之痛心民瘼,"戚见于颜色",遂有重修之意。严州百姓纷纷捐钱纳物,"各率缗钱,付僧守慧等董其事。木美工善,筹画有度。其袤,相望视人若巨擘;其广,肩任负戴,虽若连鸡乘雁,交臂而分驰,不相留碍。力之所任,百斛不墊,隐若平地"。除了重修之外,为了保障维修的费用,"衰余金鬻田,为异时修完之利",也就是把修桥剩下的钱用来买田,田租作为此后修桥的费用。浮桥成重建后,李勉之请江公望命名。江公望名之为政平桥,取"政平则教行,所以得人心"之意。

---

1 (宋)江公望:《睦州政平桥记》,《严陵集》,卷八,96—97页。

| 第六章 | 一座浮桥：新安江上第一桥

《严州图经》卷一又记："永通桥在定川门外。""绍兴七年，知州胡寅重新，易以今名。又于江心当桥上作小亭，名曰卧虹，后因水泛溢湮没。"[1] 则在李勉之修桥之后的二十三年，浮桥有再建（第三次）之举。主此事者为严州知州胡寅，时在绍兴七年（1137）。胡寅重修后，将其改名为永通桥，表达了良好的愿望。同时，胡寅在浮桥的中间，也就是江心建了一个小亭子，美名其曰卧虹。可惜的是，到了淳熙年间（1174—1189），江心卧虹亭已经被江水冲毁不存。关于胡寅，《严州图经》记载他于"绍兴六年八月二十七日，以左奉议郎、充徽阁待制知，七年间十月日移永州"，[2] 则其知严州时间为1136—1137年。

永通桥修后一百多年，由于风吹雨打和江水腐蚀，虽然经年修补，终不免腐坏。南宋末年严州籍状元方逢辰指出："舟与梁皆木，下淹而上亦覆风雨之所剥蚀，波涛之所轰豗，舁担之所蹴压，舳舻之所挽拽，马牛之所腾践。数年一葺，又数年再葺，为费且浩瀚，州家惮焉。"[3] 浮桥风吹浪打日晒雨淋，木板很容易腐烂，因此维修成本很高。这是浮舟成桥不可克服的问题。到了宝祐年间（1253—1258），浮桥又到了重建的时刻。当然，这一百年间肯定有过修缮甚至重修之事，可惜无考。

1　《严州图经》，卷一，42页。
2　《严州图经》，卷一，53页。
3　（宋）方逢辰：《严陵浮桥记》，《乾隆严州府志》，卷二十四"艺文",9—10页。《景定严州续志》记载："重修浮梁记三，其一：三省架阁黄灏为知州郑之悌撰；碑阴旧为蠲减诸县赋敛省札，知州宋钧述；其一：朝奉大夫徐邦宪为知州谢德舆撰；其一：郡人方逢辰为知州李介叔撰。"《景定严州续志》，卷四"碑碣"，139页。

《景定严州续志》卷一之"桥梁"记载：定川门外浮桥，"宝祐丁巳知州李介叔重建"。关于知州李介叔，卷二之"知州题名"介绍："朝奉郎，在任转朝散郎。宝祐四年四月初三日到任，六年六月初五日满替。置平籴仓，代民输税逋。"[1] 则李介叔在严州任上不过两年，他发现永通桥腐朽不堪用，所以在丁巳年（1257）加以重建。

此次重修方逢辰有文《严陵浮桥记》记之：

> 岁在丙辰，李侯以胄簿来守兹土。每事痛搏节，下车首问舆梁之政，侯亦可谓知务者。斯役也，舟若梁，故者腐者悉撤而新之，葺而仍者十不一二。舟七十，梁百有三十，其制之广袤，数之多寡，悉仍其故。鸠工集材于府治，侯躬自检柅。而其受给也，吏不得隐；其营作也，匠不得卤莽。故费不浮而事集，工坚而人忘其劳。会其用为缗万有五千，为米斛者百，材木绠铁不与焉。十有二月，梁成，官民庆之。[2]

这次重修，大致还是依照当年的设计。

接替李介叔任严州知州的是谢弈中，谢弈中在任不过一年左右；接替谢弈中的是钱可则。《景定严州续志》卷二记载："钱可则，承议郎。以直宝章阁于景定元年六月十八日到任，二年十二月，准省劄升直华文阁权任；三年四月初八日，升直敷文阁，知嘉兴府。"[3] 则钱可则

1　《景定严州续志》，卷二，117页。
2　（宋）方逢辰：《严陵浮桥记》，《乾隆严州府志》，卷二十四"艺文"，10页。
3　《景定严州续志》，卷二，117页。

知严亦不到两年。

方逢辰虽然在上文中夸奖李介叔主持修桥的认真严谨，可是，根据《景定严州续志》，浮桥"至景定庚申，甫四年，往往腐脱，往来者病焉。今侯钱可则新之，名之曰济川，为亭于桥之北，曰要津"。[1] 也就是说，到了庚申年（即景定元年，公元 1260 年），距李介叔重修浮桥不过四年，浮桥经历风吹雨打水蚀，浮舟、桥面和桥梁部分已经腐朽脱落，来往行人不免危险。由于浮桥关系两岸民生，钱可则到任后便着手重修。

据此，则钱可则大概是在景定元年和二年间（1260—1261）重新修建浮桥，并命名曰济川桥；他还在浮桥的北端，也就是靠近严州府治梅城的桥端，修了一个亭子，名曰要津。按，《严州图经》之《建德府内外城图》有标识"要津"，在定川门右侧（西面），则要津亭大概也在此处。据此，我们大致可以推测，严州浮桥修筑是在定川门也就是梅城的西侧，盖因此段江面恰在三江口的上游数里，江面稍微狭窄，有助于人力修桥。《景定严州续志》关于浮桥的记载应该相当可靠。因为编撰者郑瑶和方仁荣，一为严州府学教授，一为严州府学学录，都是浮桥修建的目击者。其卷三记载，郑瑶为严州府学教授，"景定元年正月二十五日到任，四年二月十三日满替"；卷四之"碑碣"记载，"校官郑瑶"还为钱可则重建浮桥撰写了《济川桥记》。[2]

---

[1] 《景定严州续志》，卷一，114 页。
[2] 《景定严州续志》，卷三，129 页；卷四，140 页。

废弃

景定年间的这次修建是文献记载中的第五次（实际不止五次），恐怕也是最后一次了。1260年，距离元灭南宋不过十几年时间，恐怕此后近二十年内的严州府再也没有修缮此桥。到了元代，严州府的地位远远没有宋代重要，则此桥恐怕在元代（1279—1368）的九十年间逐渐废弃。根据《乾隆建德县志》，在明代的时候（可惜不知何时），此桥的铁链已经被金华府借走，而且连借条也无存，知晓此事者也寥寥无几，则金华府借铁链之事颇为久远可知。据此，我们可以大致知道严州浮桥之兴废，如表6.1所列。

表6.1 严州浮桥修建概况

年代	主事人	桥名	其他
治平三年（1066）	知州刘述	无考	钱勰撰《严州新作浮桥记》
政和四年（1114）	知州李勉之，"僧守慧等董其事"	政平桥	江公望撰《睦州政平桥记》
绍兴七年（1137）	知州胡寅	永通桥；江心有亭曰卧虹	1173年范成大亲登浮桥
宝祐丁巳年（1257）	知州李介叔	永通桥（？）	方逢辰撰《严陵浮桥记》
景定元年和二年间（1260—1261）	知州钱可则	济川桥；桥北有亭曰要津	郑瑶撰《济川桥记》
元明间废弃		相传浮桥大链二条，原存府库，明时为金华府浮桥借用，借券贮库，岁久渐忘；改设渡夫四人。	

以上是将近千年前严州浮桥的修建情况。这座浮桥首修于1066年，至少在13世纪末还在使用，约废弃于14世纪中后期，则其存在约二百五十余年；其中曾经至少修建五次（包括首建），修补则不计其数。

梅城南临的新安江面宽阔处数百米，此桥修在狭窄处，桥长也在200米以上。新安江春夏洪水骤发，夏季又有台风暴雨，则此桥的修建与维护都是一个巨大的工程，在当时恐怕也是全国数得着的跨江浮桥。可惜，我们无从得知这座浮桥具体的设计和管理，只能在千年之后留下惋惜和赞叹了。

范成大亲见

那么，宋代的这座浮桥是否有人经过并加以记录呢？

很幸运，有的。

宋代名臣范成大于1172年从江南出发去广西时，经过严州府，亲眼看到了这座浮桥。他在《骖鸾录》记录了这段行程。癸巳年（1173）正月一日，他到达严子陵钓台，"二日，午至严州，泊定州馆"；"三日，泊严州。渡江上浮桥，游报恩寺，中有潇洒轩，取吾家文正公'潇洒桐庐郡'之句以名。浮桥之禁甚严，歙浦杉排，毕集桥下，要而重征之，商旅大困，有濡滞数月不得过者"。[1] 由于范成大曾在徽州任官，因而对徽商运送木材下水非常熟悉。他说：

1　（宋）范成大：《骖鸾录》，51页。

余掾歙时，颇知其事。休宁山中宜杉，土人稀作田，多以种杉为业。杉又易生之物，故取之难穷。出山时价极贱，抵郡城已抽解不赀，比及严，则所征数百倍。严之官吏方曰："吾州无利孔，微歙杉不为州矣。"观此言，则商旅之病，何时而瘳。盖一木出山，或不直百钱，至浙江乃卖两千，皆重征与久客费使之。[1]

由此可见，一方面浮桥为严州带来相当丰厚的收入，另一方面商旅则饱受其苦！

关于浮桥的税馆，《严州图经》记载，"定川馆在定川门外，临歙江，以待往来舣舟者"；又说，"分歙亭，在定川馆傍，旧为商税务，绍兴八年知州董弅移务于城中。葺为亭，以待往来舣舟者，以其下临歙江，取孙权分歙之义为之名，今废"；"都商税务在比较务东，旧在城南市内，经方腊之乱废后，以定川门外一亭为之，绍兴八年即城市复建"。[2] 则定川馆旁边曾有一亭，曾经作为收税所，此亭名为分歙亭，淳熙年间已经废弃；不过到了景定年间，似乎又在原址修复，名为要津亭。

范成大参观的浮桥，乃是绍兴七年胡寅重修的永通桥，修成不过三十六年。他发现浮桥已经成为官方征税的重要关口。从新安江上游来的商旅和商品尤其是木材，常常被困于此长达数月。这是关于严州浮桥难能可贵的一手文献。

1　（宋）范成大：《骖鸾录》，51—52页。
2　《严州府志》，卷一，39、40页。

意大利人的记录

宋元时期,严州是东南地区乃至海外北上的必经之路,因此,不但范成大等人亲历,也必然有外国人亲眼看到此座浮桥。元代的意大利人鄂多立克就是其中之一,也是唯一记录此桥的外国人。在元代来华的欧洲旅行家中,鄂多立克是很知名的一位,他的影响仅次于马可·波罗,和马可·波罗(1254—1324)、伊本·白图泰(1304—1369)、尼哥罗·康梯(1395—1469)一起被誉为中世纪四大游历家。

鄂多立克大概生于 1286 年。"他很早就誓忠于方济各教会,过着清苦的托钵僧的生活,靠水和面包为生,赤足步行,交替披着毛巾布和铁甲,甚至拒绝在教会中提升,退隐到荒野。""关于他后来的情况,我们几乎全得自他自己口述的《游记》。1318 年,他开始东游,1321 年抵达西印度,并由此从海道到中国,约在 1322 年到 1328 年之间在中国旅行,返回意大利后死于 1331 年 1 月。"[1] 鄂多立克到达印度后,再抵斯里兰卡,"从斯里兰卡乘船长途航行到苏门答腊,遍访南洋诸岛,经爪哇、加里曼丹、越南而抵中国的广州。由此东行至福建的泉州、福州,北上经三省交界之仙霞岭,至杭州和南京。再从扬州沿大运河北上,他最后到达元朝的都城汗八里(北京)。居留三年后,他西行经天德、山西,抵西藏及其首府拉萨,然后经中亚、波斯,返回

---

[1] 何高济,《中译者前言》,见何高济译:《海屯行纪·鄂多立克东游录·沙哈鲁遣使中国记》(北京:中华书局,2002 年),31 页。

意大利"。[1]

鄂多立克从福州出发,"旅行十八天,我经过很多市镇,目睹了种种事物。在我这样旅行时我到达一座大山。在其一侧,所有居住在那里的动物都是黑的,男人和女人均有极奇特的生活方式。但在另一侧,所有的动物都是白的,男女的生活方式和前者截然不同。已婚妇女都在头上戴一个大角筒,表示已婚"。这座大山,大致就是指闽浙交界处的仙霞岭。

离开此地,再旅行十八天,经过很多城镇,我来到一条大河前,同时我居住在一个[叫作白沙(Belsa)]的城中,它有一座横跨该河的桥。桥头是一家我寄宿的旅舍。而我的主人,想让我高兴,说:"如你要看美妙的捕鱼,随我来。"于是他领我上桥,我看见他在那里有几艘船,船的栖木上系着些水鸟。这些水禽,他现在用绳子圈住喉咙,让它们不能吞食捕到的鱼。接着他把三只大篮子放到一艘船里,两头各一只,中间一只,再把水禽放出去。它们马上潜入水中,捕捉大量的鱼,一旦捉住鱼时,就自行把鱼投入篮内,因此不多会儿工夫,三只篮子都满了。我的主人这时松开它们脖子上的绳,让它们再入水捕鱼供自己吞食。水禽吃饱后,返回栖所,如前样给系起来。我把其中几条鱼当作我的一顿饱餐。[2]

---

1 何高济,《中译者前言》,32页。
2 何高济译:《鄂多立克东游录》,72—73页。

| 第六章 | 一座浮桥：新安江上第一桥

按，从仙霞岭到杭州，必然走浙西南经金华、衢州一线到钱塘江上游的严州府，而后从严州府经水路这条南宋贡道到达杭州。有关宋元时代建德为海外各国入贡必经之地，文献记载很少，幸运的是，最近在大洋镇兰江边上发现了一块元代摩崖直接证实了这一点。2024年9月16日，杭州摩崖石刻爱好者姜建清在大洋镇兰江边探访了一方元代摩崖，上有相互独立的两方题刻，其中右边题记楷书，字径约6厘米，释文曰："至元庚辰岁仲秋，郡人/建德县尉王济同柳千/户、邓总把、监修阔阔，迎接/占城国/进奉犀牛、玉象经过，记耳。"[1]

虽然个别字如"济""阔"等字剥落，但我们大致可知，这方石刻记载了至元庚辰年秋天建德文武官员迎接、护送占城国贡物过境的情况。那么，至元庚辰年是哪一年呢？元代有前后两个至元年号，一个是元世祖忽必烈的至元（1264—1294），另一个是元惠宗的至元（1335—1340）。巧的是，两个至元都有庚辰年，前者为至元十七年（1280），后者为至元六年（1340）。考《元史》卷十一，至元十七年八月，"戊寅，占城、马八儿国皆遣使奉表称臣，贡宝物、犀、象"。[2] 因此，姜建清断定此次贡象应该在1280年。

秋天途径建德境内，也大致符合占城来贡的季节。南亚和东南亚的贡使趁着夏季东南季风兴起的季节乘船北上，到达泉州，而后经陆路水路交替北上到浙江境内，顺着兰江—建德江（七里泷江）—钱塘

---

1 《建德发现极其珍贵的元代外藩进贡摩崖题记！》，杭州网 发布时间：2024-09-18 15:34，https://hznews.hangzhou.com.cn/wghz/content/2024-09/18/content_8789025.htm。https://hznews.hangzhou.com.cn/wghz/content/2024-09/18/content_8789025.htm。"/"表示原文分列处。

2 《元史》卷11，225—26页。

江到杭州,而后经大运河到北京。以日程记,从占城到建德大概九月或十月了,也就是传统的"仲秋"季节了。值得注意的是,《元史》记载1280年的入贡,占城和马八儿国是一起来的。不知石刻为何漏记马八儿?从石刻的照片看,第四列仅有"占城国"三字,这三字下空白,明显与左右其他四列不相对应。或有理由相信,"占城国"下有"马八儿国(遣使)"四字(或六字)因年代久远剥落。又据告,"占城国"此列并未发现文字剥落情况。如此,则马八儿国并未如《元史》所载与占城同行。大约两国虽然均在此年"八月"入贡,但属于前后赴京,因而并未一起经过建德? 不管如何,这方元代摩崖石刻填补了文献不足,证实了建德和建德江在宋元时代的确是南亚和东南亚各国进贡的贡道。

鄂多立克大约是1322年到中国,他走的还是南宋东南亚各国朝贡的路线,必然经过的是钱塘江。考钱塘江,在14世纪20年代有一座横跨江面大桥的地方,恐怕就是严州府府城梅城南面的铁索浮桥了,此外并无它桥。不过,鄂多立克记录的地名不是严州或者梅城,却是"Belsa",这又给大桥的确切地址添上了迷雾。此书的中译者何高济认为:"从鄂多立克所述捕鱼方式看,这个'Belsa'城当在浙江省,所谓的大河或即指钱塘江。但'Belsa'一名无适当对音,无法确定为某城,这里仅译其音,以待续考。"[1] 其实,在严州府的首县建德县境内,上游的新安江从寿昌流入建德时,有一个险要的渡口,叫作白沙渡。《严州图经》之"建德县境图"已明确标出,并指出:"白

---

1 何高济译:《鄂多立克东游录》,72页,注释1。

沙渡在县西六十里。"[1] 宋代杨万里曾经在此买舟顺流而下到严州，有诗《白沙买舡晚至严州》，云："重雾疑朝雨，斜阳竟晚晴。万山江外尽，一塔岭尖明。舟小宁嫌窄，途长已倦行。子陵台下水，未酌意先清。"[2] 此次路途杨万里大概是从老家吉安而来。后人又有诗云："春光逝去不由人，社鼓神鸦共草生。野柳尽处白沙渡，百年听惯退潮声。"因此，鄂多立克记录的"Belsa"，或许就是梅城西南向三十里水路左右的白沙。或许鄂多立克先到了白沙，记住了"白沙"这个名字，乃至误把府城梅城记成了白沙？或许鄂多立克到了府城之后，逆流而上游览了白沙渡？总之，白沙渡在严州境内新安江非常有名，故1959年建立新安江水电站时候，就在原白沙渡口不远处修建了大桥，取名为白沙大桥；而建德县城从梅城移到新安江大水电站所在地时，也把县城叫作白沙城，直到二三十年前才改名为新安江镇。

然而，仔细考证鄂多立克记录的"Belsa"，我们可以发现"Belsa"不大可能对应"白沙"。鄂多立克是意大利人，他和1291年从泉州乘船返乡的马可·波罗算是"老乡"。根据意大利语，"Belsa"的发音其实为"Melsa"（"b"读作"m"）。如此，则意大利语记载的"Belsa"和"梅城"（严州府府城）的发音很接近，特别是考虑到严州方言中"梅城"的重音在前半部"m"上。笔者由此判断，鄂多立克的"Belsa"其实就是"梅城"的对音。过去汉学家玉尔（Henry Yule，1820—1889）等人之所以无法确定Belsa为何城，原因在于：第一，他们或

---

1 《严州图经》，"建德县境图"，22页；卷二，86页。
2 （宋）杨万里：《杨诚斋集（一）》（《四部丛刊初编集部》缩本），卷四"江湖集"，38页。

许不知道严州府的府城称为梅城；第二，或许他们没有注意"b"其实读作"m"。假如笔者的推测是正确的话，那么，和马可·波罗、伊本·白图泰、尼哥罗·康梯并称为中世纪四大旅行家的鄂多立克必然到过梅城，到过严州。同理，由于严州的建德江是宋元以来南海诸国使团必经的朝贡之路，因此，比鄂多立克早三十年从大都南下泉州归国的马可·波罗很有可能也经过了严州和梅城；比鄂多立克晚二十年从泉州登路的伊本·白图泰北上也必然经过了严州和梅城。这样说来，中世纪四大旅行家中有三位到过中国：马可·波罗、鄂多立克和伊本·白图泰，他们都经过严州，都在梅城待过，也可能都见过三江口的鸬鹚捕鱼。

　　鄂多立克到过的地方为梅城亦有旁证。他栩栩如生地记载了钱塘江上鸬鹚捕鱼的情景。这大概是当年在梅城上下游数十里江面常见的捕鱼方式，虽然现在已不见，也未见其他文献记载。不过，在梅城下游，也就是鄂多立克见过的大桥的下游三十里，现在的富春江大坝附近有一著名的景点叫作芦茨湾。芦茨湾地处桐庐县富春江支流大源溪入口处，是富春江上的一处天然港湾，昔日为鸬鹚捕鱼停泊处，故亦名鸬鹚湾。芦茨湾一带早在唐代就是严州著名的文化胜地，有著名诗人方干。《乾隆严州府志》记载：芦茨溪"在县西南四十里，有大小两源，山皆壁立，一出紫洲，一出西坑岭，至端平桥合流入江"；白云源"在县西南四十里，即芦茨源，重山插天，林麓茂盛，唐方干隐处"。[1]《乾隆建德县志》记载钱塘江上的九姓渔民，说："独建邑九姓渔船以水为家，自相婚娶，间有女嫁居民，居民之女不与为婚，其俗

1　《乾隆严州府志》，卷三"封域"，37页。

丧尚浮屠，婚谕财礼，男鲜识字，女不沤麻，家富子多，则造船分驾，家贫子多，则受雇他舟，亦有操小舟养鸬鹚、结网打鱼为业者。"[1] 则以鸬鹚捕鱼的风俗一直传到清代，可见鄂多立克之记录确为当年风俗。

又，鄂多立克"自离开该地，旅行若干天后，我目睹了另一种捕鱼法。捕鱼人这次是在一艘船里，船里备有一桶热水；渔人脱得赤条条的，每人肩上挂个袋子。随后，他们潜入水中（约半个时刻），用手捕鱼，装入背上的口袋。他们出水时，把口袋扔进船舱，自己却跳进热水桶，同时候，另一些人接他们的班，如前一样干；就这样捕捉了大量的鱼"。[2] 这还是钱塘江，不过是另一种捕鱼法。"从那里出发，我来到杭州城，这个名字意为'天堂之城'。它是全世界最大的城市。"[3] 按，从梅城到杭州，钱塘江一路向北二三百里，确实如鄂多立克所说，船行需要若干天才能到达。

不过，对于鄂多立克描述的第二种捕鱼法，我一直存疑。然而，2022年7月22日我在上海读《陶庵回忆录》却看到了陶亢德（1908—1983）回忆民国初年绍兴的一种捕鱼法，"定有所本"四个字马上浮上了心头。他说：

> 我看的摸鲫鱼总在离我家台门几十步的娄里，那是只无篷的"茗"桨船，船里坐着一个赤裸男人，披一床有些地方乌焦了的

---

1 《乾隆建德县志》，卷一"方舆"。
2 何高济译：《鄂多立克东游录》，73页。
3 何高济译：《鄂多立克东游录》，73页。

破旧棉絮,面前一个火盆熊熊燃烧着。他忽然推开棉絮,赤身跳下河去没头水中,不一时双手各捏着几条尾巴乱挥的活鲫鱼上得船来,裹上棉絮,烘着火盆。据说冬天鲫鱼躲进岸石的洞里,只要你知道它们躲在哪个洞里,伸手进去就能手到摸来,实在它们已无逃跑之路,不让你捉住又有什么办法呢。那条破旧棉絮则据说浸过砒霜,一说摸鱼的人吃过一丁点砒霜烧酒因而能寒天入冷水而不冻僵,这些话并无实据,姑妄听之罢了。[1]

如此说来,鄂多立克七百多年前记录的裸身跳进钱塘江里捕鱼的现象是真实的。这反过来证实鄂多立克的确到过中国,到过严州。

以上种种旁证,或可证明元代意大利人鄂多立克看到的钱塘江上游的桥,只能是严州府城南面建于宋代的铁索浮桥。这座铁索浮桥,可以说是新安江上第一桥。如此,则从范成大到鄂多立克,这座桥能为中外名人游历,不亦幸乎?

葡萄牙人所见之明代浮桥

南宋时期的浮桥,主要都在长江以南。除了严州的浮桥之外,还有浙江兰溪县的悦济浮桥,台州临海县中津(浮)桥、黄岩县利涉浮桥、江西赣州知政桥、临川县文昌桥、新喻县秀江浮桥,袁州分宜县

---

[1] 陶亢德:《陶庵回忆录》(中华书局,2022年),29页。

浮桥，广东曲江的西河浮桥（又名遇仙桥）等。浮桥视河溪宽窄，用舟不等。河宽处如严州浮桥，用一百二十艘船；河窄处如江西分宜县浮桥只用十六艘便可，但一般用船在二三十艘至四五十艘之间，其造价亦不菲。

明末耶稣会传教士利玛窦曾经从澳门北上，经江西入鄱阳湖，顺长江到达南京，而后又从南京沿着大运河北上北京，1610年在北京去世。他在广东和江西的时候，也曾亲见两座浮桥。1589年9月9日，利玛窦在给澳门范礼安神父的信中就详细介绍了位于韶州的一座浮桥。他说，韶州城：

> 居于两条可通航的河流之间：一条自西面的湖广省而来，一条来自东面的南雄和梅岭，这座山是广东与广西的分界线。据说韶州的规模两倍于肇庆。在这条河的两岸上都有很多房屋，而河对岸尤多，可以说像是另外一座城市。正是由于这个原因，人们在河上搭起一座由六十多只船组成的浮桥，船与船都用很粗的铁链连接，非常安全，浮桥横贯于河上，上面铺有木板。人们在河岸上可以操纵浮桥，使过往船只通行，桥两头都有很繁华的集市，出售各种食品。[1]

韶州位于广东北部，和湖南、江西两省接壤，水系属于北江。西

---

1 （意）利玛窦：《致澳门耶稣会范礼安（Alessandro Valignano）神父》，见（意）利玛窦著，文铮译，（意）梅欧金校：《利玛窦书信集》（北京：商务印书馆，2018年），71页。

面从湖南而来的是支流武江,东面从江西而来的是干流浈江。根据利玛窦的描述,我们可以发现,韶州的浮桥与梅城的浮桥建筑原理、用途乃至管理是一致的,只不过,梅城的浮桥在利玛窦之前二百多年就已不存。

除了韶州的浮桥,利玛窦还看到了位于江西赣州的另一座浮桥,可惜描述不多。他说:"赣州位于北纬二十六度半,此城设有一座浮桥,每天开启供来往船只通行,但须缴纳税金。"[1]缴纳税金这一细节,则符合范成大数百年前在严州浮桥看到木材商贩等待交税通过浮桥的情景。可见,浮桥管理的一项重要功能便是对来往的商船征税,这不但为浮桥之维修提供了资金,恐怕也是地方财政的一项重要来源。

不过,利玛窦并不是第一个看到赣州浮桥的欧洲人。早在1550年左右,被明朝水师俘虏的一些葡萄牙士兵就经过了这座浮桥,并留有详细的记录。葡萄牙冒险家盖略特·伯来拉(Galeote Pereira)1534年前往印度,1539年在马六甲,在1539—1549年间曾多次到中国。1549年3月,伯来拉在福建最南端的诏安县走马溪被明朝水师俘虏,在福建审判后被流放到广西桂林。大约在1553年2月前,伯来拉偷偷地逃了出来,因为此年2月27日耶稣会创始人沙勿略的尸体从广东上川岛被挖掘出来时,伯来拉就在现场。

伯来拉与其他葡萄牙战俘从福建到广西的路途中,经历了赣江,因而是最先看到赣江浮桥的欧人。他说:

---

1 (意)利玛窦:《致澳门孟三德(Duarte de Sande)神父》,见《利玛窦书信集》,116页。

第六章 | 一座浮桥：新安江上第一桥

我们到达赣州城，河大到像是海，但我们很少走水路，因此只须小船，有天大约九点钟，船开始靠近河岸划行，正午抵达一座用许多船搭成的桥，有两根大链子连接起来。我们在那里等到老晚，但我们没有看见一个人来，只见两个老爷在太阳快落山时前来坐在那里，一个在这头，一个那头。接着桥开了几处地方，大小六百艘船开始通过，往上航的是一处，往下航的是另一处。当所有船都这样通过桥后，桥再关闭。

我们听说，他们每天在商品通行的所有大关口都实行这种手续，为的是向皇帝缴税，特别是盐，那是皇帝在国内的最大岁入。开桥的通道很接近河岸，所有商货都从那里通过。使用了一种铁的器具去随意停船，不再前行。桥前有一百一十二艘船，当我们等到傍晚开桥之时，我们被大群前来看我们的人可恶地推挤，人那样多，我们被迫离开河岸以待开桥之时，尽管四周拥塞着满载人的船只。我们到达的其他城镇和地方，也受到人们的骚扰，不得不退后，但这里因人多，我们受扰尤甚。这座桥是离城到其他河岸的主要通道，人多到如四周筑墙，简直可以和一个城相比。我们过了桥，沿城航行到晚上，然后我们遇到另一条河，与这条河会合；我们沿城墙上航，来到另一座用船搭成的雄壮的桥，但比大河上的那座桥要小得多。[1]

克路士（Gaspar da Cruz），葡萄牙籍多明我修士，1556 年到过广

---

[1] （英）C.R. 博克舍编注，何高济译：《十六世纪中国南部行纪》（北京：中华书局，2002 年），21—22 页。

州，但停留时间不过几个月。他编写的《中国志》中就抄袭了伯来拉的许多记录，包括鸬鹚和浮桥。

> 有的城镇，河水很深，水流汹涌，特别在大洪汛期不能使用石桥时，他们就用船搭成木桥，船列成两排，用坚固的铁链连接，两边铺上好木踏板。葡人计算了一座桥所用的船，发现它们有一百十二艘。这种桥也形成城镇的主要集市，那里卖各种东西，但主要是食物，同时舟船运载大量粮草驶抵桥的两侧，出卖运来的货物。
>
> 当冬季来临，河水奔流猛烈，他们就把这些桥拆开，把一排船系在河的一岸，另一排系在另一岸。然后他们使用摆渡，官员以渡船为城镇交通之用，用皇帝的赋入偿付所费。中国许多城镇都有许多这类的桥。[1]

克路士提及的浮桥由 112 艘船组成，这明显是从伯来拉那里抄袭而来；不过，他说因为水流湍急而被迫将浮桥拆开，这是之前没有的记录，虽然冬季可能是春季之误记。

到了 18—19 世纪，欧洲人依然继续记录中国的浮桥，有时还配有插图。下图为阿罗姆之《中华帝国图景》之插画"太平昭关"（The Tae Ping Shaow Kwan），其中就细致描绘了位于江南省太平府（今安徽含山）的昭关浮桥（图 6.1）。其文字说明如下：

---

[1] （英）C.R. 博克舍编注，何高济译：《十六世纪中国南部行纪》，73 页。

这里是长江三条支流的交汇处,航运便利。早年,这里汇集了大量从事贸易、制造、运输的各类商人。当地政府在此建起关卡,征收过路费,办理通行许可。城市位于半岛之上,周边的河流上修建有浮桥,随着水面升降而沉浮。浮桥结构灵活,不像木桥和石桥,非常方便船只航行。河水暴涨的时候,浮桥虽然很容易被冲毁,但待到水面恢复正常的时候,也很容易重新搭建。城内有很多公共建筑,书院尤其多。学者们在书院中研究哲学问题和儒家理论,涌现出很多在国内享有盛名的熟悉律法和医学典籍的杰出学者。[1]

如图可见,昭关的浮桥是由小船横排覆盖江面,上面铺着木板,便于行人行走以及货物搬运。其文字说明也强调了浮桥的利弊,容易修建也容易毁坏,并同样指出了税卡的设立以及职能,这些都可以补充严州浮桥文献之不足。更有意思的是,插画中河对岸正是一座依山而建的城市,城楼巍峨,城墙高大,女墙历历可数,城内建筑繁密,隐约可见。城墙下正对大河开有门洞,一人正步入城内。城墙外的码头青石台阶鱼贯而上,滨河处商船簇拥,码头靠城墙一侧商铺林立,一片繁华景象。此外,太平府城也有双塔,虽然均位于府城一侧。近者就在城墙内部,城墙上露出四层,或者可推测这是七层宝塔。远者矗立于城外一山顶,也是七层。这两座塔,不能不让建德人想起梅城

---

[1] (英)阿罗姆:《中华帝国图景》,100页。有意思的是,文中还指出:"中国历史上,恐怕没有比昭关更广为人知的关卡了。战国时期,伍子胥一夜白头,度过昭关。这个故事在中国广为流传。"可见伍子胥的故事也已流传到欧洲。

的南北双峰塔。因此,这幅欧洲人画的太平府城景象,正与梅城相似。其文字文明中"城内有很多公共建筑"一句,强调了太平府的书院和学者,岂不也是梅城的真实写照?

  由此可见,从鄂多立克始,经伯来拉和克路士等人,中国的浮桥知识在明清时代逐渐传到了欧洲,包括严州那座在葡萄牙人到来之前就已经消失的浮桥。

第七章

一代『贰臣』：方回的建德情结

任职建德最久

方回（1227—1307），徽州歙县人，字万里，号虚谷，别号紫阳山人，南宋景定三年（1262）进士，初授随州教授，德祐元年（1275）七月知严州府。德祐二年（1276），方回降元，任建德路总管兼府尹；至元十四年（1277）赴燕京觐见元世祖忽必烈；至元十八年（1281）六月罢官，而后寓居建德。至元二十三年（1286），方回售卖建德房产，移居杭州，此后往来于杭州、建德以及歙县之间长达二十余年。从 1275 年到 1286 年，按照传统计年，方回在建德生活近十二年，来往次数难以统计，和建德结下了不解之缘。他和同时代的谢翱一样，虽然政治立场不同，但都是半个建德人。

方回籍贯徽州，与严州方氏一脉相承，与建德一水相连。他自己说："睦州青溪，本歙州歙县之东乡，吾远祖东汉贤良方公储墓在焉。"[1] "沿歙溪舟行四十五里曰深渡，又二十里曰小沟口，水出休宁山中，合与歙溪，入钱唐江。"[2] 实际上，徽州方氏沿江而下，定居在遂安、淳安等地，徽州和严州的方氏因而一脉相承。更重要的是，方回不是

1　（宋）方回：《舟行青溪道入歙十二首并序》，《桐江续集》，卷十五，《钦定四库全书·集部五》。

2　（宋）方回：《先祖事状》，《桐江集》，卷八。

简单的任职建德的官员,他和建德有很深的关系,可谓有建德情结。这不仅仅在于他在建德任父母官六年,也不仅仅在于他卸任后又在建德住了六年,还在于他有儿女出生成长于此,在于他欣赏歌咏斯土斯人斯景,在于他结交认识本地士绅、僧人、村老。方回在建德置业,被罢免后又在建德居住了近六年光阴,或许他曾经一度想在建德终老?

当然,方回和建德紧密联系的另一件事则是他在元军南下时以城降元,得以续掌建德路,这在传统的史书叙事中属于失节,应当列入贰臣传。或许是因为他并不那么重要,元初编纂的《宋史》虽然提到方回几次,但并未设方回传。不过,方回的同僚周密对他大加讥讽鞭挞,指责他节操败坏私德不修,方回的贰臣之名由此流传,庶几盖棺论定。由于方回在诗歌创作(他曾与赵孟頫等人唱和)特别是诗歌评论上的突出成就,四库馆臣便将方回树立为德才相悖的典范。人品卑污几乎成为方回的代名词。

在建德停留(包括任职和寓居)最久的一方牧守方回,真的是如此无耻么?

"此生悲恨岂有涯哉?"[1]

根据方回自述,其先世本河南人,后迁居徽州;其祖父方安仁从

---

[1] (宋)方回:《先君事状》,《桐江集》,卷八。本节方回生平大事据毛飞明编:《方回年谱与诗选》(杭州:杭州大学出版社,1993年),不一一注明,特此致歉。

歙县小沟口村迁入县城内甘泉坊西居住。方安仁生五男三女，长男方琢即方回之父。方琢有弟琺、璬、琛、玠四人，按宗族排列依次为方回之七、八、九、十叔。[1]

嘉定七年（1214），方琢以太学上舍登第，先任楚州、蓬州教授，而后任职四川。嘉定十二年（1219），"坐蜀事，为言者论列，寻授吉阳军军学教授，入广，辟昭州龙平县令，改辟广西经略司干办公事，尝权通判融州，官自迪功郎至承直郎，举员及格"。[2] 融州大致在今天广西壮族自治区融水苗族自治县，属于所谓的"苗蛮之地"。南宋因为失去黄河故地，无法得到西北的马匹，为了抵御北方金国和蒙古的南侵，骑兵不可或缺，于是不得不向长江以南唯一产马、位于今天云贵地区的大理国（930—1254）购买马匹。广西是南宋和大理国之间的交通要道，广西横山寨便设有买马司，绍兴年间每年定额一千五百匹。方琢就被委以横山寨买马重任。不幸的是，嘉定十七年（1224），广西提刑钱宏祖"挟私憾，诬劾对狱"。[3]

方琢曾娶妻俞氏，育有一女百一，此外还有一妾。方琢当年到四川任职时，曾携带妻女同行，后来谪贬岭南就没有带俞氏母女。[4] 百一就是方回同父异母的姐姐，"从夫如郢州主长寿县簿"，俞氏与方琢的妾辄居家歙县。绩溪人戴适之为方琢好友，戴生了好几个男孩，而方琢则仅有一女。嘉定十四年（1221），戴又生了个男孩，于是许

---

1 （宋）方回：《先祖事状》，《桐江集》，卷八。
2 （宋）方回：《先君事状》，《桐江集》，卷八。
3 （宋）方回：《先君事状》，《桐江集》，卷八。所谓"私憾"是指方、钱二人在四川为同僚时就有矛盾。
4 （宋）方回：《先君事状》，《桐江集》，卷八。

第七章　一代"贰臣"：方回的建德情结

给方琢为子；1223年，戴适之登第，授旌德县簿，这年冬天他把那个男孩送到俞氏处。当时方琢在广西，给这个男孩取名元老，排行一百零五。[1]方回排行一百零八，方元老便是方回的长兄。宝庆元年（1225），方琢被谪于广南东路封州。封州位于今天广东肇庆的封开县，地处粤西北边陲，毗邻广西梧州。方琢在谪所娶肇庆府人胡氏为妾，胡氏即方回生母。1227年，方回出生于封州，此年却是方琢不幸之年。

这年年初，方琢父亲去世；年底，母亲去世。1228年初，独自抚养了养子五年的俞氏去世。远在广西的方琢在失去三个亲人之后，染病渐深。1229年，方琢在病中写信给诸弟托付后事，希望他们担负起对侄子方回的抚养与教育。此年底，方琢病故，年仅五十六岁，而方回当时不过三岁（虚岁）。他回忆说："回时未免乳，已生两岁有半，懵未有知。先君敛而目不瞑。"因此，方回的生命刚刚开始，便面临着人生的一大悲剧，幼年丧父。更悲苦的是，方回的生母胡氏不过是一年轻女子，在丧夫之后与襁褓间的方回孤苦无依，前途茫茫。幸而此时方琢生前同僚好友方声甫伸出了援手。

方雷震，字声甫，兴化人，和方琢为同年进士，方回后来说"与先君笃，叙宗年之好"。方琢被谪封州时，"贫甚，一再自营茅屋，日惟蔬饭，市无药肆，呻吟烟瘴五年"。胡氏怀孕时，正值贫病交加之际，忧心忡忡的方琢曾和方雷震约定：如果胡氏生下女儿，则许给方雷震之子；如果生下男孩，若方琢病死谪所，则委托方雷震护送胡氏母子回歙县老家。方雷震当时任"封州金书判官，两摄州事"，所以有能力帮助方琢。此外，州学教授赵希夔"始亦月馈先君楮币二缗"，

---

[1]　（宋）方回：《先君事状》，《桐江集》，卷八。

可惜"后不能继"。[1]

方琢担心胡氏母子,从方回名字亦可管窥。方回回忆说:"呜呼,回之所以名,实先君名之,自初生即名曰回哥,以寓他日还乡之义,长而不敢更他名。左史吕公午,先君之友,一见谓貌肖先君,字之曰万里,以其归自远峤,而又将期之以远到云者。"[2]

方雷震果然不负所托。首先,方琢病逝时,方雷震任期已满,却特意为方琢葬事停留数月。第二年正月,封州夜市失火,大火烧焚民屋百余家,逼近方琢灵柩停放之屋,方雷震立即派遣吏卒救护,初九日将琢柩安置于封州报恩寺法堂之右。最重要的是,方雷震差遣排军王政护送方回与生母胡氏及仆胡三,长途跋涉,北上徽州歙县。

按,胡氏是广东肇庆人,可惜不知其家世如何。胡三是胡氏老仆,则胡氏家世不至于太差;但她又嫁给谪官为妾,可见家世并不显达。她携带幼子老仆离开自己生长的老家,告别自己的亲人,投奔素不相识的亡夫之弟,其中凄苦,不言可知。事实上,胡氏的一生,极其凄凉,这恐怕也是方回内心深处一辈子的隐痛。

绍定三年(1230)四月三十九日,胡氏一行抵达歙县城内方家。方回与生母胡氏、家仆胡三住在方回九叔方琛家中,方回由九叔方琛抚养。不料,第二年(1230)四月二十七日,方琛伤寒病亡,年仅四十三岁。方回与生母胡氏、家仆胡三以及兄元老四人又到七叔父方玜家生活。方琢生前曾购田三十亩,这便是他们全家的生活来源。[3]

1　(宋)方回:《先君事状》,《桐江集》,卷八。
2　(宋)方回:《先君事状》,《桐江集》,卷八。
3　(宋)方回:《先君事状》,《桐江集》,卷八。

即使在当时的人看来，这也是极其奇怪的家庭。胡氏是亡兄之妾，方回是胡氏之子，方元老是亡兄养子，方三是胡氏仆人，而且胡氏远离亲人，并非歙县本地之人。其间的磨合与紧张，不想可知。

1232 年，方回六岁，八叔方琢教他识字；次年从师读书。1235 年，方琢上书请求将方琢灵柩从封州归葬故里，次年获得朝廷允许。1236 年夏，方琢变卖方琢遗物，得新楮币四百缗，于九月带着方回五叔之子方仲通前往封州。年底，方琢尸骨归葬于小沟口后山。1238—1240 年，方回在徽州州学读书，方琢教之，方回学问均系八叔一身所传。1241 年，七叔方玭造房，命方回一同前往政山伐木。此年方回不过十五岁，本是读书少年，却赶上了伐木这一苦活重活，每天至一更才收工回家。更令人心碎的是，此年方回的生母胡氏被方玭夫妇逼迫改嫁。[1] 胡氏当年嫁给方琢，应当不过二十岁，此时最多也就是三十五六岁。方玭夫妇逼她改嫁，不合情理，唯一的解释是家中因为建屋，经济困难，借此可获得一笔款项。可怜的胡氏，就这样在异乡再次被安排了命运。1243 年，方玭逝去，年六十四；1244 年，方琢逝去，年六十一。1246 年九月初七日，方回生母胡氏逝去。[2] 因此，方回少年青年的经历，可谓凄惨，他自己慨叹："此生悲恨岂有涯哉？"

1250 年，方回二十四岁，此年严州淳安人方梦魁中状元。这些年，方回一直刻苦攻读，并专心阅读《苕溪渔隐丛话》，学习作诗；同时

---

1 胡氏改嫁事见（宋）方回：《先君事状》，《桐江集》卷八；毛飞明：《方回年谱与诗选》，11 页。
2 毛飞明：《方回年谱与诗选》，13 页。

游历各地，拜访诸位前贤先进如后来任丞相的乡贤程元凤（1199—1268），学问大涨。1252年，他受到徽州郡守魏克愚的接见和赏识，颇受其提携。1253年，魏转任温州，方回随其访学温州。魏于咸淳五年（1269）病逝于严州郡治西大树巷太府寺丞黄何家中。

1256年，方回三十岁，娶杭州人姚氏为妻，同年长女禾娘出生。三十岁成婚，这说明由于父母早逝，叔父长辈一一凋零，方回的经济状况非常一般。除了姚氏，方回还纳了妾，共生有七男四女。[1]七男中存心、正心、高心、明心成人，庚孙、鹤孙、雷孙早夭；四女中禾娘、嘲娘成人，余二女孪生不举。

1260年春，方回征辟为武节郎、鄂州排岸，不就；四月，长子存心出生。1261年，中两浙漕试登仕郎；次年（景定三年）别院省试第一，殿试时文天祥（1236—1283）等为考官，方回列第一甲，随后开始了他的宦途，时年三十六岁。

1263年，方回任随州州学教授，次子正心出生。1265年，十叔方玠逝去，时年七十四；方回调往临安，任国子监书库官，掌印经史诸书。1266年，前往建康，任江东提举司干办公事；1268年任江淮都大司干办公事；1270年回临安任国子监正、太学博士。咸淳七年（1271）正月，雷孙出生，四月再赴建康，任沿江制置司干办公事。1273年春，召回临安，改任平江通判；1274年改任常州通判。这几年，方回在官场逐渐磨练，积累资历，逐步升迁，声名日彰。徽州知州宇文信仲购歙县城内宋尚书之故宅转赠方回，方回以其宅基筑室三间供家人居住。

1　（宋）方回：《先君事状》，《桐江集》，卷八。

| 第七章 | 一代"贰臣":方回的建德情结

咸淳十年(1274)十月,方回改任吉安州通判,次年春就任。不到两个月(三月初七日),方回接到圣旨回临安;三月十三日方回抵达临安,从此卷入了中枢政治。

"生世都能几,严州十二年"

德祐元年(1275)六月,南宋左丞相兼枢密使陈宜中以方回在临安指点朝政,议论频发,颇为不悦,将其外放。七月初,方回迁朝奉郎,知建德军府事,兼节制往来驻戍军马;七月十日,方回至建德府,开始了和建德的不解之缘。

初到建德,方回先往孔庙拜谒了夫子,作《谒先圣文》云:"小子承乏桐瀬,因夫子之书,以求夫子之意,其犹足以为治,曰节爱时,曰信兵食,祗佩圣言,尚其无致。"[1]而后谒严子陵祠堂,拜谒严先生等九贤人,作《谒严子陵九贤文》,曰:"生于其乡,祀于其乡,道德名节,学问文章,天下宗之,而岂徒一乡之烝尝者欤?羊裘之风,山高水长。余诸公亦足以永侑而同芳也。俯伏拜像,徘徊登堂,靡觑于颜,庶几惟良。"[2]

接着方回拜谒了睦州贤守宋广平璟、田谏议锡、赵清献抃、范文正公希文、胡致堂寅、潘子贱良贵六公神位,作《谒贤守宋广平六公

---

1 (宋)方回:《到任谒先圣文》,《桐江集》,卷八。
2 (宋)方回:《谒严子陵九贤文》,《桐江集》,卷八。

文》,曰:"汉唐四三百年,循吏各五六人,何才之难欤!桐江为郡以来,贤太守之祀于兹者,六公而已,何才之难欤!彼循吏传,专为一郡,然六公皆真宰相才也,岂但开元宋公,又岂但一郡循吏欤!厥今天下,安得若人,坐公之堂,心目衡绅。"[1]而后拜谒南轩张栻、东莱吕祖谦之神位以及诸神灵,作《谒南轩、东莱先生文》和《谒诸神庙文》。这一系列拜祭,虽然是常例常理,却体现了方回在宋室风雨飘摇、朝廷内斗尤烈之际的焦虑。他既想"为治"一方,又感叹"厥今天下,安得若人",期盼天下能得如宋璟、范仲淹这两位曾掌严州的贤相,以拯救危局,挽狂澜于既倒。方回下车伊始的一系列动作,都表明他的确想效历代前贤作一方贤牧。

1275年秋,为安抚方回,平息议论,风雨飘摇的南宋朝廷除方回秘书郎,加直秘阁,仍任旧职,兼都督府参议官。此时元兵南逼,方回觉得临安难守,建议迁都。他说:"东南所守,惟赖一江。今势穷事极,欲守行都百二十里之都城,非计也。"[2]然而,此时南宋势如危卵,大厦将倾。不久,元军南下,当政的太皇太后谢道清带着小皇帝投降,其余赵宋余脉南遁。

德祐二年(1276)二月,方回以建德降元,元朝改建德为建德府安抚司,授方回知建德府事兼管内安抚使,遥授婺衢招讨使。1277年四月,改建德府安抚司为建德路,授方回嘉议大夫、建德路总管兼府尹;十二月,方回赴扬州,向元朝御史台述职。至元十六年(1279)秋七月,方回迁通议大夫,职任不变;八月,方回北上大都,朝见元

---

1 (宋)方回:《谒贤守宋广平六公文》,《桐江集》,卷八。
2 (宋)方回:《乙亥后上书本末》,《桐江集》,卷八。

| 第七章 | 一代"贰臣":方回的建德情结

世祖忽必烈,次年春返回建德。1281年,方回作《新修建德县记》;[1] 三月十五日,作《秀亭记》,[2] 四月如淳安劝农,访退隐石峡书院的南宋状元方逢辰(梦魁)。论起来方回与方逢辰同宗,称后者为宗伯。此年方回读朱子集、张栻(1133—1180)之《南轩集》以及吕祖谦(1137—1181)之《东莱集》,作《晦庵集钞序》《南轩集钞序》《东莱集钞序》。朱、张、吕三人皆宋代大儒,吕曾任严州教授。方回此为,颇有深意。

1281年,也是方回任职建德的最后一年。此年,方回亲家程淳祖和门生黄斯绝向官府控告方回侵贪库银,方回受审查处分;六月初一,方回从建德路总管兼府尹解任。从一二七五年七月上任到一二八一年六月解任,方回掌管建德(严州)差一个月整整六年。

离职之后,方回继续留在建德生活,此时他仕宦之心未死,想为儿子存心入大都求职。他在七月的《与毕观竹书》中恳请歙县乡亲毕观竹等人帮助筹资前往大都,书中说:"回近得省府与致仕文书。长男存心来此,俾之将此文书到家,求乡里诸公略助盘费入燕,问选承荫。伏思观竹先生爱回不薄,是亦可以义动者也。回八月或还家求见贤父子一番,且此草草不宣。"[3] 此事大约不遂,方回此后一直未曾任职。

至元二十年(1283)二月,方回返回老家歙县;至元二十一年(1284)正月,在江西祁门、湖口、九江各地游玩访友,五月初一返歙县,五月下旬舟行从新安江赴建德,不久将秀山之住宅一半典与他

---

1 (宋)方回:《桐江续集》,卷三十五。
2 (宋)方回:《桐江集》,卷二。
3 (宋)方回:《与毕观竹书》,《桐江集》,卷五。

人。从六月到十月之间，方回与赵宾旸、桐庐杨德藻以及建德其他友人往来颇为频繁。十月，方回赴杭州，住三桥旅邸，十二月从杭州西行陆路返回歙县。至元二十二年（1285）七月十日，系其任建德知府十周年，方回作《七月十日感怀》；十月离开歙县陆路前去杭州；十一月十二日，赵宾旸等人到杭州三桥会方回。1286 年，方回六十岁，二月十七日与赵宾旸会饮，八月从水路至建德，售卖秀山住宅；十一月初一，乘舟离开建德去杭州。此次他处理了在建德的家产，决意离开建德寓居杭州。

至元二十五年（1288）二月，方回从杭州沿江经建德回歙县，在建德城内住宿。这次回歙县的一个重要原因是去年八月初八长子存心生子名守。1291 年，方回受邀作《钓台书院清风堂记》，称："清风堂者，桐庐郡钓台书院之讲堂也。重建者郡人骆正大、方文豹。"[1] 至元三十一年（1294）四月，方回闻知自己儿子雷孙在建德的墓被盗，伤心之余作《闻盗发亡男雷孙墓》，云："得非阿瞒党，忍作发丘郎。谁实驱为贼，官今视若常。故无金碗出，岂有竹书藏。风俗衰如此，非徒痛此殇。"[2]

元贞元年（1295）四月，方回作《寄同年宗兄桐江府判去言》五首。方贡孙，字去言，是方回宗伯方岳的侄子，比方回小四岁，和方回是同榜进士，此年出任建德府通判。方回在前两首诗中回顾了自己和方岳以及方贡孙的宗族与同年情义，第三首赞颂了方岳的高风

1　（宋）方回：《桐江续集》，卷三十五。
2　（宋）方回：《桐江续集》，卷十九。

| 第七章 | 一代"贰臣"：方回的建德情结

亮节，并直言指刺贾似道。[1]其一："联翩同挂别闱名，尚得秋崖病体轻。三十四年如一瞬，梦中时见老先生。（诗中原注：壬戌三月十七日，秋崖仙去。月初榜过祁门，秋崖病中，犹为之喜。）"其二："秋崖犹子蛟峰弟，同榜三人老弟兄。君玉中尝辞直指，去言晚乃佐专城。"说的是方氏同宗三人（方回、方逢辰之弟方逢振以及方贡孙）同榜进士的千古奇遇。其三："不识康庐直刺史，可怜德祐假平章。木绵老鬼死遗臭，万古秋崖姓字香。"自注云："秋崖知南康军……似道奏劾，两易知邵武军，太甚矣。秋崖诋似道，亦不少恕。当时有'秋崖秋壑'两般秋之讥。今以贾平章为假平章，其实似道岂真宰相哉？"颂扬了宗伯方秋崖，讽刺了南宋权相贾似道。第四和第五首分别向方贡孙介绍了方回在建德的老友赵宾旸与僧人川无竭。其四："子陵滩上一诗翁，七十四年双耳聋。第一老穷吟第一，一樽时与酹江风。（赵與东字宾旸，丙辰进士，改官知县，此邦诗人第一。）"其五："好山多处说严陵，官事闲时定一登。野寺岂无僧十百，爱僧须是爱诗僧。"可惜，川无竭不久圆寂。

该年九月初三，严陵南山寺二僧来杭，带来川无竭遗书，方回作《哭川无竭禅师》二首、《再哭川无竭禅师》，分别为："师令题画像，圆寂十朝前。拙句应曾见，微疴竟不痊。笑谈犹可想，偈颂总堪传。千柱攒金碧，辛勤二十年。""几登潇洒阁，共坐听松风。异骨癯僧健，多魔老守穷。是身终有死，何物不成空。岂料龙钟老，题诗先哭公。""倒撑无底船和尚，撑上西天是世尊。万壑啼猿如下泪，一江明月与招魂。涅槃满证无生果，解脱深参阿字门。却笑孤山人未远，浪

---

[1] （宋）方回：《寄同年宗兄桐江府判舍者五首》，《桐江续集》，卷二十。

歌身异性长存。"[1]上月初九日,知道自己来日无多,"严州南山寺主如川无竭禅师寄书令题其像,十九日卒,年七十"。这是方回在建德的亲密僧友。后来他还有诗怀川无竭,云:"旧守烦人送酒钱,江边五夜泊归船。就中最忆南山好,一老癯僧伴醉颠。"[2]

1296年,在杭州,方回年七十;此后数年,方回一直在杭州。1300年,方回长子方存心要去大都求职。二月二十五日夜,方回作《送男存心如燕走笔古体》,回顾了自己的生平,特别是贾似道对他的打压,并再次指责了亲家程淳祖和门生黄斯觉对自己的诬陷。诗中写道:

> 不学执国柄,似道贪如狼。其客福建子,莹中狼如羊。厥子偶不第,乃独憾老方。谗之于似道,阴幽弩机张。廷试复第一,考官文赵常。易置乙科首,尔岂识臭香。萧艾压兰蕙,我心亦不忙。仕宦天有命,岂由人低昂。不意毒愈盛,廖真嬖人佥。五百彼何知,四遭白简霜。故尝忤林答,何至喙郭阆。鲁港出师败,虮臣叫九苍。数其十可斩,乃先窜炎荒。诛之木绵庵,身死国亦亡。为相亡人国,自合以命偿。匪我快私愤,人欲抽尔肠。台谏我不就,出守邻故乡。大物既归周,祼士来殷商。夷齐与箕微,均为识三纲。我所领小垒,可容久徜徉。亦欲舍之去,群盗纷寇攘。勉强不得已,芟恶完善良。完国非我责,完郡亦何伤。幸保千里民,不为剑戟戕。奸鬼伏肘腋,两贼程与黄。门生讦座主,

---

1　(宋)方回:《桐江续集》,卷十九。
2　(宋)方回:《黄浦门解缆怀川无竭》,《桐江续集》,卷十五。

婿不顾糟糠。妄告无反坐，官吏饱贿赃。[1]

这可以看作是方回的自传诗。

1305年，方回在杭州，十月二十日作《题文文山天祥遗墨》："年踰弱冠唱枫宸，海内文章第一人。孰谓国家无厄运，从来天地有忠臣。此声不朽垂千古，今岁犹存仅七旬。二十五年九原底，刚风夜夜薄星辰。"[2] 表达了对比自己年轻却是自己殿试考官的文天祥的怀念与景仰。1307年，方回卒，年八十一。

方回最后的二十余年，虽然长居杭州，没有回过建德，但他长期与建德保持联系，曾经应邀为建德路下数县撰文。后来建德友人渐渐归西，来往渐疏，也是常情。

"全家先去尽，父老莫依依"

方回一家和建德有很深的联系。关于他的妻妾儿女，他自己说：

> 回早游江湖不及娶，纳杭人姚氏，并他妾，生七男四女。七男：存心、正心、高心、明心，余三人庚孙、鹤孙、雷孙早夭。

---

[1] （宋）方回：《送男存心如燕二月二十五日夜走笔古体》，《桐江续集》，卷二十五。

[2] （宋）方回：《桐江续集》，卷二十八。

四女：禾娘、嘲娘，余二人孪生不举。存心娶林氏，史馆校阁添差通判建德府士恺之女，生女桐娘。禾娘嫁贵池县丞程桂。[1]

1276年，方回五十岁。正月十二日，幼子雷孙忽患喉疾，痰嗽不利，病情日益恶，十五日夭折，葬建德府城北乌龙寺东之丑山。[2] 此年秋，子高心出生在建德，其名亦来自建德。方回以后作《四子名字说》："高心，字中尚。范仲淹谓严子陵不事王侯，高尚之志，又曰：先生之心，出乎日月之上；又曰：先生之风，山高水长。生于严陵，取此义。"[3] 1281年，方回四子明心亦在严陵出生，方回年已五十五岁。此外，方回长子存心娶了同在建德任职的建德通判林士恺的女儿，生了一女取名桐娘，也即桐江之姑娘，又，方回七叔有养子方才峇，至元十三年在方回家中去世，"年五十二，葬建德府乌龙寺前之右"。[4]

建德府城还引起了方回的回忆。早年方回未第之时，颇受曾知徽州的魏克愚的提携。[5] 他在给徽州同乡黄同叔诗集作跋时提到了这段渊源。黄同叔的曾祖是大府寺丞黄何，字景萧，休宁县人，"中乾道丙戌登第，知处、岳二州，卒年七十四，时嘉定二年也"；"娶京西转运使严陵方公扔之女孙，因家于严。黄家在严郡治之西大树巷不百步。咸淳五年，故大府卿行都尹帅魏公克愚以谪居，殁其家。予闻之，往

1　（宋）方回：《先君事状》，《桐江集》，卷八。
2　（宋）方回：《祭亡男雷孙文》，《桐江集》，卷八。
3　（宋）方回：《桐江续集》，卷三十。
4　（宋）方回：《叔父七府君墓志铭》，《桐江集》，卷八。
5　（宋）方回：《先君事状》，《桐江集》，卷八。

来于怀。后六年假守始尽知寺丞德业之详"。[1] 魏克愚是因为与贾似道政见不合而被黜，在梅城郁郁而终。

方回对建德山水景物多有题咏，他自己说在严陵十二年，得诗三千多首。他写过乌龙山、秀山、南山寺、北山寺、钓台、桐君祠、大浪滩，等等，于秀亭吟诵最多。1287年秋，方回售卖秀山住宅后，乘船顺流而下去杭州。他先从府城东的大浪滩步行到官方驿站——东馆。他在《大浪滩步至东馆》回顾了自己任职建德的生涯，哀叹了自己的贫困（这当然是夸张之语），最后表达了自己对建德的依依不舍。诗云：

瞬息阅一纪，作郡初此来。小城虽寂寞，尚复具舆台。患难偶未死，嫠乏良可咍。夜泊大浪滩，沽酒登崔嵬。随我别无物，但有双破鞋。破鞋足徒步，何必车中栖。质明日尚凉，行行高峰西。秋暑草不露，脚胫黏灰埃。破屋一小憩，老妪若见哀。万事岂可测，熙怡付齐谐。[2]

《重至秀山售屋将归十首》亦是如此。其一云："无复黄金带，空余白雪须。满城惊再至，一马与同癯。意广轻余子，时难老腐儒。故园犹可灌，终不叹穷途。"其三云："高下花千树，东西屋百间。一毫非易得，双手竟空还。勇锐伤轻脱，愚冥昧险艰。全城保生齿，终觉愧衰颜。"其四云："全家先去尽，父老莫依依。故是犹相爱，其如自

---

[1] （宋）方回:《跋黄同书诗》,《桐江集》, 卷四。
[2] （宋）方回:《桐江续集》, 卷十一。

合归。乱山回醉眼，急雨迫寒衣。不用空惆怅，初来计已非。"其八云："虽曾为太守，过似布衣贫。未足肩前辈，犹应胜近人。苦吟尝不寐，得句忽如神。玉食轊东市，何如保幅巾。"

总之，方回自述自己当年"全城保生齿"，所以"父老莫依依"；他自称任官清廉，"一毫非易得，双手竟空还"，以此反驳亲家与门生之联手攻击；他自然对建德颇为眷恋，所谓"生世都能几，严州十二年"，[1] 感觉在建德是"一瞬十二年，梦过竟无迹"。[2]

诗友赵宾旸

方回在建德唱和颇多，其中诗人首推赵宾旸。方回到建德不久便认识了赵宾旸。景炎二年（1277）十一月，他与赵宾旸饮酒赋诗，作《雨夜雪意》。此后两人屡屡游山玩水，雅集唱和。至元十八年（1281）十一月二十七日，与赵宾旸、黄应蟾惟月（授小学于塾）三人各携稚子挈绳床，上秀山秀亭，饮酒畅叙至暮。雪后霜晴，送目无极，乃以方回两日前屋宇古诗为韵赋诗，回首先倡议，秉烛继之，各人耸肩索笔，书数十联。二十八日，三人再集秀山秀亭赋诗。二十九日，复集秀亭赋诗。因而一百八十韵成，用昌黎郾城夜宿体。方回长男存心亦

1　（宋）方回：《桐江续集》，卷十一。
2　（宋）方回：《十一月旦泊大浪滩下，甚雨，醉卧次日乃知》，《桐江续集》，卷十一。

| 第七章 | 一代"贰臣"：方回的建德情结

献数十句，其中有句云："村酒仅数行，野蔬不盈掬。"秀亭，《严州图经》记载："在子城东东山上。前临阛阓，一览尽得溪山之胜，前贤赋咏多矣！亭废，后人作小屋其上，名曰高胜。绍兴八年，知州董弅命撤去，即故基建亭，榜以旧名。今废。"[1]东山即秀山，秀亭几建几废，到了方回的时候，已经再次重建。方回之所以记录长子方存心的一句诗，不在于炫耀其子已能为诗，而在于此举表达了归田园居的旨趣，因为此时恰逢他被解职半年。

方回曾为赵宾旸诗集作序。序中先强调了诗之难言，云："诗之存于世者，三百五篇，圣人删定垂世，为六艺之一。使人观之，而有所感发惩创，初不计其言语之工拙与夫学问之浅深也。后世论诗，必以言语工拙论，而又必推其人学问浅深为如何。然言语工者，未必学问深，而深于学问者，亦或拙于言语：此诗之所以难言也。"然后指出诗贵自然，说：

"在心为志，发言为诗。"彼尘污俗染者，荤膻满肠胃，嗜欲浸骨髓，虽竭力文饰乎外，自以为近，而相去愈远。古之人虽闾巷子女风谣之作，亦出于天真之自然。而今之人反是，惟恐夫诗之不深于学问也，则以道德性命、仁义礼智之说，排比而成诗；惟恐夫诗之不工于言语也，则以风云月露、草木禽鱼之状，补凑而成诗，以哗世取宠，以矜己耀能。愈欲深而愈浅，愈欲工而愈拙。此其故何也？青霄之鸢非不高也，而志在腐鼠，虽欲为凤鸣，得乎？是故诗也者，不可以勇力取，不可以智巧致。学问浅深，

---

[1]《严州图经》，卷一，40页。

言语工拙，皆非所以论诗。

赵宾旸是赵宋皇族，方回介绍说：

> 严陵赵君与东宾旸，宗学外内优上舍，宝祐丙辰进士三甲。历任赣州教授、两浙运干、会子库检察、司农寺排岸班，改奉议，当升朝矣。近俯就乡校，主经义讲席。予初不知君精于诗，一再唱酬，瞠乎其后。积久玩味，谓君诗瘦而不枯，劲而不燥，如赵章泉。间尝评诗，君以为唐惟有一孟东野，宋惟有二陈无己。予然后知君之志，慕贞耀、后山之为人，盖甘于阨穷静退而无求者也。

又说：

> 君诗秘不示人，予屡有请，始得君二十年诗，曰《鲁斋小稿》观之。其自序乃谓学必本洙、泗，文必本六籍先秦西汉。此以教后学入门可也，使后学由此以求君。之所谓诗而不本于志，则亦好龙画虎而已。予于是存其尤者，序而行之，俾当世诗人，反求乎根柢之所在，而无徒拾菁英，以事其外焉。[1]

由于两人均在建德居住，所以经常聚会，唱和极多。方回自评"宾旸

1　（宋）方回：《赵宾旸诗集序》，《桐江集》，卷一。

| 第七章 | 一代"贰臣"：方回的建德情结

和予诗胜予所倡"，[1] 对赵颇为推崇。

除了赵宾旸，方回当然还有其他建德诗友，方回比较推崇的如冯伯田，虽然后者其实也不是建德人。冯坦，字伯田，又字然明，普州安岳（今四川安岳）人，因为到浙江做官，最后选择留在建德安度晚年。方回说："予客桐江七年，得诗友两人。赵君宾旸之瘦劲，有江子我赵昌甫之风，冯君伯田之清新，杂之王摩诘刘长卿张司业白香山集。"[2] 极力赞赏冯诗之"清新"。关于何为清新，方回自有其评判。他说："天无云谓之清；水无泥谓之清；风凉谓之清；月皎谓之清；一日之气夜清；四时之气秋清；空山大泽鹤唳龙吟为清；长松茂竹雪积露凝为清；荒迥之野笛清，寂静之室琴清。"通过列举自然的各种景物以及人文的各种情趣，方回以通感的手法解释了什么是清。而后方回一一摘抄了冯伯田的诗句加以推介。五言近体诗中如"终日无人到，隔林惟鸟啼"，"一春多是雨，四壁半生苔"，"飘风惊日月，落叶满乾坤"，如《重阳》"无钱难得酒，有菊自开花"，又如《桐庐涧水》中"鸥趁湍流下，鱼藏石罅间"。七言近体诗中如《题垂虹三高亭》"非关前哲真难及，自是今人不肯高"，如"可怜门外新归燕，不见堂前旧主人"，如《除夕雨》"灯影残照孤枕梦，雨声滴碎两年心"。五言古诗有《咏云》"山腰一抹云，云起知何处？急渡小桥寻，天风又吹去"，《桐庐暑夜》"只恐乘舟人，未识月中意"。七言古诗有"仙家仙药不易得，颇为鬼神所爱惜。道人入山因采出，轻如鹅管如蝉翼"等。绝句有"夜静山寒渐透衣，旋煨松火拥炉围。忽听竹外篱门响，知是

---

[1] 毛飞明：《方回年谱与诗选》，36页。
[2] （宋）方回：《冯伯田诗集序》，《桐江集》，卷一。

小童买酒归"，"莫道经霜不见花，小春风景属山家。满山红叶斜阳映，却似桃源一片霞"，《鸬鹚源樵歌》"绮罗巷陌总成尘，那识担柴老买臣。自笑卖柴元似旧，买柴却换旧时人"。方回枚举的远比以上笔者抄录的多，而笔者之所以抄录上述诗句，是因为有些风景的描述与感受符合建德情景，深得我心。

"浙右滕元秀"

赵、冯两位其实并非建德土著，那么，建德有没有自己的本土诗人呢？方回作为父母官就发现了一位已经逝去的本土诗人滕元秀，并搜集其旧作，编为一卷，实有功于延续发扬建德之文脉。1281年，方回为滕元秀诗集作序，[1] 而后者成为少数几个建德历史上留名的诗人，也全拜方回之赐。

滕岑，字元秀，严州建德人，自号"龙岭老樵"，也就是乌龙岭上一樵夫的意思。方回记载他生于绍兴七年（1137），卒于嘉定十七年（1224），年八十八。绍兴二十九年（1159），滕岑"以书经领乡荐，屡上南宫不第"，绍熙元年（1190）"特奏名，初筮徽州歙县尉，终更母忧，再调温州平阳县丞，秩满忤郡，将请祠以归，自是监南岳庙，凡五任"。1190年，滕岑已经五十四岁，自然也就只能在县吏的圈子里转圈打磨了。滕"娶皇甫氏，两男先公而卒，无孙，三女一嫁

1　（宋）方回：《滕元秀诗集序》，《桐江集》，卷一。以下同。

新城县士人"。滕元秀从温州回来时,曾将积攒的俸禄八十万楮币托付给新城(今富阳新登)的女婿买田,大概用来养老。可是,当时无田可买,女婿大概用这笔钱来放贷,每年向滕"以田八十亩输租"。谁知朝廷发行新的楮币,以一易二,滕元秀的资财就此缩水一半,从八十万变成了四十万。后来女婿去世,其家将四十万楮币还给了滕元秀,从此滕元秀没有了每年八十亩田租的收入,生活也就一日不如一日。[1]滕元秀的家在府治城的西湖沿岸,"颇有花木水竹之胜"。他与"邻居故临海县丞喻公如埙字仲和尤厚",大概两人都是读书人,又曾任官,兴趣和经历相同,所以来往密切。滕元秀"善诗","全集三十卷,号《无所可用集》"。他的诗"效白香山","多次其韵",有人说他前身是"广智寺僧清首座,故学兼儒佛"。滕元秀去世后,严州郡守赵立夫帮助将其葬于"溪南鹳山"。方回到任建德时,滕元秀已经去世,"郡人谓公状貌奇古,音吐洪伟,回虽生晚,而于诗如见公之面"。

滕元秀的《无所可用集》虽然编成,但大概三个儿子均早逝,也没有孙子,最终未能付梓,因而不断散佚。三衢郑景龙曾选了一两首编入《中兴诗选》。淳祐年间(1241—1252),赵汝历知严州,"假其集不归"。滕元秀同宗有个侄子滕承孙,字子由,嘉泰壬戌年(1202)登第,任官至"南雄纠幕",方回从其孙滕茂叔处"得诗一帙,又从故临海县丞喻公之子发得公真迹数十纸,合《钓台集》等所见,编为三卷,计诗三百首,以诏后学","不特修此邦之缺憾,而亦为郡者之

---

[1] 虽然没有证据显示,本书作者颇以为女婿一家在买田一事上欺瞒了在外地任官的滕元秀,以滕的钱买了田占为己有,最后将缩水一半的纸钞还给了滕。

所当为也"。

赵立夫、滕承孙《严州图经》均有载。赵立夫,字德成,乐清人,开禧登第,嘉定十六年(1223)十月二十五日至宝庆元年(1225)九月二日任严州郡守;滕承孙,嘉泰二年登第。[1] 赵汝历《严州图经》《景定严州续志》均有传,《景定严州续志》云:"奉议郎赵汝历知严州,淳祐十年六月初三到任。在任转承议郎,增办钓台书院。十二年四月,除司农丞。"[2] 淳祐十年为1250年,则其借读《无所可用集》在1250年下半年之后。而"临海县丞喻公之子"当为建德府治内喻氏,喻氏宋代以来即为严州望族,科第颇旺。政和五年(1115),喻彦先登第;建炎二年(1128),喻桴登第;绍兴八年(1138),喻仲远登第,[3] 从登科相隔时间而言,大致是三代人。

方回对滕元秀的诗评价颇高,他说:

今公之诗零落,十不存一。其仕于歙平阳诗,不可得见,所可见者,未仕已前诗及暮年诗耳。有诚斋亦有放翁,有江西亦有唐人。跳脱窠臼,摆落脂腻,无近世卑陋酸嘶之习。当其时,谣谓"浙右滕元秀,江西刘改之",然龙洲道人诗,回未敢以为然,外强中干,多谒客气。

刘过(1154—1206),字改之,太和人,号龙洲道人,为岳珂(岳飞

---

[1] 《严州图经》,卷一,56页。
[2] 《严州图经》,卷一,57页;《景定严州续志》,卷二,117页。
[3] 《严州图经》,卷一,67页。

| 第七章 | 一代"贰臣":方回的建德情结

之孙)友,与陆游、辛弃疾唱和,词风亦近,为南宋中期著名文人,但方回看他不上,反而大力推崇滕元秀。

那么,滕元秀的诗究竟为什么吸引了方回呢?方回说:"诗贵活、贵响,不然则死语、哑语也。始回至郡读《钓台集》,见有'月色摇江如汞走'者,噫,此非谓活语乎!又见有所谓'七月风烟万里宽'者,盖亦响而不哑。心异之,细视,则郡人龙岭老樵滕公所作也。""夫诗贵活,其说出吕居仁;贵响,其说出潘邠老。近世为诗者,七言律宗许浑,五言律宗姚合,自谓足以符水心、四灵之好,而铦钉粉绘,率皆死语、哑语。试令作七言大篇,如苏、黄、李、杜,五言短篇,如韦、陶、三谢、嵇、阮、建安七子,则皆缩手不能。又且借是以为游走乞索之具,而诗道丧矣。"[1]贵活、贵响也就是天工自然,滕元秀得诗于建德山水,故新鲜活泼,这是方回为之作序推介的根本原因吧。因此,在给建德的三位诗人诗集作序时,方回实际上也阐述了他的诗歌旨趣,那就是:诗贵清新自然,反对雕琢词藻。

方回可谓是滕元秀这位普通诗人不曾谋面的知己与伯乐。拜方回之泽,滕元秀有诗一百一十首传至今日,不妨抄录几首,以纪念这两位不曾见面的诗人。[2]《玩松竹·萧萧园中竹》云:"萧萧园中竹,不复数萱草,苍苍池上松,岂更问苹藻。二物吾所爱,难为俗人道。竹如吾之节,松似吾之老。烟雨风月中,形声俱媚好。"《题钓台对严氏楼三首·秋江不许一尘染》云:"秋江不许一尘染,只有青山倒影寒。

---

[1] (宋)方回:《滕元秀诗集序》,《桐江集》,卷一。
[2] 以下诗文俱见于"滕岑的诗文",见"古诗文网"https://so.gushiwen.cn/shiwens/default.aspx? astr=%e6%bb%95%e5%b2%91。

我欲移家来住此，烦君先为斩鱼竿。"《惜梅》云："沙晴日暖雪消时，春到南枝未觉迟。东崦人家三百树，与君扶杖试寻之。"

滕元秀的诗生活气息很浓，作为本地人他与严州的民瘼也休息相关。严州府城及沿江居民深受春夏水灾，滕元秀就有记录。其《辛丑大水》云：

> 天公哀此生人苦，潸然出涕洒下土。五昼五夜涕不已，平陆成河山作渚。是方为邑本霅下，今者之变顷未睹。何止人家水半扉，或压或溺遍处所。举家老稚几为鱼，夜乘一叶投山坞。虽知此邦祸可免，颇念吾庐歆莫拄。朝登山巅聊放目，流尸蔽江可胜数。何处奔洪之所挤，一旦至斯辜非汝。天公用是涕愈流，阳侯正自喜且舞。我愿天公且收涕，忧之反伤亦奚补。但令老眼开日月，苍生自然得安堵。

"回人品卑污"？

方回生前就遭非议，其没后七百年来，也一直以德才相悖的形象出现。舆论大体肯定其文学成就，却异口同声地指责其道德卑下。四库馆臣的说法最为全面，说：

> 回人品卑污，见于周密《癸辛杂识》者，殆无人理。然观其

第七章 一代"贰臣"：方回的建德情结

> 集中诸文，学问议论，一尊朱子，崇正辟邪，不遗余力，居然醇儒之言，就文言文，要不可谓其悖于理也。其诗专主江西，平生宗旨，悉见所编《瀛奎律髓》中，虽不免以粗率生硬为老境，而当其合作，实出宋末诸家之上，更不能以其人废矣。[1]

又说：

> 然了翁所考多在制度，回则以在宋之日献媚贾似道，似道势败又先劾之。既反覆阴狡，为世所讥。及宋亡之时，又身为太守，举城而迎降于元，益为清议所不齿。老而无聊，乃倡讲道学以谋晚盖，故其中多参以理语。……回人品心术虽不足道，而见闻尚属赅洽，所考多有可取者。[2]

> 宋末讲学之家，未有诸恶毕备如回之甚者。然其文则崇正辟邪，不遗余力；其诗亦格力苍坚，在江湖诸集之上，遂亦不能以人废焉。[3]

考此说渊源，始作俑者是方回的同代人周密。周密（1232—1298），字公谨，号草窗、四水潜夫等，其先祖南渡后居于湖州。宋

---

[1] （清）永瑢等撰：《四库全书总目》，《桐江续集三十七卷》条（上海：中华书局上海编辑所，1965 年），1423—1424 页。
[2] 《四库全书总目》，"古今考一卷、续古今考三十七卷"条，1023 页。
[3] （清）永瑢等撰：《四库全书简明目录》（上海：中华书局上海编辑所，1964 年），716 页。

宝祐间任义乌令,宋亡不仕,曾流寓杭州。周密也是一代文人,善作词,亦能诗、画,著述颇多,有《癸辛杂识》《武林旧事》《齐东野语》《云烟过眼录》《草窗词》《草窗韵语》,并编有《绝妙好词》。可以说,除了不曾仕元,周密的人生轨迹和文学成就堪与方回媲美。由于两人同朝为臣,又都曾流寓杭州,按道理两人不但互有闻见,而且应该往来唱和。但查方回诗文,并无提到周密之处。这是否说明,当年他们一同流寓杭州时,就不在一个"群"里,或者王不见王,互相回避?如此,则两人生前就有不和。

周密对方回的身世颇为熟悉。他说:"其父南游,殂于广中。回,广婢所生,故其命名及字如此。魏明己遇为守,爱而异遇之。"[1] 魏明己即魏克愚,明己是字,号静斋,邛州莆江(今四川莆江)人,曾任徽州郡守,对方回颇为欣赏,前已述及。周密对方回的记录,大体分两个方面,一是大谈特谈方回的私生活,特别是与妓女的往来;二是方回降元。前者是私德不淑,后者是大节败坏,两者结合,落实了方回人品卑污的结论。不过,仔细读来,周密之言或为孤证,或夸大其实,或出于一己之私,颇不可信。[2]

我们不妨先看第一方面。

周密先说了方回青年时期与娼家有讼之事。"忽与倡家有讼,遂俱至于庭,魏见之甚骇,而方力求自直,魏为主张而敬则衰矣。"[3] 按周密的说法,此后魏克愚对方回就看不上眼了。方回在徽州与娼家有

---

[1] (宋)周密:《癸辛杂识》,249页。
[2] 以笔者所见,詹杭伦之辩驳最为全面有力。詹杭伦:《周密〈癸辛杂识〉"方回"条考辨》,《四川师范大学学报》1989年第6期,28—35页,13页。
[3] (宋)周密:《癸辛杂识》,249页。

| 第七章 | 一代"贰臣"：方回的建德情结　　　　　　　　　　　　　　245

讼之事，乃周密一家之言，并无旁证；假如是真，并且魏克愚帮助方回摆脱纠纷，那么，魏克愚此后是否就以方回人品低下而不再理会方回了呢？其实不然。1253 年，魏克愚为徽州郡守时，曾携方回等同游南山；1258 年，方回又随魏克愚游九江、庐山等地。[1] 不仅如此，同年魏克愚调任温州，方回还随其前往温州讲学。[2] 可见魏克愚在离任徽州之后，依然对方回青睐有加。因此，周密所说颇为可疑，不足为信。

周密接着又枚举了方回登第后的不经之事。"后以别头登第，为池阳提领茶盐所干官。居与大家并，其家实寡妇主人，回以博游其家，且道其长，吕师夔亦往焉。旋以言去。"[3] 这里周密微言大义，暗里讥讽方回不知回避，与寡妇一家同住。同样，虽然周密提到了吕师夔，此事依然是孤证。

周密又说方回在徽州欺诈乡亲，因而被迫寓居杭州。"其处乡专以骗胁为事，乡曲无不被其害者，怨之切齿。遂一向寓杭之三桥旅楼而不敢归。"[4] 关于方回结怨乡里，詹杭伦认为周密指的是方回与其亲家程淳祖、门生黄斯觉的纠纷。[5] 方回之长女禾娘嫁安徽贵池县丞程桂，然而所嫁非人，颇受虐待，年甫四十而卒，方回痛心不已。他在《七十翁吟》写道："长男近寄书，长女化为土。嗟予七十翁，哭此四十女。此女抱恨久，嫁不得其所。厥夫实鸥鹉，厥舅乃狼虎，谰讼欲杀予，

1　毛飞明：《方回年谱与诗选》，17、19 页。
2　毛飞明：《方回年谱与诗选》，17 页。
3　（宋）周密：《癸辛杂识》，249 页。
4　（宋）周密：《癸辛杂识》，250 页。
5　詹杭伦：《周密〈癸辛杂识〉"方回"条考辨》，34 页。

破家谢官府。不禁毁璧痛,何啻茹荼苦。"[1]《送男存心如燕二月二十五日夜走笔古体》又写道:"奸鬼伏肘腋,两贼程与黄(自注:亲家程淳祖,门生黄斯觉),门生讦座主,婿不顾糟糠。妄告无反坐,官吏饱贿赃。"从方回诗文可见,亲家程淳祖、女婿程桂与方回门生黄斯觉告状揭发方回,这场官司花了方回不少钱。这大约便是他寓杭不归的原因之一。可惜此事方回未述原委。陈栎在《答吴仲文问》中简略介绍了经过,对方回持同情立场。"吴问:'虚谷《五方炎辨》又云:'亲家含沙,门生反噬,愿闻其事。'陈答:'亲家含沙',谓程淳祖雄甫号钟山;'门生',谓黄斯觉。方公守睦时,黄乃幕下士,以杯酒间失欢,附程而攻方。方北行,乃此人受嗾而攻方公也。"[2]则程讼在前,黄攻在后,这也是方回解职乃至其后难以东山再起的原因。从方回极为愤慨却又不提及程黄二人诉讼来看,大概是方回行事的确有错而不愿声张。须知,黄斯觉不但是方回的门生,也是幕客,所知内情颇多,他的告状,必然会痛击方回的要害处。毛飞明则说,1281年方回亲家和门生向官府状告方回侵贪府库银两问题,方回因此受到上司审查处分,[3] 不知何据?当然,方回晚年虽然多次往返徽杭之间,大抵还是孤居杭州,这是一个实在值得探索之问题。可惜所知材料所限,无法判断。

而后周密再次控诉方回好色无行,说他"老而益贪淫,凡遇妓则跪之,略无羞耻之心"。[4] "凡遇妓则跪之"此句,恰恰说明周密之言

1　(宋)方回:《桐江续集》,卷二十二。
2　转引自詹杭伦:《周密〈癸辛杂识〉"方回"条考辨》,34页。
3　毛飞明:《方回年谱与诗选》,40页。
4　(宋)周密:《癸辛杂识》,250页。

不可信,因为这实在有违常情。假如这是方回喝花酒之际而有游戏之举,那可能是真的;但"凡遇妓则跪之"则必然不真。

周密还叙述了方回失爱婢胜雪之事:

> 有二婢曰周胜雪、刘玉榴,方酷爱之,而二婢实不乐也。既而方游金陵,寄二婢于其母周姬之家,恣开杜陵之门,胜雪者竟为豪客挟去。方归,惟怅惋而已。遂作二诗云:"鹦鹉笼开䌽索宽,一宵飞去为谁欢?早知黠姬心肠别,肯作佳人面目看。忍著衣裳辜旧主,便涂脂粉事新官。丈夫能举登科甲,可得妖雏胆不寒。""一牝犹嫌将两雄,趋新背旧片时中。陡忘前主能为叛,作事他人更不忠。玉碗空亡无易马,绛桃犹在未随风。何须苦问沙咤利,自是红颜薄老翁。"自刻之梓,揭之通衢,无不笑者。[1]

婢女被诱拐,本来就该追索,何况爱婢?不知有何不妥?此事方回自己有诗记之,并不以此为耻。

周密继续记载方回的隐私云:

> 既而复得一小婢曰半细,曲意奉之。每出至亲友间,必以荷叶包饮食、肴核于袖中,归而遗之。一日遇客于途,正揖间,荷包坠地,视之乃半鸭耳。路人无不大笑,而方略不为耻。每夕与小婢好合,不避左右。一夕痛合,床脚摇拽有声,遂撼落壁土。适邻居有北客病卧壁下,遂为土所压。次日诉于官,方为追逮到

---

[1] (宋)周密:《癸辛杂识》,250页。

官,朋友间为劝和,始免。未几,此婢满,求归母家,拳拳不忍舍,以善价取之以归。[1]

假如周密所说为真,则方回的确好色;但方回爱半细之切,"以善价取之",完全符合当时的法律与风俗,并无可以指责之处。

周密还记载了方回在古稀之年要检举高官之事:

时年登古稀之岁,适年献之与之同庚,其子成文与乃翁为庆,且征友朋之诗,仇仁近有句云:"姓名不入六臣传,容貌堪传九老碑。"且作方句云:"老尚留樊素,贫休此范丹。"(方尝有句云:"今生穷似范丹。")于是方大怒,褒年而贬己,遂摭六臣之语,以此比今上为朱温,必欲告官杀之。诸友皆为谢过,不从。仇遂谋之北客侯正卿,正卿访之,徐扣曰:"闻仇仁近得罪于虚谷,何邪?"方曰:"此子无礼,遂比今上为朱温,即当告官杀之。"侯曰:"仇亦止言六臣,未尝云比上于朱温也。今比上为朱温者,执事也。告之官,则执事反得大罪矣。"方色变,侯遂索其诗之元本,手碎之乃已。[2]

"姓名不入六臣传"中所谓六臣指的是唐末的六个佞臣:张文蔚、杨涉、薛贻矩、苏循、张策、赵光逢。当时朱温逼迫唐哀帝逊位,张文蔚、苏循为正副册礼使,杨涉、张策为正副押传国宝使,薛贻矩、

---

[1] (宋)周密:《癸辛杂识》,250—251页。
[2] (宋)周密:《癸辛杂识》,251页。

| 第七章 | 一代 "贰臣"：方回的建德情结

赵光逢为正副押金宝使；此举是嘲讽方回虽然没有六臣之名，却有六臣之实。"老尚留樊素"则以白居易年老时遣散樊素来讥刺方回古稀之年尚留侍妾。这两句一攻击方回引以为疾的降元，一嘲讽方回的私生活，故引得方回勃然大怒。

然而，周密所记是否为真，依然是值得推敲的问题。詹杭伦指出，方回长仇远（仇仁近）二十岁，两人交往颇深，方回与仇远唱和之作多达六十余首，还曾给仇删削诗集，两人终其一生，并无交恶之迹。[1] 如果两人在方回古稀之年（仇远天命之年）断交，则此后应无往来唱和。而方回在七十二岁和七十八岁时，仍或赠诗，或为之作序，可见两人并未交恶。此外，仇远存诗亦有赠方回者，其《怀方严州》五首更是对方回大加赞叹。他称赞方回人品"胸中元耿耿，身外竟空空"，评价方回桐江诗集可以媲美陆游，说："桐江诗万首，端可及龟堂。"这都是仇远在方回死后之言，可以反证周密之谎。

周密记录中最关键之处，在于揭露方回的公德败坏。他先说方回早年攀附贾似道，等到贾似道被贬时，方回才有上述论贾似道有十斩之罪。

先是，回为庶官时，尝赋《梅花百咏》以谀贾相，遂得朝除。及贾之贬，方时为安吉倅，虑祸及己，遂反锋上十可斩之疏，以掩其迹。时贾已死矣，识者薄其为人。有士人尝和其韵，有云："百诗已被梅花笑，十斩空余谏草存。"所谓十可斩者，盖指贾之倖、

---

[1] 詹杭伦：《周密〈癸辛杂识〉"方回"条考辨》，31—32 页。方回次韵、和、赠仇远之诗，大致见于《桐江续集》卷十一至十四、十六。

诈、贪、淫、褊、骄、吝、专、谬、忍十事也。以此遂得知严州。"[1]

关于方回与贾似道的关系，后面会专门讨论。此处周密先称方回阿谀贾似道，"遂得朝除"，与事实不符。[2] 周密续称方回因上书弹劾贾似道，"遂得知严州"，亦与事实不符。方回之政治主张，与丞相陈宜中等人不合，故陈宜中等人将其外放，避免方回指点朝政。这才是事实。

而后周密在谈方回献建德于元军之事，说：

> 未几，北军至，回倡言死封疆之说甚壮。及北军至，忽不知其所在，人皆以为必践初言死矣。遍寻访之不获，乃迎降于三十里外，鞑帽毡裘，跨马而还，有自得之色。郡人无不唾之。遂得总管之命，遍括富室金银数十万两，皆入私橐。[3]

此事似乎于节有亏，后面会加以辨析。至于所谓"贪污"之指控，

1　（宋）周密：《癸辛杂识》，251页。
2　詹杭伦：《周密〈癸辛杂识〉"方回"条考辨》，28页。
3　（宋）周密：《癸辛杂识》，251页。周密亦记录献城于元的蹇材望和洪起畏。"蹇材望，蜀人，为湖州倅。北兵之将至也，蹇毅然自誓必死，乃作大锡牌，镌其上曰：'大宋忠臣蹇材望。'且以银二笏凿窍，并书其上曰：'有人获吾尸者，望为埋葬，仍见祀，题云：大宋忠臣蹇材望。此银所以为埋瘗之费也。'日系牌与银于腰间，只伺北军临城，则自投水中，且遍祝乡人及常所往来者。人皆怜之。丙子正月旦日，北军入城，蹇已莫知所之，人皆谓之溺死。既而北装乘骑而归，则知先一日出城迎拜矣，遂得本州同知。乡曲人皆能言之。""洪起畏知京口日，乃北军入境之初，尝大书揭榜四境曰：'家在临安，职守京口，北骑若来，有死不走。'其后举郡以降，或为人改其末句云：'不降则走。'"（宋）周密：《癸辛杂识》，139—140页，181—182页。不过，蹇、洪之降元事在宋主投降之前，与方回受命而降大不相同。

| 第七章 | 一代"贰臣"：方回的建德情结

方回亲家也有控诉，方回因此被免去建德总管一职，可能并非捕风捉影。但这也是官场常态，在没有其他直接材料发现之前，恐难说清。周密并借老吏之口，对方回未盖棺而定论：

> 有老吏见之无耻不才，极恶之。及来杭，复见其跪起于北妓之前，口称小人，食猥妓残杯余炙。遂疏为方回十一可斩之说，极可笑。大略云："在严日，虐敛投拜之银数十万两，专资无益之用，及其后则鬻于人，各有定价。市井小人求诗序者酬以五钱，必欲得钱入怀，然后漫为数语。市井之人见其语草草，不乐，遂以序还，索钱，几至挥拳，此贪也。寓杭之三桥旅舍，与婢宣淫，撼落壁土，为邻人讼于官，淫也。一人誉之，则自视天下为无人，大言无当，以前辈自居，骄也。一人毁之，则呼号愤怒，略无涵养，褊也。在严日，事皆独断以招赂，不谋之同寅，专也。有乡人以死亡告急者，数日略不之顾，吝也。凡与人言，率多妄诞，诈也。回有乞斩似道之疏以沽名，及北兵之来，外为迎拒之说，而远出投拜，是徼倖也。昔受前朝高官美职，今乃动辄非骂以亡宋称之，是可忍也孰不可忍也？年已七旬，不归田野，乃弃其妻子，留连杭邸，买少艾之妾，歌酒自娱。至于投拜张、朱二宣慰以求保解，日出市中买果肴以悦其婢，每见猥妓，必跪以进酒，略不知人间羞耻事，此非老谬者乎？使似道有知，将大笑于地下矣。"[1]

---

1 （宋）周密：《癸辛杂识》，251—252页。

这些不过是借旁人之口，泄周密心中之愤罢了。詹杭伦分析说，周密自程所书方回事，得自于一"老吏"之口，"怀疑此文曾受到方回的仇人程淳祖、黄斯觉一党的影响"，[1] 这是很有道理的猜测。笔者不惮以恶意推测，此"老吏"或许就是黄斯觉。

关于方回贪财之说，詹杭伦指出周密之言与其他文献不符。[2] 首先，方回诗文表明其卸任后生活普通，方回长子方存心北上求职还向诸乡亲求助，而旁人所记亦大致如此，这固然有夸张之处，但假如方回的确在严州"遍括富室金银数十万两"，那么，他必然在歙县或杭州置田买房，不至于自称"我家款山下，不满五顷田。捐弃已过半，岂不为子钱？"此外，假若他在严州横征暴敛并尽入私囊，很难想象他在离任后还在严州居住五年之久？这实在不符合常情常理。因此，方回晚年不至于像他或其友所言那样清贫，但也谈不上身有万金。至于"鬻文于人"，为"五钱"而挥拳，则必定是诬陷了。[3] 首先，方回生前作为一方郡守和诗文大家，别人前来求序跋是很自然的事，其中有润笔或馈赠，也是很自然的事。但是，方回的身价断然不止五钱，于情于理也不会为了五钱而挥拳相向。以其老翁身手，这不是自己讨打吗？

以上所述，不是要证明方回人品高洁，而只是说，根据周密一人之言而断言方回人品卑污，不但不公道，而且缺乏逻辑。方回或许有私生活之隐污，有不符合当时道德规范之举，更不为现在之风俗所包

---

1 詹杭伦：《周密〈癸辛杂识〉"方回"条考辨》，34 页。
2 詹杭伦：《周密〈癸辛杂识〉"方回"条考辨》，32—33 页。
3 詹杭伦：《周密〈癸辛杂识〉"方回"条考辨》，33 页。

容，但他的所作所为，其实离一般士大夫相去不远。纳妾，乃至老年纳妾，都是时人风气。白居易的樊素口小蛮腰，大家以为是风流韵事，引以为美，其实也是"一树梨花压海棠"，与方回无异。苏东坡与朝云，何尝不是如此？朝云（1062—1096）姓王，本是西湖名妓，东坡爱而纳之，十二岁收为侍女，十八岁纳为侍妾，而东坡实长其二十五岁。因此，笔者以为，方回或贪财，或好色，饮宴之际或有"污言秽行"，并非品行高洁之士，但这些均属时代风尚，并不能证明方回之人品卑劣。

"力不能全国，全其郡可也"

当然，认为方回道德有污的一个关键是他向元军献城。此事周密大加讥刺，而方回本人也数次辩驳，不能不加以辨析。

周密称：元兵将至，方回先是"倡言死封疆之说甚壮"，而后"迎降三十里外"，是否如此，詹杭伦也有辩驳。[1]他以《新安文献志》方回一首佚诗《桃源行》为例，说方回此诗中云："楚人安肯为秦臣，纵未亡秦亦避秦。"方回在其诗序中还说："予谓避秦之士，非秦人也，乃楚人痛其君国之亡，不忍以身为仇人役，力未足以诛秦，故去而隐于山中尔。""楚虽三户，亡秦必楚，不遽亡之，则亦避之。盖深于知君臣之义者。"[2]也就是说，方回从陶渊明的《桃花源记》中读到了君

---

[1] 詹杭伦：《周密〈癸辛杂识〉"方回"条考辨》，30页。
[2] 詹杭伦：《周密〈癸辛杂识〉"方回"条考辨》，30页。

臣之义，认为桃花源中人并非秦人，而是不肯事秦因而避秦之楚人。方回如此解读，但自己却率郡降元，表明方回前后的言行并不一致。需要指出的是，言行不一并不能坐实周密的指控，原因在于方回降元是在宋室太皇太后谢道清携小皇帝降元之后，这个时间点非常重要。更不用说，谢道清还手诏各地降元。因此，方回是奉宋主之命降元。

方回后来回忆说：

> 二月初六日，奉前朝太皇太后嗣君诏书，以郡归于□，改书至元十三年。自此日始，行在所宰执大臣，以嗣君名具表纳土，送玺于皋亭山，在正月十八日。军马入临安府易守，在二十日。回犹坚守孤城半月余，奸人不敢阋于内，盗贼不敢煽于外，以待其定。王郎中世英、萧郎中郁，提兵五千赍诏至郡。合众官吏军民，一口同辞，唯惟恐有如常州之难，议定归附。[1]

于是二月初六，方回率领官员数人前往严陵钓台下，以郡迎降归元。此处方回列出了降元的三个背景：嗣君已降且临安易守、太后手诏以及全郡军民议定。首先，皇帝已降，首都沦陷，太后要求各地投降，这就有了降元的合法性。其次，严州并无多少守兵，离临安不过100公里，坚持抵抗有意义吗？再者，即使单从忠义出发，是否也需要考虑抵抗的风险呢？是否也需要考虑全郡数十万百姓的身家性命呢？我们固然不知道方回如何协调严州缙绅，但从此后他还在严州居住五年并与严州耆老赵宾旸往来的情景可知，方回降元的确有民意基

---

[1]（宋）方回：《先君事状》，《桐江集》，卷八。

础。寓居杭州后,赵宾旸至少两次去三桥看望方回。[1]因此,方回说"为小郡者,力不能全国,全其郡可也",[2]这个辩解还是站得住脚的。不知读者以方回的"全十二万户四十万口,亦可也"如何?

以上是方回自己的叙述,恐怕不免言过其实。但即使参校正史,其降元的基本线索依然一致。《元史》卷一百二十七"伯颜"记载:

> 甲申,次皋亭山,宋主遣知临安府贾余庆,同宗室保康军承宣使尹甫、和州防御使吉甫,奉传国玺及降表诣军前。伯颜受讫,遣囊加歹以余庆等还临安,召宋宰臣出议降事。
>
> 庚寅,伯颜建大将旗鼓,率左右翼万户,巡临安城,观潮于浙江。暮还湖州市,宋宗室大臣皆来见。辛卯,万户张弘范、郎中孟祺同程鹏飞,以所易降表及宋主、谢后谕未附州郡手诏至军前。令镇抚唐古歹罢文天祥所招募义兵二万余人。壬辰,伯颜登狮子峰,观临安形势。命唆都抚谕军民,部分诸将,共守其城,护其宫。癸巳,谢后复使人来劳问,仍以温言慰遣之。甲午,分置其三衙诸司兵于各翼,以俟调遣;其生募等军,愿归者听。
>
> 分遣萧郁、王世英等,招谕衢、信诸州。二月丁酉,遣刘颉等往淮西招夏贵,仍遣别将徇地浙东、西,于是知严州方回、知婺州刘怡、知台州杨必大、知处州梁椅,并以城降。[3]

---

1 (宋) 方回:《桐江续集》,卷十。
2 (宋) 方回:《先君事状》,《桐江集》,卷八。
3 《元史》,卷一百二十七,3109—3110 页。

则可见当时南宋大势已去，宋主和谢后下令"未附州郡"归顺元军。因此，方回降城既是受宋之命，又全严州百姓之命，[1]于法于节于情于理，均无差错。这样看来，我们在歌颂一片丹心照汗青的文天祥的同时，也要考虑具体的时空背景，不能一味贬斥受命而降的方回。在易代战乱中挣扎于一隅的人们，既不能鸟瞰身处的时空全景，更不像我们已经知道历史的走向，他们所作的生存选择，后人切切不能以空泛的道德标杆去评判。事实上，除了方回，浙南同时期降元的还有知婺州刘怡、知台州杨必大、知处州梁椅，这些人并没有受到同样的批评，为何？此外，颇受皇恩的严州状元方逢辰虽然拒绝仕元，一心讲学石峡书院，可他也没有像文天祥那样舍身抗元，同样没有被人讥讽。降元在方回的余生当中一直是个隐痛，所以他一而再，再而三地为自己辨析，同时他也从不掩饰自己对文天祥的赞叹。

那么，周密为什么要对方回大加抨击呢？其实和周密本人与贾似道的关系有关。这里不得不说方回和南宋权相贾似道的恩怨。

"独与贾似道不偶"

方回自己回忆说："然自取科立朝内，独与贾似道不偶，四取抨弹，誉之者不胜毁之者之多，将求无负竹坡先生之所望，以永慰先君

---

[1] 罗超：《方回降元之文化诠释》，《殷都学刊》2001年第2期，57—58页。

| 第七章 | 一代"贰臣":方回的建德情结

之心于地下,亦曰强为善而已矣。"[1]

方回对贾似道之不满,恐怕首起于景定三年的进士科。方回原为甲科第一,但为贾似道排抑,置乙科首;也就是说,方回本来是状元,可以与文天祥、方逢辰等齐名,却因贾似道的干涉而凭空失去。数十年后,他在诗中回忆说:"一鸣场屋老书生,晚节蹉跎百不成。旧试卷忘涂注乙,新吟藁漫草真行。柄臣全似逢崔胤,座主徒劳识李程。第五阿房关许事,樊川终自有诗名。"自注云:"予别省侥倖第一,廷对,考官常挺、赵日起、文天祥擢予第一,宰臣贾似道降为二科之首,升甲科。"[2]从状元变成了普通进士,这换了谁都难以接受难以谅解。詹杭伦综合历代文献早已指出:

> 方回与贾似道的矛盾,在其登第之时(宋景定壬戌三年,公元1262年),即已构成。元人陈栎在《答吴仲文问》中,曾说明此事。吴问道:"虚谷《五方炎辨》云:'别头首选,见忌权臣,彼谮人者,翘村之宾,其谁落第,移怨他人?驳放之议,鼎沸缙绅,愿闻此事?"陈答曰:"方公壬戌别院省元,似道忌之,谓是吕帅之客(按吕师夔时为兵部尚书,与贾似道有隙)。'翘村之宾'谓廖莹中,号药房,贾之爱客。廖之子亦赴别院省试,不中,故犹忌方而谮之。当时喧传,谓将有驳放方公之事。"(《定宇集》卷七)元人洪炎祖在《方总管传》中亦记其事:"景定三年,以别院省元登第,调随州教授。吕公师夔提举江东,辟充干办公

---

[1] (宋)方回:《先君事状》,《桐江集》,卷八。
[2] (宋)方回:《七十翁吟七言十首》,《桐江续集》,卷二十二。

事。历江淮都大司干官、沿江制干，所至皆得幕府誉，独与贾似道不偶。尝一再除国子正、太学博士，辄遭诬劾。"(《新安文献志》卷九十五上）。[1]

此事方回自己也有多次回忆。他说："文公天祥、赵公日起、常公挺拟为第一，似道降为乙科首。""易方山京为第一，谓越州出帝王后妃未出状元，以为上意。"[2] 他在八十岁时作《送俞唯道序》，又回忆说："壬戌别省第一，殿试第一名，常赵文诸公擢置首选，贾似道既而抑之。远注随州教授，避祸以去。其后三为朝士，一为别驾，皆遭论罢，似道所为也。"[3] 由此可知，贾似道不仅夺去了方回状元的头衔，而且成为方回仕途上的绊脚石，这自然让方回愤恨不已。而贾似道之所以如此，不过就是方回是其政敌所提携欣赏之人，不是贾似道的"群"里人。此外，方回在祁门的宗伯方岳（1199—1262，号秋崖先生），因忤贾似道等人被弹劾罢官；方回1255年曾亲去祁门拜访，对方岳与贾似道之不谐想必有所耳闻。如果贾似道1262年知道方岳是方回宗伯，则或是贾似道科甲排挤方回之原因。

方回对贾似道的不满，更来自贾似道的贪婪卖国，其上疏请斩贾似道，从大义出发，完全站得住脚。那么，方回上书究竟如周密所说在贾败之后，还是在贾似道失势之前呢？这个时间点也很重要。如果是前者，可以解释为方回上书不过是落井下石；如果是后者，那么，

---

1 詹杭伦：《周密〈癸辛杂识〉"方回"条考辨》，28页。
2 （宋）方回：《送男存心如燕二月二十五日夜走笔古体》，《桐江续集》，卷二十五。
3 （宋）方回：《桐江集》，卷一。

| 第七章 | 一代"贰臣"：方回的建德情结

方回就是一个有胆有识之捋虎须者。

贾似道在理宗、度宗两朝权势熏天，他的败落却在德祐元年（1275）一年之间。此年初，贾似道率兵迎战元军于鲁港（今安徽芜湖），二月二十三日全军覆没，贾似道与宋将孙虎臣单舸逃回扬州，上书请迁都。"陈宜中请诛似道，谢太后曰：'似道勤劳三朝，安忍以一朝之罪，失待大臣之礼。'止罢平章、都督，予祠官。三月，除似道诸不恤民之政，放还诸窜谪人，复吴潜、向士璧等官，诛其幕官翁应龙、廖莹中、王庭皆自杀。"[1] 从《宋史》可见，贾似道虽然有鲁港之败，导致从长江到临安几乎无兵可守，但谢太后对他依然信赖，"止罢平章、都督"，而且"予祠官"。在这样的处分下，贾似道随时可以东山再起。那么，这个处分是在什么时候呢？詹杭伦指出，同知枢密院事兼参知政事陈宜中弹劾贾似道实在二月二十六日，太皇太后谢道清内批似道罢职是在三十日。[2]

那么，方回是何时得知鲁港兵败以及贾似道罢平章的消息呢？此年正月，方回任安吉州通判；三月七日，他接到尚书札子，奉圣旨赴临安都堂禀议；十日，方回从安吉州解任；十三日，方回抵临安。[3] 此时，虽然贾似道罢职，但余党尤在，恩眷依然，随时有可能起复。正如方回指出："即似道之败矣，国危急亡矣，惧其复入者且肆为恐吓，

---

1 《宋史》，卷四百七十四，13786 页。
2 詹杭伦：《周密〈癸辛杂识〉"方回"条考辨》，29 页。方回在《乙亥前上书本末》也明确指出，二月三十日"内批似道罢职与祠"。方回：《乙亥前上书本末》，《桐江集》，卷六。
3 （宋）方回：《乙亥前上书本末》，《桐江集》，卷六；毛飞明：《方回年谱与诗选》，27 页。

噤舌锁声。"[1]在这样的情形下,三月十四日,方回"以为天下事已至如此,似道巨蠹元恶,真国贼也,受其恩者不忍言,畏其能杀己者不敢言",在未拜见执宰王熵、陈宜中的情况下,先到丽正门上书,历数贾似道倖、讦、贪、淫、褊、骄、吝、专、忍、谬十罪,乞诛贾似道。上书当日,太皇太后即付三省宣谕:除方回太常寺簿,兼庄文府教授。[2]

以上可知,方回并不是弹劾贾似道的第一人,但他可能是第一个请诛贾似道的官员,而且他不过是一中级官员,勇气可嘉。方回数贾似道十罪,恐怕也是最详细控告贾似道专权误国的奏折。他后来回忆说"首劾罢似道者,陈宜中;首乞诛似道者,方回",颇为自豪。[3]这些应该是事实。需要指出,方回的上书应该是他个人的行动,他和先前请诛贾似道的陈宜中并不是"群友";相反,后来陈宜中、王熵等对方回颇为排斥,特意将其外放严州。[4]可见,方回虽然不是捋虎须第一人,也是捋虎须者之一。

方回的这次上书,似乎得到了太皇太后的赏识,但对贾似道打击不大。此年"五月,王熵论似道既不死忠,又不死孝,太皇太后乃诏似道归终丧"。[5]六月,贾似道与廖莹中从扬州航海至绍兴,"陈合在枢府密与莹中交通,以朝事报似道"。方回越发觉得国事堪忧,六月十九日诣丽正门再次上书说:"似道与客廖莹中近在绍兴,此两人未

1　(宋)方回:《乙亥前上书本末》,《桐江集》,卷六。
2　(宋)方回:《乙亥前上书本末》,《桐江集》,卷六;毛飞明:《方回年谱与诗选》,27页。
3　(宋)方回:《乙亥后上书本末》,《桐江集》,卷六。
4　此年五月,内批除方回监察御史,左丞相王熵将此压下。方回在第一次上书中对王熵也有严厉的指责。毛飞明:《方回年谱与诗选》,27页。
5　《宋史》,卷四百七十四,13786页。

| 第七章 | 一代"贰臣"：方回的建德情结

诛，国人之气不吐"；"臣窃惟今日有不可不诛者二"，"其一，贾似道当诛而不诛"，"其二，廖莹中当诛而未诛"。他还提出要罢免王爚和陈合。二十一日，方回将上述副本送到两相府，左丞相兼枢密使陈宜中颇为恼怒，不但搜查扣留了上书的副本，而且叮嘱方回不要泄露上书，并在同日出方回知建德府。[1]

那么，贾似道此后的命运如何呢？《宋史》对此记录颇详。此年七月，在大臣的压力下，本欲袒护贾似道的太皇太后不得不妥协，将其徙婺州。可是婺州百姓闻贾似道要来，"率众为露布逐之"；于是又徙福州建宁府，而"建宁乃名儒朱熹故里，虽三尺童子粗知向方，闻似道来呕恶，况见其人"；几经波折，"始谪似道为高州团练使、循州安置，籍其家"。后面的故事大家都很熟悉。自告奋勇押送贾似道的县尉郑虎臣一路上对其百般凌辱，"似道行时，侍妾尚数十人，虎臣悉屏去，夺其宝玉，撤轿盖，暴行秋日中，令舁轿夫唱杭州歌谑之，每名斥似道，辱之备至"，冀望贾似道知耻自尽。孰料贾似道人老皮厚，忍辱负重。八月，贾似道一行至漳州木棉庵，"虎臣屡讽之自杀，不听，曰：'太皇许我不死，有诏即死。'虎臣曰：'吾为天下杀似道，虽死何憾？'拉杀之"。[2]

上述可见，方回两次请诛贾似道，固然不免有个人的积怨，但主要还是基于贾似道的误国。同时，方回的两次上书，并非痛打落水狗，亦非落井下石，而是抱着义愤，面临极大的政治危险。再者，方回的

---

[1] （宋）方回：《乙亥后上书本末》，《桐江集》，卷六；毛飞明：《方回年谱与诗选》，28页。
[2] 《宋史》，卷四百七十四，13786—13787页。

两次上书，也并非受到朝中大佬的指点或暗示，实际上，他的上书反而导致他被安排离开临安。因此，可知方回的上书并没有给他带来政治上的好处。这样看来，方回说他"独与贾似道不偶"，应该是真的；而周密之谎明矣。

那么，周密为什么对方回如此嫉恨呢？詹杭伦指出，周密大方回五岁，两人同在宋室为臣，如元后周密不仕，方回则续任建德路总管；周密四十六岁时寓居杭州，直至1298年去世；方回六十岁从严州到杭州寓居，1307年去世。两人同寓杭州有十一二年之久；两人也有许多共同的朋友，如仇远、白珽、戴表元、张仲实、赵孟頫等，但两人终身无交往；方回诗文集中无片言只语提及周密，而周密亦仅在《癸辛杂识》有一长文篇攻击方回。[1] 看来，方回与周密虽然看起来应该很接近，但两人不是"群友"，互不来往。

不是"群友"，未必就是敌人啊，詹杭伦分析指出，周密攻击方回暗藏的原因可视为替贾似道鸣冤。[2] 清人赵翼对周密与贾似道之关系看得比较清楚。他在《陔余丛考》卷四十一"叶梦得、周草窗"一条中就指出，周密是否为贾似道之心腹或不可知，但周密在其《癸辛杂识》中凡涉及贾似道处，无不袒护。"是其立论多为似道讼冤，想平日亦尝受似道之盼睐故耳。区区感恩知己之私，本欲为所附者弥缝掩覆，而不知欲盖弥彰，并自露其攀附之迹也。"周密在其《齐东野语》卷十九"贾氏园池"一条记贾家园林十分详细，仿佛曾经亲临其地；

1　詹杭伦：《周密〈癸辛杂识〉"方回"条考辨》，34页。
2　詹杭伦：《周密〈癸辛杂识〉"方回"条考辨》，35页。周密对廖莹中亦似有袒护，见"廖莹中仰药"条。（宋）周密：《癸辛杂识》，77页。

其《浩然斋雅谈》卷中"葛岭故相贾似道园池留题者"一条引述汤益一怀旧诗云："檀板歌残陌上花，过墙荆棘刺簪牙。指挥已失铁如意，赐与宁存玉辟邪。废馆昼飞无主燕，荒池春吠在官蛙。木棉庵下犹愁绝，月黑夜深闻鬼嗟。"颇有伤感同情之心。明人胡应麟（1551—1602）《诗薮》杂篇卷五则直接称周密"尝为贾似道客，贾悦生堂法书名画悉见之"，即使不过推测之语，未必便是空穴来风。因此，我们或可推测，其实周密是贾似道的"群友"？特别是周密在借"老吏"称方回可斩之罪有十一，这与方回上书贾似道可诛之罪有十对应，而周密随后讥讽曰："使似道有知，将大笑于地下矣。"这明显是为贾似道鸣冤。因此，周密之攻击方回，实际是为贾似道站台，也就是为自己辨污，不知读者以为然否？

因为是贰臣，严州历代"贤牧（优秀的地方官）"的名单中自然不会出现方回的名字。范仲淹虽然在睦州不过半年，可是"思范亭"的修建和历代重修不断提醒着人们这位著名政治家和学者在严州的足迹；他的《严先生祠堂记》历代传颂，大大提升了小小严州在全天下的名声。相比之下，在严州任职六年、居住近十二年的方回几乎默默无闻，无人将其与严州联系，或许是因为他降元之事生怕他玷污了严州？然而，客观地说，方回在宋主降元之后依宋主之命降元，合理合情合法，并无可指责之处，更何况此举还避免了战火之灾，保全了数十万生灵。方回的被遗忘、被贬低，不过是道德杀人的另一个例子而已。

方回的一生，长在徽州，仕于严州，老于杭州，体现了这三个州（府）之间千百年来人群、经济和文化上的密切联系。这种联系，如前所述，到了20世纪60年代就戛然而止了。

图 1.4　六眼井

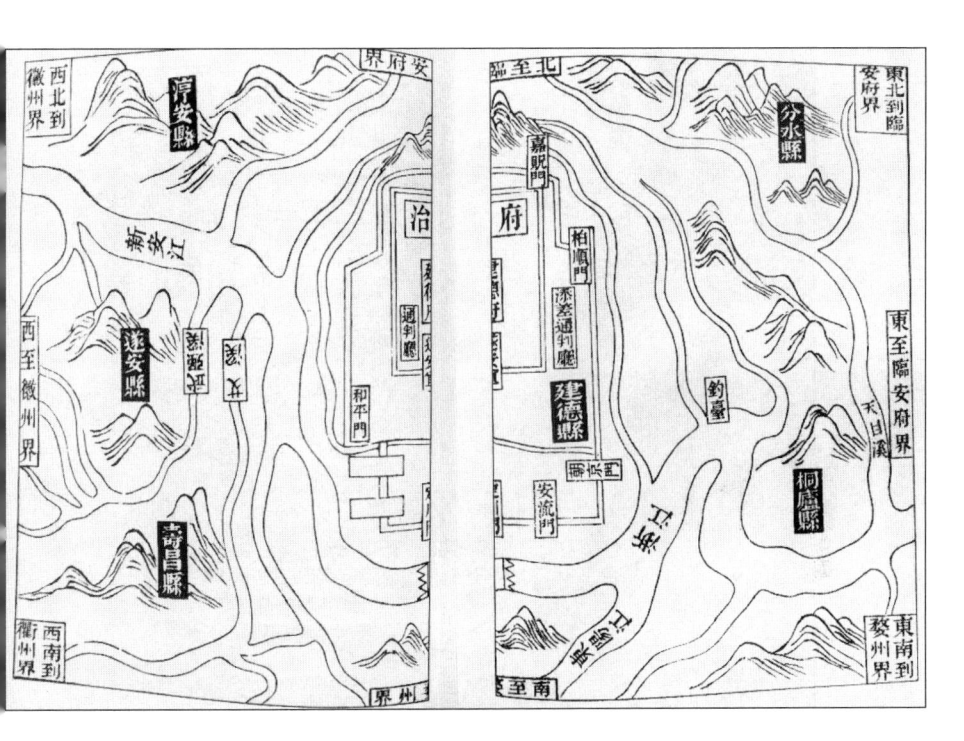

图 2.1　淳熙《严州图经》"府境总图"

图 2.2 伍子胥画像[1]

---

1 （清）丁善长绘，王寿伟撰：《历代画像传》，卷二，清光绪二十二年（1896）刻本。

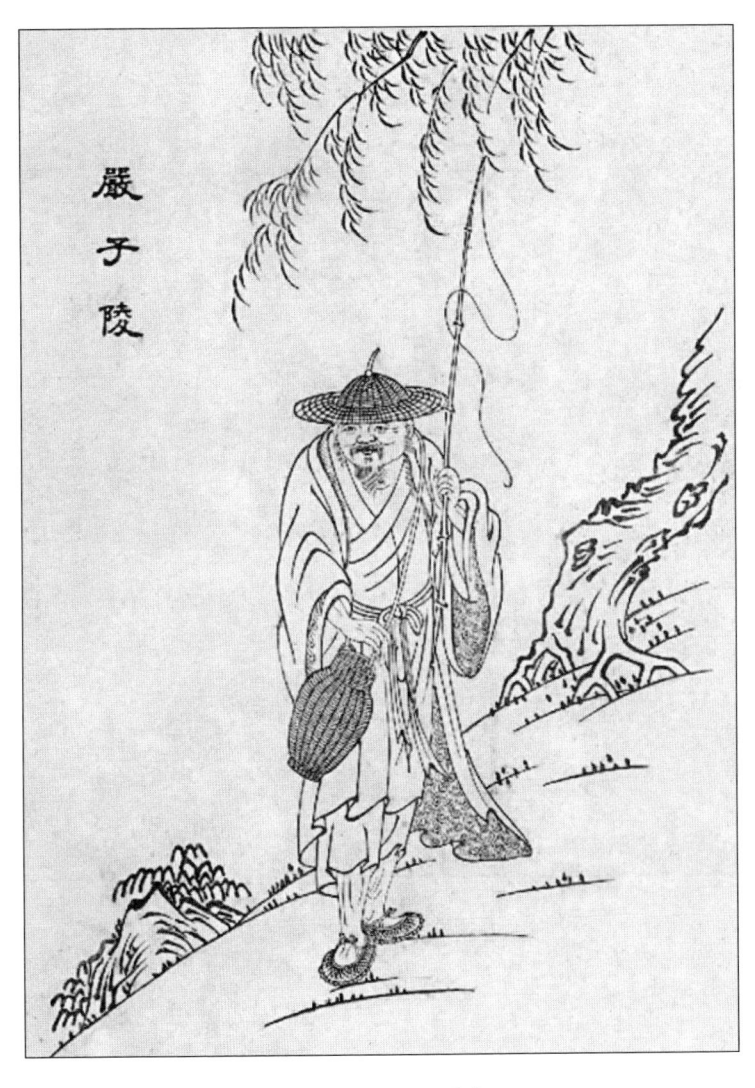

图 3.1　严子陵画像[1]

---

[1] （清）丁善长绘，王寿伟撰：《历代画像传》，卷三，清光绪二十二年（1896）刻本。

图 3.2　七里泷[1]

1　蒋维乔:《严子陵钓台记》,8 页。

图 3.3 "富春江畔严子陵之祠"（1943 年）[1]

---

[1] 《杂志》1943 年第 10 卷第 4 期，141 页。

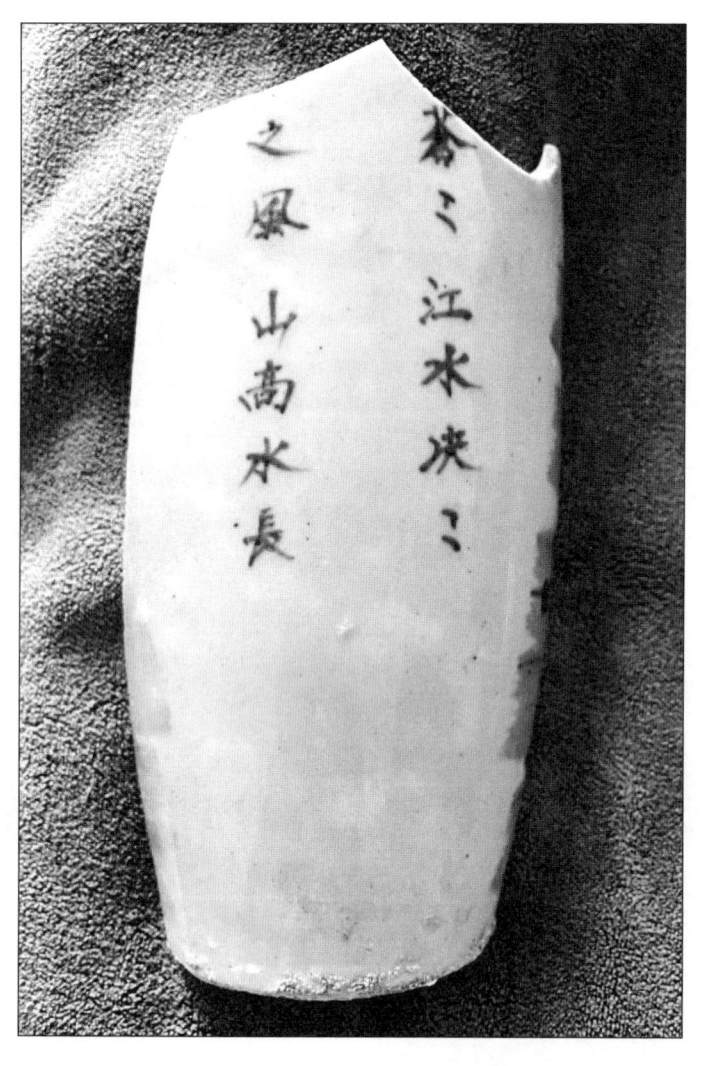

图 3.4 "山高水长"青花瓷片

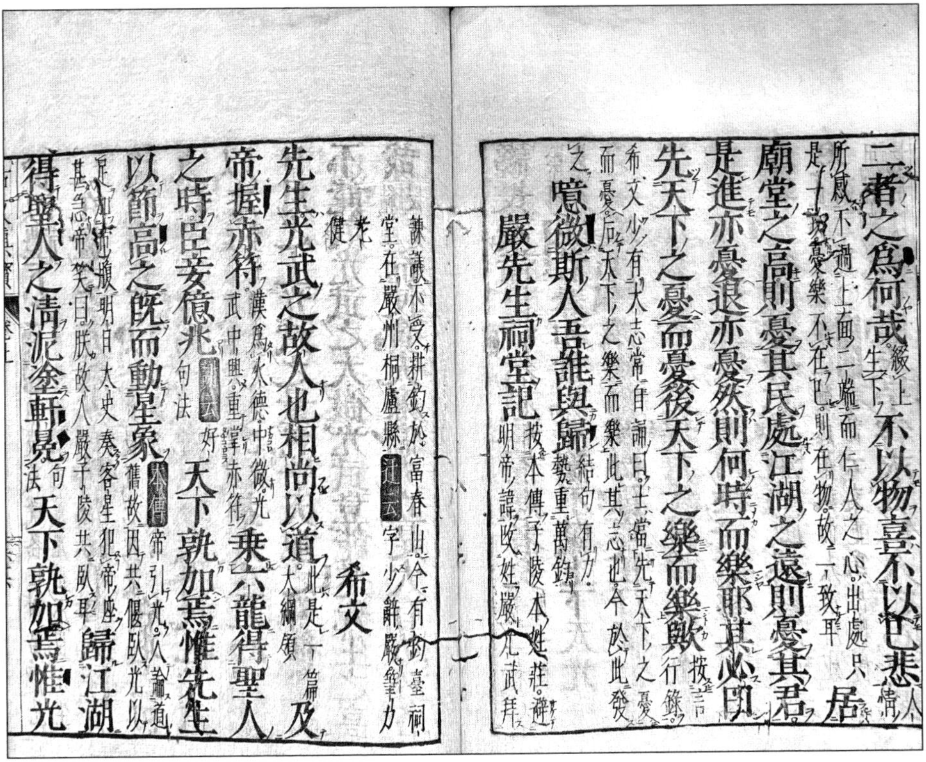

图 3.5　日本版《古文真宝》

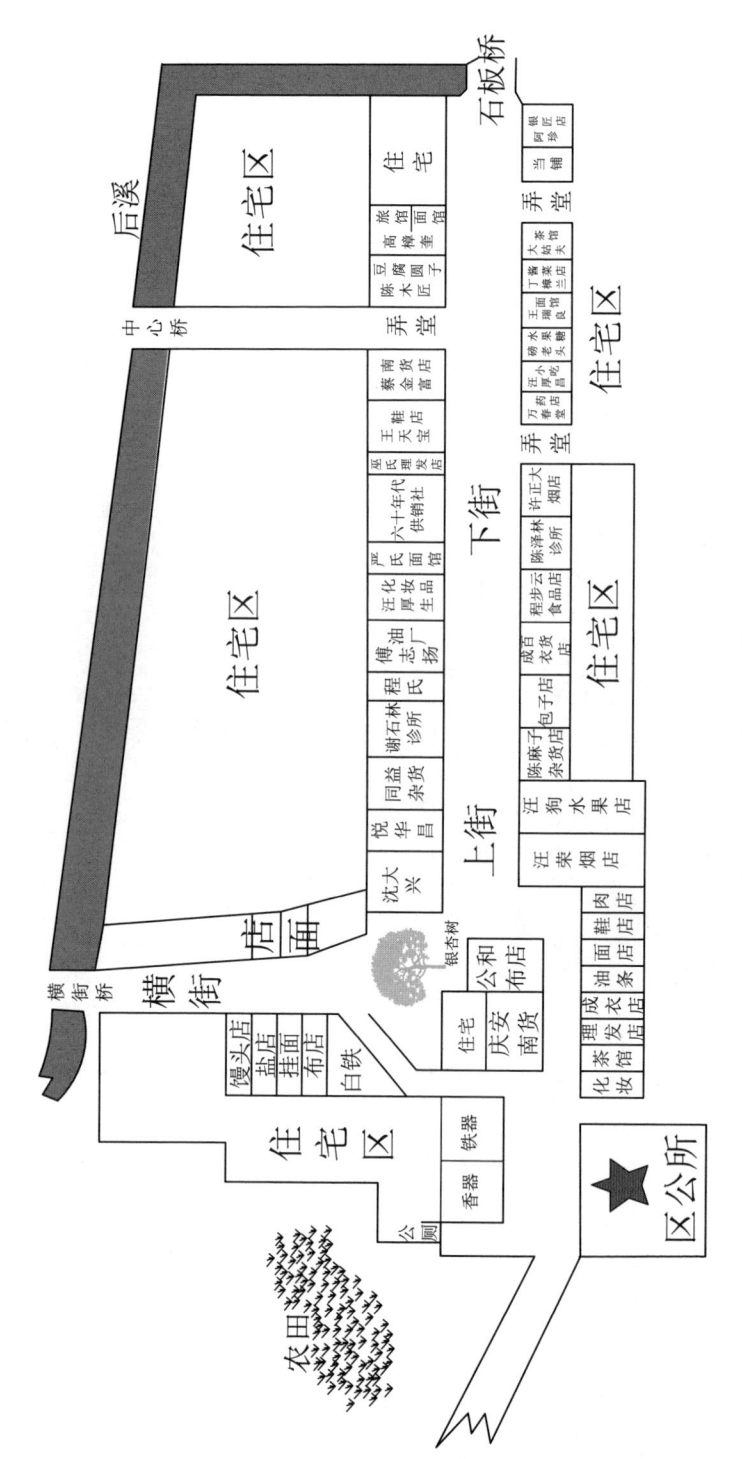

图 10.4 1968 年的岭头老街

图 11.1 山坡上的垒柏

图 11.2 俯瞰坌柏

图 12.1　坌柏的裹脚凳[1]

1　这个裹脚凳是我二舅从坌柏带出来保留至今的几件日常家具之一。这个裹脚方凳 30 厘米见方，高约 35 厘米，带一个小抽屉，表面的红漆大部磨损。二舅告诉我，这是早年女性的裹脚凳，抽屉里放着裹脚的东西。这个小方凳大概是其养母或者其他女性长辈带到坌柏的嫁妆之一。

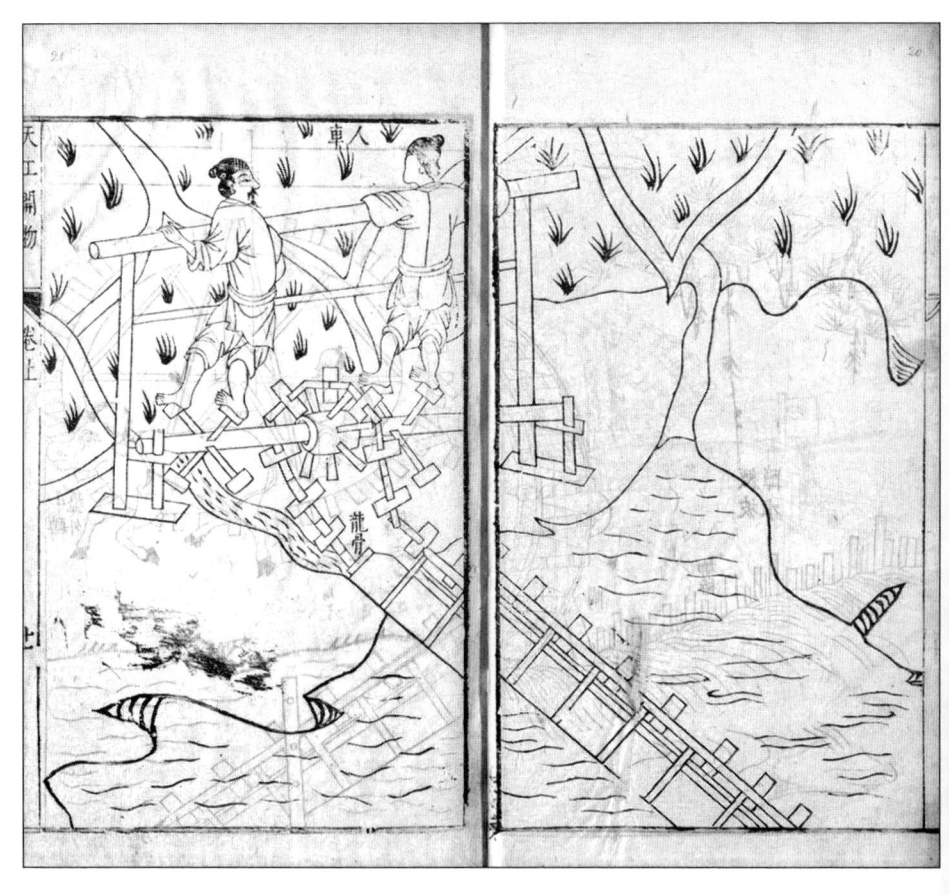

图 12.2 "人车"[1]

---

1 （宋）宋应星：《天工开物》，明崇祯十年（1637）涂绍煃刊本，卷一，11 页，藏法国巴黎国立图书馆，https://gallica.bnf.fr/ark:/12148/btv1b52505781g/f35.item。

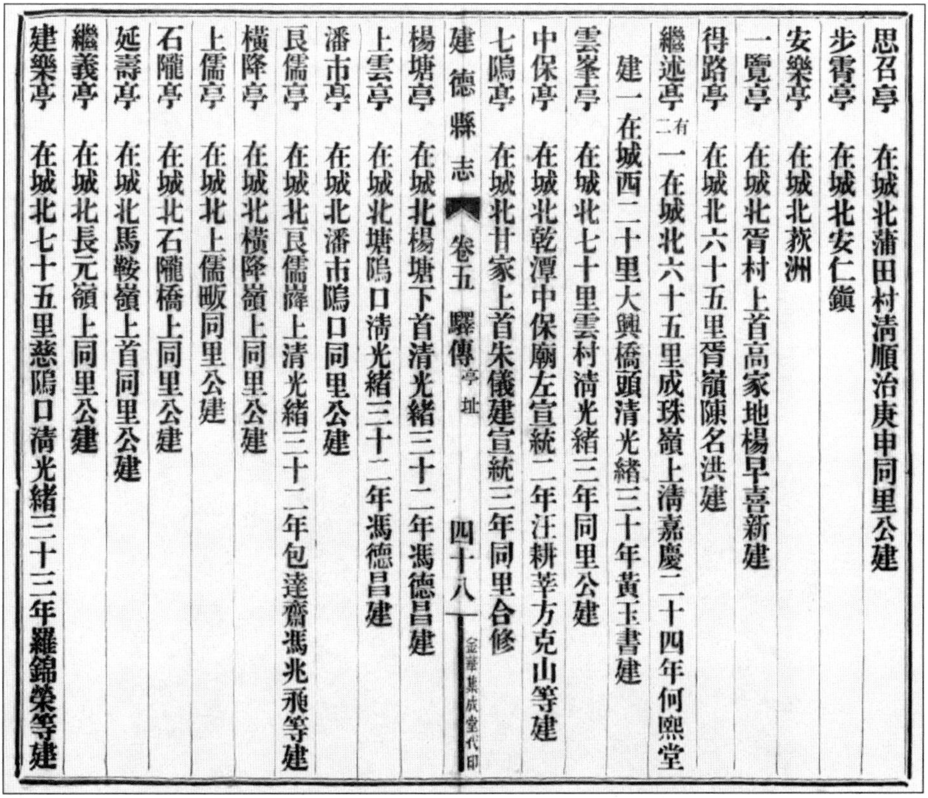

建樂亭　在城北七十五里慈隝口清光緒二十三年羅錦榮等建
繼義亭　在城北長元嶺上同里公建
延壽亭　在城北馬鞍嶺上同里公建
石隴亭　在城北石隴橋上同里公建
上儒亭　在城北上儒畈同里公建
橫降亭　在城北橫降嶺上同里公建
艮儒亭　在城北艮儒薜上清光緒三十二年包達齋馮兆乘等建
潘市亭　在城北潘市鴉口清光緒三十二年馮德昌建
上雲亭　在城北塘鴉口清光緒三十一年馮德昌建
楊塘亭　在城北楊塘下首清光緒三十一年馮德昌建
建德縣志　卷五　驛傳　亭址　四十八
七鴉亭　在城北甘家上首朱儀建宣統三年同里合修
雲峯亭　在城北乾潭中保廟左宣統二年汪耕莘方克山等建
中保亭　在城北七十里雲村清光緒三年同里公建
一在城西二十里大興橋頭清光緒三十年黃玉書建
建二有一在城北六十五里成珠嶺上清嘉慶二十四年何熙堂
繼述亭　在城北六十五里胥嶺陳名洪建
得路亭　在城北胥村上首高家地楊早喜新建
一覽亭　在城北荻洲
安樂亭　在城北安仁鎮
步霄亭　在城北蒲田村清順治庚申同里公建
思召亭　

图 13.3 《民国建德县志》所载"一览亭"（第四列）[1]

1　《民国建德县志》，卷五"驿传"之"亭址"，48 页。

图 14.1 杨家的青石磨盘（上半部）

第八章

一条贡道：七里滩的波光帆影

"奇山异水，天下独绝"

严州府山多地狭，郡县之设也晚，史上立功立言立德之人也鲜，在浩浩荡荡的中国历史长流中，与其他名郡名县相比，颇不足道。境内之乌龙山，若论高大雄伟，去五岳太远；虽然有方腊事，但实在也算不得雅迹，即使在东南亦不足为道，遑论全国。不过，境内之新安江，秦汉以来便以风景幽美著称。南宋知严州董弅称："州境山水，清绝著称。"[1] 平心而论，的确如此。

严州府之所以北止桐庐，南抵遂安，这是有地理上的原因的。桐庐以北的新城县、富阳县，山势渐缓，田地渐多，是杭嘉湖平原的最南端，或者说外沿。严州府桐庐、分水以及以南的建德、寿昌、淳安、遂安，跨新安江两岸，山势连绵不断，地理环境、经济形态基本一致。即使以江水为例，富春江平缓，并无大浪大滩峡谷，而桐庐以上的建德江和新安江则自古以滩多水险著称。这也是为什么钱塘江上最早的两座大坝——新安江水电站和富春江水电站均在原严州境内的原因。富春江大坝就位于建德江和桐江连接的窄小之处，此处也是唐宋以来记载的"七里滩"之起点。

七里滩，亦称七里濑或七里泷，大致起于桐庐七里泷镇（现称富

1　（宋）董弅：《〈严陵集〉序》，《严陵集》。

春江镇），止于梅城乌石滩。这条水道为建德江两岸千里岗山脉和龙门山脉夹峙形成的峡谷，因为严子陵曾垂钓台西岸，故又称严陵滩或严陵濑。新安江—建德江自唐宋以来就以江水清澈江流多滩而著名。从七里泷逆流而上，有"一滩又一滩，新安在天上"的感叹。七里滩便是第一滩。

七里滩之所以命名，并非其长七里。七里滩是浙西、皖南、赣东主要商埠从新安江顺流而下前往钱塘江的必经水路，过去江面滩多水急，舟楫从下游逆流而上需要等候东风，东风一起，帆船乘风而去，长滩瞬息可过，仿佛七里；倘若无风，必须靠人工拉纤，山道蜿蜒，江水急湍，逆流而上，愈发显得路途遥遥。从七里泷到乌石滩实际距离约三四十里，拉纤却仿佛加倍，似有七十里之远，故宋代以来便有"有风七里，无风七十里"之说法，因以为名。[1] 北宋梅尧臣诗中写了此处行船之难，说："舟轻不畏险，逆上子陵滩。七里峡天翠，千重云木寒。古祠鸣野鸟，乱石激春湍。正与高怀惬，宁歌行路难。"[2]

钱塘江从富阳逆流而上，经桐庐达建德的这段水路，恰恰是从杭嘉湖平原地区进入浙西南的山地，因而江水从宽阔平缓到狭窄奔流，两岸从平地到高山，风景殊异。而包括七里泷江在内的建德江这段浙西水路，和浙东绍兴之山阴古道一般，一山路，一水路，历来是江南山水的绝佳处。南朝吴均《与朱元思书》写得最为传神，从而千古传诵。不妨引之如下：

1　《严州图经》，卷二，85页。
2　（宋）梅尧臣：《送崔主簿赴睦州清溪》，《严陵集》，卷五，57页。

风烟俱净，天山共色。从流飘荡，任意东西。自富阳至桐庐，一百许里，奇山异水，天下独绝。水皆缥碧，千丈见底。游鱼细石，直视无碍。急湍甚箭，猛浪若奔。夹岸高山，皆生寒树，负势竞上，互相轩邈；争高直指，千百成峰。泉水激石，泠泠作响；好鸟相鸣，嘤嘤成韵。蝉则千转不穷，猿则百叫无绝。鸢飞戾天者，望峰息心；经纶世务者，窥谷忘反。横柯上蔽，在昼犹昏；疏条交映，有时见日。

文中云"自富阳至桐庐，一百许里"，其实主要说的桐江—建德江一带水路层峦叠嶂的风景。这段水路之美，自然是天生的；但这段水路之美，之所以为人所知，还需要天时地利人和，需要有人发现，有人游览，有人赞叹，有人传诵。而其前提便是，需要有人舟行此地。那么，为什么会有人来到这浪大水急的七里滩呢？无他，只因七里滩自秦汉以来便是东南交通要道。这条水路，其实也是最早的官路，往浙西南任职的官员必经此地。随着交通路线和设施的稳定，这条水路也成为联系福建、江西和安徽乃至两广的官路，特别是在南宋定都临安之后，成为东南要道。很自然的，海外诸国也顺着这条官路抵达临安，而后沿着大运河这条帝国的主动脉北上南京和北京。

或自谢灵运始

七里滩的确是在汉末以后才引起人们的注意，乐于游山玩水的谢灵运（385—433）便是先行者之一。他在《七里濑》诗中写道："羁心积秋晨，晨积展游眺。孤客伤逝湍，徒旅苦奔峭。石浅水潺湲，日落山照曜。荒林纷沃若，哀禽相叫啸。遭物悼迁斥，存期得要妙。既秉上皇心，岂屑末代诮。目睹严子濑，想属任公钓。谁谓古今殊，异代可同调。"[1] 此诗当然逃脱不了以景抒情的模式，赞叹了此处的秋景，但其实引起谢灵运兴趣的，恐怕还是位于七里濑的钓台这个人文景观。

谢灵运，会稽人，祖父是参加淝水之战的谢玄，因而属于从中原南迁的世家子弟。谢灵运小时候寄养在钱塘道士杜子恭的道馆，十五岁才回建康；此后他宦海沉浮，既参与中枢，又常被外放，曾任永嘉太守，后被贬为临川（今江西抚州）内史，流放广州。433年，谢灵运被人诬告谋反，在广州弃市。谢灵运喜欢游山玩水，成为中国山水诗的开山鼻祖，使山水诗成中国文学的一大流派。据史志记载，谢灵运任永嘉太守时，曾率数百人伐木开径、凿山筑路。他的这首诗，充满了对官场的厌倦，想必应该作于任职永嘉与临川之间。因此，七里濑之游览，或自谢灵运始。而他知晓七里滩，当在少年客居钱塘之际。他被贬斥临川，是否走钱塘江水路经过七里滩已不可知，想来应当如此。

南朝的任昉（460—508）于507年春出任宁朔将军、新安太守，有《赠郭桐庐出溪口见候余既未至郭仍进村维舟久之郭生方至诗》和《严陵濑诗》。前者云："朝发富春渚，蓄意忍相思。涿令行春返，冠盖溢川坻。望久方来萃，悲欢不自持。沧江路穷此，湍险方自兹。叠

---

[1] （南朝）谢灵运：《七里濑》，见《严陵集》，卷一，1页。

嶂易成响,重以夜猿悲。客心幸自弭,中道遇心期。亲好自斯绝,孤游从此辞。"[1] 后者云:"群峰此峻极,参差百重嶂。清浅既涟漪,激石复奔壮。神物徒有造,终然莫能状。"[2] 新安郡大致管辖新安江上游的徽州与遂安、淳安地区,郡治在淳安(旧址已在千岛湖底)。《严州图经》记载任昉"梁天监中自秘书监出为新安太守,在郡不事边幅,率然曳杖徒行。邑郭人通辞讼者,就路决焉,为政清省吏人便之"。[3] 或可知,任昉上任新安太守,走的是钱塘江—新安江水路,则此条水路已经成为官路。

到了唐代,舟行七里滩的游宦更多了。初唐四杰之一的骆宾王(约640—约684)是义乌人,684年,他跟随英国公徐敬业起兵讨伐武则天,撰写了有名的《讨武曌檄》。骆宾王曾到过七里滩。他在《应诰》中写道:"余以三伏辰行至七里濑,此地即新安江口也。有严子陵钓矶焉,澄潭至清,洞彻见底,往往有群鱼戏,历历如水行耳。"[4] 他说七里濑是新安江江口,这是相当正确的认识。

开元年间,孟浩然(689—740)有吴越之行。从开元十八年到二十一年(729—732),孟浩然自洛阳沿汴河东南行,经过淮河和长江到达杭州,开始了吴越之行。从杭州出发,他溯浙江而上,游览了浙西风光,而后转天台再到越州。在舟行浙江时,他有许多诗文,包括《初下浙江舟中口号》《早发渔浦潭》《经七里濑》《宿桐庐江寄广

---

[1] 逯钦立辑校:《先秦汉魏晋南北朝诗》(上海:中华书局,1983年),1597页。
[2] 逯钦立辑校:《先秦汉魏晋南北朝诗》(上海:中华书局,1983年),1601页。
[3] 《严州图经》,卷一,48页。
[4] 《严陵集》,卷七,77页。

陵旧游》《宿建德江》和《舟中晚望》。[1] 其中最著名的当然是《宿建德江》一首，前已述及。让李白不敢题诗在其上的崔颢（704—754），也乘舟经历了七里滩。他在《发锦沙村》中写道："北上途未半，南行岁已阑。孤舟下建德，江水入新安。海近山常雨，溪深地早寒。行行泊不可，须及子陵滩。"我们当然也不能忘了中唐诗人刘长卿，他与严州感情最厚。刘长卿，天宝年间（742—746）进士，大历年间（766—779）被诬贬为睦州司马。他一定经过了七里滩，有诗为证。其《却归睦州至七里滩下作》云："南归犹谪宦，独上子陵滩。江树临洲晚，沙禽对水寒。山开斜照在，石浅乱流难。惆怅梅花发，年年此地看。"[2] 又有《七里滩送严维》，云："秋江渺渺水空波，越客孤舟欲榜歌。手折衰杨悲老大，故人零落已无多。"[3] 则其友严维也经历七里滩。刘长卿在睦州府治有碧涧别墅，接待过好友皇甫曾，[4] 两人因此唱和。刘诗《碧涧别墅喜皇甫侍御相访》云："荒村带返照，落叶乱纷纷。古路无行客，寒山独见君。野桥经雨断，涧水向田分。不为怜同病，何人到白云。"皇甫曾《过刘员外长卿别墅》云："谢客开山后，郊扉积水通。江湖千里别，衰老一尊同。返照寒川满，平田暮雪空。沧洲自有趣，不便哭途穷。"又李嘉祐有《入睦州分水路忆刘长卿》写道："北阙忤明主，南方随白云。沿洄滩草色，应接海鸥群。建德潮已尽，新安江又分。回看严子濑，朗咏谢安文。雨过暮山碧，猿吟秋日曛。"

---

1 刘文刚：《孟浩然年谱》（北京：人民文学出版社，1995 年），3 页。
2 《严陵集》，卷一，2—3 页。
3 《严陵集》，卷一，3 页。
4 《全唐诗》，卷二百一。

吴洲不可到,刷鬓为思君。"[1]可见刘长卿之际唐人对七里滩的游历与认知。

杜牧(803—约852)曾任睦州刺史,曾为此间山水赋诗云:"翠岩千尺倚溪斜,曾得严光作钓家。越嶂远分丁字水,腊梅迟见二年花。明时刀尺君须用,幽处田园我有涯。一壑风烟阳羡里,解龟休去路非赊。"[2]则其之至睦州亦必然舟行七里滩。

晚唐诗人的代表许浑(788—约860)也曾出为睦州刺史。他在《晚泊七里滩》中写道:"天晚日沈沈,归舟系柳阴。江村平见寺,山郭远闻砧。树密猿声响,波澄雁影深。荣华暂时事,谁识子陵心。"[3]同样是晚唐诗人的雍陶亦写过七里滩。他的《送徐山人归睦州旧隐》写道:"君在桐庐何处住,草堂应与戴家邻。初归山犬翻惊主,久别江鸥却避人。终日欲为相逐计,临岐空羡独行身。秋风钓艇遥相忆,七里滩西片月新。"[4]雍陶想来没有到过七里滩,但其友徐山人既然归睦州旧居,自然游历此处。稍后的黄滔(840—911)是莆田城内前埭(今荔城区东里巷)人,其《严陵钓台》一诗云:"终向烟霞作野夫,一竿竹不换簪裾。直钩犹逐熊罴起,独是先生真钓鱼。"[5]假如他从家乡经历新安江,过严陵,则在唐代福建入中原也常走七里滩水路。

到了北宋,游历题咏七里滩的大家就更多了。张伯玉(1003—约

---

1 《严陵集》,卷一,2页。
2 《严陵集》,卷一,9—10页。
3 《严陵集》,卷二,14页。
4 《严陵集》,卷二,13页。
5 《全唐诗》,卷七百零六。

1068），颇受范仲淹青睐，至和年间（1054—1056）为严州通判，写过许多有关严州的诗文。其《七里滩》云："漱玉鸣珠七里滩，到今犹照客星寒。卢奴有水徒千顷，未得高贤一瞬看。"《舟次子陵钓台》云："十载从军去又来，强为颜面走尘埃。久惭簪笏未归去，且喜妻孥共此来。旋撷岸蔬供野饭，欲题岩壁拂苍苔。子陵昔日诚高趣，未必全家上钓台。"[1] 可见他曾舟行七里滩，经过钓台。治平元年（1064），张伯玉移知福州又经过了七里滩，《至睦州泊新安江口》诗中写道："前岁过此州，手持七闽节。虽远更惮劳，揽辔迟明发。回瞻七里滩，何日榜舟歇。幸得满三年，解符下瓯粤。却到新安江，依然旧澄澈。敛巾照江水，无白可添发。州人多故吏，罗立皆磬折。问我此去心，复有何施设？兴言顾诸老，谢尔相慰说。此度归来心，可共严陵说。"[2]

苏轼（1037—1101）曾两任杭州，因而也有了机会游览七里滩。他在《送江公著知吉州》诗中提到了桐庐和钓台，可知苏轼亦知晓此地及其山水。诗云："三吴行尽千山水，犹道桐庐更清美。岂惟浊世隐狂奴，时平亦出佳公子。初冠惠文读城旦，晚入奉常陪剑履。方将华省起弹冠，忽忆钓台归洗耳。未应良木弃大匠，要使名驹试千里。奉亲官舍当有择，得郡江南差可喜。白粲连樯一万艘，红妆执乐三千指。簿书期会得余闲，亦念人生行乐耳。"[3] 苏轼提到的江公著是睦州建德人，字晦叔，英宗治平四年（1067）进士。初任洛阳尉，作《久旱微雨诗》，为司马光所称荐，遂知名。他新任江西吉州，途中想必

1　（宋）张伯玉：《七里滩》《舟次子陵钓台》，《严陵集》，卷四，43页。
2　（宋）张伯玉：《至睦州泊新安江口》，《严陵集》，卷四，49页。
3　（宋）苏轼：《苏东坡全集》（北京：中华书局，2021年），曾枣庄、舒大刚主编，卷二《诗集二》，598页。

顺路返回家乡，所以走的是钱塘江水路，到达睦州府后再西去江西。大概是在杭州与苏东坡相见，故东坡有诗相送。

苏轼又有《行香子·过七里滩》，云："一叶舟轻，双桨鸿惊。水天清、影湛波平。鱼翻藻鉴，鹭点烟汀。过沙溪急，霜溪冷，月溪明。重重似画，曲曲如屏。算当年、虚老严陵。君臣一梦，今古空名。但远山长，云山乱，晓山青。"[1] 宋神宗熙宁六年（1073）春二月，苏轼任杭州通判时巡查富阳，由新城至桐庐，乘舟富春江，经过七里濑而作此词。

苏轼的弟弟苏辙也路过了七里滩，可惜为舟子所误，错过了登钓台的机会。他说："舟过严陵滩，将谒祠登台。舟人夜解，及明已远至桐庐。望桐君山寺缥缈可爱。遂以小舟游之，二绝。"其一云："扁舟忽草出山来，惭愧严公旧钓台。舟子未应知此恨，梦中飞楫定谁催。"[2]

至于曾在严州任职的范仲淹等人，则不必细说。范仲淹有绝句："萧洒桐庐郡，严陵旧钓台。江山如不胜，光武肯教来？""江山如不胜，光武肯教来？"的反问，恰恰说明范仲淹对七里滩风光的欣赏。梅尧臣（1002—1060）有《青溪行》："山色碧于溪，扁舟泛落晖。水烟帆界破，沙鹭桨惊飞。岛屿随流曲，渔灯隔岸微。月明何处宿，待访子陵矶。"子陵矶就是严子陵钓台，则梅尧臣亦有七里滩之游。

南宋以降，游历七里滩的官宦、学者数不胜数，如陆游父子、杨

---

[1] （宋）苏轼：《苏东坡全集》，977页。
[2] （宋）苏辙：《舟过严陵滩，将谒祠登台。舟人夜解，及明已远至桐庐。望桐君山寺缥缈可爱。遂以小舟游之，作二绝》，《严陵集》，卷六，65页。

万里、范成大等人，相关诗文亦不胜枚举，当大抵不脱对山水之赞美并由此而抒发个人的旨趣。不妨引清代郑日奎《游钓台记》作一总结。郑日奎（1631—1673），字次公，号静庵，贵溪（今属江西）人，顺治十六年（1659）进士。他写道：

钓台在浙东，汉严先生隐处也。先生风节辉映千古，予夙慕之，因忆富春桐乡诸山水，得藉先生以传，必奇甚，思得一游为快，顾是役也，奉檄北上，草草行道中耳。非游也，然以为游，则亦游矣。

舟发自常山，由衢抵严，凡三百余里，山水皆有可观。第目之所及，未暇问名，领之而已。惟诫舟子以过七里滩，必予告。越日，舟行万山中，忽睹云际双峰，崭然秀峙，觉有异，急呼舟子曰："若非钓台耶？"曰："然矣！"舟稍近，迫视之，所云两台，实两峰也。台称之者，后人为之也。台东西峙，相距可数百步，石铁色陡起江干，数百仞不肯止。巉岩傲睨如高士并立，风致岸然。崖际草木亦作严冷状。树多松，疏疏罗植，偃仰离奇各有态，倒影水中。又有如游龙百余，水流波动，势欲飞起。峰之下，先生祠堂在焉。意当日垂纶，应在是地，固无登峰求鱼之理也。故曰峰也，而台称之者，后人为之也。

山既奇秀，境复幽倩，欲舣舟一登，而舟子固持不可。不能强，因致礼焉，遂行。于是足不及游而目游之。俯仰间，清风徐来，无名之香，四山飚至，则鼻游之。舟子谓滩水佳甚，试之良然，盖是即陆羽所品十九泉也，则舌游之。顷之，帆行峰转，瞻望弗及矣。返坐舟中，细绎其峰峦起止，径路出没之态，惝恍间如舍舟登陆，如披草寻磴，如振衣最高处，下瞰群山趋列，或秀静如文，或雄拔如武，大似云台诸将相，非不杰然卓立，觉视先生，悉在下风，盖神游之矣。思稍倦，隐几卧，而空濛滴沥之状，竟与魂魄往来，于是乎并以梦游，觉而日之夕矣，舟泊前渚。人稍定，呼舟子劳以酒，细询之曰："若尝登钓台乎？山中之景何若？其上更有异否？四际云物何如奇也？"舟子具能悉之，于是乎并以耳游。噫嘻，快矣哉，是游乎！

客或笑谓："郑子足未出舟中一步，游于何有？"嗟乎，客不闻乎？昔宗少文卧游五岳，孙兴公遥赋天台，皆未尝身历其地也。余今所得，较诸二子，不多乎哉？故曰："以为游，则亦游矣。"客曰："微子言不及此。虽然，少文之画，兴公之文，盍处一焉，以谢山灵？"余窃愧未之逮也，遂为之记。[1]

郑日奎因为舟子不许，不能亲登钓台，但其目游、鼻游、舌游、神游、耳游，亦是一快！而七里滩山水之乐，明兮！

"西南数百郡之孔道"

有关东南交通，严耕望先生当年已有研究计划，当有宏论，可惜

---

[1] （清）李祖陶辑：《清文录》，《郑静庵先生文录》，清道光十九年（1839）刻本。

天不假年。[1] 不过，七里泷水路在唐代已经突显其在东南交通的重要性。唐代两浙驿路有一条干线，北起今江苏镇江，南沿江南运河进入今浙江境内，而后到达杭州市。杭州往南分为两路：睦州路过富阳市、桐庐县、建德市而至衢州市；婺州路则在杭州渡过钱塘江后经今萧山市，又南经今诸暨市、义乌市、金华市，西至衢州市与睦州路汇合，往西就进入江南西道了。这条干线南段以睦州路较为重要。[2]

到了南宋临安之时，七里滩和建德交通之重要性愈发突出。南宋末知建德的方回最有体会，他说：建德"是为西南数百郡之孔道，舟车必由"。[3] 明末商人编纂的天下水陆路程大致记录了这条官私皆用的水路，由此我们大致可以前推到南宋乃至李唐时期。

明末徽商黄汴编纂的《天下水陆路程》卷一记载了"北京至南京浙江福建驿路"。到浙江杭州府城北关门武林驿之后，就进入"浙江水驿"，也就是利用了钱塘江水系逆流而上。其详细水路驿站如下：从武林驿三十里到江口浙江水驿，一百三十里到会江驿（富阳县），一百二十里到桐江驿（桐庐县），过钓台，一百里到严州府建德县富春驿；而后西去衢州府，西南一百里到瀫水驿（兰溪县），东五十里到金华府，西南九十里到亭步驿（龙游县），七十里到衢州府西安县上杭埠驿；然后南去福建浦城县；西八十里到广济驿（浙江常山县），而后陆路三十五里到草平驿，此地为江浙界，以下江西省和福建省内

---

1 张锦鹏在其南宋交通研究当中，也大致勾勒。张锦鹏：《南宋交通史》（上海：上海古籍出版社，2008年），48—67页。
2 华林甫：《唐代两浙驿路考》，《浙江社会科学》1999年第5期，133页。
3 （宋）方回：《建德府节要图经序》，《光绪严州府志》（下），卷二十五，776页。

驿站略。[1] 这是官方记载的大（大致为县级）驿站，其中还有许多小驿站都省略不计了。读者大致可知，从京杭大运河南下到杭州去福建或江西，均可采用钱塘江水系逆流而上到新安江，而后辗转浙西南，或去江西，或下福建。这条路，其实就是范成大赴任广西走的水路。

此书卷七"江西城由广信府过玉山至浙江水"则记录从南昌经新安江北上的水路驿程。从江西南昌府出发，六十里到赵家围，六十里到瑞虹，六十里到龙窟，八十里到安仁县，一百里到贵溪县，八十里到弋阳县，八十里到铅山县河口，八十里到广信府，一百里到玉山县，陆路四十里到草平驿，四十里到常山县，下水，八十里到衢州府，八十里到龙游县，八十里到兰溪县，九十里到严州府；此处可以西去徽州不提；东五十里到钓台、子陵祠，三十里到桐庐县，九十里到富阳县，九十里到钱塘江，十五里到杭州。[2] 可见，南昌到杭州也可以充分利用沿途河流，主要通过水路抵达。此则记录还对沿途水量作了介绍，说："江西至玉山水缓，夜有小贼，可防，无风浪之险。铅山河口之上，滩多水少，船不宜重。草平路上，脚夫弱，饭店洁。衢州船户良善。富阳之下，潮、盗可防。"[3] 这都是很有意思的提示。这条路其实就是南宋杨万里往返临安与其家乡（吉水）的水路行程。

杨万里（1127—1206），字廷秀，号诚斋，自号诚斋野客，吉州吉水（今江西省吉水县黄桥镇湴塘村）人，与尤袤、范成大、陆游合称南宋"中兴四大诗人"。他于绍兴二十四年（1154）举进士后，授

---

1 （明）黄汴、（清）憺漪子、（明）李晋德编纂，杨正泰校注：《天下水陆路程、天下路程图引、客商一览醒迷》（太原：山西人民教育出版社，1992年），11页。
2 杨正泰校注：《天下水陆路程》，203页。
3 杨正泰校注：《天下水陆路程》，203页。

赣州司户参军，历任国子监博、漳州知州、吏部员外郎秘书监等职位。杨万里无论是从家乡往返临安，还是从临安去赣州、漳州任职，水路都最为便捷，而水路恰恰是经过新安江顺流直下钱塘江的旅途，必然经过七里滩，也即杭州和江西的水路交通。首先，他赴临安之进士第，当从七里滩过，可惜并无记录。不过，乾道三年（1167）年初，杨万里即有赴杭之旅，途中有诗十余首，证实他是从新安江经七里滩抵达临安。[1] 其中有《题钓台二绝句》，其一云："断崖初未有人踪，只今先生著此中。汉室也无一杯土，钓台今是几春风。"其二云："同学书生已冕疏，未将换与一羊裘。子云到老不晓事，不信人间有许由。"淳熙元年（1174）正月，杨万里拜知漳州，在去漳州的路上经过严州，并停留了两个月。[2] 淳熙六年（1179），杨万里除广东常平提举，因而又经历了七里滩，在富阳作《插秧歌》，写农民之苦。[3] 淳熙十五年（1188），杨万里返乡，舟行经过严州，老友陆游正是东道主，亲自载酒到钓台迎候。[4] 可惜此次钓台相聚，两大诗人均无片句留下。杨万里回忆说："先是舟经钓台，地主故人陆务观载酒相劳于江亭之上，索颂近诗，因举'两度立朝（今）结局'之句，务观大笑：'立朝结局，此事未可料，《朝天集》真结局矣。'因并书之自笑云。"[5] 杨万里分享给陆游的诗是《明发南屏》，诗云："新晴在在野花香，过雨迢迢沙路

---

[1] 于北山著，于蕴生整理:《杨万里年谱》（上海：上海古籍出版社，2006年），109—110页。
[2] 于北山著，于蕴生整理:《杨万里年谱》，183页。
[3] 于北山著，于蕴生整理:《杨万里年谱》，232—233页。
[4] 于北山著，于蕴生整理:《杨万里年谱》，354页。
[5] 于北山著，于蕴生整理:《杨万里年谱》，366页。

长。两度立朝今结局,一生行客老还乡。犹嫌数骑传书札,剩喜千山入肺肠。到得前头上船处,莫将白发照沧浪。"由此可见,杨万里一生舟行七里滩多次。

杨万里的返乡之路,和其好友范成大在乾道八年(1172)从苏州赴任广西的水路相同。此年范成大"十二月七日发吴郡赴广西帅任",经湖州,"除夕,宿桐庐":二十八日"晚宿富阳县废寺中,即客馆也。二十九日,晚复登舟,大雪不可行。三十日,发富阳";正月一日至钓台,宿西口;二日午至严州,泊定州馆;三日、四日、五日,皆泊严州;六日,发严州,宿大羊(今大洋);七日至婺州兰溪县,泊澄江馆;八日,泊兰溪;"九日,大雨连日,小舟跧湾。病倦。又闻衢之龙游小路泥深溪涨,渡江不如陆,乃改陆行。取婺州路,晚至婺州,泊金华驿";十日,泊婺州;十一日,早饭马海寺;十二日,早饭舍利寺,宿龙游县龙丘驿。十三日,至衢州;十四至十六日流连衢州;十七日夜行,宿招贤市;十八日,过常山县,宿蒋连市;十九日,宿信州玉山县玉山驿;二十日,宿沙溪;二十一至二十三日,皆泊信州,自此复登舟;二十四日,舟行,宿霍毛渡;二十五日,过弋阳县,宿渔浦;二十六日,过贵溪县,宿金沙渡;二十七日,过饶州安仁县;二十八日,至余干县;二十九日,宿邹公溪;闰月一日,宿邹子口,已达鄱阳湖尾,大雪泊舟龙王庙;二日午霁发船,宿范家池;三日,未至南昌二十里,泊;四日,泛江至隆兴府,泊南浦亭;五日,登滕王阁。[1]范成大的记录,给我们留下了从严州到衢州而后进入江西抵达南昌的行程,这段旅途先水路后陆路再水路,交替而行。

---

[1] (宋)范成大:《骖鸾录》,51—55页。

卷七又有"江西由休宁县至浙江水"一条，记载了从徽州经新安江到严州北上杭州的水程。从南昌出发，水路经景德镇、浮梁县、祁门县到休宁县暂且略过；从休宁县，十里到万安街，三十五里到屯溪，六十里到浦口，四十里到深渡，五十里到街口（有巡司），而后八十里进入浙江省淳安县，六十里到茶围，九十里到严州府，五十里到钓台、子陵祠，三十里到桐庐县，九十里到富阳县，九十里到江头，十里到杭州府。[1] 卷七之"休宁县至杭州府水"与上则水路之后半部分相同，但多提供了一些小驿站，因而更详细一些。从休宁县十里到万安街，二十里到梅林，十五里到屯溪，此处上船，"浙源至此会黟水，今名南港，即浙江之源"；而后经吊桶滩、牛坑、溪东、溪南、草市、黄墩、烟村、岑山渡共六十里到浦口，"至府，陆路十里"经上昧滩、下昧滩、筶潭、薛坑口、绵潭共三十里，到深渡；经长滩、大沟、小沟、三栈坪、横石滩、牵䰀滩、汝滩共五十里到街口（有巡司），经竹节矶、上锡滩、下锡滩、上下慈滩、响山滩共八十里到淳安，经遂安县河口共六十里到茶围，经小溪岩、试金滩、上杨溪、下杨溪共九十里，到严州府，经乌石滩、七里濑共五十里到钓台和子陵，经六滚滩二十里到桐庐县，经柴埠（可泊）、程坟共九十里到富阳县，经浮山（案，可以避潮水）、六和塔共九十里到钱塘江。[2] 此处提到的里程基本与前者相同。民国时期，胡适有一年便是从此水路由家乡到杭州，然后去上海。

"江西由休宁县至浙江水"一则也提供了水路沿途的一些需要提

1　杨正泰校注：《天下水陆路程》，225—226 页。
2　杨正泰校注：《天下水陆路程》，240—241 页。

防之处，说"江西至饶州，湖中贼出不时，荒年尤多。饶州至祁门，自景德镇以上，是处可宿，无风、盗之忧。祁门至严州，风、盗绝无，滩高船固。船户甚劳。严州牵夫亦苦，涉水不分冬夏，所得无分文赌沽之费，惟应户差薪米而已。客商每与以假银，岂空中无鬼神耶？富阳之下，有潮有盗，若闻潮大，当于富阳路去江头。钓台以西，艘船不择地方，至晚则止，有湖高水险之劳，无风盗之忧。自饶州至于浙江，客不置薪，船户自给"。[1]这段怜惜严州纤夫的记录，与琉球贡使称此地有刁民的提醒，虽然前者在明末，后者在清末，相差二百多年，却相映成趣，使人既哀鸣纤夫之苦痛及客商之狡黠，又指斥纤夫船户之刁蛮与欺生。或许这两个针锋相对的记录都是真实的，不过是纤夫与客商之不同侧面而已。

有关七里泷江的纤夫生活，当年有一个生动而辛酸的比喻，分别用"狗"与"神仙"来比喻九姓渔户们的辛苦与安逸。帆船在七里泷江逆风而行，船上水手撑篙如满月，纤夫则无论酷暑雨雪，裸腿跳入水中，在过浅滩的时候还要将船身抬起，其辛苦真不如狗；当帆船顺流而下，特别是有好风相伴的时候，只要一个水手把舵，便可直下数十里水路，仿佛神仙生活。[2]其实，这不过是宋代严州俚语"有风七里，无风七十里"的发微。

关于商人乘船，明代福建商人李晋德之《客商一览醒迷》也有许多建议、提醒和警告，如需要关心天气变化和船只的状况。"老舟桨

1　杨正泰校注：《天下水陆路程》，226页。
2　叶叶风：《富春江上的九姓渔民》，见徐重光选编：《抗日烽火记者笔下的建德》（北京：中国文史出版社，2015年），133页；原载《东南日报》1945年6月28日。

帆朽坏，应防风浪之危"一条，便是提醒商人检查运行的船只状况。[1]但更多的是其中"格船行李潇然，定是不良之辈"一条提醒要提防没有什么行李的同船之人，说："同船搭船之人，或人物衣冠整齐，无甚行李，踪迹可疑者，非拐子即掏摸吊剪之流。或自相赌戏以煽诱，或置毒饼果以迷人，或共伙伴而前后登舟，或充正载而邀吾人入伴者，不识其奸，财本遭掳。又苏、杭、湖船人载人居上层，行李藏之于下，苟不谨慎，多被窃取。"[2]这段话苦口婆心，所提示的现象在20世纪90年代的长途大巴车上亦大致可见。"日行恐恐，夜泊惺惺"一条则说："乘船天气虽晴，波平风息，亦不可嬉戏、作乐、舞笑，须常怀恐惧，频观云色，推移变态。倘风浪勃至，安泊无地，虽舟舣善处，亦必惺惺少寐，防有小人钻舱，抽帮劫盗。如若熟睡，人各自顾，谁暇为我谋哉。"[3]这些都是老成之言，由此读者似可稍窥七里泷江之行船生态。

1626年刻印的《天下路程图引》也同样记录沟通浙江、安徽、江西和福建的严州府水路历程。其"徽州府由严州至杭州水路程"条更详细地记录了船只自新安江上游徽州府到运河起点杭州的水程。客商从休宁"梁下搭船"，经行浦口、深渡，再到街口巡司，而后到严州府淳安县，船行三里到东溪源口，七里到赖爵滩，十里到遂安港口，十里到塔行，十里到藻河，十里到罗山墩，三里到瓦窑埠（即关王庙前），七里到茶园，五里到百步街，五里到小溪岩，五里到猢狲淇，三里到童埠，二里到试金滩，七里到仓后滩，三里到白沙埠（此处可

1　杨正泰校注:《客商一览醒迷》，296页。
2　杨正泰校注:《客商一览醒迷》，296页。
3　杨正泰校注:《客商一览醒迷》，296页。

去寿昌县），十里到杨溪，十里到下衕，十里到马没滩，十里到宗滩，十里到倒滩插，十里到严州府（建德县），五里到东馆（富春驿，此处西南可进横港，也就是逆兰江而上，一百里到兰溪县），十里到乌石滩，十里到胥口，十里到张村，十里到冷水铺，七里到钓台（严子陵祠），三里到鸬鹚源口，五里到黄山寮，七里到六港滩，三里到鹅湾，十里到桐庐县，以下经富阳县到杭州江头。此条后面还附有总括这条水路的《水程捷要歌》，曰："一自渔梁坝，百里至街口。八十淳安县，茶园六十有。九十严州府，钓台桐庐守。橦梓关富阳，三浙坞江口。徽郡至杭州，水程六百走。"[1]这条路到了杭州，便与大运河连通，直达京师。《金瓶梅》第九十二回陈经济从山东来到严州，便是这个行程。

"徽州府由常山县至建宁府路程"一条则记录从徽州由新安江到严州转经兰江前去福建的路程。船从徽州府下水，一百里到街口，八十里到淳安县，六十里到茶园，九十里到严州府，这和上条"徽州府由严州至杭州水路程"是一样的。到了严州府之后，转而向南进横港，逆兰江而行，一百里到兰溪县瀫水驿，九十里到龙游县亭步驿，八十里到衢州府上杭埠驿，以后经常山县、江西玉山县、广信府、铅山县，陆路进入福建崇安县不提。[2]

"杭州由江山县至福建省路程"则将上两条水路的一半连在一起：从杭州江口搭船，经富阳县会江驿、桐庐县桐江驿，到严州府东关富

---

[1] 杨正泰校注：《天下路程图引》，361—362页。笔者之所以不厌其烦地抄录严州府内的水路驿站，只因其多数已经沉没于千岛湖湖底。试金滩现在称为紫金滩，仓后滩称为沧滩。

[2] 杨正泰校注：《天下路程图引》，370—371页。

春驿,进横港到兰溪县瀫水驿,而后经龙游县亭步驿、衢州府上杭埠驿抵江山县,再辗转水路二道到仙霞岭巡检司进入福建不提。[1]

《天下路程图引》记录的这三条路程也就是从杭州经钱塘江——新安江分别前往安徽、江西和福建的水路,大致也就是南宋时期从临安辐射东南乃至岭南的交通网络。可以看到,从临安出发,无论去东南赣、徽、闽何地,水路必经七里泷江,称七里泷江是其咽喉,亦不为过。

我们不妨以明末著名作家汤显祖为例讨论之。汤显祖,江西临川人,1583年,已经享有盛名的汤显祖考中进士;次年秋,他被任命为南京太常寺博士,主管祭祀礼乐;两年后,改任詹事府主簿,1589年,升南京礼部祠祭司主事。[2]1591年,汤显祖因为上书抨击朝政,被贬到海南岛的徐闻县任典史。此年夏,从南京南下途中,汤显祖走的是大运河,因而到了杭州。在杭州,他曾和杭州通判姜守冲、杭州知府方扬宴聚,有诗《谪尉过钱塘,得姜守冲宴方太守诗,凄然成韵》。[3]此外,他还有《灵隐寺月食》,云:"最是修罗不着人,今宵桂子队无因。先教救取阑单兔,曾为伤心在月轮。"[4]后汤显祖从杭州回到家乡临川小住,可惜不知取道何处。从杭州到江西临川,既可以走水路钱塘江,也可以走山路杭徽古道。后者是指从浙江省杭州市到安徽省绩溪县伏岭镇的商道。从绩溪可以通过水路前往景德镇、南昌和临川

1　杨正泰校注:《天下路程图引》,376—377页。
2　(明)汤显祖著,徐朔方笺校:《汤显祖诗文集》(上海:上海古籍出版社,1982年),下册,卷十九,"前言",2页。
3　(明)汤显祖著,徐朔方笺校:《汤显祖诗文集》下册,卷十一,383页。
4　(明)汤显祖著,徐朔方笺校:《汤显祖诗文集》下册,卷二十一,906页。

（今抚州）。由于汤显祖并未留下关于严子陵钓台的诗文，我们大致可以判断，他此次没有经过七里泷江。

1594年，汤显祖在浙南遂昌知县任上，曾经前赴北京。此年冬至，汤显祖在浙江嘉兴县北的王江，有诗。[1]按，从遂昌到嘉兴而后北上，以常理计，汤显祖走的必然是新安江—钱塘江—大运河一线，因此，此次北上汤显祖应该亲历了七里泷江，即使他没有留下诗文。从北京返回途中，汤显祖有《题溪口店寄劳生希召龙游二首》，时间是万历二十六年（1598）春，其一云："谷雨将春去，茶烟满眼来。如花立溪口，半是采茶回。"其二云："忽忽登楼去，长安五度春。云何冷水店，尚有热心人。"[2]溪口是龙游县的一个镇，直通衢江，现存的沐尘乡上塘村永济渡石碑记录着："地当龙丘之南，平昌之北，内通温处，外达江泊、苏杭，行旅不绝之语。"因此，此次从北京返回遂昌，汤显祖也应当是泛舟七里泷江南归。

此外，汤显祖有诗《先秋榜一日泊富阳怀吴伯霖》云："卷帆秋色富春西，云气飞来草树齐。月路晓风飘桂子，吴山先听海潮鸡。"[3]此时不知作于何年，但从诗中所言"富春""桂子""吴山""海潮"景物以及"卷帆"可知，他应该是在沿富春江北上杭州的船中所作。如此，则汤显祖必然亲身经历七里泷江这条官道。总之，汤显祖从杭州到江西，既有陆行，又有水行，水行必然经过七里滩，这和宋末元初方回从水路往返杭州与老家歙县是一样的。正因是唐宋以来的官

1　（明）汤显祖著，徐朔方笺校：《汤显祖诗文集》下册，卷十三，511—512页。
2　（明）汤显祖著，徐朔方笺校：《汤显祖诗文集》下册，卷十二，489页。
3　（明）汤显祖著，徐朔方笺校：《汤显祖诗文集》下册，卷十一，457页。

道，所以方回举严州府降元时，就是乘舟到严子陵钓台等候元军。

传教士之路

宋元以来，七里滩成为外国来朝的贡道，因此也成为传教士入京之路。由于我们无法确定马可·波罗从泉州回威尼斯老家是否走了七里滩，因此，稍后的意大利人托钵僧鄂多立克或许是第一个游历了新安江和七里滩的欧洲人，他从福建北上就利用了新安江—钱塘江水路，记载了严州城外横跨新安江的浮桥，亲眼看见了建德渔民用鸬鹚捕鱼的场景，前已述及。

16世纪末期，立志到中国传教的耶稣教士以澳门为基地，以广州、肇庆和南昌为跳板，企图北上两京传教。1598年和1601年，利玛窦经过多年的努力，分别成功地进入了南京和北京，可是他并没有经过七里滩。利玛窦从南昌出发，北上经鄱阳湖顺江而下，然后从大运河抵达南京和北京。利玛窦之后，北京、常州、杭州、南昌成为耶稣会的几个重要据点，因此，有一些耶稣教士就从七里滩往返各地。我们不妨以著名中国籍天主教徒吴历为例。

吴历（1632—1718），字渔山，号墨井道人，江苏常熟人，是明清之际引人注目的中西文化交流使者。吴历处在明清易代之际的风云变幻之中，其师友多为明遗民。他学诗于钱谦益，学儒于陈瑚，学画于王时敏、王鉴，学琴于陈岷，因而精书画、长诗文、工琴，尤以丹青著称，与恽寿平、王时敏等称"清初六大家"，或称"四王吴恽"。

吴历襁褓之中父亲就不幸去世，上有二兄，家境贫寒，因而深知人间疾苦。[1]更不寻常的是，吴历自幼受洗，为天主教徒；长大后虽然也曾学儒并一度与佛教人士往来颇密，但四十岁后逐渐专心于天主教，与传教士鲁日满（Francois de Rougemont）、柏应理（Philippe Couplet）往来密切。鲁日满，字谦受，1624年4月2日出生于比利时，1641年加入耶稣会，1659年来华，长期在江南传教，1676年11月4日卒于江苏太仓。柏应理，字信未，1623年出生在南尼德兰梅赫伦（现属于比利时），1640年加入耶稣会，与鲁日满同船到达澳门，也长期在江南传教。柏应理与徐光启的孙女许太夫人（1607—1680）来往密切。许太夫人自幼受洗，圣名甘第大（Candida），受家学影响，知书达礼，十六岁时嫁松江许远度为妻。夫人专心修德，笃信天主，子女均自幼受洗入教。柏应理来华后，在松江一带传教，太夫人即尊柏应理为其神学师。太夫人时常以钱财赞助柏氏及其他传教士，柏氏曾著《许太夫人传略》颂其美德。1692年，柏应理启程重返中国，途经印度果阿附近海面，遇风浪，船体颠簸，被重物击中头部，不幸身亡。

康熙十九年（1680），柏应理被任命为耶稣会中国副省司库，奉派前往罗马，请求增派教士来华。他从江苏出发，随行有五名优秀的中国信徒。[2]吴历就在其中，其教名为西满·沙勿略（Simon Xavier de Cunha）。根据同行者陆希言的记录，柏氏一行于康熙十九年

---

1 章文钦：《前言：吴渔山的生平及其著作》，见（清）吴历撰，章文钦笺注：《吴渔山集笺注》（北京：中华书局，2007年），1—21页。
2 以上据章文钦：《前言：吴渔山的生平及其著作》，6页。

十一月经过关闸抵达澳门。[1] 据说，新任耶稣会中国副省会长的毕嘉（Giandonenico Gabiani, 1623—1694）只挑选了两位最年轻的中国人（包括沈福宗）去罗马，年近五旬的吴历不在其列。[2] 康熙二十年十月，柏应理和沈福宗从澳门出发，吴历则留在澳门三巴静院的华人初学院修习天主教神学并研读拉丁文。

"三巴"二字，本为"St. Paul"之译音，即圣保禄教堂之原名，创办于万历二十二年（1594），专门培养奔赴中国、日本、越南和朝鲜等地的传教士，古称三巴寺。三巴静院是在三巴教堂附设的神学院，又称圣保禄学院。17世纪时，圣保禄教堂及圣若瑟教堂先后在澳门建立教堂及修道院，同时进行宣传天主教工作。因圣保禄教堂发起于先，圣若瑟教堂继承于后，故当时澳中人遂称圣保禄教堂为大三巴，而称圣若瑟教堂及修道院为三巴仔，也即小三巴，言其较大三巴小也。吴历留居澳门约一年，于1682年离澳。在此期间，他还学习体会了西方艺术，故而他此后的作品明显吸收了西方绘画艺术，同时著有诗文《三巴集》，其中有《澳门杂咏》三十首，均与澳门有关，对于我们了解清初之澳门颇为珍贵。

那么，吴历有没有经过钓台呢？吴历从江苏到澳门，有没有逆钱塘江而上经过七里泷江呢？

吴历诗文中的确有提到钓台。其《写忧》云："十年萍迹总无端，恸哭西台泪未干。到处荒凉新第宅，几人惆怅旧衣冠？江边春去诗

---

[1] （清）陆希言：《澳门记》，见《吴渔山集笺注》，"附录二 交游文略"，694—697页。

[2] 章文钦：《前言：吴渔山的生平及其著作》，6页。

情在，塞外鸿飞雪意寒。今日战尘犹不息，共谁沉醉老渔竿？"[1] 其中"西台""江边"以及"老渔竿"都符合严子陵钓台的历史与景物，用典即指此处可知，大致反映了吴历的遗民心结。章文钦认为此诗写在1659年郑成功围攻南京后不久，颇有道理。[2] 同一时期同一主题的还有《读〈西台恸哭记〉》三首。[3] 吴历自注说："宋遗民谢翱有《西台恸哭记》，西台在富春江上。"其一："望尽厓山泪眼枯，水旱沉玉倩谁扶？歌时敲断竹如意，朱嚼于今化也无？"其二："梦里寻真恐未真，欲将遗语诉沧旻。榜中悔听西来雨，不洗当年卸甲人。"其三："风烟聚散独悲歌，到处山河絮逐波。最是越中堪恸处，冬青花发影嵯峨。"其中竹如意、朱嚼、榜中（指舟中）、卸甲人均是借谢翱的典故，而"到处"一句则是从文天祥《过零丁洋》诗中而来。因此，这三首还是怀故国之情、遗民之恨。吴历之师友陈瑚、钱谦益、吴伟业等都有关于钓台的诗词。钱谦益则一再以西台形诸吟咏，如《戊戌新秋日吴巽之持孟阳画扇索题为赋十绝句》第九首："只应把向西台上，辽海秋风哭几回。"[4] 又《五日泊睦州》诗："千里江山殊故国，一抔天地在西台。"[5] 则见他的确到过七里滩。钱谦益的遗民心迹，陈寅恪先生在《柳如是别传》也多次提到。

1　（清）吴历：《吴渔山集笺注》，卷一，《写忧集》，53页。
2　（清）吴历：《吴渔山集笺注》，卷一，《写忧集》，54页。
3　（清）吴历：《吴渔山集笺注》，卷一，《写忧集》，57—59页。
4　（清）钱谦益著，（清）钱曾笺注，钱仲联标注：《牧斋有学集》卷九《红豆初集》（上海：上海古籍出版社，1996年），437页。
5　（清）钱谦益著，（清）钱曾笺注，钱仲联标注：《牧斋有学集》卷三《庚寅夏五集》，85页。

| 第八章 | 一条贡道：七里滩的波光帆影

正因吴历为明遗民，他虽然没有采取屈大均早年那样直接反抗的立场，但对杀身成仁的瞿式耜（1590—1651）十分敬重。瞿式耜为南明内阁大学士兼吏部右侍郎摄尚书事，1651年1月8日慨然就义。所以吴历早年还有《哭临桂伯瞿相国》一诗："桂林未遂知衔恨，蔓草空遗泪眼看。庭藓尚余行迹在，秋萤争奈映书残。椿存破宅吟风冷，雁宿荒矶怯雨寒。回首自悬孤剑后，白杨萧瑟路漫漫。"[1]吴历这首诗，除了政治原因外，还有其他因素。首先，瞿式耜也师事钱谦益；更重要的是，瞿氏是常熟望族，和吴家是邻居。常熟第一位天主教徒瞿太素，当年在韶州就认识利玛窦，并劝说利玛窦改僧服为儒服，这是利玛窦此后成功传教的一个关键。1605年，瞿太素受洗入教；1623年，瞿太素之子瞿式谷请艾儒略（Giulios Aleni，1582—1649）到常熟开教，瞿家之子游宅遂成为天主堂。相邻的吴家属于家道衰落的书香门第，吴历自幼受洗，应该就是受到瞿式家族的影响。

可是，吴历早年的诗文虽然提到了钓台、严子陵、谢翱等等，但这些究竟不过是文学创作，钓台终究是个忠义的符号，无须亲临也可以借用，因此，我们无法确知他是否去过钓台。从他早年的行动轨迹看，他虽然到过杭州，访过孤山，但主要还是在江苏一带活动，因此作者以为他在去澳门之前并未到过严子陵祠堂。不过，他知道从吴中可以经大运河到杭州再逆钱塘江经富春江、桐江和兰江到达兰溪。回到主题，吴历本人究竟有没有到过七里泷江呢？从一些旁证我们可以推知，他当年澳门之行，的确逆流而上走了钱塘江水路。

---

[1]　（清）吴历：《吴渔山集笺注》，卷一，《写忧集》，62页。

首先，和常熟一样，杭州是明末清初耶稣会在江南的重要基地，因此，柏应理一行必然要经过杭州。其次，最直接的证据莫过于吴历《粤中杂咏》第二十四首，回忆了去年秋天在钓台附近和两个儿子告别的事，故可推知吴历和柏应理一起经过了七里泷江和新安江，而后可能去南昌这一耶稣会的另一基地。吴历此诗云："每叹秋风别钓矶，两儿如燕各飞飞。料应此际俱相忆，江浙鲈鱼先后肥。"并注云"是时稚儿在浙杭"。[1]

或有人问，此诗是否和前面的咏钓台诗一样，不过虚写而已？笔者以为不是。首先，"秋风别钓矶"，正好符合吴历离开江浙的时令。其次，"两儿如燕"则进一步说明了父子三人告别的情形。第三，吴历在一年后回忆父子别离而写此诗，同时料想两个儿子也应该会同时回忆去年别离之事，进一步坐实此事。最后，他自注说小儿子此时在杭州，这也是他们在七里泷江别离的旁证。由此推算，1680年秋，吴历的两个儿子乘船送吴历到了七里泷江严子陵钓台，后父子相别而去。之所以如此，其一，吴历当时年近五旬，虽然也在江南各地游历，甚至还去了北方，但岭南尚未去过，何况此次去的不仅仅是气候语言不通的岭南，还要经历浩渺海波到达万里之外的罗马。这一去，有可能就不得再见。因此，两个儿子送老父亲一程，是题中之义。其二，从杭州乘船经富春江到桐江的七里泷江，这段距离水路尚未进入山区，水流基本平缓；而从七里泷江往上，则是高山峡谷，以奇险著称，一滩一滩逐渐爬升，船只需要拉纤。所以在钓台告别，其实也是一个最好的地点。可见，吴历1680年从常熟去澳门，走的就是钱塘江水路，

1　（清）吴历：《吴渔山集笺注》，卷二，《三巴集》，178页。

经历了位于严州境内的七里泷江，应该也登临了严子陵钓台，而后逆流而上到了梅城。同理，与吴历同行的柏应理和陆希言也是如此。因此，兼有山水之美而险和人文之高而洁的严子陵钓台很早就通过传教士的口耳笔端传到了欧洲，并不稀奇。

天启四年（1624），内阁辅臣叶向高（1559—1627）从北京告老还乡回福建。途径杭州，他就邀请了正在杭州杨庭筠家完成《职方外纪》的传教士艾儒略入闽。[1] 艾儒略为意大利人，耶稣会教士，1609年受耶稣会派遣到远东，1610年抵澳门，1613年到北京，而后在上海、扬州、陕西、陕西一带传教。他博学多识，被尊称为"西来孔子"。可以想见，叶向高和艾儒略都经过了七里泷江到达福建，后者此后一直在福建传教达四分之一个世纪，1649年在延平去世。其灵柩被移往福州，葬于城外十字山。

传教士以及后来欧洲一些使团前去北京时利用了新安江—钱塘江—大运河这条当年的"高速公路"，他们对位于七里险滩的严子陵钓台印象深刻，并将其介绍到了欧洲，前述《中华帝国图景》中之钓台的插画和文字说明可知。

以上的勾勒挂一漏万，但已经可以说明从宋元开始，七里滩已成为南来北上的外国使团和传教士的重要通道。到了明初，新入天朝朝贡体系的琉球王国，便顺流北上南京和北京。

---

1 谢方：《前言》，见艾儒略著，谢方校释：《职方外纪校释》（北京：中华书局，2000年），1页。

琉球的贡道

对七里滩这条水路贡道最详细的记录，莫过于琉球国贡使的文字。明清两代的琉球贡使，从福州登陆后，也须步行通过浙江的仙霞岭，到达江山县之后，乘船顺流而下，因而必然经过七里滩。

琉球国指的是建立在琉球群岛的王国，最初包括山南、中山、山北三个国家。洪武五年（1372）正月，明太祖朱元璋遣行人杨载向琉球三国发布诏谕，此为明代第一次遣使琉球；同年十二月，琉球中山国国王察度遣弟泰期等随杨载入朝，贡献方物，正式进入中国的朝贡体制。1429年，中山国统一琉球，继续与中国保持着宗藩关系，直到清末。1609年，日本德川幕府派萨摩藩入侵，琉球国王尚宁等百余人俘至鹿儿岛，从那时起，琉球也向日本进贡。

琉球对中国的朝贡海船，一般在福州登岸，然后陆路入京。[1]1838年，琉球都同事魏学源参加琉球谢封特使入京，他根据自己的经历写下了《福建进京水陆路程》，其中福建入浙江后的主要路线就是利用新安江—钱塘江的水路，因而给我们留下了建德江包括垄柏附近的七里滩的情况。[2]魏学源记载建德境内所经地名包括富春驿、乌石滩、

---

[1] 琉球贡道，可参见简锦松、唐宸、王勇：《明清时期福州至杭州官私二路之之现地研究与GIS呈现》，《数字人文》2021年第4期，https://www.dhcn.cn/dhjournal/202104/16892.html。

[2] （清）魏学源：《福建进京水陆路程》，见高津孝、陈捷主编《琉球王国汉文文献集成》（上海：复旦大学出版社，2013年），第十六册，158—159页。以下同，不再标注。

长旗、扁百、冷水铺、钓台、鸬鹚原（即鸬鹚源），每站之间为十里，在每个地名下，他还加了小字说明。他指出，"严州府一百里至桐庐县"，从梅城东面的富春驿十里到"乌石滩"，乌石滩在"七里垅上面，水夹水，水聚不流，谚云'有风七里，无风七十里'"。这里的"七里垅"就是"七里泷"，魏学源大概听说地名，但具体哪个字常有错写，并不足奇。更有意思的是，魏学源提醒后来的琉球贡使说："渔舡多小人，须防之。"他大概是指护送贡使或者在江上打渔的本地九姓渔船借机刁难。从乌石滩出发，十里到胥口，"伍子胥奔吴过此，有人家小店"。胥口即乾潭境内沿着乌龙山北麓山地汇入建德江之处，此处有码头，有人家错落，故有小店。胥口十里到"长旗"，也就是长淇，"对面山名乳香崖"，则必定是本地陪护人员告知。长淇十里到"扁百"，即垄柏，又十里到"冷水铺"，又十里到"钓台"，"有严子陵祠，其祠有扁额三面。一面书'清风自古'，一面书'风逸百世'，一面书'严光'。又诗云：'公为名利隐，我为名利来。羞见先生面，黄昏到钓台'"。这是对七里滩这段水上贡道最细致的描述。[1]"公为名利隐"此诗在明代已经出现，亦可见琉球贡使对中国文化之熟悉。

或许因为这是琉球从福建去北京的贡道，所以也有一些闽人跟随前来做买卖，并将天后这个海洋信仰带到了严州这个并不靠海的山区城镇。乾隆十六年（1751），闽人杨成芳、林烈金、林元龙、郭映銮等人"董其事"，在府治南修建了天后宫。因为严州从来没有过天后

---

[1] 有趣的是，汤显祖为遂昌知县时，认识了一个叫何晓的医生。何晓是江山人，不久入选明朝派往琉球的使团，并平安返回。汤显祖有《闻江山何晓御医使琉球回，喜寄》一诗，云："千里江山一举杯，旧游无计与徘徊。焉知老去何东白，又向扶桑看日回。"《汤显祖诗文集》下册，卷十九，783页。

信仰，所以他们请了同乡吴履泰作文记之，称："今吾闽之客严者于乾隆十六年建祠，郡城请记于余。余惟严向未有庙，恐未识吾乡人所以尊神之故。因备述颠末，而为之记。"[1]这也是一个异乡海神移居山区的故事，与苏州的伍子胥以及严州的杨太后之南迁有异曲同工之妙。

光绪七年（1881），也就是魏学源从福建赴京途中经过七里滩的四十三年之后，满清宗室宝廷外放主持福建乡试。他在从福建回京时，被新安江上的某九姓船女迷住，买妾携归。《清史稿》记载："七年，授内阁学士，出典福建乡试。既蒇事，还朝，以在途纳妾自劾罢。"[2]据闻宝廷在奏折上自责说："典闽试归，至衢州，坐江山船，舟人有女，年已十八。奴才已故兄弟五人皆无嗣，奴才仅有二子，不敷分继，遂买为妾。"有人写诗嘲讽他，道："昔年浙水载空花，又见闽娘上使查。宗室八旗名士草，江山九姓美人麻。曾因义女弹乌柏，惯逐京娼吃白茶。为报朝廷除属籍，侍郎今已婿渔家。"[3]清末讽刺小说《孽海花》第七回"宝玉明珠弹章成艳史　红牙檀板画舫识花魁"以此事为本，写道：

如今且说浙江杭州城，有个钱塘门，门外有个江，就叫做钱塘江。江里有一种船，叫作江山船，只在江内来往，从不到别处。如要渡江往江西，或到浙江一路，总要坐这种船。这船

1　《光绪严州府志》，卷八，160页。
2　《清史稿》，卷四百四十四，12453页。
3　（清）李慈铭著，刘再华校点：《越缦堂诗文集》（上海：上海古籍出版社，2012年），1501页。

上都有船娘，都是十七八岁的妖娆女子，名为船户的眷属，实是客商的钩饵。老走道儿知道规矩的，高兴起来，也同苏州、无锡的花船一样，摆酒叫局，消遣客途寂寞，花下些缠头钱就完了。若碰着公子哥儿蒙懂货，那就整千整百的敲竹杠了。做这项生意的，都是江边人，只有九个姓，他姓不能去抢的，所以又叫"江山九姓船"。[1]

这是关于钱塘江上"九姓渔民"的传言，其中自然不乏偏见。无论如何，运河—钱塘江—新安江一线水路仍然是清末北京和东南之间的官道，也就见识了1793年英国马戛尔尼使团从北京的返程。

琉球和英国在这里首次相遇

马戛尔尼使团虽然没有经钱塘江和运河北上，但他们的返程由运河到了杭州。1793年10月9日，在钦差大臣松筠的护送下，马戛尔尼使团离开北京，11月9日抵达杭州，而后兵分两路。原来乘坐"印度斯坦"号来中国的人员去舟山搭乘此船返航，大部分则跟随马戛尔尼从杭州于12月9日抵达广州。于是马戛尔尼使团经过了七里滩和严州，英国人因此目睹了杭州至严州的驿船、水手和两岸的风景。他们说："船夫驶船的技术非常高超。一个人驾驶一只大船，一手把持

---

[1] （清）曾朴：《孽海花》（天津：天津古籍出版社，2005年），48—49页。

着船帆或帆上结实的绳索，一手掌舵，同时还可以用脚弄桨。往往看到一个人，一边划船，一边掌舵，同时嘴里还吸一个烟袋，非常自如。"[1] 从钱塘江逆流南上，由于是冬季刮北风，顺风走得很快，不需要纤夫。"船只在航行中，江面逐渐越来越狭窄。水迂行在两边高山的峡谷当中。山边与山边之间犬牙交错，幽谷与幽谷之间由狭窄的平行的光秃石岩相互隔开。"[2] 英国人称赞两岸的风景非常幽美，惊讶于江岸突兀而起的高山，并一一介绍了他们看到的栗子树、落叶松、柏树和樟树。他们发现，严州府附近的罗汉柏多数都长得异常高大，他们还详细描述了中国人制作樟脑的工艺流程。严州府再往南的兰江两岸种了许多甘蔗，毗邻甘蔗田的山坡上便是橘子（现在梅城对面的三都镇仍然盛产橘子），沿着橘子园往上的山坡上则种着茶树。由于山坡不平整，茶树种得不整齐，看上去好似普通的灌木。十一月初，甘蔗已经成熟，约八英尺高，上下一般粗细，节很长，成行种植，根上需要堆相当多的土。曾经见过英属西印度群岛甘蔗园的使团人员于是作了比较，说："西印度群岛在甘蔗收割季节，地里的人都显得面色光润，身体肥胖，中国也是这样。在甘蔗成熟时候，中国的奴隶和懒汉们都设法跑到甘蔗地里藏起来，大吃甘蔗。在甘蔗根下面有一种大的白色蛴螬，放在油里炸着吃，中国人认为是一种美味。"[3]

1　（英）斯当东（Sir George Staunton）著，叶笃义译：《英使谒见乾隆纪实》[香港：三联书店（香港）有限公司，1994]，403页。

2　（英）斯当东（Sir George Staunton）著，叶笃义译：《英使谒见乾隆纪实》，403页。

3　（英）斯当东（Sir George Staunton）著，叶笃义译：《英使谒见乾隆纪实》，405页。

马戛尔尼使团船队最终在常山下船，而后辗转经鄱阳湖进入粤北，向广州进发。可惜的是，我们不知道这个英国使团有没有在严州府停留居住，不过，在严州发生了一个很有意思的插曲，那便是琉球使团和英国使团的会面。

马戛尔尼使团在严州附近被耽搁之际，突然发现下游有一艘小船赶来。

  小船上坐着两位有教养的青年人，他们是琉球国使臣，特地从杭州赶来，想同特使见见面。二人所穿衣服的样式同中国差不多，宽大的上衣好似一个披肩，系琉球布制成，染成棕色，上面再缀以松鼠皮。他们不戴帽子，头上缠着丝巾，一人是黄色，一人是紫色。全身衣服都是单层布，不用衬里，不铺棉花。二人的相貌相当漂亮，深色皮肤，口才很好。他们由杭州准备到北京。按照定例，琉球国王每两年要派使臣航海到福建省的厦门上岸，恭赍表章方物至北京进贡述职。琉球国自有一种语言，但二人都懂得华语。他们说，欧洲船只从未到达琉球。假如西洋人愿意去，在该国一定受欢迎。他们还说，该国向无禁止外人前往经商的成令，该国京城附近有一深阔海港，能容巨大船只。该京城人口众多，面积广大。又说该国出产一种粗茶，质量远不如中国茶叶，该国铜铁矿甚多，惟尚未发现金银矿。

  从琉球群岛的地理上看，天然不能独立，不附属中国就要附属日本。日本人当时对这群岛并不在意。中国政府最初派一个使节访问琉球，藉此探悉该国虚实，随后大军压境，将其降为自己属国。该国新王登基，要专差奏禀中国政府，由中国皇帝降敕承认后才算合法。[1]

从这段话看来，英国人对琉球的情况还是比较熟悉的。当时的琉球已经效忠中国四百年，不过，明末清初以来日本对其影响也很大，琉球实际上已经在中国和日本两个朝贡体系内斡旋，既向中国纳贡，也向日本称臣。英国人称其"天然不能独立"，势必要倒向一边，以后就被证实。1872年至1879年间，日本帝国吞并琉球国，设置冲绳县，延续了五百多年的琉球王国消失。那时，琉球使臣和文人曾到北京哭庭，请求清廷出面。然后，清廷自顾不暇，听任日本对琉球的侵占。

1793年11月中旬严州附近的这场邂逅，虽然仓促而短暂，却是琉球和英国两国第一次官方的外交交流。琉球使臣虽然年轻，但观念开放，欢迎英国人和其他欧洲人去琉球经商。他们特别强调琉球有良港，并无海禁政策，而且还有铜铁矿和茶叶。虽然这是小国商业立国所驱使，但其胸襟与见识，岂不令乾隆皇帝惭愧？

正是在七里泷江的这段耽搁，马戛尔尼使团或许攀登了严子陵钓台。使团中有两个画家威廉·亚历山大（William Alexander, 1767—

---

[1] （英）斯当东（Sir George Staunton）著，叶笃义译：《英使谒见乾隆纪实》，404页。所谓中国"大军压境"迫使琉球称臣并非事实，是英国人的误解。有趣的是，1795年春，也就是马戛尔尼使团离开一年之后，荷兰访华使团也经过了七里滩和严州，同样留下了一些生动的记录。欧阳泰著，黄中宪译：《最后的使团》（台北：时报文化出版企业股份有限公司，2024年），280—281页。

1816）和托马斯·希寄（Thomas Hickey，1741—1824），他们一路画了许多中国的风景、人物和风俗，其中就有一幅严子陵钓台图。回到英国之后，他们出版了这些中国题材的画作，使许多未曾到过中国的欧洲人也能目睹中国的场景，包括严州钓台。他们的这些画作，后来再被其他艺术家加工和创作，广为流传，严州和钓台也因此为西人所知。

东亚海上难民的返乡之路

有意思的是，七里滩这段水路因为是贡道，因而也成为东亚海上难民的返国（乡）之路。在以中国为中心的东亚朝贡体系，救助各国海上难民既是基于人道主义的儒家关怀，也体现了朝贡等级秩序中各国的责任与义务。

唐宋以来，由于海上活动如打渔、出使以及贸易颇为频繁，海难及其记载也相对增多。大致而言，海难中的难民，无论是贡使、渔民、商人还是各国官员，无论漂流到东亚海域的哪一个国家（包括中国、朝鲜、琉球乃至安南），都需要先送到中国，报告中国政府，然后由中国政府根据难民的国籍送回本国。这样一来，位于东南交通要道的七里滩，成为许多海难难民归国的必经之路。假如朝鲜的难民漂到福建，就会被福建地方官府派差役经新安江—钱塘江—大运河护送到北方，然后归国，自然必经七里滩。假如是越南的难民漂到江苏，同理，也会被护送经七里滩到两广后归国。由于琉球王国特殊的地理位置，使它一方面成为联系东北亚、东亚以及东南亚贸易的"万国津梁",另一方面成为遭遇大海不测之威的难民经常漂泊登陆之地,因而四百年来记录了不少遣返难民的故事。这是历来不为人注意的细节,却颇有意义。本节根据琉球汉文文献,细述于下。[1]

琉球记录中最早遣送难民是在嘉靖二十四年(1545)。此年春,"王遣长史梁显等贡方物;并遣都通事蔡朝庆等送还朝鲜漂流人口,宴赉如例"。[2] 朝鲜难民漂至琉球,后者将其用船送到福州,然后从福州经驿站陆路到浙江江山,而后走水路经七里滩到杭州,接着由大运河入京。很明显,"朝鲜漂流人口"走的是七里滩之贡道。

嘉靖四十二年(1563)春,琉球"王遣正议大夫郑宪、使者源善等,奉表入贡,并送还中国漂流人口。世宗降敕褒谕,赐镪币"。郑宪趁机提出:"本国亦有流入中国者,乞命守臣恤遣。"嘉靖皇帝以为然,"下其疏于濒海所司",[3] 也即要求沿海各地如发现琉球难民也要及时救助并护送回国。可见,在琉球国使节的建议下,朝贡体系内的海难救助被明王朝接受,并制度化为常例。

嘉靖四十四年(1565)春,琉球国"王遣长史梁灼等贡马及方物;官生梁照、蔡燫、梁炫、郑迵四人,入监读书;并将本国山北守臣郑

---

1 有关《琉球宝案》的编辑,过去一般认为始于1424年(琉球国王尚巴志三年、中国明朝永乐二十二年),终于1867年(琉球国王尚泰二十年、中国清朝同治六年),前后计四百四十四年。实际上,有关海难救助的最后一条是同治十三年即1874年和光绪二年(1876)。由于笔者并不熟悉宝案的各个版本以及编辑情况,姑且在此暂注一笔。

2 高津孝、陈捷主编:《琉球王国汉文文献集成》(上海:复旦大学出版社,2013年)第四册,《中山世谱》,卷七,321页。以下称《中山世谱》。

3 《中山世谱》,卷七,337页。

| 第八章 | 一条贡道：七里滩的波光帆影

都所获中国被掳人口送还。世宗嘉王忠顺，降勅奖谕，仍赐王银五十两、彩币四表里。长史梁灼、守臣郑都，各赐银三十两、币一表里"。[1] 这里所说的"中国被掳人口"，既可能是倭寇在中国沿海掳掠的百姓，也可能是漂到山北而被强行奴役的难民。不管如何，琉球国将其送还，表明了对朝贡体系的尊重，并可以借此与明王朝加深联系。隆庆三年（1569），琉球再次"遣海境守臣由必都等送还中国被掳人口。福建守臣以闻。穆宗以王屡效忠诚，赏赐银币如前"。[2]

那么，如果朝鲜发现琉球难民了怎么办？我们可以推测，按照朝贡体制，朝鲜必然也是将琉球难民送到北京，然后由明政府护送到福州，最后从福州乘船回琉球。万历十八年（1590），就发生了这样的事。此年，琉球"商船漂至朝鲜，舟破。朝鲜王遣使解送至京，而后回国"。[3] 琉球文献虽然没有提到琉球商民如何从北京回国，但想来应当从大运河到杭州，而后经钱塘江到浙西南，再从仙霞岭入闽到福州。这样，琉球难民也必然经历七里滩。

以上是明代记录的几次琉球贡使和难民故事。从洪武入贡至明亡这二百七十多年间，琉球一直派贡使前往北京（起初是一年一贡，后来为两年一贡），其文献相关之难民记录稀少，颇为可疑。细细琢磨，其原因或者如下：第一，明朝一直实行海禁，除了朝贡贸易之外，不但本国渔商人不能出海，外国的渔民商民也不能到中国。在这样的政策之下，琉球国即使有朝鲜等国的难民，也不敢送到中国（福州）。

1　《中山世谱》，卷七，338页。
2　《中山世谱》，卷七，340页。
3　《中山世谱》，卷七，356页。

第二，因为有海禁政策，难民往往会被视为倭寇，护送反而自找麻烦。这一点从琉球两次护送的"中国被掠人口"可以管窥。第三，即使有遣送难民的事，琉球官方漏记或者不记。当然，这几个理由都不够充分，无法说明文献稀缺之事。

明代琉球送朝鲜难民经福州和七里滩返国的记录仅仅数次而已。到了清代，琉球文献的相关记录不但频繁，而且丰富翔实。清代最早的记录在康熙三十六年（1698）丁丑冬，琉球王"遣都通事魏士哲、使者毛应凤等照例接贡，并送还朝鲜漂流人口"。[1]康熙"四十年辛巳四月"（1701），琉球"遣都通事郑士纶、副通事红永祺等，送还福州漂流商民陈明等。本年六月，士纶等回国，洋中遇风，漂至苏州崇明县。船破上岸。既至福州。越年壬午六月，附搭接贡船，随正议大夫郑职良回国，又遇飓风覆溺"。[2]琉球通事最初是送福州难民陈明等人回去；遗憾的是，第二年返国途中，他们自己被海风吹到崇明岛，而后上岸经七里滩到福州；更为不幸的是，第三年他们搭贡船，再次遇风覆溺，最后只有"水手二名拥着三板，漂至浙江石浦县，而得回国"。[3]康熙四十五年（1706）秋，琉球国"王遣耳目官元勋、正议大夫程顺则等奉表入京贡方物，并送还漂流商民游顺等。给赏如例"。[4]此次我们不知遇难商人游顺等为何国何地之人，因而无法知道是否经过七里滩。不过，"耳目官元勋、正议大夫程顺

---

1 《中山世谱》，卷八，427页；又见《琉球王国汉文文献集成》第三，《中山世谱》，卷二，214页。
2 《中山世谱》，卷八，428页；又见《中山世谱》，卷二，215页。
3 《中山世谱》，卷八，428页；又见《中山世谱》，卷二，215页。
4 《中山世谱》，卷八，430页；又见《中山世谱》，卷二，215页。

则等齐捧表赴闽上京"必然经历七里滩。康熙四十七年（1708）戊子秋，"王遣耳目官向英、正议大夫毛文哲等奉表入京贡方物。给赏如例。时鬼界岛商民漂至浙江，舟破上岸。送至福州，附贡使回"。[1]康熙五十四年（1715），"乙未冬，遣都通事郑士绚、使者东永昌等，照例接贡，并送还朝鲜漂流人口"。[2]康熙五十七年（1718）秋，"遣都通事毛士达、司赡养、大使全文亨等驾海舟至闽，送还浙江宁波府漂流人王金枝等"。[3]

雍正八年（1730）庚戌，遣王舅向克济、正议大夫蔡文河、使者毛允仁等奉表入京贡方物；并谢加赐玉器、缎疋，及官生奉旨归国。且疏陈情词，乞回明旨，按期入贡。且送还异国漂人四名。（此时那霸小船一只十九名漂至浙江温州府，照例送至福州柔远驿，给与口粮、衣服等项。奈船在闽朽烂，仍将难民分搭贡船二只而归国。）[4]凡称异国者，必然不知其国名，或者漂人并无国家（王国、王朝）概念。一般而言，即所谓"南蛮"，主要是来自菲律宾诸岛的土著。

以上大致是清初的情况，记录相对比较少。清代频繁出现护送海上难民自乾隆中期始，尤其在嘉庆、道光和同治年间，也就是19世纪前七十年（表8.1）。

1　《中山世谱》，卷八，430页。
2　《中山世谱》，卷九，446页。
3　《中山世谱》，卷九，447页。
4　《中山世谱》，卷九，474页。

表 8.1 年代与东亚海难（其难民经七里滩返乡）[1]

年代	海难次数	年代	海难次数
1730—1739	5	1800—1809	12
1740—1749	2	1810—1819	9
1750—1759	7	1820—1829	12
1760—1769	3	1830—1839	17
1770—1779	7	1840—1849	15
1780—1789	2	1850—1859	13
1790—1799	11	1860—1869	5
琉球文献终于19世纪70年代			

那么，为什么在18世纪末到19世纪发生了这么多海难呢？排除其他原因不计，一个关键的气候背景是18世纪末全球进入了小冰期，气候变冷，极端气候频繁，这是导致海难频繁的重要因素。从发生海难次数最多的年份来看，这些年份也集中于这个小冰期（表8.2）。

表 8.2 海难次数最多之年份

年份	海难次数	年份	海难次数
1750	3	1827	3
1770	4	1831	5

---

1 此处需要明白，本表统计的不是琉球文献中记载的所有海难，而是其中有难民经过七里滩返乡的海难次数。这两者虽然有偏差，但笔者初步研究表明，两者趋势大致相符。

续表

年份	海难次数	年份	海难次数
1794	3	1832	4
1799	3	1833	3
1801	3	1837	3
1802	4	1844	4
1810	3	1846	4
1816	3	1855	4

以下根据琉球文献，列表枚举明清两代应该经过七里泷江的各国（中国、朝鲜、琉球）海上难民（表8.3）。一些情况未明者，如1407年和1412年琉球护送的难商陈明、难商游顺，因未注明其籍贯无法判断，则排除在外。此外，专门护送难民到福州的琉球通事，个别返国时遇到海难，在建德以北的沿海地区获救，除特别说明是修葺船只护送到福建之外，也列入下表。再者，有关文献中提到从福建入京的琉球贡使，虽然经过七里滩，但不列入下表。需要指出的是，这部分难民，只是琉球文献记录护送或接收海难难民的一部分，因为并非所有的难民返国返乡都需要经过七里泷江。有关难民的情形，明代记录简略，清代记录相对详细，有时不但有具体船只，还有具体的人数，甚至领头的姓名，因而给我们留下了一些宝贵的细节。这些难民，特别是有名字的难民头领（船长、商人头领等等），九死一生侥幸生还，又乘船经过位于建德乾潭的七里滩并抵达严州府，而后逆流而上，舍船登陆抵达福州；或者相反。

表 8.3　经七里滩返乡之东亚海上难民

送还时间	难民原籍	漂至何处	难民信息
1545	朝鲜	琉球	朝鲜漂流人口
1590	琉球	朝鲜	琉球商船
1595	琉球	温州	琉球国人哈那等船漂至温州
1698	朝鲜	琉球	送还朝鲜漂流人口
1701	琉球	苏州崇明	通事郑士纶、红永祺等送还福州漂流商民陈明等；回程遇风
1708	琉球	浙江	界岛商民漂至浙江，舟破上岸
1715	朝鲜	琉球	都通事郑士绚、使者东永昌等，照例接贡，并送还朝鲜漂流人口
1718	中国	琉球	遣都通事毛士达、司赡养大使全文亨等驾海舟至闽，送还浙江省宁波府漂流人王金枝
1734	朝鲜	琉球	遣都通事郑廷干、司养赡大使向元瑞等驾海舟至闽，送还朝鲜国难民男女 12 人
1737	琉球	浙江定海	八重山船一只，36 人，漂至浙江省定海县
1737	琉球	浙江象山	那霸船一只，10 人，漂至浙江省象山县
1737	琉球	浙江临海	一只，29 人，漂至浙江省临海县
1739	朝鲜	琉球	遣都通事郑秉哲、使者温启恭等，照例接贡，并送还朝鲜国难民 20 名
1742	苏州	琉球	遣都通事阮为标、司养赡大使谕信等，驾海船至闽，送还江南省苏州府漂流商民徐惟怀等 53 名
1745	苏州	琉球	遣都通事蔡宏模、司养赡大使向紫琼等驾海船到闽，送还苏州府吴县漂流商民游仲谋等 82 人

续表

送还时间	难民原籍	漂至何处	难民信息
1750（春）	苏州	琉球	遣都通事阮超群、司养赡大使东观旭等，驾海船到闽，送还福建省泉州府同安县难商陈得昌等20名、兴化府莆田县难商黄明盛等30名、江南省苏州府通州难商彭世恒等14名[1]
1750（夏）	苏州、天津	琉球	遣都通事陈以桂、司养赡大使毛开烈等，驾海船到闽，送还福建省泉州府同安县难商李顺等17名、泉州府晋江县难商王源利等26名、漳州府龙溪县难商林顺泰等22名、江南省苏州府常熟县难商沈惠等12名、苏州府常熟县难商陶寿等17名、直隶省天津府天津县难商田圣思等19名
1750	苏州	琉球	耳目官毛元烈、正议大夫阮为标奉表入京贡方物，二船附送江南省苏州府常熟县瞿长顺等12名、福建省福州府闽县蒋长兴等27名至闽
1753	通州	琉球	遣都通事金安、使者翁国材等，照例接贡；并送还江南省通州漂流难民崔长顺等23名
1757	琉球	台州	那霸商船漂至浙江省台州府
1758	琉球	温州	照屋船一只，13人，漂至温州坎门
1758	琉球	江南、浙江	大岭船一只共12人，其中3人漂至江南省，其他3人竟漂至浙江乍浦
1762	琉球	浙江乍浦	商船四只、内大湾船一只，15人，漂浙江乍浦
1762	琉球	浙江定海	系数船一只，9人，漂浙江省定海县
1762	琉球	苏州吴江	喜濑船一只10人；金城船一只11人，漂苏州府吴江县
1770	江南	琉球	江南省直隶通州吕四场船户姚恒顺等14名

---

[1] 福建难民不计入，以下同。

续表

送还时间	难民原籍	漂至何处	难民信息
1770	琉球	浙江三盘	八重山西表首里大屋子船一只，10人，漂到浙江省三盘
1770	琉球	浙江象山	有那霸府大城船一只，27人，漂到浙江省象山县
1770	琉球	浙江太平	嘉数船一只，19人，漂到浙江省太平县
1774	琉球	温州	那霸马舰一只，舵工西村比嘉等21人，内有一女，漂到温州府
1774	琉球	浙江定海	那霸马舰一只，21人，漂到定海地方，1名病故
1779	朝鲜	琉球	福州府闽县商民33名、朝鲜国全罗道灵岩郡人民男9名女3名漂来本国
1782	琉球	宁波	那霸府泉崎村崎间子船一只，29人，漂到宁波府，内1名病故，护送福州，又1名就地病故
1786	琉球	苏州	马舰一只，18人，漂到苏州府崇明县，舵工崎间于送中病故
1790	琉球	江苏昭文	马舰一只，9人，任风漂到江苏省昭文县
1790	琉球	江苏赣榆	泊村比嘉仁屋马舰一只，23人，漂到江苏赣榆县（与上一则共3人病故）
1792	琉球	浙江太平	八重山与那国岛船一只，24人，内女1名，漂到浙江省台州府太平县大堂国，内有波座间染病而死，赐棺埋葬；又有23名传染疱疮，药治莫效，18名身故
1794	琉球	浙江象山	恩纳间切安富祖村比嘉三反帆船一只，5人，漂到浙江省宁波府象山县
1794	琉球	浙江太平	泊村与仪五反帆马舰一只，12人，漂到浙江省台州府太平县

续表

送还时间	难民原籍	漂至何处	难民信息
1794	琉球	朝鲜	与那国岛四反帆船一只，11人，漂到朝鲜国济州海边；内1人病故，赐棺埋葬；现在3人，解送其国城都，蒙该国王颁赐衣服，优加赡养，送到盛京凤凰城，递送到闽
1796—1797	琉球	温州、朝鲜、江南	泊村佐久川五端帆马舰一只，21人，经飓风、海盗等等，漂到浙江省温州府，被误认为是安南海贼，后经琉球通事来查看方才辨明；黑海盗掳走1人亦辗转解送福州；回琉球途中亦遇暴风，漂到朝鲜国，转到江南省太仓州崇明县，被解送松江府上海县，诘医者仲间跟件、池原病故，照例埋葬。护送到闽
1797	朝鲜	琉球	朝鲜人10人漂到大岛，护送到闽
1799	琉球	温州平阳	西村大岭七反帆马舰一只，31人，漂到温州府平阳县属地蒲门，1人病故
1799	琉球	浙江象山	渡名喜岛四枚帆船一只，人数10名，漂到浙江省象山县石浦地方
1799	琉球	浙江玉环	马舰一只，人数7名，漂到浙江省玉环地方
1801	琉球	浙江临海	马舰一只，12人，漂到浙江省临海县，内2名病故
1801	江南省	琉球	江南省通州商船一只，10人
1801	琉球	江南省海门	马舰一只，9人，漂收江南省海门地方
1802	琉球	宁波	马舰一只，6人，漂到浙江省宁波府象山县
1802	琉球	浙江临海	楷船一只，48人，漂收浙江省临海县
1802	朝鲜	琉球	朝鲜国全罗道罗州牛耳岛6人

续表

送还时间	难民原籍	漂至何处	难民信息
1802	泉州	琉球	福建省泉州府同安县徐三贯船只，32人，遣都通事郑世俊、司养赡大使马国轮等，坐驾楷船，护送该难人入闽
1807	琉球	浙江象山	久米岛船一只，13人，漂到浙江省宁波府象山县，内3人染病身故
1808	琉球	浙江象山	渔船二只，6人，一只漂至该省象山县石浦
1808	琉球	浙江临海	帆船一只，6人，漂抵台州府临海县
1809	琉球	山东登州	楷船一只，52人，漂到山东省登州府荣成县，内2名染病身故
1809	琉球	浙江定海	泊村船一只，16人，漂到浙江省宁波府定海县
1810	苏州	琉球	都通事魏崇仁、司养赡大使马世倬等护送江南省苏州府镇洋县漂来商民17名
1810	琉球	江南扬州	泊村船一只，13人，漂到江南省扬州府东台县
1810	琉球	山东胶州	护郡宇茂佐船一只，7人，漂入山东省胶州地方
1814	琉球	浙江临海	那霸船一只，9人，漂至浙江省临海县
1815	朝鲜	琉球	朝鲜国全罗道船一只，6人，特遣才府马超群、大通事王秉干等，坐驾楷船一只，护送闽省途中，漂到广东省高州府电白县，而后在虎门造船转到福州
1816	苏州	琉球	江南省苏州府长州县商船，113人，遣都通事金思明、毛元会、司养赡大使齐愈辉、卫秉衷等，派驾海船二只护送入闽

续表

送还时间	难民原籍	漂至何处	难民信息
1816	琉球	江南海州	泊村船一只,23人,江南省海州西连口地方
1816	琉球	江南如皋	泊村船一只,25人,漂收江南省如皋县地方
1817	直隶天津	琉球	直隶省天津府天津县商船一只,20人,特遣大通事郑世谟、官舍蔡谟等,坐驾海船一只,护送闽省途中先后漂收福宁府霞浦县和连江县,而后转送福州
1821	琉球	朝鲜	帆船一只,6人,漂收朝鲜国,内1名在途病故;其余5名送到盛京地方,护送来闽
1821	琉球	山东胶州	帆船一只,14人,漂至山东省胶州府,内1名病故
1823	琉球	山东文登	宫平筑登之船,7人,漂至山东省文登县
1823	琉球	苏州	春楷船,50人,漂至江南省苏州府崇明县
1825	琉球	山东登州	泊村比嘉筑登之船一只,通船4人,漂收山东省登州府文登县属靖海口
1825	福建、朝鲜	琉球	遣都通事孙光裕、官舍吕崇德等,护送福建难人洪得利等38名,朝鲜国难人黄圣巾等5名
1826	琉球	朝鲜	那霸船一只,3人,漂入朝鲜国
1826	琉球	浙江	那霸船二只,38人,漂入浙江省
1827	琉球	浙江	大岛船一只,6人,国头船一只、人数5人,漂至浙江省
1827	琉球	浙江宁波	泊船一只,7人,漂至宁波府
1827	江南省	琉球	江南省商船一只,14人,特遣都通事魏永昌、司养赡大使向德厚等,驾船一只,送诣闽省

续表

送还时间	难民原籍	漂至何处	难民信息
1828	朝鲜	琉球	朝鲜国船一只,人数12人
1831	琉球	浙江	泊船一只,3人;那霸船三只,55人漂到浙江省,内1名在洋身故
1831	琉球	浙江	那霸船一只,31人,漂至浙江省
1831	琉球	朝鲜	泊船一只,3人,漂至朝鲜国
1831	琉球	山东	大宜味船一只,5人,漂至山东省
1831	琉球	朝鲜—江南省	宫古岛船一只,8人,先后漂至朝鲜、江南省,1人在洋身故,4人途中病故
1832	朝鲜	琉球	朝鲜国船一只,33人,内6名在洋身故,1人登岸身故
1832	琉球	浙江	久米村船一只,人数11人,漂至浙江省
1832	琉球	朝鲜	那霸船一只,4人,漂至朝鲜国,2名病故
1832	朝鲜	琉球	朝鲜船二只,20人,内2名在洋身故,6名在破船处淹死,3人在馆病故
1833	琉球	浙江	春楷船一只,59人;泊村船一只,4人;名护郡船一只,12人,先后漂到浙江省
1833	琉球	山东	泊村船一只,12人,漂至山东省
1833	琉球	江苏	那霸船一只,人数14人,漂至江苏(以上三则途中有人病故,详情不知)
1834	朝鲜	琉球	朝鲜国船一只,9人,3人淹毙
1837	朝鲜	琉球	朝鲜小学船一只,10人,6名淹毙
1837	琉球	江南省	恩纳船一只,6人,漂至江南省
1837	琉球	江南省	渡地船一只,7人,漂江南省,内1人在洋病故
1838	琉球	浙江	那霸府船一只,21人;胜连郡船一只,17人;知念郡船一只,5人,漂到浙江省,途中有人病故

续表

送还时间	难民原籍	漂至何处	难民信息
1841	苏州	琉球	江南省苏州府长州县商船一只，101人，39名淹毙，62名得生。后1名染病身故
1841	朝鲜	琉球	朝鲜国全罗道黑山府源县船一只，11人，男2名、女1名淹毙，其余与上一则苏州难民一起，特遣都通事王兆杜、官舍秋文明等驾船一只护送到闽
1843	琉球	浙江太平	久志郡船一只，9人，漂到浙江省太平县
1844	琉球	山东胶州	狡町村宫城船一只，20人，漂到山东省胶州府
1844	琉球	宁波象山	东村长滨船一只，17人，漂到浙江省宁波府象山县，内1名病死
1844	琉球	江苏盐城	西村当山船一只，18人，漂到江苏省淮安府盐城县
1844	琉球	宁波定海	伊平屋岛船一只，3人，漂到浙江省宁波府定海县
1845	江南省	琉球	江南省海州赣榆县商船一只，8人，7名淹毙，1名凫水上岸
1846	琉球	山东荣城	有大里郡马舰船一只，8人，漂到山东省荣城县
1846	琉球	山东海阳	恩纳郡马舰船一只，5人，漂到山东省海阳县
1846	琉球	江南省抚民府	同郡马舰船一只，8人，漂到江南省抚民府，内1名染病身故
1846	琉球	江南省通州	名护马舰船一只，5人，漂到江南省通州如皋地方
1848	琉球	朝鲜—江南省淮安府	久米村船一只，9人，先后漂到朝鲜国辖下全罗道洋面、江南省淮安府阜宁县以及淮安府盐城县，后1人染病身故

续表

送还时间	难民原籍	漂至何处	难民信息
1848	琉球	江南省	今归仁郡船一只，8人，漂到江南省辖下掘港，通船共8名。后2名在福州柔远驿病故
1849	朝鲜	琉球	朝鲜国船一只，7人
1851	琉球	奉天府金州	久志郡船一只，18人，漂到奉天府金州
1851	琉球	中国	那霸船一只，4人，漂到中国，不识其地
1852	琉球	山东登州	久志郡船一只，6人，漂到中国，送山东省登州府海阳县
1853	琉球	江南省崇明	知念郡船一只，11人，漂到江南省崇明县
1854	朝鲜	琉球	有朝鲜国难人6名
1854	琉球	浙江镇海	大里郡船一只，人数16人，漂到浙江省镇海县
1855	苏州	琉球	江南省苏州府大苍州崇明县商船一只，11人，特遣都通事郑学楷、官舍毛应美等，护送到闽
1855	琉球	福建—浙江—上海	大里郡与那原村船一只，16人，漂到闽省，将其16名搭驾护送船，遇风漂到浙江省东表山外洋，通船人等共计83名，其内66名不知去向，5名被英国救助到上海，另12名漂到浙江省外山——江山东鸡山暨各处[1]
1855	琉球	浙江象山	那霸船一只，38人，漂到浙江省宁波府象山县，内6名染病身故
1855	朝鲜	琉球	朝鲜国难人3名
1857	朝鲜	琉球	朝鲜国难人6名

---

1 按，83人应该都是琉球人。

续表

送还时间	难民原籍	漂至何处	难民信息
1857	琉球	上海县	耳目官向有恒、正议大夫阮宣诏等乘坐琉球贡船返回时,陡遭暴风,贡船水梢26人被荷兰船救助送苏州府上海县,后2人病故
1859	琉球	浙江	久志郡船一只,7人,漂到浙江省
1861	朝鲜	琉球	1860年,朝鲜国船一只9人,搭贡船解送闽省。1861年初,因太平天国事变,道路不通,琉球使节再次恳请,获允
1860	琉球	朝鲜	久米村六端帆船一只,6人,漂到朝鲜国
1861	琉球	宁波	久高岛十二端帆船一只,9人,漂到浙江省宁波府三砂洋面
1863	山东登州	琉球	遣都通事郑秉衡、官舍齐思忠等驾船一只,护送山东省登州府黄县难商17人
1865	朝鲜	琉球	朝鲜国船一只,15人
1870	朝鲜	琉球	朝鲜国难人6名

上表可见,海上难民最早经七里滩返乡的是在1545年,是琉球护送到福州的朝鲜漂流人口,可惜人数不知;最晚的是1870年,为琉球护送的朝鲜漂流人口6人,可谓以朝鲜始,以朝鲜终。时间跨度为三百二十五年,大致与中国—朝鲜—琉球之间的朝贡关系相始终。[1]

在这三百二十五年间,从七里滩返乡的东亚难民次数共计128次,未记录遇难人数的共9次,遇难难民少则三五人,多则数十乃

---

[1] 其开始也晚于1372年明朝与琉球朝贡体制之建立。

至上百人，最多的达 113 人。[1] 有记录的难民人数共 2207 人，其中海上溺亡或者上岸后病故的 201 人，则经过七里滩的东亚难民至少在 2006 人以上。[2] 难民有姓名者包括琉球通事郑士纶、红永祺，耳目官向有恒，正议大夫阮宣诏，琉球百姓哈那、西村比嘉；中国难民王金枝、徐惟怀、游仲谋、彭世恒、沈惠、陶寿、田圣思、瞿长顺、姚恒顺、洪得利；朝鲜难民黄圣巾等。

需要指出的是，虽然这些东亚海上难民非常幸运地获救，并非常幸运地搭上了朝贡体制的"船"（渠道）回国，但此过程需要处处受到所在国家官方的多次审核查验、地方官吏以及百姓的刁难。这些折磨，如雪上加霜，使这些难民痛苦不堪，乃至有生不如死之感，文献可见。等到这些难民返回家乡，一般也要数年之后了。当然，通过七里滩的国际难民除了东亚三国人，还有越南等国人。一旦他们的船只被大风吹到建德以北的沿海，一般也须经过七里滩护送至广州，然后返回本国。

最后的难民

东亚朝贡体系崩溃之后，七里滩就不再是海上难民返乡的途径

---

1 人数少的往往是沿海居民日常生活如打鱼、运输的小船；人数多的往往是商船，包括远洋商船，如人数最多的那次（113 人）便是从苏州去日本长崎的商船。
2 一些琉球难民是在福州柔远驿病故，所以其实他们也经历了七里滩。

了。然而，令人没有想到的是，到了抗战时期，七里滩再次成为逃难之路。

1937年7月，卢沟桥事变爆发，日本帝国主义发动全面侵华战争；一个多月后，上海"八一三事变"，战争的烽火烧到了江南。随着日军南下杭州，杭嘉湖一带的居民纷纷逃难，而七里滩这条水路也成为逃难之路。难民中著名者就有丰子恺和郁达夫。

郁达夫在其《毁家诗纪》第三首就记录了自己从富阳乘船经建德到达江山，而后经浙赣铁路到福州的过程。诗云："中元后夜醉江城，行过严关未解醒。寂寞渡头人独立，漫天明月看潮生。"郁达夫原注说，"八一三事变"后，他有一次从上海回福建海路受阻，不得不从陆路入闽，"于中元后一夜到严州。一路晓风残月，行旅之苦，为从来所未历"。由诗可见，郁达夫是1938年中元节后一天到达建德的。

逃难之路自然非从郁达夫或丰子恺始，八九百年前的李清照就曾经由严陵滩逃到金华。绍兴四年（1134），李清照年五十二，夫婿赵明诚已逝；九月，金兵与伪齐从淮阳分道来犯；冬十月，宋高宗决定御驾亲征。李清照在其《打马图经序》中曰："今年冬十月朔，闻淮上警报。江浙之人，自东走西，自南走北，居山林者谋入城市，居城市者谋入山林，旁午络绎，莫不失所。易安居士亦自临安泝流，涉严滩之险，抵金华，卜居陈氏第。"[1]说的就是此事。她在《夜发严滩》诗中写道："巨舰只缘因利往，扁舟亦是为名来。往来有愧先生德，

---

[1] （宋）李清照著，徐培均笺注：《李清照集笺注》（上海：上海古籍出版社，2022年），240—241页，494—495页。

特地通宵过钓台。"[1]按,七里滩本是行船危险之地,按理不应该夜间行船。一百多年后,范成大在拜祭钓台之后,特地行船十余里到胥口停泊过夜,而不是直接赶赴严州府城。易安居士之所以夜发严滩,实在是因逃难不得已而为之。

抗战胜利之后,内战随即爆发。笔者二舅的养父已经是旅级军官,便在此时脱下戎装,带着自己在四川或湖北娶的小妾,辗转经七里滩回到了垒柏村。不久,国民党的统治分崩离析,建德一带社会失序,七里滩附近出现了所谓的"土匪"。1946年的时候,柯灵前往钓台因此受阻。

柯灵(1909—2000)生长在水乡绍兴,渡过钱塘江很多次,却没有机会溯江而上。他说,"富春江早就给我许多幻想了",直到抗战胜利后才因太平洋旅行社的招待而游览了富春江。那时,从杭州出发行程只需一天,早去晚回,雇的是一艘小火轮。

> 抗战期间,从杭州到"自由区"的屯溪,这是一条必经之路,舟楫往来,很热闹过一时;现在"曲终人不见,江上数峰青",才还了它原来的清净落寞。在目前这样的"圣明"的"盛世",专程游览而去的,大概这还算是第一次。
>
> 论风景,富春江最好的地方在桐庐到严州之间,出名的七里泷和严子陵钓台都在那一段;可是我们到了桐庐就折回了,没有再往上去。原因有两种,时间限制是一种,主要的是因为那边不太平,据说有强盗,一种无以为生、铤而走险的"大国

---

1 (宋)李清照著,徐培均笺注:《李清照集笺注》,240—241页。

民"。安全第一,不去为上。自然这未免扫兴,好比拜访神交已久的朋友,到了门口没法进去,到底缘悭一面。妙的是桐庐这扇大门着实有点气派,虽然望门投止,也可以约略想象那"侯门似海"的光景。[1]

的确,处在易代之际的建德,社会再次失序,柯灵所谓的"强盗"便是一个注解。

从历史的长河来看,丰子恺、郁达夫、柯灵抑或笔者二舅的养父就是七里滩最后的逃难者?

---

[1] 柯灵:《富春江上:桐庐行》,《周报》1946年41期,22页。

第九章

一方世家：明清之际的马氏

五代二进士

　　清代康熙二十三年（1684）修的《康熙建德县志》是建德县的第一部县志，虽然编纂时间才两个月，成书仓促，详简不当，但它保存了大量的建德地方文献，记录了宝贵的地方信息，值得关注。在此之后，建德县又陆续重修了几部县志，如乾隆十九年（1754）王宾等修、应德广等纂《乾隆建德县志》，道光初年周兴峄等修、严可钧等纂《道光建德县志》（道光八年即 1828 年刊本），以及光绪和民国年间分别修纂的《建德县志》。

　　康熙县志的起因是前一年（1683）康熙皇帝下令修大清一统志，饬各地郡邑修志。建德知县戚延裔"爱集本邑博硕绅儒，精加编校，凡两月而成，为书九卷，为志五十类"。建德本籍人士、进士出身的马天选为总纂。马天选在纂修过程中，或许不免掺杂私心，记录不少马氏人事，从而留存了明末清初严州府建德县的一个世家大族，也即五代出了二进士以及十数名秀才（监生、贡生等）的马氏家族。[1]

　　建德地处浙西南，西邻江西和安徽二省，自古七山二水一分田，

1　（清）戚延裔修，马天选等纂：《康熙建德县志》，九卷，《稀见中国地方志汇刊》第十四册，1059—1236 页。

罕有大片耕田，没有大地主；没有大地主，也就很难有世家大族，遑论簪缨世家。因为科举需要全家乃至宗族数年、十数年乃至数十年的经济投入。培养一个人、一代人乃至数代人读书应试，这是一笔巨大的投资，没有雄厚的经济实力，很难成功。因此，马氏家族的成功，颇值得研究。

更令人诧异的是，马氏家族在明末清初特别是康熙年间出了一个进士之后，突然一下子沉寂了。到了乾隆年间，原本轰轰烈烈的科甲门第，突然消失。背后的原因，又值得探索。

康熙进士马天选

先看编修《康熙建德县志》的马天选此人。

关于马天选，《乾隆建德县志》卷八"人物"记载："马天选，字闲上，登康熙癸丑进士，初授内阁撰文中书，升楚雄府同知，摄篆郡邑并著循声，丁卯本生乡试同考，寻升武昌郡守，未仕卒。赋姿明敏，兼精数学，著有《耐寒堂诗文》行于世。"[1]《康熙建德县志》卷六"选举"记载，康熙十二年（1673）韩菼癸丑榜，马天选和王龄昌一同登科，马天选任"撰文中书"，王龄昌任"中书正字"。[2] 马天选是康熙二年癸卯科（1663）中举；王龄昌在康熙五年丙午科

---

[1] 《乾隆建德县志》，卷八"人物"。
[2] 《康熙建德县志》，卷六"选举志"，1144 页。

（1666）中举（乡试第二名，非常了得）。[1] 韩棻这科当中，王龄昌二甲第 33 名（共 40 人），赐进士出身；马天选三甲第 9 名（共 123 人），赐同进士出身。本科全国进士共 166 人，以全国人口一个亿算，大概 80 万人才有一个进士。而区区建德县当时不过 10 万人口，居然有 2 个进士，实在是非常幸运。

根据相关资料，马天选有《耐寒堂诗文》诗文，今不存，但县志录有他的两首诗。其一，《登乌龙山绝顶》，云：

> 杖策探奇胜，凭高意渺然。
> 举头见近日，拍掌可扪天。
> 草色绕空际，泉声落树间。
> 遥观沧海小，如在岱峰颠。[2]

其二，《胥村山庄》，云：

> 黄雀喧遗穗，吹香满野扉。
> 篱菊静可爱，踟蹰夕阳微。
> 彼此互命酌，紫蟹鲜而肥。
> 秋来果亦好，梨栗罗四围。
> 酒行不苦苛，宴笑无是非。

1　《康熙建德县志》，卷六"选举志"，1147—1148 页。
2　《康熙建德县志》，卷八"艺文"，1221 页。

坐深风色紧，言归纳絮衣。[1]

马天选还有《捐造斋署碑》及《平籴说》文存，不再赘录。[2]

万马奔腾

那么，马天选之前的马氏还有其他人可以追溯吗？

有的。明代万历四十一年（1613）周延儒榜（癸丑），马中騋中进士，任推官。[3] 马中騋万历二十五年（1597）丁酉科中举。[4]

再往前呢？可能也有。明初景泰七年（1456）丙子科，马思义，可惜考场失火而死，特赐进士。不过，马思义是否为马天选祖上，尚不可知。[5]

宋代建德也有马氏进士。康熙县志卷六"选举志"之"甲榜"（进

---

1 《乾隆建德县志》，卷九"艺文"。《国朝严州诗录》录此诗略有不同："稻花半临水，吹香满野扉。篱菊静可爱，踟蹰夕阳微。眷言互命酌，紫蟹螯初肥。秋果野亦好，梨栗罗四围。酒行不苦苟，宴笑无是非。坐深四色景，言归纳絮衣。"见《国朝严州诗录》，卷二"马天选"。
2 《捐造斋署碑》，《康熙建德县志》，卷八"艺文"；《平籴说》，见（清）吴世荣主修，《光绪严州府志》，卷二十五"艺文志上三"。
3 《康熙建德县志》，卷六"选举志"，1144 页。明朝时推官为各府的佐贰官，属顺天府、应天府的推官为从六品，其他府的推官为正七品，掌理刑名、赞计典。
4 《康熙建德县志》，卷六"选举志"，1147 页，
5 《康熙建德县志》，卷六"选举志"，1146 页。

士）记载了宋代的几个马氏进士。绍兴二十四年（1154），张孝祥榜有马大同（官至兵部侍郎），颇有作为，为一代名臣；嘉定元年（1208）郑自诚榜有马高；宝庆二年（1226）有马登龙；淳祐九年（1249）方逢辰榜有马季麟。[1] 这样，宋明两朝，建德有马姓进士5人，特赐进士1人。不过，他们是否属于一个宗族，难以确认。

除了举人和进士外，马家先人在明代还有严州府学岁贡生。嘉靖年间有马致通（金溪县丞），万历年间府学岁贡有马如电、马从谦。[2] 建德县学嘉靖年间有马致进（任教授），马子骐、马子骥、马子骏。到了清代，建德县学康熙年间有马从王（考授训导），而后还有恩拔贡，顺治年间有马扬明（武进县令）。[3]

往下是例监。明代有马如云，上饶县县丞，赠汀州府推官；马中骐（主簿）；马中骐；马从乾（照磨）；马从泰（州判）；马从豫。[4]

再往下是恩封。明代有马如云，以子马中骐贵；清代有马从恒（以

1　《康熙建德县志》，卷六"选举志"，1141—1143页。
2　《康熙建德县志》，卷六"选举志"，1149页。
3　《康熙建德县志》，卷六"选举志"，1151—1152页。
4　《康熙建德县志》，卷六"选举志"，1152—1153页。主簿各级主官属下掌管文书的佐吏，明清时期主簿由贡监及吏员拔擢除授，是知县的佐贰官，别称"书记""三尹"等，秩正九品，主管户籍、缉捕、文书办理事务，在主簿廨办公，下设攒典1人办助办公。根据《元典章》，照磨，官名，即"照刷磨勘"的简称。元朝建立后，在中书省下设立照磨1人，正八品，掌管磨勘和审计工作，另肃政廉访司中负责监察的官员也称照磨，"纠弹百官非违，刷磨诸司文案"。明朝在各地继续强化照磨制度，在各省布政使司中，均设照磨1人，从八品；按察使司中，设照磨1人，正九品；各府亦设照磨1人，从九品。州判为中国古代文官官职名，通常为地方衙门辅佐主官，在清朝之位阶约为从七品。

子天选贵，赠征仕郎内阁撰文中书舍人）。[1]《康熙建德县志》记载："赠征仕郎内阁撰文中书舍人马丛恒墓在城西裴郭崔家坞。"[2]

当然还有马姓的其他人。而笔者之所以枚举以上二十数人，是因为他们应当属于同一个家族。缘何？第一，在《康熙建德县志》中，他们中若干人的血缘关系都有提及；其二，没有提及血缘关系的，根据古代取名的规律，大致可以确定。以上马氏，大致为"致"字辈（马致通、马致进），"如"字辈（马如云、马如电），"中"字辈（马中骊；马中骐），"从"字辈（马从乾、马从泰、马从豫、马从恒）和"天"字辈。此外，乾隆和道光年间修纂的《建德县志》补充了马家的其他人物和有关信息，从而可以让我们梳理马家五代的大致情况。的确，在明末清初的一二百年间，进学的马氏族人二十余人，占据了建德县学和府学的相当比例，颇为罕见，可谓"万马奔腾"。

第一个进士马中骐

我们先来看马氏的第一个进士：明末的马中骐。《康熙建德县志》卷七"人物志"之"乡贤"有马中骐简要的事迹。

---

1 《康熙建德县志》，卷六"选举志"，1154页。
2 《康熙建德县志》，卷六"营建"，1098页。

马中骕，字蔚生。少颖悟，应童子试，学使林警庸即奇之。中丁酉亚魁，癸丑成进士，授福建汀州推官，操同冰洁；乙卯分校闽闱，称得士。摄郡邑篆，事无巨细，迎刃而解；报狱一鞫辄白。值海氛方炽，抚军檄同福推周顺昌视师海上，屡出奇制胜，以早夜勤劳，兼受瘴疠，归署八日卒。囊橐萧然，汀守饶沤白及各绅庶捐赙以归。季子从王，岁贡生，别有传。[1]

卷二"营建"记载"福建汀州推官马中骕墓在县北二十一都莲塘地方"。[2]

由此可知，马中骕少年时候就以聪颖而著名，在丁酉年（1597，万历二十五年）的乡试中举得了第二名，极其难得；而后经历了十六年的磨难，在癸丑年（1613，万历四十一年）以举人身份中了进士，担任福建汀州推官。在汀州，马中骕为平息明末蜂起的海盗屡建奇功，却天不假年，因病去世。又，《乾隆建德县志》记载，马中骕曾为县学文昌阁作序。[3]关于其家庭，马中骕有"季子"马从王。季子，既可以理解为第四个儿子，也可以理解为小儿子。无论如何，马中骕有两个以上的儿子。因为马中骕中了进士，所以他的父亲马如云受到了朝廷的恩封，"赠文林郎"。[4]则马中骕一家三代可知：马如云—马中骕—马从王（表9.1）。

---

1 《康熙建德县志》，卷七"人物"之"乡贤"，1161页；《乾隆建德县志》卷八"人物"大致如此。
2 《康熙建德县志》，卷二"营建"，1097页。
3 《乾隆建德县志》，卷三"营建"。
4 《康熙建德县志》，卷六，1154页。

| 第九章 | 一方世家：明清之际的马氏

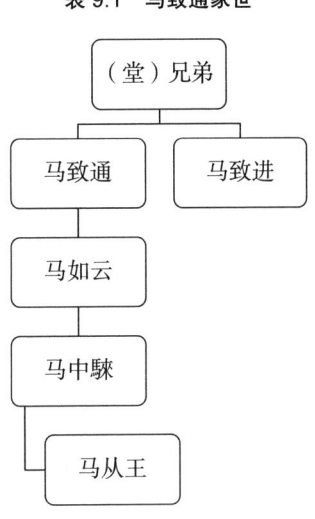

表9.1 马致通家世

```
        （堂）兄弟
         /    \
      马致通   马致进
        |
      马如云
        |
      马中騋
        |
      马从王
```

《康熙建德县志》又有马如云的小传。"马如云，字龙田，致通子也。由太学生，授江西上饶丞，邑界浙闽，地广民稠，乃严保甲，编里伍，民安盗息，境内肃然，秩满升镇沅，以季子中騋贵，赠文林郎福建汀州府推官。"[1] 由此可知，马中騋出身并非贫寒家庭。他的父亲马如云就是太学生，当过江西上饶县的县丞，肃清盗匪，颇有官声。《乾隆建德县志》卷七"科举"之"恩封"记载："马如云以子中騋贵，封文林郎福建汀州府推官，配宋赠孺人。"[2] 则马中騋的母亲为宋氏女。又，马中騋是马如云"季子"，则马如云也不止有一个儿子。此外，马如云的父亲是马致通，为嘉靖二十八年（1549）贡生。[3]

---

1 《康熙建德县志》，卷六，1167页；《乾隆建德县志》，卷八"人物"。
2 《乾隆建德县志》，卷七"科举"之"恩封"。
3 《乾隆建德县志》，卷七"科举"之"贡生"之"乡贡"。

《乾隆建德县志》补充了马致通的经历。"马致通，字叔逵。博学好古，常积书千卷，熟悉典故，以贡授金溪丞。条上治赋清军四事，当道知其才，多所委重。筑城垣，修邑志，奇绩居多，寻投牒归，居乡尤多义举，学者称为秋溪先生。"[1]则马致通也是一个博学精干的人物。马致通可能还参与了嘉靖戊申年间梅城南北双塔的修建活动。这一年五月，总督胡宗宪正好有事经过严州，包括马致通在内的郡县庠生请他作文记之，于是胡宗宪写了《卯巽双峰建塔记》。[2]如此，则马中骢一家四代可知：马致通—马如云—马中骢—马从王。

马中骢在福建病逝的时候，他的小儿子马从王才八岁。《康熙建德县志》记载："马从王，字春卿，中骢季子也。年八岁，父卒于闽。哭踊过礼，即奋志读书。秉性狷介，有相招宴游者，键户弗顾也。与人论古，必反复辩难；有质经史疑义者，即从架内抽轴以示，序次不爽。尤熟历代典故，时仰为文献焉。郡守梁聘修府志，考订世系最为精详。充康熙十二年贡，廷试归而卒。"[3]可见，马从王也继承家风，发奋读书，博学过人；曾经参与纂修严州府志，乾隆县志中的马致通经历，很可能抄自他为严州府志所作原稿。马从王康熙十二年（1673）为贡生，后来参加科举归来后病逝，可惜之至！

马致通是嘉靖二十八年（1549）贡生，我们不妨假设他当时是二十岁，则他出生于1529年左右；他的曾孙马从王1673年后病逝，

---

1 《乾隆建德县志》，卷八"人物"。
2 （明）胡宗宪：《卯巽双峰建塔记》，《光绪严州府志》（下），卷二十八，847页。
3 《康熙建德县志》，卷六，1174页；《乾隆建德县志》，卷八"人物"。

则大约在一百五十年左右的时间内,马家四代每代至少是秀才或秀才以上功名,称之为书香门第,并非溢美之词。

马致通、马致进兄弟之前的马氏是否有人进学呢?乾隆县志记载嘉靖年间(1522—1566)建德县学的几个马姓贡生。其中马子騩,嘉靖三十七年(1559)贡,曾任涟江教谕;马子骐三十九年(1561)贡;马子骙四十五年(1566)贡,曾任大田训导。[1]以上三人根据其姓名,当为兄弟(表9.2)。

表 9.2 马家子字辈

```
           (堂)兄弟
        ┌─────┼─────┐
      马子骐  马子骙  马子騩
```

马致通为嘉靖二十八年(1549)贡生;则以上数人和马致通虽然同姓,而且也在同一时代(嘉靖年间)入贡,他们必定有交往。不过,他们可能不同族,或者虽同族,但不同房,关系已经疏远。

马天选一家四代

我们再来看看马氏的第二个进士马天选一家四代。

---

1 《乾隆建德县志》,卷七"科举"之"贡生"之"乡贡"。

《康熙建德县志》卷七"人物志"之"侨行列传"记载了马天选的太祖父马如电："马如电,字晦吾,万历己酉岁贡。性倜傥,博览古籍,为文千言立就。年七十五,犹手缮程朱语录及经史古文,日凡十数则,耄而好学,诚仅见也。长子中禄有善行,孙从恒别有传。"[1]而马如电三代则为:马如电—马中骙—马从恒。

按,以常理论,马如云和马如电或为兄弟,但最有可能是堂兄弟。首先,如果是亲兄弟,则马天选在纂修《康熙建德县志》时恐怕必然会提及;其二,马中骙在丁酉年(1597)中了举人,而其叔辈马如电是十二年后的己酉年(1609)的岁贡生,则叔侄二人年龄或相差不大。

《明实录》中有一马如电。万历二十九年(1601)夏,"以广东岛夷失防,夺道府诸臣俸,命拓林守备马如电等革任提问,戴罪杀贼有差睛"。[2]拓林即柘林,隶属广东省潮州市饶平县,地处饶平县南部,南濒南海,与南澳县隔海相望,西濒南海柘林湾,中可停泊商船,是海洋交通和贸易要地,因而在明代是闽广两省海防的紧要之处。《广东通志》写道:"柘林乃南粤海道门户……番舶自福趋广悉由此入。"[3]据明顾祖禹《读史方舆纪要·饶平大尖峰》载:"柘林澳在其南,暹罗、日本及海寇皆泊巨舟于此。"[4]因此,柘林是海上商贸重镇,同时也是海盗泛滥之地。作为柘林守备的马如电因为防护不力,

---

1　《康熙建德县志》,卷六,1171 页。
2　《明神宗实录》,卷三百六十一,6746 页。
3　《道光广东通志》,卷一百二十三,清道光二年(1822)刻本。
4　(清)顾祖禹撰,贺次君、施和金点校:《读史方舆纪要》,卷一百三(北京:中华书局,2005 年),4724 页。

被革职提问，戴罪杀敌。不过，十一个月后，马如电终因贪赃枉法而被革任为民，同时追赃。《明实录》记载，万历三十年（1602）六月，"广东守备马如电革任追赃为民，参将刘宗汉等各戴罪立功，参政盛万年等各夺俸有差，以海贼流劫失事也"。[1] 按，明末东南沿海一带的军队尤其水师，经常借着剿匪的名义勒索沿海商民，索贿和贪赃是常态，马如电也不例外。那么，《明实录》中记载的马如电是否为马天选的太祖父、马如云的弟弟以及马致通的次子马如电呢？答案是相当肯定的。

首先，马致通本人"以贡授金溪丞"，也就是当过江西金溪县丞；他的大儿子马如云为太学生，也当过江西上饶县的县丞，肃清盗匪，因此，次子马如电通过捐纳成为柘林守备的可能性极大。三者的品级大致相当，其职责也类似（虽然守备是武职），都是负责地方治安，同时都在东南一带任职。其次，三者的年龄也正好相符。因此，笔者倾向于认为《明实录》的马如电即建德之马如电。

1602年，马如电因贪赃枉法革职为民后，便返回了建德老家，而后经过操作，在风声平息后于1609年成为岁贡。平心而论，马如电的学问可能不差，因为他的父亲马致通"博学好古，常积书千卷，熟悉典故"，"学者称为秋溪先生"，同时马致通"居乡尤多义誉"，与建德地方颇为熟悉，为马如电的东山再起打下了基础。太祖父马如电的贪赃革职，自然不会写入马天选编纂的《建德县志》。相反，马家数代在这一县志中都有美言。

---

[1] 《明神宗实录》，卷三百七十三，7016页。

马从恒也有小传。

马从恒，字常卿，生而敏慧，八岁有神通之目，年十三补弟子员，二十廪于庠试，辄冠军。赴甲子乡试，闻母丧，徒步归里，以不及视，含殓数触柱几毙。事父，尤善养志。有姊适孙姓夫，出亡，迎归膳养，以成其节。后再赴乡闱，有邻女窥宋者，勃然曰："若愧为女，而欲污我，愧为男子乎？"峻拒之。其操行端方类此。教授生徒皆一时名宿。季子天选，中康熙癸丑进士，官内阁撰文中书，赠如其官。[1]

按，马从恒就是《康熙建德县志》总纂马天选的父亲，所以小传不乏溢美之词。称其生而敏慧，十三岁补弟子员，二十岁在地方考试中拔得头筹。他不但聪慧，而且孝心可嘉。甲子年（1624，天启四年）乡试的时候，母亲去世，他于是放弃考试，从杭州步行回家奔丧；因为没赶上视殓，悲痛异常，以头撞柱，几乎致死。母亲去世后，马从恒一面孝敬父亲，另一方面照顾家人，如把寡姊迎回家里赡养，可谓孝子和兄长的模范。同时，马从恒不近女色，在赴考途中拒绝邻女诱惑，品行高洁；此外，他还教授了很多学生，不少都是一时的人才。这样看来，马从恒完全具备儒家忠孝端方的美德。当然，这其中多少有一些马天选及其他编修者对马从恒的溢美。以此，则马天选一家四代可知：马如电—马中骙—马从恒—马天选（表9.3）。

---

[1] 《康熙建德县志》，卷六，1172页；《乾隆建德县志》，卷八"人物"。

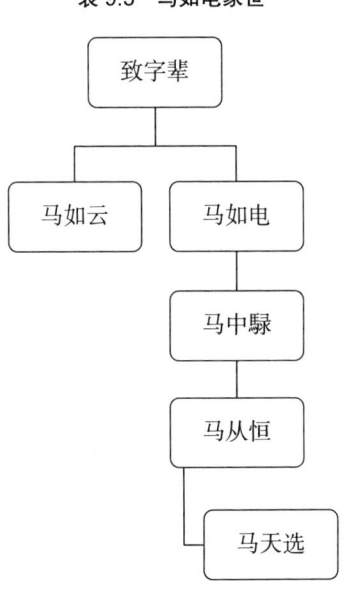

表 9.3　马如电家世

```
            致字辈
           /    \
       马如云   马如电
                 |
               马中騄
                 |
               马从恒
                 |
               马天选
```

奇怪的是，马天选总纂的《康熙建德县志》记录了马如云是马致通之子，居然没有记载马如电的父亲是马致通还是马致进，或是前二者的兄弟？也就是说，他居然没有说明太爷爷的父亲是谁。殊不可解。

又，《乾隆建德县志》记载："马从恒以子天选贵，赠文林郎内阁撰文中书，配王赠孺人。"[1] 则马天选母亲为王氏。《乾隆建德县志》卷三"营建"之"墓"记录："赠征仕郎中中书舍人马从恒墓在裴郭崔家坞。"[2]

1　《乾隆建德县志》，卷七"科举"之"恩封"。
2　《乾隆建德县志》，卷三"营建"之"墓"。

中字辈

以上可知,马氏的兴旺和马如云、马如电关系密切。那么,如字辈的马氏还有其他人吗?《乾隆建德县志》卷十"轶事"记载耆老有马如殷,[1]但他是否和马如云、马如电为堂兄弟,未可知也。

如字辈以下,便是中字辈。中字辈的有马中騆、马中驭、马中骝、马中骐等人(表9.4)。马中騆是明末天启年间(1621—1627)严州府学的贡生,曾任仁和(杭县)训导。[2]《康熙建德县志》记载:"马中驭妻陈氏,年二十四夫亡,近二幼女,抚侄从龙为嗣,苦节五十余年,寿七十六卒。"[3]《乾隆建德县志》还记载了"例监",包括马中骝(主簿)、马中骐。[4]

表 9.4 马家中字辈

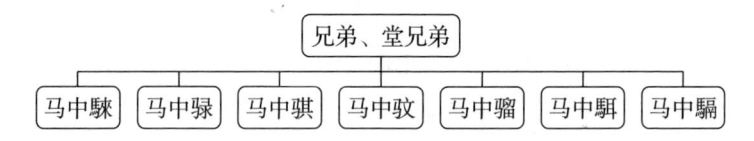

```
          兄弟、堂兄弟
 ┌────┬────┬────┬────┬────┬────┐
马中骒 马中骆 马中骐 马中驭 马中骝 马中騆 马中驫
```

从字辈

和马从恒同辈的还有其他几个从字辈人物,至少9人。从字辈以

---

1 《乾隆建德县志》,卷十"轶事"。
2 《乾隆建德县志》,卷七"科举"之"贡生"之"乡贡"。
3 《康熙建德县志》,卷六,1183 页;《道光建德县志》,卷十三"列女"。
4 《乾隆建德县志》,卷七"科举"之"贡生"之"例监"。

| 第九章 | 一方世家：明清之际的马氏

六十四卦为名，人数较多，比中字辈兴旺。

"马从谦，字受卿。与弟从豫以才名显，尤广稽博览，文章诗赋，冠绝一时。天启丁卯贡受江□南仪征丞，清介自持，仪令重之。凡兴革事宜，委任专理。以艰归，补广东顺德丞，终于任。子扬明，别有传。"[1] 由此可见，马从谦和马从豫是兄弟，他们和马从恒是堂兄弟。这两兄弟，才华横溢。而马从谦是贡生，天启丁卯（1627）担任仪征县丞，清廉能干，县令对他十分倚重；后来也因为父亲或母亲去世回乡，以后任职广东顺德县丞，在任上去世。马从谦有子马扬明，别有传。

从字辈还有马从龙。马从龙本是马中驭的侄子。因马中驭早逝无子，寡妻陈氏以马从龙为嗣。《康熙建德县志》又记载："马从亨妻柴氏，年二十三亨卒，家贫无子，抚幼女纺绩自活，卒年六十二。""马从丰妻何氏，起门裔，丰疫于水，氏时年二十四，家贫止一女，与姒柴氏交相刻苦，年六十四终。"[3] 则从字辈或还有马从亨、马从丰兄弟。《乾隆建德县志》记载的"例监"中有马从乾、马从泰、马从豫，[4] 则从字辈还有马从乾、马从泰、马从豫。其中马从谦、马从豫为亲兄弟（表 9.5）。

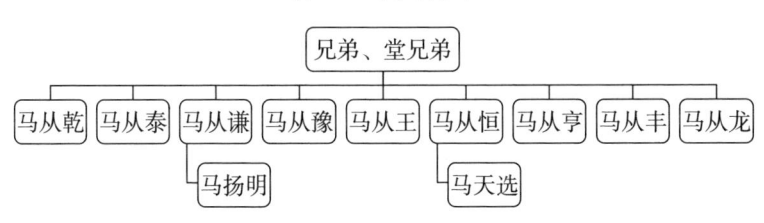

表 9.5 马家从字辈

```
          兄弟、堂兄弟
┌────┬────┬────┬────┬────┬────┬────┬────┬────┐
马从乾 马从泰 马从谦 马从豫 马从王 马从恒 马从亨 马从丰 马从龙
              │                 │
            马扬明             马天选
```

---

1 《康熙建德县志》，卷六，1168 页。
2 《康熙建德县志》，卷六，1183 页。
3 《康熙建德县志》，卷六，1183 页。
4 《乾隆建德县志》，卷七"科举"之"贡生"之"贡"。

天字辈

天字辈似乎人丁不旺。天字辈的除了马天选外还有马天荣和马天禧。《乾隆建德县志》记载了"例监"马天荣,考县丞;[1] "马天荣,字尔星。国学生,幼贫失怙,独力成家。稍后裕,念长兄贫,给田十六亩,与幼弟同居无间,孝事孀母,寿登九十。晚出所积四百金,创立宗祠,以收族人食。内行修谨,可风薄俗矣。"[2] 可见,马天荣至少兄弟三人,可惜长兄和幼弟名字无存。

《道光建德县志》卷十三"列女"记载:"马天禧妻孙氏,年二十七,夫亡,无子,守节,八十四岁卒。乾隆四年旌。"[3] 则天字辈还有马天禧。

天字辈时候,可能马氏宗族人口众多,各房差别很大,所以似乎不再按照祖训取名。故马从谦的儿子取名为马扬明,虽然马扬明和马天选是堂兄弟。

马扬明,号对野。从谦子也。质性奇拔,诗文隽丽,学使李际期奇其才,拔第一,充顺治五年恩贡;十二年授江南武进令。武进讼繁,粮逋吏胥猾法,扬明至,一清其弊。先是,平湖马嘉植为宰,人号神明;至是有大马神君小马神君之谣。但才高气傲,

---

1 《乾隆建德县志》,卷七"科举"之"贡生"之"例监"。
2 《乾隆建德县志》,卷八"人物"。
3 《道光建德县志》,卷十三"列女"。

为当事所忌。初挂弹章，邑民相率罢市，叩阍吁留，事未雪，卒于道。时论惜之。[1]

看来，马扬明继承了父亲的才华以及清廉刚正的性格，在担任武进县令的时候，一一清除当地的弊端，有"神明"的清誉，人称"小马神君"。可是，他清廉做事，却得罪了上下级，因而被弹劾罢官。虽然老百姓为他鸣冤，可是未能昭雪。大概此事打击很大，马扬明郁郁不乐在回乡的途中去世，十分可惜。《康熙建德县志》录马扬明诗一首，可惜字迹多数不可辨认。据《乾隆建德县志》卷三"营建"之"墓"，"武进知县马扬明墓在檀石埠"。[2]《康熙建德县志》记载为檀石铺。[3]

又，《康熙建德县志》记载"马庆明，妻钱氏，年二十八，夫卒，无子，矢志守节，事姑尽孝。邻里以节孝称之"。[4] 不知马扬明和马庆明是否为兄弟？（表 9.6）

表 9.6　马家天字辈

```
                    兄弟、堂兄弟
   ┌────┬────┬────┬────┬────┬────┐
 马天选 马天禧 马天荣 马扬明 马庆明? 马天荣兄 马天荣弟
```

1　《康熙建德县志》，卷六，1169 页；《乾隆建德县志》，卷八"人物"，大致如此。
2　《乾隆建德县志》，卷三"营建"之"墓"。
3　《康熙建德县志》，卷二"营建"，1098 页。
4　《康熙建德县志》，卷六，1183 页。

因何消失？

康熙年间进士马天选大概极马氏之荣耀，故其主修之《建德县志》罗列了马氏五代近30人之功名。马氏在明末清初的建德，可谓世家大族。遗憾的是，七十年之后修纂的《乾隆建德县志》和后来道光年间的《建德县志》都没有提到马天选之后代，甚至马天选的子息情况我们也一无所知。马氏在马天选、马扬明和马从王之后似乎消失了？为何？

笔者分析，马氏清初迅速消失的首要原因是康乾年间马家功名最显赫的马天选、马扬明和马从王的早逝。我们不妨从他们去世的先后来逐一分析。

首先是在顺治末年（1644—1661）或康熙初年（1661—1722）去世的马扬明，这是对马氏的第一个重大打击。马扬明的父亲马从谦是贡生，明末先后在江苏仪征和广东顺德任职，不料在顺德任上去世。马扬明和马天选同辈，功名虽然不如马天选，但他取得功名和担任实职比马天选早很多。马扬明在顺治十二年（1656）就担任江苏大县武进的县令，是清代马氏最早做官的人。作为一县之长，俗称七品芝麻官，可是权力不小，所谓"灭门县令"是也；而且，县令也是官场起步非常重要的一步，武进也非小县。因此，马扬明本来可以在清代为马氏重振一家一族。可惜的是，他为人耿介，得罪了同事和上司而被罢官，回乡途中郁郁而逝。死人不仅不能为自己的冤案昭雪，也不能为族人争光。马从谦和马扬明父子均因功名逝世于外地，何其不幸！

其次，马氏中另一个佼佼者马从王也过早病逝。马从王的父亲马中骏是明末进士,病逝于福建汀州推官任上。这样,马中骏不但未能给马氏一族带来多少实际的回报,甚至不能为自己的妻儿在经济上予以一定的保障。马中骏病逝时,家境困窘,全靠汀州同事和商人资助。此时马从王不过八岁,他回乡后刻苦读书,博学过人,于康熙十二年(1673)为贡生。正当他要在科举上一显身手的时候,却在参加科举后而病逝。马中骏和马从王父子两代的早逝,对于马氏这一支香火是致命的打击。如前所述,这一支经济上在马中骏去世时已经窘迫;好不容易马从王进学有机会给家里翻身了,却又青年早逝(这和他少年时期家境贫寒不无关系)。马从谦、马扬明父子,以及马中骏和马从王父子,均在仕途蒸蒸日上的情况下病逝,可见人生和家庭之无常!

其三,是马天选的早逝。马天选作为康熙进士,先在中央担任内阁撰文中书,而后分到外地,升云南楚雄府同知(第二把手),在楚雄颇有官声,还担任了乡试统考。正因为他的出色表现,马天选升任武昌郡守,担任一个中心城市的一把手。武昌位于长江中游,是九省通衢之地,也是连接南北的要处,政治、经济地位十分突出。假如马天选在武昌知府的位置上磨炼数年,则其前途不可限量,很可能成为一省或一部大员。可惜的是,马天选还未就任武昌知府就病逝了。因此,马氏在清初最成功、最有希望的三人(一个为第三代,其他两人同为第四代)都在没有对国家、宗族和家庭发挥相应作用的时候撒手归去,使得一百多年来马氏积累、凝聚和付出的资源没有得到回报,实在遗憾。

马天选的早逝,不仅标志着马家第四代的大梁摧垮,甚至影响到了他的子孙,故此后的《建德县志》连他的子息状况都一无所知。很可能,马天选是病逝于赴任途中,而且没有归葬家乡建德(对比乾隆

《建德县志》记载马扬明和马从王的墓址可以推知）；其家人很可能也因此流落异乡，和建德的马氏丧失联络。

除了关键人物的过早陨落，马氏到了第三代和第四代，可能由于人口过于庞大，经济状况大不如前，很多家庭已经在温饱线上挣扎，无力再供养读书人博取功名。以从字辈和天字辈为例，马从亨妻柴氏，年二十三亨卒，家贫无子；马从丰妻何氏，家贫止一女；马天荣幼贫失怙，独立成家；马天禧妻孙氏，夫亡无子，守节八十四岁卒。这一切都表明了马氏某些族人的贫苦。马天荣作为第四代的突出人物，出身寒苦，经过自己的努力成为国学生，考上了县丞，也只能稍稍收拢资助自己的一支而已。同时家族分支愈多，关系也愈为疏离，内部的凝聚力不如从前。这点从马扬明和马天选同辈却没有遵循取名的规律可以看出。

此外，明清鼎革或对马氏影响不小。马氏的第二代中字辈和第三代从字辈多数是明末的秀才。改朝换代对他们的打击是很大的。当清军来时，他们或在家乡，或在外地任职，如果抵抗，可能死于非命；如果选择流浪异乡，则困窘可知；如果逃亡回乡，则一路艰辛可知。无论如何，马氏上百年积累的文运和仕途在明清交替时已经遭到了重大打击。而在清初好不容易挣扎培养了第三代和第四代的杰出人物马扬明、马从王、马天选，却天不假年，过早病逝，再次使挣扎困窘中的马氏无力拼搏。家族中顶梁柱的丧失，经济的困窘，自然导致文运不再，仕途难彰。

以此分析，17世纪初以来在建德赫赫有名的五代二进士的马家，到了17世纪下半叶，泯然于众矣。一个蓬勃向上的家族至此衰落。我们或可叹息马氏命运之不幸，造化之弄人，细考则是疾病对个人、家庭、宗族和社会之作用力。读者不可不察！

第十章

一个庄：『乾潭庄』的前生后世

宋代的"乾潭"

历史上建德县的北乡，也就是目前的建德市北部地区，除了钦堂乡之外，基本都被划入乾潭镇。笔者小时候填写学籍卡，都写上"乾潭公社乾潭大队"或者"乾潭乡/镇乾潭村"。

乾潭镇位于建德县的东北部，呈东西走向，东临浦江县，北接桐庐县和钦堂乡，南面和西面分别与建德县的三都镇和梅城镇及杨村桥镇和下涯镇接壤。目前全镇人口约5万，区域面积约380平方公里，相当于半个多新加坡，三分之一个香港，或者十二个澳门。乾潭镇东南部和西北部属于纯山区，中部为小块盆地，为其主要耕作地带，其余为半山区。[1]因此，从农业生产而言，乾潭地区自古以来就难以作为。

"乾潭"这个地名在建德地方文献中出现得比较晚，宋代的两个严州方志均未提到，这说明在12世纪前还没有"乾潭"这个地名或村名。不过，建德最早的地方志《严州图经》虽然没有提到乾潭，但为我们留下了现在的乾潭地区最早之历史记录。淳熙年间，建德县下设九乡，城区为买犊乡，其他八乡以新安江和乌龙山为界，其南从东往西依次是新亭乡、白鸠乡、宣政乡和建德乡；其北从西往东依次是

1　《建德市地名志》，293页。

慈顺乡、龙山乡、仁行乡和芝川乡。[1] 乾潭镇大致在慈顺乡、仁行乡、芝川乡和新亭乡境内。北宋严州通判张伯玉曾到芝川村舍也就是现在的乾潭境内视察。他在诗中写道："嫩苗苒苒头角秀，柔桑裹裹阴影轻。茆檐饭起上马去，一声雨后黄鹂鸣。"[2]

虽然《严州图经》没有"乾潭"这一地名，但也记载了位于目前乾潭境内并流传至20世纪中期的几个地名。第一当属乌龙山。《严州图经》卷二记载"仁安山"说："在城北一里，高六百丈，周回一百六十里，旧名乌龙山，其傍当驿路，有岭，亦名乌龙岭。宣和初，臣僚建言，谓龙为君象，应州、县山水地名，有龙字者当避。及方腊之乱，复言狂贼窃发，由土地之名未正，乞锡以忠顺之名镇定一方。乃诏州、县、乡名及山与岭，悉改今名。"[3] 则乌龙山和乌龙岭在宋代已经广为人知。

其二当属胥村。卷二"馆驿"记载，"胥村驿，在县北二十五里，当临安府大路。"[4] 馆驿也就是当时的驿站，负责接待公务人员以及邮递等事务。以此条记载，胥村驿坐落于乾潭本地人熟知的大畈村。《民国建德县志》亦引述《一统志》称胥村"俗呼大畈"。[5] 由此可见，大畈可能是自唐宋以来就有的，乾潭历史最悠久的村落，自严州府治梅城向北翻越乌龙岭后，驿路稍折东向北十里即至。

大畈是南北陆路交通要道，为杭州经严州连接金华、衢州以及

---

1 《严州图经》，22—23 页，"建德县境图"，72 页。
2 （宋）张伯玉：《饭芝川邮舍（新定郡山后）》，《严陵集》，卷四，48 页。
3 《严州图经》，卷二"建德县"，84 页。
4 《严州图经》，卷二"建德县"，77 页。
5 《民国建德县志》，卷四"疆域"，26 页。

赣西、皖南、闽北的必经之地。《严州图经》卷二记载建德县的"馆驿"不过三个。其一,"朱池驿,在县西三十里,当衢州大路";其二,即"胥村驿","当临安府大路";其三,"三河驿,在县南五十里,当婺州大路"。可见这三者都是相当重要的驿站,处在官方的交通要道之上,或连接衢州,或连接金华,而胥村驿尤为重要,因为它向北联系着南宋的都城临安府。"馆驿"还介绍了"万松亭,在州北二里"。[1]据此,万松亭必在梅城往北翻越乌龙岭的必经之地,大概万松亭在一险要之处,从万松亭往南(下)看,松涛阵阵,江流白练。

我们知道,驿站的建立不是平白无故的。首先,它必须是在交通要道上,因为它是为官方人员、物资和信息往来服务的;第二,驿站之间的距离是有一定规矩的,两个驿站之间必须为半天到一天的距离。从胥村驿到严州府,需要翻越乌龙岭。翻越乌龙岭,壮年大概需要三四个小时,老弱则需大半天。胥村驿的设置,恰恰考虑了乌龙山这个地理障碍,使人们可以在此歇脚。虽然只是三十里的距离,但因翻山越岭,恰恰需要一天。第三,驿站的设置,必须依附一定的村落,因为驿站需要为歇息住宿的官方人员提供物资供应和安全保证。山高林密、人迹罕到之处,当然不可能设立驿站。因此,胥村驿的设置,恰恰是因为有了胥村,才有了物质条件。这条驿路即为明清时代的"铺舍"。《乾隆建德县志》记载,建德县往北有岭上铺(县北十里)、程头铺(县北二十里)、胥村铺(县北三十里)、陵上铺(县北四十里)、柘口铺(县北五十里)和安仁铺(县北六十里)到桐庐界。[2] 所谓胥

1 　《严州图经》,卷二"建德县",77页。
2 　《乾隆建德县志》,卷四"经略"之"铺舍"。

| 第十章 | 一个庄："乾潭庄"的前生后世

村铺，应该就在大畈村。这条驿道，便是从府城梅城向北出发，翻山经过乌龙岭，下山到程头铺经过乾潭向桐庐和杭州前进。这条翻山的路，也是笔者母亲和诸多乡亲当年去梅城曾经走过的路，最近一次经过应该在60、70年代，虽然当时已经有绕过乌龙岭的公路和一直就有的水路。而后乌龙岭的古道就荒废了，笔者这一代基本没有走过。

《乾隆建德县志》称："明初，陆路自桐庐入界，绕乌龙山背出白沙渡入寿昌界，是为人驿，实通江西、闽、广大路也。"[1]说的是从杭州到翻乌龙山到严州府城后，再往西南过白沙渡进入寿昌县，这是通往江西、福建、广东的大路，也就是官方的陆上驿道。说是明初，实际上从宋代起就一直如此，只不过陆道山路崎岖，运输量有限，不像水路可以为杭州等江南经济核心区运去大量山里的资源和物产。故《道光建德县志》补充说，建德县位于"吴根越角"，"宋南渡，都临安，凡江西、闽、广、荆、湖、八番海外诸国，皆取道于此"。[2]因此，建德县的地理位置对于江南的交通而言，的确有突出的重要性。

按照地理方位，《严州图经》凡记载某地处在建德县东或者县北的，大致都处在现在的乾潭境内，如安仁和胥岭。《严州图经》卷二记载：建德县"东至桐庐县界五十里，以安仁牌为界，自界至桐庐三十里"；"北至分水县界六十里，以胥岭为界，自界至分水六十三里"。[3]安仁和胥岭地名依然沿用。安仁位于乾潭北部；胥岭位于乾潭

---

1 《乾隆建德县志》，卷四"经略"之"铺舍"。
2 《道光建德县志》，111—112页。
3 《严州图经》，卷二"建德县"，71页。

西北部，目前都和桐庐交界（分水县已撤销不存）。此外，"工廨舍"记张村设"管界巡检司，在县东三十里，管土军一百人"。[1] 张村即位于建德江西岸，但已淹没。

《严州图经》记载的一些寺庙古迹等也处于乾潭境内，如白佛院"在仁行乡闇闸口，国朝淳化中建。"[2] 此条有点意思。按，淳化为宋太宗年号，为 990—994 年，而白佛院即建于这几年间，据《严州图经》编纂时候也有一百多年了，可谓历史悠久。参考乾潭现存的地名有白佛寺村（现属胥江村），则白佛寺即宋代之白佛院，村以寺名还是寺以村名，则无从得知。

白佛院附近还有龙兴观。龙兴观虽然在《严州图经》中并无文字介绍，但后来的《景定严州续志》则介绍说，此观"旧在仁安山之巅，观废；为仁行乡泽山新观请额云。淳祐壬子，仁安山复自为观"。[3] 则龙兴观最早在乌龙山，后来废弃了，于是仁行乡泽山附近新建的观就请了"龙兴观"的名称，即便后来乌龙山的旧址又恢复了龙兴观。按，乾潭地名又有"龙庆寺"（即龙兴寺），则龙兴寺当为龙兴观可知。以此论之，白佛寺和龙兴寺也是文献记载中乾潭最早之村落。白佛寺和龙兴寺均在目前乾潭镇孙蔡村附近，据蔡家家谱和传说，孙、蔡二族祖先为唐朝大将张巡部下，兵败后南逃。其中蔡家先至福建而后辗转到建德定居。

《严州图经》卷二"寺观"还包括"法源院"，"在芝川乡安仁，

---

1 《严州图经》，卷二"建德县"，73 页。
2 《严州图经》，卷二"建德县"，81 页。
3 《景定严州续志》，卷五"建德县"，145 页。

距城四十五里。旧名归善寺，国朝嘉祐二年改赐今名"；"道泉庵：在芝川乡上梓，距城四十里。国朝开宝中建"。[1] 上梓村名依然存在，则上梓也是乾潭最早的村庄。开宝（968—976）为宋太祖年号。既有上梓，当有下梓，则下梓村或可推至宋初。"龙门庵：在芝川乡胥口，距城三十里。国朝开宝中建。"[2] 龙门庵地名至今沿用。"粉泉庵，在仁行乡仁安岭，距城十二里。"[3] 仁安岭即乌龙岭，粉泉庵在乌龙岭靠乾潭一侧。

《严州图经》还记载了流经乾潭的"水"。其卷二"水"记载："七里滩，在城东四十里山峡之中，谚云'有风七里，无风七十里'，因以名之。""胥口江，在城东二十五里，地名胥村，故以名水。""津渡"记载："胥口渡，在县东二十里。"[4] 这些地名前已述及。

以上便是从八百多年前流传至今的位于目前乾潭境内的地名，包括乌龙山、胥岭、胥口、胥口江、胥口渡、安仁、龙门庵、白佛寺、上梓村、张村、七里滩（后来称为七里泷）等。而由胥岭和胥口，我们可以推断出胥溪也早为人知。这条溪流源自胥岭南下，折而向东经邵家村、钱家村、丁坂村、仇村、长元桥、新桥，自西而东横穿乾潭境内，而后向东偏南"流六里二分至胥口埠入新安江"。[5]

---

1 《严州图经》，卷二"建德县"，81页。
2 《严州图经》，卷二"建德县"，81页。
3 《严州图经》，卷二"建德县"，81页。
4 《严州图经》，卷二"建德县"，85页。
5 《严州府图说》，见（清）宗源瀚纂：《浙江全省舆图并水陆道里记》，下册，221页。

明代才有乾潭

感谢知建德县事戚延裔，他在康熙二十三年（1684）纂修的《建德县志》中第一次记载了"乾潭"这个地名。

《康熙建德县志》卷一"方舆"之"山川"中提到了乾潭著名的自然景点"狮子岩"，说："狮子岩，在县北三十里乾潭，望之宛如狮形，故名。"[1]这是所有历史文献中首次记载了"乾潭"这个地名，笔者发现时颇为惊喜。狮子岩是乾潭的标志性地貌，在今天的乾潭码头左侧山峰。笔者小时候在家门东望可见。狮子岩过去曾有庙，原来的乾潭小学也曾设在狮子岩下。"岩"字乾潭本地读作"ái"，也即"崖"，就是指临水突兀而起的山崖。幸亏有了狮子岩这个著名的自然景观，"乾潭"这个地名才被记录于三百三十七年前的县志。由此可见，在清初的1683年，乾潭这个地名和村名已经存在。

不过，乾潭这个地名似乎可以推到16世纪。万历六年（1578）编纂的《严州府志》记载："乾峰桥，在府治东北三十五里。"[2]康熙和道光《建德县志》均因袭之。所谓乾峰桥，笔者以为即为乾潭老街东跨越后溪连接狮子岩下的石板桥。"乾峰"之名的来源，就是"乾潭"和"狮子岩"山峰二名的简称，因连接二处，故以此名。由此可见，"乾潭"之名在明代已经出现，而且必然早于乾峰桥的建造。以常情常理推测，必然先有乾潭之地名，而后才以此地名命名之本地营建，故"乾

1　《康熙建德县志》，卷一"方舆"之"山川"，11页。
2　《万历严州府志》，卷七，148页。

| 第十章 | 一个庄："乾潭庄"的前生后世

潭"之名与村落，在万历初年必然存在。到了雍正年间，李卫推行顺庄法，乾潭就变成了"乾潭庄"，并一直沿用到清末。这便是乾潭村的前生。

那么，"乾潭"此名来源和意义如何？清初以来四百年间的地方文献未见记载，不得而知。古人取名，无论雅俗，自有其渊源，或表达美好愿望，或沿袭当地俗称、传说，或因地形地貌而比拟自然界现象以及动植物。以乾潭各个地名为例，有取形似者如马鞍岭，有取地貌者如大畈（即大片田野）、金鸡窠、狮峰、狮子岩，有取当地传说者如早午岭，等等，不一而足。"乾潭"之名只有两个字，其命名格式为第一个字（第一部分）为形容词，第二部分为地理名词。这个命名格式在汉语中十分常见，比如说大家熟悉的长江、黄河、太湖、泰山、香山。乾潭虽然不过是一个小村名，其出现也不过数百年，无法与名山大川相比，但其取名雅致之处，值得推敲。"潭"自然是指水潭，这个潭就在今之狮子岩底下，大致无疑；关键是"乾"字，究竟是何意思？又为何加诸"潭"上而得名"乾潭"？

在中国文化中，"乾"字的来头很大。"乾"是《易经》六十四卦之首，卦象是天，卦辞为"元亨利贞"，象曰："天行健，君子以自强不息。"简单地理解，"乾"就是强健的意思。不过，在传统社会，"乾"解释为天，在自然界的象征是龙，而乾潭恰恰在乌龙山下。乌龙山之名出现至少在唐代，等到先民在乌龙山山下聚集而居形成村落时，乡贤遂结合乌龙山和水潭这两个地名，寄托美好愿望，为乌龙山下之小村取名"乾潭"。所以"乾潭"之名的第一重意思就是"龙潭"，正好与高高在上的"狮岩（狮子岩）"构成一对风景；第二重意思就是"强健不屈，奋发向上"之潭，也就是希望本地人自强不息，争取美好生活。

前述乾隆县志记载的"乾潭庄"当出于雍正时期李卫实施的顺庄法。查《康熙建德县志》，它因袭旧志的"乡都"，提到二十一都，其中并没有乾潭之名。当时建德"县治至一都为买犊乡，里三"；"自二都到四都为新亭乡，里五"；"自五都至七都为白鸠乡，里五"；"自七都西至八都为孝行乡，里七"；"自九都至十二都为建德乡，里五"。[1] 目前乾潭镇管辖的地区大约包括宋代的十三都到二十一都，具体如下：

> 自十三都至十五都为慈顺乡，里七：胥源里、麟化里、清风里、新义里、杨溪里、招贤里、均平里，共五图；自十六都至十七都为龙乡，里三：弦歌里、下坑里、靖泰里，共四图；自十八都至十九都为仁行乡，里三：慈孝里、延化里、怀仁里，共四图；自二十都至二十一都为芝川乡，里二：节妇里、隐溪里，共三图。[2]

可见康熙年间的乡都并没有乾潭此名，这说明乾潭当时可能仍是一个小村落。乾潭附近的马鞍岭是联系胥村铺和安仁铺的必经之地，万历府志便有记载，称其"在县东北三十五里，有石如马鞍，故名"，[3] 但同样没有提到乾潭，由此可以推知明代中期的乾潭至多是一个小村落，尚未著名。可惜，雍正（1722—1735）并没有修志，所以无从得

1　《康熙建德县志》，卷二"营建""乡都"，20—21页。
2　《康熙建德县志》，卷二"营建""乡都"，21页。
3　《万历严州府志》，卷二，27页。

知"乾潭庄"之最初面目。

《乾隆建德县志》再次明确记载了"乾潭"这个地名。卷三"营建"之"墓"提到了乾潭的地名,说"赠中宪大夫曹州知府吴一士墓在乾潭大坂山背下"。[1] 从这则记录看,"乾潭"的行政层次比"大坂"(大畈之异写)高,管辖区域包括"大坂"。可见,乾潭的经济地位在建德北部已经相对突出。乾潭之所以能够超越大畈,最重要的原因,笔者以为还是其扼水陆两道的重要地理位置。从乾潭经水路可以进入建德江,北上梅城,南下富春江和和钱塘江。在传统社会,也就是没有汽车的时代,江南水乡最可依赖的运输工具便是船。水路交通和贸易,其重要性远远超过陆路。得此水陆两利,乾潭庄的地位到明清时代,在建德北乡应该比较突出了。

《乾隆建德县志》比较详细地提供了乾潭庄的一些信息。当时建德"北乡"共有9庄,其中包括乾潭庄。乾潭庄领小村13如下:陵上、杏源、梅塘、梓芳、胥口、江南、梓淇、长淇、韩家、张村、大塘、垒柏、冷水。[2] 其中胥口、江南、梓淇、长淇、韩家、张村、大塘、垒柏、冷水九个小村都在建德江两岸,可见,直到乾隆初年,乾潭的村落和人口分布重心还在沿江两岸。

道光时,建德北乡分为7庄,分别为里何庄(领小村27)、早胡庄(领小村31)、牌楼庄(领小村18)、庙前庄(领小村7)、余村庄(领小村9)、施家庄(领小村15)、乾潭庄(领小村23)。[3] 乾潭庄所领小

1　《乾隆建德县志》,卷三"营建志"之"墓"。
2　《乾隆建德县志》,卷四"经略志"。
3　《道光建德县志》,卷二"疆域志",146。

村如下：前门、后坂、碧塘、陆家、金塘坞、陵上、东西桥、徐家湾、阳塘、浪河塘、梅塘、梓芳山、仲源、定田、杏源、胥田埠、港南、梓淇、长淇、韩家坞、张村、垄柏、冷水。[1]这些村庄在1919年的建德疆域图中（图10.1）均有标志。相对于乾隆年间乾潭庄的小村主要居于沿江的地理格局，道光年间的23个村，有15个并不在建德江两岸，而是位于目前乾潭镇的山地丘陵区域，说明当时的村落、人口和地理分布发生了重大变迁，也就是从沿江两岸就近向不靠着建德江的相对平缓的山地发展。

《道光建德县志》在"市集"中列举了5个集市：军门市（府前三元坊）、乌楮市（城西十五里）、张村市（城东二十里）、胥村市（城北五十里）、黄饶市（城西三十里），其中有2个位于乾潭境内。不过，这都是因袭旧志的记载。到了道光年间，大的集市远不止这些。更重要的是，当时赶集已不再按照旧志所载"每十日三集"的习俗，说这个旧习"今则久废"；"东乡之公村、南乡之大洋、西乡之洋溪、北乡之乾潭，店铺分列，货物丛聚，居然各成市镇，乡民就近贸易，不必市集，亦甚便云"。[2]《道光建德县志》特别指出，乾潭庄今分内外两庄。[3]这内外两庄，推断应该分指沿江两岸的村落以及在驿路东侧的村落。这不但符合旧志中记载的两"市"张村和胥村，也符合乾潭庄下属23个小村的排列，一部分依然沿江而列，一部分则新出于乌龙山北的田畈和盆地之中。后起的这一类村庄，一部分是乡民农业开垦

---

1 《道光建德县志》，卷二"疆域志"，150—151页。
2 《道光建德县志》，卷二"疆域志"，166页。
3 《道光建德县志》，卷二"疆域志"，166页。

发展而来，恐怕更可能是由于前者向水田山地扩张的结果。1919 年《建德县志》所绘建德地图大致记录了道光到嘉庆年间乾潭庄的情况（图 10.1）。

1968 年的乾潭

如本文开头所述，1968 年富春江水电站的建成，对乾潭整个地理、村落、人口和经济改变巨大。笔者出生在 1972 年，对于这个变化并无亲身体验，即使笔者的父母和长辈经常提到。基于对家乡历史的兴趣，大约在 2017 年，笔者回乡之际特地拜访了乡贤高雷锋叔叔。高叔叔是笔者父亲的同学，也是笔者小学同学高嫣然的父亲，所以从小就认识。他识文断字，风趣幽默，是乾潭村有名的"秀才"；最重要的是，他几乎是村里唯一能够描述并记录 1968 年前的乾潭老街的人。有意思的是，此前，乾潭镇编纂镇史，高叔叔虽然不在其列，但他贡献了自己手绘的一张老街地图，可惜未被采用。此次经我提起，他马上打电话联系相关人士，却被告知原图已不知去向。高叔叔当时虽然一目几乎失明，另一目也高度近视，仍然答应了我的要求，用放大镜重新绘制了一张地图（图 10.2）。而后我请求在上海同济大学任教的表弟朱炜教授帮助将其转化为电子地图，他欣然应允，于是得到了以乾潭老街为中心的这张地图（图 10.3）。横跨后溪连接狮子岩和乾潭老街的，应当就是康熙县志中提到的乾峰桥。根据《民国建德县志》，乾峰桥"在城东北三十三里，清光绪十三年合市重修"；另外两座桥应该就是锦带桥和盛家桥，锦带桥"在城北三十二里乾潭后街，清乾隆中造，县绅钱玉森有记"，盛家桥"在城东北三十三里碧塘村"。[1]"前溪"就是子胥溪，自西向东再过10公里便汇入建德江。需要指出，乾潭老街当时叫作"崎头"或者"淇头"，"崎"或"淇"这两个字是笔者根据发音和乾潭地貌而选择写下的，因为在严州任何文献当中，都没有记录"崎头"或者"淇头"这个乾潭自称。可是，在老辈的交谈中，崎头和崎头街（念"gāi"）是经常出现的两个词。

由于富春江大坝抬高了水位，崎头在子胥溪北侧修建了大坝。这个改变了本地生态和社会的大事件，在父母一代的口中就是"修大坝"。许多故事都以"修大坝那年""修大坝之前"或者"修大坝之后"开始，来说明其时间坐标。大坝沿着子胥溪的北侧修建，因为水位提高，图中的乾潭区公所所在地以及附近的商业街和住宅全部拆迁，往北移到高家地和马鞍岭一带的小山坡上。区公所以及商业主要分布在马鞍岭东西两侧，笔者小时候（70、80年代）口中的"街"指的就是马鞍岭。高家地背后的小山正在小村后，所以本地人称之为"屋后山"，这是笔者小时候挖猪草和耙松针的地方。这个就地迁移后靠到山的过程称为"移民后靠"。"移民后靠"也是笔者父母一代的词语，比他们小的年轻一代就不清楚其来源了。

正是由于修了大坝，图10.2中的后畈一带全部变成了水田，成为乾潭最主要的一块稻田。而崎头老街基本被埋入了一个巨大的水塘，我们称之为"大坝养鱼塘"，笔者的父亲曾经在此负责养鱼。养鱼塘的东侧和南侧是大坝，每天有轮船去梅城，上午去，下午回。下

1　《民国建德县志》，卷五"驿传"之"桥梁"，39页。

午回来大约是三四点钟。笔者的家（高家地）虽然距离大坝三四里地，但每天下午都可以听到轮船抵达的汽笛声，而后大约半个小时，门口便会出现三三两两挑担提篮的人，他们刚从梅城乘船而回，向西往马鞍岭而去，那里是乾潭区和乾潭公社所在地。大坝的西侧和北侧基本是水田，西侧当中还有一个养猪场，笔者的爷爷曾经在那里养猪。这些都是在1979年我上小学之前的情况。1998年，笔者出国前的暑假，还拍摄了农田中间依然存在的养猪场旧址，虽然那里早就不养猪了。

在笔者出国的二十年间，乾潭又发生了天翻地覆的变化。1968年，因为修建大坝，乾潭老街成为良田，原来的坟墓荒坡之马鞍岭成为中心。到了21世纪初，由于小城镇建设，良田又逐渐被侵蚀消失。笔者小时候钓鱼捉泥鳅的后畈稻田几乎完全为水泥覆盖，其上高楼林立，夜间灯火通明，乾潭的中心又从马鞍岭移回了原来的老街。短短五十年间，乾潭经历了两次桑海沧田般的变化。

以上看来，乾潭从无到有，从小村到乾潭庄，从建德北乡之九庄或七庄之一到现在的独大，体现了建德北部经济、人口和社会的变迁。在这个将近千年的变迁之中，水陆交通之更替是一个关键因素。

"崎头"或"淇头"

大凡比笔者大个三五岁的乾潭本地人，应该都知道本地人称乾潭为"qitou"，至于笔者的父母辈或祖父母辈，"qitou"这个名称可能比乾潭更亲切、更熟悉。可是，"qitou"二字怎么写，却无人知晓。

先说发音。第一个字发音介乎"qi"与"ji"之间，声调介于第二声和第三声，根据语气可以是第二声，也可以是第三声。第二字发音介乎"tou"和"dou"之间，声调介乎第一声和第二声。"qitou"地名指的是当年乾潭的商业中心，也就是老街一带。

乾潭的老街"qitou"于1969年因富春江水库的蓄水而被湮没，其地理位置就在目前的子胥公园一带，尤其是附近的鱼塘。这鱼塘本是乾潭大队的养鱼塘，水面相当大，乾潭老街基本就在这个鱼塘的水下。这一二十年城镇化的结果，把原来的稻田和水塘又平土建成了乾潭的新商业中心。其实，三十年河东，三十年河西，这新街，不就在老街上面么？（图10.4）

关于"qitou"，经常提到的地名有两个：第一个就是"qitou gāi"，也就是"qitou 街"；第二个就是"qitou 码头"。笔者上小学中学的时候，"qitou"码头每天都有轮船往来梅城，间或也有七里泷来的。如果说还有第三个，那便是"qitou 人"。所谓"qitou 人"的自称或他称，必然是指居住在老街附近的人。这也是笔者父母辈祖父母辈才会说的一个词了。

那么，"qitou"二字究竟怎么写呢？笔者遍查建德历代地方志，没有看到任何记录，而这个问题，最近三五年来不时萦绕脑海。大概两年前忽然有了猜测，于是查阅材料，思之再三，决定请诸位乡亲参考。

"qitou"二字，以笔者推测，应当写为"崎头"或"淇头"。

"崎"就是"崎岖"的"崎"，又"山"和"奇"两个字组成的形声字，意思就是险，尤其指山路不平。南北朝的字书《玉篇》说："崎岖，山路不平也。""崎"可以为地名，《集韵》记：崎，"地名。上党

| 第十章 | 一个庄："乾潭庄"的前生后世

崎氏阪",则过去山西上党地区有个地方叫作"崎氏阪"。按,《说文解字》说:"坡者曰阪。一曰泽障,一曰山胁。从𨸏,反声。"字亦作坂。则阪指山坡,阪田一词就是山坡上瘠薄的田地。上党地区地处高原,四周有太行、中条等高山峻岭,很少有平地;"崎氏阪"这个地名大约就是根据其地理地形特征(一块崎岖不平的山坡地)而命名。

以某地的地形地貌为其命名,是地名的常见方式。之前我们已经提过,乾潭的地名如"大畈(畈,就是平整的田地)""早午岭"等,都是如此。"崎"和"阪",在古代中国经常用于地方命名,可惜,现存的不多。以"阪"而言,大家可能想到的便是《三国演义》中的赵子龙七进七出长坂坡,救了阿斗。长坂坡这一地名,就说明了"阪"字的意思,即一山坡,比较长而已,所以赵子龙可以骑马杀进杀出。又有古地名"回溪阪",俗名回坑,亦省作"回溪",即东崤山阪,在河南洛宁县东北,长四里,宽二丈,深二丈五尺。东汉初,赤眉农民起义军曾与冯异军激战于此。还有古地名"阪泉",相传黄帝与炎帝战于阪泉之野。阪是山坡,往往有泉水,所以阪泉也是自然地形;传说蚩尤就住在阪泉,故被称为阪泉氏。

相对于阪,"崎"的地名就少见了。当下最有名的就是厦门的高崎村,也就是高崎机场所在地。有人解释,"崎"字是从"碕"字演变过来的,指海边曲折的堤岸。高崎本是临海的一个小村,村南有一高地,故称。则高崎的本意是指水边的高地。此外,台湾省嘉义还有竹崎,台南有龙崎。

有的读者或许已经发现,崎字在日本的地名中非常常见。如日本也有高崎,还有著名的港口长崎以及宫崎、川崎、柏崎(新潟附近)、崎阜、须崎等地。此外,日本的姓往往就由其居住地而来,所以高崎、宫崎、川崎同时也是日本人的姓。"阪"字虽然没有"崎"字常见，也用在了日本的地名中，如大阪和须阪。当然，这类命名应该是三国以后日本从中国学习模仿的结果；反过来，也可以借此一窥中国中古以前的地名。

关于"崎"字，宋代编纂的《太平御览》卷七百八十七记录东南亚古国时说："拘利正东行，极崎头，海边有居人，人皆有尾五六寸，名蒲罗中国，其俗食人。"[1] 大致意思就是古代南海的一个国家，地理位置位于"极崎头"。

这里的"极崎头"是什么意思呢？ 毕业于厦门大学、曾经在英属马来亚长期担任视学官的陈育崧（1903—1984）对此有一番解释。他从闽广方志中找出一系列有"崎"字的地名，指出："'崎'字是个很普通的地方，厦语音系统读'kia'，释为'峻峭的高地'。厦门岛上高崎，隔一衣带水，与集美学校相望。'集美'方志称'浔尾'，土人叫'尽尾'。因为它在大陆尽处。"陈育崧认为，"极崎头"的"极"是个形容词，不是名词，不作"端"字解释，"任何一个陆地尽头，都可被称为'地极'"，并没有"崎"的含义，而"'极崎头'在厦语中的意义作 Headland 解"，就是高地的凸出部分，仿佛人体头部的凸出。按照笔者的理解，"崎"字的地名到了南方，其实尤指水边（包括河边、江边、湖边以及海边）的高地。[2]

由此可见，"崎头"此名的由来或有三。第一，"崎"指的是山地，

1　（宋）李昉等撰：《太平御览》（上海：中华书局，1965 年），3485 页。
2　陈育崧：《建国至上学术至上——我对蒲罗中问题的看法》，见许云樵编："蒲罗中论战辑录"，《东南亚研究（Journal of Southeast Asian Researches）》第六卷（1970 年），65 页。

"崎头"则是山地到了尽头,正好对应乾潭老街的地理位置,南面(右手)是高耸的乌龙山,北面(左手)是低矮的平山和屋后山一线;南北之间便是崎头。第二,"崎"本作"碕",原意是指水边的堤坝。我们知道,子胥溪一路由乾潭西北流向东南,进入大畈后沿着乌龙山脚向东而行,于是在子胥溪的北岸便有人工修建的堤坝,而"崎头"正好处在这堤坝的尽头,因为子胥溪从崎头经过后,便进入两山相望的宽阔水面了。第三,"崎"指的是水边的高地,"头"形容地形凸起或突出的部分。考察乾潭老街的地理位置,也恰恰符合上述的特征。首先,乾潭老街东临宽阔的江面,是南面子胥溪和北面小溪汇流进入胥口江之处,历来就有码头,向东通往建德江的七里泷段,也就是在子胥渡附近汇入从北向南的建德江;从子胥渡往南顺流而下富春江、钱塘江达到省城杭州;往北逆流二十里到达府城梅城。其次,乾潭老街既然临水,有码头,自然地势较高,因而和"崎"之本意"水边的高地"吻合。再者,乾潭老街由于南北两条溪流的包围,东部凸出,符合"头"的意思。因此,根据这个地形,先贤取名"崎头"二字。读者一看上图便知。以上三种解释,笔者以为第三种最为贴切,自认为"虽不中亦不远矣"。

当然,"qitou"还有可能是"淇头"。《说文解字》释"淇"为淇水,"出河内共北山,东入河"。淇水是古代黄河流域的一条河,古为黄河支流,发源于山西省陵川县,其大部位于在河南省北部林州市,现上游已断流,下游路经鹤壁至卫辉市。淇水在《诗经》中常见。《诗经·泉水》云:"毖彼泉水,亦流于淇。"《诗经·氓》云:"送子涉淇,至于顿丘。""淇水汤汤,渐车帷裳。""淇则有岸,隰则有泮。"《诗经·淇澳》云:"瞻彼淇澳,绿竹猗猗。"因此,"淇"作为地名就是指河流，而"淇头"也就是水之头，或者说是河流入江处。从这个地理特征出发，称乾潭为"淇头"也完全符合本意，因为子胥溪就是从乾潭汇入胥口江（建德江）的。事实上，乾潭庄的小村就有以"淇"为名的。《乾隆建德县志》记载，乾潭庄领小村十三：陵上、杏源、梅塘、梓芳、胥口、江南、梓淇、长淇、韩家、张村、大塘、垒柏和冷水。其中的"梓淇"和"长淇"就在建德江沿岸，倚山而立，山上有溪流入江。当然，"梓淇"和"长淇"也写为"梓崎"和"长崎"，实在是因为"淇"和"崎"都符合这些村落依山傍水并有溪流汇入大江的地理特征。

乾潭的科举人物

如前所述，大概到了明代中后期，建德北乡才出现了乾潭。那么，位于建德县北部的乾潭，科举史上有过什么值得一提的人物吗？

十分可惜，这是一个难以回答的问题。因为从进士榜而言，那是全国性的竞争；以举人榜而言，那是全省性的竞争；进士、举人上榜的名单最多提及某县，而不会说明是某县下的某乡。因此，即使知道建德籍某人在明清中了进士、举人，也很难知道他是乾潭人、梅城人、三都人或者洋溪人。除非有其他资料可以提供其具体的乡村籍贯，比如说家谱、诗文集等。而这些，都是可遇不可求的文献资料。

不过，非常幸运，笔者在道光年间修纂的《建德县志》中发现了一些乾潭的科举人物，可以管窥历史上乾潭的科举和教育。《道光建德县志》在"科举"一卷当中的不同之处是列出了举人所属的乡。它把建德县分为五处:郡城、东乡、南乡、西乡和北乡。郡城指的是梅城,而后东、南、西、北乡四处。北乡基本就是今天的乾潭镇。因此,从《道光建德县志》可以大致知道乾潭镇清代的科举人物。

第一是举人,共 3 人。其一钱玉森,乾隆九年(1744)甲子科,北乡人,曾任广西兴业知县,有传。其二洪文中,乾隆五十四年(1789)乙酉科,北乡人,曾任象山县训导,有传。其三马胥宇,道光五年(1825)乙酉科钦赐副榜,北乡人。[1]

第二是武举,有 2 人。其一钱用吉,雍正十年(1732)壬子科,北乡人;其二陈致中,嘉庆六年(1802)辛酉科,北乡人。[2]

第三是贡生,俗称秀才,大约有 9 人。县学贡有下列数人:陈名高,乾隆二十七年(1762)贡,北乡人;钱叅,乾隆三十七年(1772)贡,北乡人;吴逢吉,乾隆三十九年(1774)年贡,北乡人;吴观海,乾隆四十三年(1778)贡,北乡人;陈名邦,乾隆五十二年(1787)贡,北乡人;汪良璧,嘉庆十四年(1809)恩贡,北乡人;郭起昌,嘉庆十七年(1812)贡,北乡人;邵章程,道光十三年(1833)贡,北乡人。[3]

由此可见,从清朝立国(1644)到道光十三年(1833)的约一百九十年间,乾潭不过出了 5 个举人,其中 2 个还是武举;另外还有大约 9 个秀才。也许有人问,难道历史上乾潭的教育那么差,连一个进士也没有?事实并非如此。从唐宋起,乾潭应该有高中进士的乡

---

[1] 《道光建德县志》,卷十"选举志",747—749 页,751 页。
[2] 《道光建德县志》,卷十"选举志",758—759 页。
[3] 《道光建德县志》,卷十"选举志",789—791 页。

贤，只是他们没有标明是建德的北部的某乡某村。以笔者浏览历代严州府志和建德县志的印象，乾潭的邵氏、钱氏、王氏、仇氏等都出过进士。以此看来，乾潭的教育在建德而言，并不落后。尤其在近代，乾潭的大畈村出了近代建德教育的先驱王韧先生（1870—1966）。

王韧，乾潭大畈村人，十三岁考中秀才，两年后补廪生；光绪十九年（1893），二十四岁的王韧参加中国历史上最后一届科举考试，中副榜，后来曾任浙江省临时参议会议员，是建德现代教育的创始人，于近代教育在建德的发轫和普及，功莫大焉。王韧曾担任严州双峰书院院长，光绪二十七年（1901）双峰书院改为六睦学堂（即今严州中学之前身）后，他继任学堂堂监，并创办新学，于1906年创办建北高等小学（即今乾潭镇小之前身）和中华女子学校。大畈村的王氏，从宋代就有记录，为建北的世家大族，千年来曾经多次捐修境内的桥梁。可惜，数年之前整个村全部被拆。

现在的乾潭，已是高楼林立，码头也美轮美奂，居民多来自建德北部各村，外来人口也有不少。崎头已经淹没，崎头人的观念也已不存。这当然是不可避免的事，可它们终究是我们历史的一段历程，一个部分。

第十一章

一个村：被湮没的垄柏

从江岸到江底

垒柏于笔者而言，则是一个熟悉而又陌生的故事了。家中长辈常常在谈话中蹦出这个地名，笔者知道，外公是垒柏来的，垒柏几乎全是汪姓。可是，笔者从来没有去过垒柏，连垒柏这两个字怎么写，都还是最近几年才查到。

垒柏，村名，是建德最早的村落，乃汪氏聚居之处。垒柏村原位于建德江北段东岸，近于和富春江交界处。垒柏村沿江南下约十里，对岸即严州胜景严子陵钓台。言其"原位于"，盖此村已在江底五十年，这也就是笔者从没去过的原因。

1958年8月，七里泷水电站（即富春江水电站）正式开工兴建；1959年，建德县对库区特别是低洼的乾潭公社的胥口、江南、韩家坞、长淇、垒柏、冷水6个生产大队206户1140人进行了就地后靠移民。1968年12月13日，富春江水库开始蓄水；12月25日，第一台容量为5.72万千瓦的水轮发电机组开始发电。富春江水电站大坝虽然建在位于桐庐县境内的七里泷镇，但水库库区却在建德境内。国家为库区征用了山林21.17万亩，耕地27579亩，绝大多数在建德境内（其实就是在乾潭境内）。建德库区被迫移民5万多人，迁往江西省永修县、资溪县以及湖州市郊的长兴县和吴兴县。[1] 原来位于建德江东岸的垄柏村就是在这个时候被库区淹没，沉入江底，也沉入人们记忆的深处。而数百村民则被迫迁徙到湖州郊区升山公社一带，其中包括笔者的亲二舅以及太外公所在的汪氏家族几代人。

垄柏是建德或曰古严州北部最早有记载的地名/村名之一。《景定严州续志》卷五"建德县"之"水"特地指出："前志不及溪涧，今志其达于江者"，共录十二条注入新安江、东阳江、和浙江（建德江）的溪水；其中位于建德北部有两条，"胥口溪隶芝川乡"，"垄柏溪隶芝川乡"，"在邑之东境，入于浙江"。[2] 胥口溪就是子胥溪；而垄柏溪以垄柏为名，按常理推断当时应有人居，因此当有垄柏村。如此，垄柏村从景定年间到 20 世纪 60 年代约有七百年历史。不过，现存最早的严州地方志为淳熙《严州图经》。《严州图经》卷二"建德县"虽然不曾提到垄柏溪，可上引《景定严州续志》已经指出，"前志不及溪涧"。因此，垄柏之溪名和村名或可往前再推八九十年。

再者，绍兴初期知军州事董棻在其《严州重修图经旧序》也记载了绍兴九年（1139）重修订补之事，"事实各以类从，因旧经而补辑，广新闻而附见，凡是邦之遗事略具矣"。[3] 若绍兴《严州图经》记载垄柏溪，留存并被淳熙或景定《严州图经》引用，则垄柏村或有八百三十年历史。这当然是笔者一厢情愿的假设了。

1　以上数字见许金标，《富春江水电站库区移民那些事》，原载《钱江晚报》2014 年 10 月 31 日，引自北极星电力网新闻中心，http://news.bjx.com.cn/html/20141031/559884.shtml。

2　《景定严州续志》，卷五"建德县"，145 页。

3　（宋）董棻：《严州重修图经旧序》，《严州图经》，14 页。

垄柏村位于建德江的七里滩下游,处于江之东岸。《严州图经》"水路"记载,"东至东梓浦入临安界,一百三十三里"。[1] 垄柏在历代地方志记载中位于府治东三十里,为杭州和严州水路来往必经之处。垄柏一带的江水,以后地方志记载为七里滩(后来叫七里泷),此段江水又称七里泷江。富春江水电站所在的小镇,笔者小时候一直称为七里泷,附近老人家也一直如此称呼。

七里滩起于桐庐七里泷,止于梅城乌石滩。建德江—新安江自唐宋以来就以江水清澈、江流多滩著名,七里滩便是其中第一滩。遥想当年,刘长卿、范仲淹、陆游、朱熹等人均从此船行,不禁神往。《严州图经》记载:"七里滩在城东四十里山峡之中,谚云'有风七里,无风七十里'。因以为名。"[2] 不过,"七里滩"之名在唐代已经出现,前引《严陵集》有多首诗提之。方干之《莫(暮)发七里滩夜泊严光台下》:"一瞬即七里,箭驰犹是难。樯边走岚翠,枕底失风湍。但讶猿鸟定,不知霜月寒。前贤竟何益,此地误垂竿。"[3] 首句就和《严州图经》记载之谚语同。比方干稍早的许浑有《晚泊七里滩》,云:"天晚日沈沈,归船系柳阴。江村平见寺,山郭远闻砧。树密猿声响,波澄雁影深。荣名暂时事,谁识子陵心。"[4]

钱塘江从富阳逆流而上,经桐庐达建德的这段水路,恰恰是从杭嘉湖平原地区进入浙西南的山地,因而江水从宽阔平缓到狭窄奔流,两岸从平地到高山,风景殊异。而包括七里泷江在内的建德江这段水

---

1 《严州图经》,卷一"州郡",36页。
2 《严州图经》,卷二"建德县",85页。
3 (宋)方干:《莫(暮)发七里滩夜泊严光台下》,《严陵集》,卷二,14页。
4 (唐)许浑:《晚泊七里滩》,《严陵集》,卷二,14页。

路，和山阴古道一般，一山路，一水路，历来是江南山水的绝佳。南朝吴均《与朱元思书》写得最为传神，从而千古传诵。虽然文中云"自富阳至桐庐，一百许里"，其实说的正是垄柏一带层峦叠嶂一江如带的风景。笔者小时候诵读此文，竟不知这是家乡风景！可惜，这段天下独绝的山水，自1969年后不复存在。

20世纪60年代的垄柏

1969年后，存留近千年的垄柏村沉入江底，不仅在地图上消逝，在建德和乾潭本地也鲜为人知。从20世纪70年代以来到21世纪初，很少有人再去垄柏村所在的建德江东岸。最近十几年，随着旅游事业的开发，垄柏附近的葫芦瀑布被挖掘开发为"浙西第一漂流"景，每年夏季游客颇多。不过，众人在欣赏山水美景的时候，几乎全不知脚下的江底居然埋藏着丰富的建德历史。《民国建德县志》记载葫芦岩，说："在城东北四十里垄柏源，岩有石似葫芦，口向上，水下喷，积雨后水势尤高，溅若珠玑，饶有可观。"[1]笔者的母亲曾经指着葫芦瀑布说，这是当年她和笔者父亲一起割茅草的地方。割茅草是人民公社时代本地农民的任务，从高山山坡割来茅草，用来沤田作肥料。

笔者的外公是垄柏村的村民，年轻时入赘到乾潭的西桥村；笔者的二舅少年时又过继给同房的伯伯，从西桥迁回垄柏村，并在那里长

---

[1] 《民国建德县志》，卷二"地理志"，5页。

大。1969年底，二舅和垒柏村数百人背井离乡，从山区迁徙到湖州郊区的平原，在已经人多田少的丝绸之乡从事垒柏人并不熟悉的稻作和蚕桑，留下数不尽的回忆和数十年的挣扎奔波。笔者小时候也断续听外公外婆和妈妈谈及垒柏村。2017年12月底，二舅回乾潭探亲，正好跟我回忆了他所知道的垒柏村，时间大致在20世纪60年代，有时候也溯及40、50年代。以舅舅的回忆为主，掺杂笔者过去所闻所知，兹录于下。

乾潭境内的子胥溪从乌龙山脚前东行十里，便汇入浩浩荡荡的建德江，两水成"丁"字形。子胥溪北岸建德江西岸便是水陆交通的一个重要渡口：子胥渡。从子胥渡过江到建德江东岸江南坞，沿着东岸向北走十里，便到垒柏村。如果不在子胥渡过渡，那么沿着建德江西岸走十里，便是一个小村，只有几户人家，叫张村。相传张姓人家祖上中过武举，练过功夫，有一回山匪来抢劫，吃了大亏，再也不敢骚扰张村。

此前已述，张村在宋代设有管界巡检司，是一个重要军事哨所，驻有土兵100人。到了元初，巡检司可能不存。方回在离开建德去杭州时曾经经过，因而感慨成诗《新晴过张村旧巡检寨》，云："干戈踰一纪，几度此江边。近觉全无盗，仍欣粗有年。炊烟生古屋，晴日照新船。犹忆纷纭际，偷生尽可怜。"[1]方回既然觉得近来无盗，那么，此前应有盗贼，故宋代在张村驻有重兵以维持治安。按，张村依山傍水，与外界相对隔离，的确容易成为游民、盗贼滋生之地。此外，张村还有一桥。《民国建德县志》记载："张村桥，在城东北三十五里。

1　（宋）方回：《新晴过张村旧巡检寨》，《桐江续集》，卷十一。

| 第十一章 | 一个村：被湮没的坌柏

清道光中钱大受造。"[1]

从张村过渡，对面便是坌柏。这条路便是坌柏村和乾潭庄的交通线。笔者的母亲，大约从七八岁起，便经常独自从乾潭的西桥村，向南经过马鞍岭（在笔者外婆的时代，也就是20世纪30、40年代，马鞍岭两边的山坡均是坟地，几无人居），而后向东经过高家地、碧塘、杏岭脚，沿着子胥溪的北岸山路，经过韩家坞、中保庙、甘家，抵达子胥溪和建德江的交汇处胥口渡，再沿着山势折向北抵达张村。张村和对岸的坌柏两村之间有渡船。

到了张村，笔者的母亲回忆说，这是她非常害怕的时刻。因为渡船在坌柏，隔着大江，而她不过是个七八岁的孩子，河岸的芦苇和树丛稠密，对岸根本看不见她的身影。她只能提起嗓子大声喊："大船摇过来哦，大船摇过来哦。"如是几次，过了好久，江对面摇来一艘小船。此外，那时候还有纤夫的存在。这些纤夫处在社会的最底层，天热的时候他们几乎不着一缕，背负着纤绳，拉着满载的河船，在陡峭的纤道上埋头前行。笔者的姑奶奶汪冬梅也曾提到，偶尔路边有小媳妇经过，纤夫便会十分兴奋，故意张牙舞爪伸出手来想占点便宜。所以听到了纤夫的号子，途经的女性往往提前躲避，防止纤夫的骚扰。对笔者的母亲而言，绷直的纤绳最为危险，一不小心就会被绊倒甚至被带入江中，所以她也会找一个山路的凹处躲避。这条她走了很多遍的山路和水路，便是一百多年前汪吴氏从坌柏村到乾潭庄的道路（见本书第十二章）。

坌柏是个大村，20世纪50年代末叫作泷江里。坌柏村比周围的

---

[1] 《民国建德县志》，卷五"驿传"之"桥梁"，39页。

村庄如长淇、江南（坞）等都要大，有百十户人家，大概有四五百人。这得益于其地理位置。第一，是因码头所处港湾大而深，且有两个湾，南边的江南坞村就没有这么大的湾。第二，垄柏是七里泷江最窄处，因而过渡方便。第三，垄柏有一条著名的溪水——垄柏溪，从村旁右侧（北侧）流入七里泷江。垄柏溪上游有两条小溪为其源流，即东源溪和西源溪，山深处也各有几户人家。

垄柏的码头很高，自西向东有数十乃至上百级台阶，因为需要防止春夏涨水。水浅时在码头登岸，抬头看不见垄柏村的屋顶。从码头拾级而上，便是一片开阔地带；再往上，便是村民住宅。整个垄柏村沿山势向东向高处延伸，村落形成一个梯子状。左右（南北）两条主路，东西一层层的住宅被南北向的胡同分开。还有一条小溪从东南高处向西北低处穿流而过，形成明渠和暗沟，汇入大江。有山有水，垄柏是一处绝妙的富春山居图。

垄柏村只有几家姓氏。汪姓占百分之八十以上，有上房、中房和下房，二舅属于中房。可惜，家谱在"文革"时烧掉了，现在谁也说不清楚宗房具体如何。此外有宋姓人家，已属少数，另外还有几户陈姓。这些人家，和垄柏村一样，应该是本地的土著，历史或有百年以上。而垄柏溪上游的东源西源，主要是外地移民，来自台州、浦江、青田等地，从事砍柴烧炭的工作。在建德，一方面田价很高，另一方面"只有本地人才有租田的权利，而且没有面子或亲戚关系还难到手。因此，一般外来的侨民，只能到高山上去种玉蜀黍和豆麦等类杂粮"。[1]这些杂粮，其实不过是糊口而已，最重要的经济产业，

1　张抵:《浙江建德的农民生活》，123页。

还是砍柴和烧炭。

　　长淇也值得一提。长淇也几乎全是汪姓。根据传说,长淇的汪姓是垄柏移居过去的。这个故事,笔者小时候也听了很多遍。故事的主人公是垄柏的一对汪姓兄弟,两人和睦相处,共同经商。古语云:"兄弟同心,其利断金。"兄弟两人果然积累了不少资财。只是一个成婚生子,枝繁叶茂,另一个则一直单身,两兄弟因此也未分家。到了晚年,兄弟俩安居乐业。有一天傍晚,兄弟俩在下棋娱乐,此时家人已经将晚饭准备好,于是让一个小孙子去叫两个爷爷吃饭。小孙子于是叫:"爷爷,爷爷,来吃晚饭。"单身未婚的老头便回答说:"好,马上来。"谁知这个小孙子回答了一句:"我叫的是亲爷爷,不是你。"单身的老头顿时火冒三丈,气呼呼地去杭州买了一个十八岁的姑娘作老婆,并迁居附近的长淇,居然也开枝散叶。这样,汪氏族人都知道,长淇的汪姓虽然年轻,但辈分很高。故事是否发生过其实并不重要,这不过是说明了徽州的汪氏是如何在沿江的地带逐渐扩散开来而已。

　　建德本地的汪姓,几乎都来自徽州,因此,垄柏的房子也是徽派建筑,白墙黑瓦。房子几乎是外公外婆以及妈妈回忆垄柏时必然要讲到的。和当时乾潭本地的村落和民居相比,垄柏的房子非常气派,一般都是二层楼。舅舅说,曾经有几个三层楼,因为违制被拆掉一层。祠堂、花厅等都是以青石板作建材,而且青石板、青石柱以及木质窗、梁都雕龙画凤,刻有花鸟虫鱼,以及三国、封神、水浒等人物故事。舅舅家的花厅是大圆门,门口有一对大狮子,还建有金鱼池。汪家祠堂还建有戏台,汪家大厅在20世纪60年代则作为集体的小料加工厂。

　　垄柏在当时是相当富裕的。垄柏人擅长做生意,据说当年纸币成麻袋地从杭州背回来(我想这可能是20世纪40年代后期通货膨胀时）。垄柏人家有的还有暗道藏金银。有一次，某家请外地人烧炭时，不小心露了富，被烧炭佬看到，蒙面来抢，家里金子被抢走，抢匪匆忙离开时，路上还掉了一包金银。垄柏的富裕还有一些传说。有一年发大水，汪家天井的石头被大水冲走，被下游富春江一个老太太捡走，老太太家不久就发家了。这是传说。不过，在1969年匆匆搬走后，乾潭本地后山湾村的人前去拆迁，还在垄柏挖到白洋（就是银元）。不久，此人也因"投机倒把"的罪名被判入狱。

"乡民采薪为炭"

那么，垄柏人是如何致富的呢？俗话说，靠山吃山，靠水吃水。垄柏有山有水，但赚钱主要靠山，水则是用来交通的。据外公外婆说，垄柏每年都请外地人（附近的台州、东阳、浦江、青田等地）砍柴烧炭。柴与炭是垄柏经济的命脉。

垄柏周围都是山林，不仅有种类丰富的树木如松、杉、柏等，还有许多硬柴。硬柴指的是耐烧的柴，和普通的树木如松、杉、柳树不同，硬柴质地坚硬，砍伐时需要好刀，需要壮年劳力。硬柴除了直接当柴火外，还可以在山里烧成炭，用来取暖做饭。炭有很多种，硬柴烧成的白炭最上等，火力旺，时间也持续得长久。那么，柴、炭送到哪里去呢？主要是杭州。柴、炭先汇集到码头，随即运上船。

垄柏人没有船，运柴炭需要雇用水上人，一路顺水到杭州；相反，如果从富春江到梅城逆流而上，则靠划桨和拉纤才行。宋末方回在

《秋大热上七里滩》中记录了拉纤之难和纤夫之苦，说：

> 吾生所未见，自古恐亦无，秋半不肯凉，赫日炎洪炉。沸湍七里滩，触热乘畏途。坐船汗如浆，况彼牵挽夫。一樯合众力，至数十辈俱。踏竿气欲绝，沙立僵且枯。西瓜足解渴，割裂青瑶肤。焉得大冰盘，沾丐及此徒。倘幸居势位，极意求所娱。愿回君子心，略念小人躯。[1]

诗中对纤夫颇多同情。19世纪的欧洲人曾经描述了江苏金坛的纤夫，这些纤夫应该是服务京杭大运河，生活极其悲惨，读者或可一窥七里滩纤夫的生活。

> 纤夫多是山里人，山中土地贫瘠，无以为生，于是这些身强体壮的男人便来到运河边，靠拉纤挣口饭钱。他们赤裸着上身，肩上背着纤绳，拉着木船艰难地向上游前行。他们身体前倾，使出了浑身的力气，好拉动那拴在桅杆上的纤绳。一些雇主同情纤夫们的处境，除了工钱以外还会给他们些赏钱，并保护他们不受监工的鞭打。纤夫们有时要连续工作16个小时，中间完全没有办法休息，因为雇主们时间宝贵，监工会抡起鞭子不停地催促纤夫。
>
> 紧急情况下，官府也会征召纤夫，残酷、暴虐地驱使他们。每当皇室的船只过境，官府就会在当地征召纤夫，不管是老人还

---

[1] （宋）方回：《桐江续集》，卷十一。

是孩子，无论怎么苦苦哀求，也无法幸免。很多人为了躲避差役，听到些风声，便远远地藏了起来。而官府也会提前把抓到的纤夫囚禁起来，待到皇室的船只来到，便逼迫他们去拉纤。士兵们手持棍棒，像对待牲口一样驱赶纤夫。纤夫们被迫走过齐腰深的烂泥地，游过宽广的河流，暴露于烈日之下，一不小心便会遭到棍棒的毒打，或被扇耳光。艰辛而屈辱的旅程结束之后，这些可怜的人会得到一些微薄的报酬。官府不会考虑这些纤夫究竟哪天才能回到家。

英国海军也曾经如此残酷地征召中国纤夫，并且引起了惨痛的后果。人在气温急剧变化的情况下，很容易发烧。对中国的贫苦百姓来说，小小的发烧便可能要了他们的命。很多人死于饥饿、劳累与士兵的毒打。

纤夫们拉纤时会哼唱号子。有些欧洲游客认为这些号子和英国水手们喊"heiyo heiyo"相似，事实上这些号子声音悲苦，听起来令人心酸。[1]

当然，大运河的纤夫与七里泷江的纤夫有些不同，主要是地形的原因。大运河经历的是平原地区，纤夫苦于河滩泥深。建德的纤夫则挣扎在沿江的山路之上，有的地方甚至就是峭壁之下，几无立足之地。这些纤夫，恐怕也不是上述欧人所说，是为谋生计或是被官府临时征召，而是世袭的贱民。

---

[1] （英）托马斯·阿罗姆绘，（英）乔治·N. 赖特著，赵省伟编译：《一个英国皇家建筑师画笔下的大清帝国》，66 页。

| 第十一章 | 一个村：被湮没的坌柏

因为需要长途运输到杭州，所以对于硬柴，坌柏有着自己的规定。多长，多粗，怎么捆成一垛，在船上怎么堆放，都有规矩。可惜，现在谁也说不清了。这些柴、炭，都雇船运往杭州，在杭州卖了柴、炭和其他山货，坌柏人便带着生活用品如糖、盐、酱油、棉布、米酒、海货以及白银和铜钱回家。[1]因此，以柴、炭为主，辅之以其他山林特产如漆、桐油等的山林经济，是坌柏富裕的原因。

杭州为什么需要柴和炭呢？杭州是东南大都，人口繁密，因而能源供应便是一个关键的民生问题。尤其是杭州的冬天，气温常在零度上下波动，江南木质的楼房，保暖性很差，冬天的取暖便是大问题。另一方面，江南一带不产煤，无法以煤作为能源。因此，柴火和木炭，和粮食一样，是杭州居民最重要的生活必需品。有人会问，杭州附近的山区丘陵很多，为什么单单是坌柏的柴、炭呢？杭州的柴、炭，当然也有附近其他地区的来源，但坌柏一地有它独特的优势。第一，是山林广阔而茂密，山林可以轮休，柴火似乎取之不尽；第二，这一带的硬柴确实耐烧，优势明显；第三，坌柏靠着大江，水路运输是当年最重要的方式，柴、炭装上船后，基本没有险滩，一路直达杭州城下，比起陆上运输，省时省力省钱且运输量要大得多。

谚语云："开门七件事，柴米油盐酱醋茶。"柴排在第一位，可见

---

[1] Sato Yoshifumi, "The Recent History of the Fishing Households of the Nine Surnames, a Survey from the Counties of Jiande and Tonglu, Zhejiang Province," in *The Fisher Folk of Late Imperial and Modern China: An Historical Anthropology of Boat-and-Shed Living* eds. Xi He & David Faure: 316.

其重要性！建德沿江一带砍柴烧炭，为杭州居民日常生活提供柴、炭，这一般仅在老人家（笔者的祖辈）的口中略略提到，普通人已经根本无法理解或者想象其中的意义了。事实上，不但当年的经济交通已经发生了翻天覆地的变化，建德百姓与杭州已经不再通过水路相连，即使遗留的文献，几乎也没有提到柴炭经济这件事。笔者遍寻地方文献，终于在宋末元初杭州人邓牧的著作中发现了踪迹。

邓牧（1246—1306），字牧心，钱塘（今浙江杭州）人，因为对理学、佛教、道教均持反对态度，故又自号"三教外人"，又号九锁山人，世称文行先生。他家世贫寒，南宋亡后，遍游名山大川，不仕不娶，并在余杭大涤山中的洞霄宫隐居，与谢翱、周密等人相来往。邓牧在给谢翱写的传记中说，谢翱在严州定居结婚，开始先当了教书先生，而后发现"所居产薪若炭，率秋暮载至杭易米，卒岁少裕，则资游江海，访前代故实"。[1] 因此我们可以推断，建德（包括垄柏）的柴炭经济在宋代就已经盛行了，而且利润颇高，所以谢翱几年之内就能积累财富游历江湖。《万历严州府志》对此也有记载，称："在县西南四十里，一名芦茨源，重山插天，林麓茂盛，乡民采薪为炭，供养数州烝爨之用。"[2] 其实，仔细想想并不出奇，因为宋代的海塘建设已经成熟，必然需要沿江山区的硬柴；加上杭州城里城外将近百万之众，他们日常的燃料必然需要附近的山区提供，建德一定是一个主要供应地。这样的经济模式，一直持续到20世纪30、40年代。1935年的《浙江建德的农民生活》一文指出：除了粮食和

---

[1] 邓牧：《谢皋父传》，《晞发集》。
[2] 《万历严州府志》，卷二，42页。

一些经济作物（依次为稻米、玉米、豆、麦、油菜、山芋、花生），"此外的农产物以茶叶、柴、炭、杉木为大宗，也有少数桐油、蚕丝等类；每年把这些产物运到杭州、海宁等处出售。一般所种粮食仅能自给的农民，春冬可以去做挑炭背树等类运输工作；就用所得工资去买日常用品"。[1] 其实，在沿江两岸的山村，茶叶、柴、炭、杉木才是他们的经济支柱。

从20世纪50年代到1969年搬迁，垄柏村也进入集体经济时代，开始集体砍柴烧炭，而后卖给供销社，再由供销社运到杭州。因此，垄柏的生活依然相对优裕。20世纪60年代，垄柏村开始了初级加工业。首先是利用本地资源，进行木器加工，如制造螺丝刀柄。当时没有电，村里便买了柴油机发电。螺丝刀柄卖到嘉兴，村子经济状况一直很好。舅舅说，每个月村里都有分红。比如，每个月卖柴炭给供销社，80%归自己，20%归集体，年终再分红。正是这样相对富裕的生活，垄柏村民不想、不愿迁徙；被迫迁徙后，异地的艰苦，更令人唏嘘。

1969年底，垄柏村民被迫迁徙，也有一批人想留下来。这年阴历十二月十五日，也就是1970年1月22日，离农历除夕不过半个月了，垄柏村的村民都想在此过了年再走，却被生生驱赶，不允许他们在垄柏过年。那时，笔者的父亲和叔叔都去垄柏捡柴火，晚上帮助亲戚捆绑家什。临走前有关单位到村后的山坡给垄柏村摄影，每户人家都可以分到两张，留下了古村沉没前最后的影像。

---

[1] 张抵：《浙江建德的农民生活》，123页。

海塘柴

垄柏人运货出去靠船，买货船运回到垄柏后靠挑。因为地势陡峭，垄柏人挑担与众不同。挑米时，米袋放在扁担上面，防止爬台阶磕碰。挑炭则有专门的毛竹篓。这个竹篓和外地不同，扁担是从竹篓中间穿过，同样是防止竹篓低垂磕碰地面。

垄柏人背柴也很有特色。柴不靠挑，两捆柴并排捆扎，中间有空间弧度，藤条（柴勒）勒住柴排后往前拉到前额，用额头顶住，前额头则弄块布保护。这样，柴排就倚靠在后背；额头顶住柴勒，可以使上力道帮助背部省力。这种背法，柴火的重心比一般的背法要高，从陡坡往下走，柴火不会拖着地，也不会绊着草丛灌木山石，或者自己的脚后跟。同时，当走累时，可以挺起腰，把柴火往石壁上一靠，便可以喘口气歇一歇。这是山民几百年的经验吧。

说到砍柴，二舅不经意地提到了海塘柴，又称塘孔柴。我从来没有听说过这个东西，于是多问了几句。不过，除了知道海塘柴有严格的规定外，其他的情况舅舅也说不上来。

海塘是江浙地区自古以来修筑防止海潮的堤坝。在浙江，海塘就是防止钱塘江海潮对沿海地区的侵蚀；在钱塘江两岸，就是用来防止江水的侵蚀，也称江塘。不过，钱塘江直通大海，海潮倒灌时，江水海水合为一体，因此，这些堤坝，统称为海塘。修筑海塘，需要各种材料，包括石、木、竹、草。而木料，既包括直径一两尺、长一两丈的大木，作为修筑海塘的垛柱，也需要中等大小的木料，还需要大量的小柴木。历代海塘文献，往往多关注石头和大木，而忽视了小的木料，也就是舅舅提到的海塘柴。笔者随后浏览了一下海塘的记录和研究，发现柴和草确实是海塘建筑和修补最普通最大众的材料。

参考海塘修筑的技术和方法，以下几种方式或者类型会用到海塘柴。[1] 第一种是创于元代的石囤木柜塘。所谓的"石囤"就是装满石块的竹笼，"木柜"就是用条木制成的方形或长方形的大木框，中间填满石块。明清时期，浙江海塘上常常采用石囤木柜，在潮流汹涌、地基软弱的钱塘江河口段修建石囤木柜塘。石囤木柜还广泛地应用在抢险工程上，用来堵塞海塘决口；有的地方直至建国初期还用来修筑海塘。

海塘柴应用最广泛的恐怕是第二种，即所谓柴塘。柴塘，就是用柴和土一层层相间铺垫压实成的一种海岸防护工程。柴土混合修坝，汉代已出现于黄河堵口工程，北宋时海塘修建也借用了这项技术，并专门以此命名用该方法修筑的海塘。大中祥符五年（1012），两浙转运使陈尧佐和杭州知府戚伦吸取了黄河河工的技术，采用薪土筑塘，借"梢桠以护其冲"，创立了"柴塘"。柴塘此名充分显示了柴在这类堤坝修筑中的关键角色。

清代翟均廉撰《海塘录》详细记载了柴塘的修筑办法，可资参考。[2] 一般先用树枝、荆条等捆成"埽牛"铺底，上以柴土间层加之压实，顶上加培厚土，堤高三四丈、宽四五丈不等；每长宽一丈，钉底桩二根，腰桩二根，面桩二根，将桩头削尖签插于柴土中。若地处潮流顶

---

[1] 以下据张芳《中国古代灌溉工程技术史》第三编第二章第一节，《海塘的修筑和塘工技术的演进》（太原：山西教育出版社，2009年）。

[2] （清）翟均廉：《海塘录》，卷一，清文渊阁《四库全书》本。

冲，难免有抽掣之患，复于内地深钉橛桩，用篾缆带住，柴塘就不易卷走。凡是沙土浮动难以建筑石塘的地方，就采用柴塘法修筑海塘。

按，所谓"埽牛"就是海塘柴绑起来的柴排，先将柴排铺在海滩底部，柴排就会和沙土合为一体，沙土就被固定；倘若用大石铺地，则大石置于沙土之上，沙土被潮水冲刷浮动，大石也就移位，海塘修筑失败。因此，柴塘有其独到之处。接着，"埽牛"之上再一层一层加上柴土，仿佛现代石灰水泥建筑法；同时用木桩和篾缆纵向固定。这样，整个塘坝以柴排和木桩篾缆构建仿佛现代的钢筋框架，而泥土仿佛浇灌的水泥填充其中，两者结合，浑然一体，大大提高了海塘抵抗海水冲刷的能力。

如同杭州的柴、炭一样，修筑海塘所需要的柴，或曰海塘柴，相当一部分来自钱塘江上游的建德境内。值得一提的是，垄柏的硬柴恐怕也比较适应潮湿，与一般柴木相比，更经得起日晒和海水浸泡。与一般的柴、炭不同的是，海塘柴是官府定购的，是政府行为，因此对于长短径围的要求更有相应的严格规定；其运输、交付、使用、价格以及检验监督惩罚自然也有具体的条例。清代海塘文献对于大木的尺寸和价格有着具体的记载，可惜，对于数量巨大的海塘柴，并没有记录其尺寸、价格。同时，海塘的修补是常事，因此，海塘柴的采购也应该相当频繁。具体情况，想来文献亦无记载。不过，读者如果注意到上引《浙江建德的农民生活》一文中提到建德把柴、炭、杉木"运到杭州、海宁等处出售"，便可大致看出端倪，因为海宁正是海塘险要之处。如果再往前推，南宋末年的范成大曾经提到徽州的杉木经过新安江到达严州城外浮桥税馆被课以重税的事。一条杉木在徽州山中不过百钱，到了严州为两千钱，增值二十倍，除了运费，税收是其价格暴涨的关键。读者需要注意,严州本身并不缺乏木材,徽州的杉木一定经严州后继续顺江而下,运到杭州,或为杭州市民家居所用,或为钱塘江海塘所用。

由此看来,坌柏对浙江的海塘乃至对东南的稳定和富饶或有一发千钧的意味。可是,随着新安江水电站和富春江水电站的修成,整个钱塘江上游政区、经济和人文发生了天翻地覆的变化。断了徽州,堵了杭州,严州自然不能成其为严州。千百年来,浙西以新安江—建德江—富春江为承载的富饶历史截然中止,或埋诸江底,或迁徙外乡而飘散湮灭。可惜啊可叹!

需要说明的是,建德和乾潭居民几乎没有打渔为生者。二舅回忆,坌柏人也不打渔。在江上打渔的,几乎全都是船住于建德江上的"九姓渔民"。传说他们是元末明初和朱元璋争夺天下的陈友谅的部下,朱元璋贬斥他们永世不得上岸,不能与当地居民通婚,他们没有寸土可以耕种,没有立锥之地可以建屋,所以只能靠打渔和航运为生。鄂多立克记载的鸬鹚捕鱼,很可能就是九姓渔民的谋生之计。从元末明初到20世纪中叶的七百年间,九姓渔民在从杭州到浙西的江山之间的钱塘江和新安江上漂泊,是这条水路最深刻的经历者,但他们却被排斥在地方社会之外,本书不作讨论。

1838年,琉球都同事魏学源写下了《福建进京水陆路程》,其中就记录了坌柏。魏学源记载建德境内所经地名包括富春驿、乌石滩、长旗、扁百、冷水铺、钓台、鸬鹚原,每站之间为十里,在每个地名下,他还加了小字说明。[1] 乌石滩十里到胥口,魏学源说:"伍子胥奔

---

1 (清)魏学源:《福建进京水陆路程》,158页。

吴过此,有人家小店";胥口十里到"长旗",也就是长淇,"对面山名乳香崖",则必定是本地陪护人员告知;长淇十里到"扁百","扁百"即坌柏;又十里到"冷水铺",又十里到"钓台","有严子陵祠"。如此,坌柏也进入了东亚世界的视野。

照片中的坌柏

笔者的二舅于1969年移出坌柏后,也经常在湖州和建德两地往返。他的手中保留了坌柏村沉入江底的最后的一刻。当时政府派人拍了坌柏村的两张照片,移民每家一份。二舅保存了五十年的照片因为当年压在玻璃底下,有些潮湿剥落了。不过,坌柏的风貌基本可见。

图11.1是从江岸或者码头往上仰视坌柏村。前文已述,坌柏位于建德江东岸的山坡上。坌柏码头向上几十个台阶便是临街的商铺,而后房子沿着山坡往上呈"井"字大致矗立,同时又两条小溪或明渠或暗沟从村里弯曲,向下潺潺流入建德江。中国的建筑一般坐南朝北,可惜,坌柏因为地势原因,多数只能坐东朝西南。当然也有个别尽量借用山坡,力图朝南。

从照片上看,坌柏确实是改良式的徽派建筑,白墙青瓦,二层楼居多,典型的三间两楼梯,所以二楼有三个窗户。在20世纪60年代的乾潭公社,像这样家家都是二楼的房子,是比较少见的。所以说坌柏相对比较富裕,确是实情;这也是坌柏村民不愿意搬迁的关键原因之一。

图11.2是从坌柏村村后的山坡上往下拍的,所以对坌柏的地势

和村貌有着更直观和清晰的视野。首先，和图 11.1 不同的是，垄柏的房子显得更加紧密繁多，不再是单个的二层楼，而是密集的村落。其次，垄柏的房子是有讲究的。正面就可以看到围成一周的徽派建筑，高墙封闭，马头翘角，黑瓦白墙，线条错落有致，是一个封闭的建筑群。可以判断，这是汪氏家族的一个中心聚居区。我妈妈回忆，汪家祠堂中有戏台，可以唱戏，应该千真万确。徽派建筑以木梁承重，以砖、石、土砌护墙；以堂屋为中心，以雕梁画栋和装饰屋顶、檐口见长。她谈起垄柏的雕梁画栋（石雕木刻），总是十分惊羡。要知道，西桥的外婆家也算大户，可是，房子远远没有垄柏的气派。

除了簇拥的民居外，图 11.2 还有个引人注目的景色，便是建德江心的一叶扁舟。江水宽阔，江水如白布一角，小舟怡然自得。垄柏的村民没有从事打渔或者水运，小舟或许是江边的水上人家，即所谓疍户，如梅城附近的九姓渔民。这些水上人家和靠山地资源经商的垄柏村民互相依赖，形成了建德江沿岸的经济生态。

图 11.2 右侧有一河口，这便是宋代地方志已记录的垄柏溪入建德江的河湾。富春江水电站蓄水后，这一切山形地貌、河口民居，都不复存在了。

假如垄柏没有沉入江底，假如垄柏村能够保留到现在，那么，它一定是建德江沿岸最有历史文化特色的民居，一定会成为建德历史和现实的骄傲！

第十二章

一名寡妇：汪氏之生

"吾知过乾潭庄者，莫不群相指曰仁里曰德门"

嘉庆七年（1802）和嘉庆八年，严州知府张丙震非常高兴地写了两篇短文，并先后勒石刻碑，立在建德县学伦堂的一左一右。两块石碑都选择了严州境内上好的茶园青石。茶园青石产于淳安县山区，在山洞深处开采时软如豆腐，切割便宜，一旦出洞，经风而化，坚硬如铁。其石略带青色，石质细腻，坚硬耐磨，远近闻名，经新安江、富春江和钱塘江以及大运河，船运到杭州和苏州一带甚至更远，成为江南码头、街道、园林和碑铭的首选材料。

刚过天命之年的张丙震内心愉悦，因为治下的建德县北乡乾潭庄出现了一族两人给县学捐赠学田的善举，一个是节妇汪吴氏，另一个是监生汪峰山。前者捐田四十亩，后者捐田二十亩，这在七山二水一分田的建德，实在是一笔珍贵的财富。因此，张丙震在碑文中赞叹说："吾知过乾潭庄者，莫不群相指曰仁里曰德门。"[1] 称赞汪氏一门为"德门"，乾潭庄一庄为"仁里"，这也是府尹大人本身的光荣吧。

汪吴氏是汪峰山的弟媳，因此，这两个捐赠者是同族人，即使已经分家，一般而言，我们也可以称其一家人。因为汪吴氏捐田在前，所以记载她事迹的碑文立在伦堂的左侧；汪峰山捐田在后，他的石碑

---

1 《道光建德县志》，卷十六"艺文志"，1358 页。

立在伦堂右侧。两块石碑，一左一右，并立而相对，虽不能言，却向建德的学子诉说了乾潭汪家的义举。

大约 2016 年起，笔者对于家乡的历史产生了浓厚的兴趣，于是开始阅读严州和建德的地方文献。大约在 2018 年，笔者阅读了乾潭乡贤王韧 1919 年总纂的《建德县志》，[1] 发现了对汪吴氏的一段介绍以及张丙震为她写的碑记，于是作了一些研究。2021 年 10 月 23 日，笔者在翻阅《道光建德县志》中又发现了汪峰山的材料，一下子把笔者数年来研究建德和乾潭地方历史的许多碎片联系到了一起。《道光建德县志》卷二"学校"记载："嘉庆八年，乾潭庄垄柏村节妇汪吴氏捐，知府张丙震有碑记载，艺文碑石建立明伦堂左。"[2] 提供了汪吴氏捐田非常关键的信息。更为重要的是，这条记录明确指出汪吴氏所在的村庄就是乾潭庄垄柏村。笔者看到此处，内心一阵激动，因为"垄柏"二字不但把笔者这五六年来翻阅建德地方文献获得的支离破碎的信息一下子串联起来，而且把笔者从小听到的栩栩如生的家族故事同二百年前的汪吴氏贯穿在一处，立刻产生了历史的同情。

丧夫、丧子、丧孙、丧媳

在历代文献中，乾潭有名有姓的人物很少。原因很简单：第一，

---

1 《民国建德县志》，十五卷，首一卷，附录二卷，民国八年（1919）金华集成堂铅印本。
2 《道光建德县志》，卷七"学校"之"学地"，496 页。

乾潭是个小地方，立功立德立言的乡贤本就不多；第二，假如有这样的人物，一般而言，文献便会直接归于建德县，不会标注是建德县内何乡人士。笔者在研读地方文献当中，发现有名有姓的乾潭人不过数位而已，而且全部都是男性。这当然也是传统社会的普遍现象，女性即使因为贤德贞孝载入史籍，也是以某女某氏出现，一般有姓无名。

以乾潭而言，历代地方志中记录孝女列女，但并没有什么突出的事迹。不过，有时也有例外。笔者在浏览《民国建德县志》的时候，发现了清代乾嘉年间（1735—1820）乾潭庄一位寡妇汪吴氏的事迹。《建德县志》卷十四"人物"中的"列女"记录了嘉庆年间的汪吴氏一生。[1] 所谓列女，大致就是传统社会中守节持家坚忍不拔的女性。守节是传统男权对妇女强加的要求，已被时代摒弃。不过，守节的妇女上养翁姑，下抚子女，内外兼顾，实在不易。她们这种含辛茹苦仍坚忍不拔的精神，确实值得敬佩。不仅如此，一些妇女在孤身无靠的情形下，还有超人的智慧，来保护自己和家人，这就是弱者的反抗。乾潭庄的汪吴氏就是如此。

根据《民国建德县志》对汪吴氏的简短记载，以下便勾勒这位山区寡妇艰难困苦的一生。在其模糊的人生轨迹当中，我们亦可发见她与男权社会中的族权几十年的抗争，其中不乏勇气和智能。这位山区社会的边缘人物，虽然是弱者，虽然被父权社会所塑造，却能利用社会提供、留存的狭小的空间及资源腾挪闪转，在煎熬中忍让坚持，最后孤注一掷，背水一战，谋求自己心愿的达成。而建德县和严州府地方官府也借此洞察民情，合情合理合法地判决，既遵循了汪吴氏内心

---

[1] 《民国建德县志》，卷十四"人物"之"列女"，10—11页。

的愿望，又纠正了汪吴氏背水一战的自损，维护了这位寡妇的权利，值得称许。

《民国建德县志》撰述者按照传统，以极其简略的笔调记录说："吴氏，儒童汪景崤妻，年二十一夫亡，无子，抚侄济沧为后，教养成立，娶媳生孙嗣，以济沧病殁，孙亦继殇，媳四十岁又卒，氏孤苦无依，复抚服孙鸣鹿为济沧后，卒年六十四，嘉庆二十五年旌。"[1] 这段干巴巴的文字大致说，吴氏是儒生汪景崤的妻子，她二十一岁的时候，丈夫就去世了；吴氏没有儿子，于是就过继了丈夫的侄子汪济沧；汪吴氏把汪济沧抚养成人后，又给汪济沧娶了媳妇；小两口不久就生了个儿子；这样汪吴氏在含辛茹苦十几年后，终于看到三代同堂，汪家后继有人了。本来这是个圆满的结局，可是，福无双至，祸不单行。不久，汪济沧病逝；而后年幼的孙子也去世；余下婆媳两个寡妇孤苦相连，相依为命；可是，媳妇在四十岁的时候病逝了，吴氏又独身持家，孤苦伶仃。为了延续香火，吴氏在年老体衰的情况下，过继了汪家五服之内的孙辈汪鸣鹿为儿子汪济沧的香火，也就是自己的孙子。吴氏六十四岁去世，嘉庆二十五年，也就是1820年，清王朝对吴氏加以旌表，也就是立牌坊或赐匾额，表彰吴氏的守节一生。吴氏，姓吴，嫁到了汪家，所以按照传统应当称为汪吴氏。不过，《民国建德县志》的纂修者对传统的地方志编纂作了一些符合近代伦理的变革，称"汪吴氏"为"吴氏"便是其中之一。

无论是谁，看了以上这段话，同情心都会油然而生。可怜的汪吴氏！这是一位传统社会普通的节妇，青年丧夫、中年丧子、丧孙又丧

---

[1] 《民国建德县志》，卷十四"人物"之"列女"，10—11页。

媳，早年和晚年两次收养以继夫家血脉，"孤苦无依"真是她一生凄惨的写照。她的一生虽然凄苦，可是在父权社会里，这不过是应有的题中之意，只是因为她死后受到朝廷的旌表，所以民国编纂的地方志在"列女"中有七十二字为其留传，表示对她高洁品德的赞赏，即使连汪吴氏的本名也未提及。或许她本来就没有大名。

汪吴氏的一生遭遇了旁人无法想象的磨难和痛苦，但她在晚年又有惊人之举，要将自家的家产全部捐给建德县学。听起来，这是一位捐产助学的模范，可是，背后的故事却远非"捐产助学"四个字所能包括。这是一个传统社会的弱者为了保护自己的权益而不得不采取的极端手段。因为汪吴氏想把自己的田产捐给建德县学，此事报告给了严州府知府张丙震，张丙震命令建德县酌情加以合理处置。因为这件事，张丙震写了一篇短文，[1]不仅给我们留下了关于汪吴氏珍贵的信息，也让我们得以体会男权社会丧夫丧子之女子的智慧，以及官府体察弱者的心态和保护弱者的情理。

可疑的捐田

先看嘉庆七年严州知府张丙震记录的乾潭庄汪吴氏捐田的始末：

> 节妇吴氏，建德儒士汪景崶妻也。氏桐庐儒族，适汪后生一

---

1 《民国建德县志》，卷十四"人物"之"列女"，11页。

女而夫卒，年未二纪耳。苦节自守，迄今三十余载矣。氏夫亡时无子，以夫兄汪峰山次子济沧为继子，教养成人，配妇方氏，举一子，而继子旋殂，孙亦殇殒。姑媳茕茕，痛骨肉之剥尽，又念期功丁皆零落，且氏以有孙而夭，当为子立嗣以同父，亲无相当者，且素不睦，恐启后日争，故久而未定。岁己未，媳又继殁，既抱影只形单之伤，更切子折孙殇之痛。亲族争以立嗣劝，氏知必有因利而为之者，惟弃产而愿为之，后始不因继产而嗣。平时察服孙鸣鹿为人诚朴，氏爱之，愿为之立嗣。至是询之，鸣鹿愿承祧，氏嘉之。因与亲族议立为嗣孙，孙妇亦相欢爱。氏以夫与继子有奉祀人得绵似续，恐以田产故，为后日房族争，遗累嗣孙，且念氏夫存日困于院试，赍恨泉壤，乐以祖遗夫产四十亩，悉捐为每次岁试入学泮首膏火之资，递交食租而科试不与焉。请于县郡，学宪饬详立案。余曰："此丈夫慕义所难能，安得巾帼而有是哉！"因檄县议定章程，具详各宪立案，并以氏田悉捐于公，恐无以为嗣孙养赡计，一并议详，旋据县覆，有氏夫兄汪景岑争继援例载先尽同父周亲等词具呈。经邑令查，以近支萧条，依例按序已生嫌隙，恐不免日后争端，且鸣鹿昭穆相当，氏所亲爱，似应听孀妇择立属意之人，请以前呈注销县牍。又经氏具呈于郡所捐田数，已改立建岁文元花户纳粮，其租税即于每年食租人名下输纳，至蒙念及为孀氏养赡计，请将氏户民山十六号并房屋一间给继孙鸣鹿执业，惟氏存日，仍请于捐田内拨租二十石以度余年，身后仍尽归公等情详奉，各宪批饬，给楄奖励，以彰义举，并以所捐田亩字号勒石儒学，垂之久远。余以氏不靳遗产，克全夫志，惠及儒林，可谓节而慕乎义矣。乃其择嗣能不继产，不以区区者为嗣孙后日累,且纳之儒学,以示不忘所天,则又以义全其节也,既给楄以"节义双高"褒其门,而复附其田数,并定凡例综叙始末勒之石,以垂不朽云。(乾潭庄)[1]

张丙震的短文提供了有关汪吴氏许多额外而关键的细节,包括汪吴氏的父家、守寡的细节以及择嗣和捐田的背景。汪吴氏娘家是桐庐的书香门第,她嫁到临县建德乾潭的汪家后,生有一女,不久丈夫就病逝。从那时守节到现在,已经三十余年了。汪吴氏丈夫去世时,因为没有儿子,所以从他的哥哥汪峰山那里过继了汪峰山的次子汪济沧为儿子;汪吴氏将其抚养成人后,为其娶妻方氏,方氏育有一子。可是不久继子汪济沧病逝,孙子也夭折。汪吴氏异常悲痛,伤心汪家后继无人,她本来想到自己的孙子夭折,所以想为继子过继一个儿子来继承香火。可是,如果找一个和其继子没有血缘关系的男孩,怕引起同族人的纠纷,因此很久都没有把这件事定下来。农历己未年(1799),汪吴氏的寡媳方氏也过世了。这时,全家只剩下了汪吴氏孤寡一人,丧媳之痛更加触发她的隐痛,也就是儿孙之弃她而去。此时,亲族也纷纷劝她立嗣,也就是收养一个汪氏的孩子来继承家业。

汪吴氏知道,有的亲族是为了觊觎她的家产而把孩子送过来的,所以她下了一个重要的决定:捐出田产。她知道,只有在她没有财产的情况下,还有人愿意来承继香火,才是真心实意的。她平时观察到汪氏五服内的孙辈汪鸣鹿为人诚实朴素,因而非常喜欢他,愿意立他

---

[1] 《民国建德县志》,卷十四"人物"之"列女",11页。

为嗣，所以就询问汪鸣鹿。汪鸣鹿表示自己愿意承继为后嗣，汪鸣鹿的妻子对汪吴氏也很敬爱。汪吴氏很高兴，于是就找到亲族立下契约，以汪鸣鹿为孙。这样，汪吴氏的亡夫和继子都有了承继香火的后人，她的一大心事终于落地了，故事看来有了一个比较圆满的结局。

但事情到这里并没有结束。汪吴氏担心自己百年之后，亲族会因为自己留下的田产而滋生风波，那就会连累汪鸣鹿。她又回想起当年自己的丈夫因为没有通过院试郁郁而终，所以决定把祖上留给丈夫的四十亩田产全部捐出去，作为每年儒童膏火之资。这件事就上报到了建德县，严州知府张丙震也因而闻知。

汪吴氏挑选汪氏族中可靠的后辈作为继承人，这是合情合理的决定，毋庸置疑。可是，她在有了称心如意的继承人之后，居然决定把自己的田产全部捐公，这就不合情理了。大家会问，首先，为什么不留给自己选中的孙子呢？捐田这件事有没有征得汪鸣鹿夫妇的同意呢？其次，田产全部捐出去后，汪吴氏靠什么生活？难道汪吴氏自己的生活都不考虑了吗？这些问题都很关键。实际上，张丙震后来的调查告诉我们，此事并不简单，背后另有隐情。

"节义双高"

在得知汪吴氏捐田助学的事后，严州知府张丙震赞叹说："此丈夫慕义所难能，安得巾帼而有是哉！"因此发文要求建德县为这件事议定章程，防止后患。张丙震考虑到，如果汪吴氏把田产全部捐公，那么过继的汪鸣鹿恐怕没有办法赡养汪吴氏。因此,捐田一事需要仔细考虑,妥当处理。

不久,建德县回复,汪吴氏丈夫的哥哥汪景岑之前已经呈文,要求根据惯例优先承继(大概把自己的孙辈过继给汪吴氏),因为汪景岑和汪吴氏的亡夫是亲兄弟或同族兄弟。建德县查询之后,认为汪吴氏亡夫的近支萧条,如果按照顺序过继的话,亲族之间已经有了嫌隙(指汪吴氏与汪景岑不和),以后难免有争端;而汪鸣鹿是汪氏族人,辈分相当,虽然不是近支,但他是汪吴氏看中的人,所以过继这件事应该尊重、听从汪吴氏的决定,于是决定承认汪吴氏属意的汪鸣鹿为合法的承继人;同时注销过去的公文(大概是汪景岑的诉状)。为汪吴氏计,建德县还决定将汪吴氏的一处山林和汪吴氏的一间房屋赠给汪鸣鹿;而汪吴氏的生活供给,则从捐出的田产每年交的粮租里拨出二十石供给汪吴氏,直到她去世为止,以保证她安度晚年。汪吴氏死后,这二十石仍旧归公。汪吴氏的四十亩捐田,每年的租税也由承租人继续缴纳。最后,官府对汪吴氏颁发匾额,以示表彰,并把所捐的田亩地号以及事情经过等情况刻在石碑上,立在县学,以志不忘。

张丙震最后说:"余以氏不靳遗产,克全夫志,惠及儒林,可谓节而慕乎义矣!乃其择嗣能不继产,不以区区者为嗣孙后日累,且纳之儒学,以示不忘所天,则又以义全其节也!既给楄以'节义双高'褒其门,而复附其田数、并定凡例综叙始末勒之石,以垂不朽云。"[1]翻译过来就是说,张丙震认为,汪吴氏不吝啬遗产,完成丈夫的愿望,赞助儒学,可以说是不但秉持节操,而且崇慕道义并能实践;她选择

---

[1] 《民国建德县志》,卷十四"人物"之"列女",11页。

后嗣以不要求继承家产为标准,这样就不会因为区区财产问题给过继的孙子带来麻烦;捐田助学,又是一般人都无法做到的善事。所以张丙震称赞汪吴氏为"节义双高","节"指的是数十年来守节不移;"义"则称赞她捐田义举,以全夫志,嘉惠士林。

文字的背后:年龄

以上根据张丙震不过数百字的短文而拾掇的故事,非常简单。不过,我们根据零碎的细节,可以大致推测以下文字背后的故事。

首先是汪吴氏的年龄。汪景崿去世的时候,汪吴氏才二十一岁,非常年轻;考虑到过去早婚的传统,则两人成婚约三到五年。而旌表一般都是在死后发生,所以嘉庆二十五年(1820)的时候,汪吴氏已经过世。可是,究竟是哪一年过世,我们无从得知。不过,张丙震是在嘉庆七年(1802)作文记载捐田,说汪吴氏守节"迄今三十余载",则汪景崿去世或在1772年。如此,则汪吴氏大约出生在乾隆十七年(1752),去世于嘉庆十年(1815)。

那么,汪吴氏的养子汪济沧多大呢? 一般说来,收养孩子年龄不宜过大,年龄大的孩子已经有记忆和亲情,很难和养父母亲近;也不宜过小,过小则难以抚养,所以四到六岁比较合适。可是,汪济沧是汪景崿的哥哥(汪景崿,峰山是他的字)的次子,所以是收养侄子。在这种情况下,虽然年龄必定是个考虑因素,但也不见得是关键。我们可以从汪济沧的妻子方氏的年龄来推算。方氏是在农历己未年也就是1799年过世，过世时四十岁（虚岁），则方氏出生在1760年。以此算来，方氏比婆婆汪吴氏小八岁，这是一个非常合理的年龄差距。

一般说来，婚姻双方男性比女性年龄稍大。可是，在汪济沧和方氏的婚姻当中这是不可能的。因为如此一来，汪济沧和自己的叔母也就是继母年龄相差数岁，于情于理，均不合适！甚至汪济沧年龄和方氏相当的可能性都很小。很大的可能是，汪济沧的年龄比自己的妻子方氏小。妻子比丈夫年龄大几岁，这样的安排，对于汪吴氏而言，是一个比较好的方式，因为方氏可以帮助汪吴氏照顾家庭。

至于汪济沧比其妻子方氏小几岁，我们难以判断。假如小三岁的话，那么汪济沧和汪吴氏相差十一岁。试想，一个二十一岁的寡妇带着一个十一岁的男孩，还有一个十三岁的儿媳，这样的情形完全合情合理。假如汪济沧比他的妻子方氏小五岁的话，那么，他比养母汪吴氏小十三岁。如此，二十一岁的寡妇带着八岁的继子，还有一个十三岁的儿媳帮助操持家务和看管未来的丈夫，这也是一个非常可能的安排。当然，如果汪济沧的年龄更小的话，对汪吴氏更加有利，因为她有更好的机会与继子培养感情。但是，实际上汪济沧年龄不可能更小，因为妻子方氏的年龄摆在那里。

我们不知道汪济沧什么时候过继给汪吴氏。考虑到汪景峙去世的年份，汪济沧过继时年龄很可能在八至十岁左右，甚至可能还要大几岁。虽然这个年龄不是收养过继合适的岁数，可是，汪济沧是亲侄子，所以必须是第一人选，而且这也很可能是汪峰山的安排。那时的汪吴氏，不过二十一岁，只有一个二三岁的女儿，寡妇幼女不能不接受这样的安排。即使汪吴氏的娘家有意见，但汪济沧是亲侄子这个条件，绝对可以挡住任何质疑。

帮助汪吴氏实现心愿的张丙震也值得一提。

张丙震，字鉴庵，南皮人，乾隆四十五年（1780）进士，嘉庆年间任浙江省严州府知府，在严州颇有官声。当年严州府内有文渊书院，嘉庆八年，也就是1803年，张丙震为其增建了后轩三间、厢房二间，把文渊改为双峰书院，也就是严州中学的前身；嘉庆十一年（1806）六月，张丙震卒于严州知府任上，时年五十七，实在可惜。此公不但为官清廉，深得百姓称赞，而且也是颇有成就的金石收藏家，曾经藏有著名的《淳化阁帖》。

争嗣与择嗣的隐情：家产

寡妇收养儿子，就其本身而言，是为了给夫家继承香火，所谓"不孝有三，无后为大"。可是，从送出孩子的这边而言，很大程度上有经济的考虑，甚至经济考虑为关键要素。正因为如此，寡妇收养儿子，往往首先需要从丈夫的族人中选择，而且次序也是按照血缘的亲疏来安排。也正因如此，汪济沧以亲侄子的身份作为继子，这是天经地义的安排。

汪济沧成婚不久就去世了，幸亏他已经生了个儿子。可是，不幸的是，不久之后汪济沧的儿子也去世了。这就给汪吴氏提出了老问题，那就是汪氏的香火问题。这个时候，汪吴氏需要再次决定是否为汪济沧收养一个儿子。但汪吴氏此时恐怕另有打算，所以一直拖延不决。

可是又过几年，汪济沧的妻子也去世了，继承香火的事情便无法再往后推脱了。汪吴氏必须作个决断。

此时，汪吴氏的夫兄"汪景岑争继援例"，要求根据过继必须"先尽同父周亲"的规矩，也就是提出先亲后疏让自己的孙辈来承继汪济沧的香火，排除血缘比较远的后辈。汪吴氏之所以在嗣孙过世之后迟迟不作决定，恐怕就是因为她不愿意族内汪峰山和汪景岑等人插手此事。汪吴氏看上了同族的汪鸣鹿，虽然汪鸣鹿已婚，但是为人朴实，所以汪吴氏觉得他可靠。可是，汪鸣鹿虽在五服之内，但和汪景岑之孙相比，血缘关系就疏远多了。汪景岑之所以向建德县"争继援例"，估计是已经听到了汪吴氏准备收养汪鸣鹿的风声，所以向官府申诉，也就是要排除汪吴氏的选择。那么，汪景岑为什么要急于把自己的孙子过继给汪吴氏，甚至利用建德县来阻碍汪吴氏收养汪鸣鹿呢？这争嗣与择嗣背后的隐情，便是家产。

汪景崿和汪吴氏结婚，也即独立门户时，除了房屋、现银和日常物品外，祖上还留给了他四十亩田产。汪景岑以亲疏援例，提出让自己的孙子入嗣，这完全是合情合理的要求，不仅防止了汪吴氏的家产传给族内的远亲乃至外姓，保护了祖产，而且可以为自己的亲孙子获得四十亩田的财产。四十亩田，这在七山二水一分田的建德是一笔相当大的财富。正因如此，在汪吴氏看中汪鸣鹿之后，汪景岑就向建德县上诉，提出异议，想必他也得到了族内同支亲属的支持。从汪吴氏和汪鸣鹿这边而言，如果汪景岑指责汪鸣鹿是垂涎田产入嗣的话，汪鸣鹿很难自证清白，特别是在汪吴氏百年之后，愈发难以说清。此事同时也会影响汪吴氏的清白，人们会质疑她为什么不收养和汪济沧血缘最近的后辈？如此一来，于情于理，汪吴氏和汪鸣鹿都立不住脚。就在这一关键时刻，汪吴氏背水一战，向建德县提出捐田助学。

汪吴氏毅然决定抛弃田产，把它捐给官家嘉惠士林，是有着很深的考虑的。第一，可以堵住别人的嘴巴。因为既然没有了田产，谁又能指责汪鸣鹿入嗣是为了贪慕财产呢？第二，没有田产之后，汪景岑就不会再要求过继自己的孙辈了，也就根除了争嗣这个问题。第三，在没有田产的情况，汪鸣鹿依然愿意入嗣，正好说明他的真心，汪吴氏因此也可以告慰九泉之下的亡夫。第四，田产用来支持儒童的灯油钱、伙食钱和房租，这也符合汪吴氏亡夫汪景峙儒童的身份，在某种程度上补偿了亡夫未曾进学的遗憾。最后，捐赠田产一事，必然经过官家的认定和接收，这样，有了官家的参与，也防止了此后有人借财产之事来找汪鸣鹿的麻烦。

由此可见，汪吴氏此举，破釜沉舟，在立嗣这件事上反而赢得了主动。但是，汪吴氏的决策，也不是没有风险和问题的。首先，捐赠了田产，万一汪鸣鹿反悔了怎么办？所以需要事先和汪鸣鹿夫妻沟通，征得他们的同意。果然，汪鸣鹿夫妇都是忠义之人，不但支持汪吴氏的决定，而且依然对汪吴氏敬重。其次，捐赠了田产，汪吴氏自己的生活怎么办？我们从张丙震的短文中可以知道，汪吴氏有自己的房屋，还有山地一块。建德属于江南丘陵地带，山地很多。山地的茶叶、桐漆、果木、柴、炭等一向是建德经济的重要组成部分，所以汪吴氏自身的生活没有问题。此外，1800年时汪吴氏不过四十七八岁，还算年轻，可以做些纺织等手工业贴补生活，虽然她并不需要。

情理之中：官府的洞察

严州知府张丙震得到汪吴氏捐田的消息，便命令建德县调查此事。建德县经过核查，发现了捐田之外的纠葛。第一，汪吴氏的夫兄（或是二伯）汪景岑已经向建德县提出了承继的事情。虽然没有细节披露，但大致可以推断，汪景岑要求自己的孙子去承继汪济沧，这是合乎情理的要求，汪吴氏虽然可能已经推脱了很久，但实在没有办法拒绝这样的安排。假如当时汪吴氏已经选中汪鸣鹿，那么汪景岑似乎也有充足的理由要求建德县判决收养汪鸣鹿之事无效。

第二，汪吴氏要捐的四十亩田，实际上早就租给了当地的百姓耕种，有的可能耕种多年，一方面向汪吴氏缴纳田租，一方面向朝廷完税。因此，捐田实际上会涉及第三方也就是承租人的利益，甚至生计。这也是官府需要考虑的问题。

第三，假如四十亩田产是汪吴氏所有的或者几乎所有的生计，那么汪吴氏的晚年生计如何安排？入嗣的汪鸣鹿夫妇又将如何赡养老人？即使汪鸣鹿夫妇是自愿入嗣，绝不是为了财产，可是，继承汪景峙和汪济沧的香火，汪鸣鹿夫妇也有权利继承他们的财产，至少对他们需要做一定的经济安排，使他们不至于生活困难，无法赡养汪吴氏。

经过慎重考虑，建德县（很可能就是张丙震本人的决策）给出了一个非常高明的处理方案，既合法理，又重人情，尤其尊重了汪吴氏这位寡妇的意愿，并尽力维护了汪吴氏和汪鸣鹿夫妇的利益，使入嗣这件事落在了实处。

首先，建德县指出，"依例按序"选择同族的男童作为汪吴氏的嗣孙，"已生嫌隙"；如果强要如此，"恐不免日后争端"，因此决定支持尊重汪吴氏的意愿，认为汪吴氏选择五服内的同族汪鸣鹿入嗣是合情合法的，因而否决了汪景岑的诉求。在族权和男权盛行的时代，建德县能够考虑并支持一位寡妇的诉求，确实不易。其次，考虑到承租人的利益，汪吴氏的捐田除了所有权变动，使用权不变，仍旧由承租人继续承租，依例纳粮完赋，田租则交给县学使用。再次，考虑到汪吴氏晚年的生计，从汪吴氏所捐四十亩地的田租中，每年拿出二十石供养汪吴氏，直到汪吴氏去世。石是容积单位，明清各地的标准不一，少则100斤，多则数百斤。在建德一石大致可以折算为120斤，则汪吴氏每年有2400斤粮食（一般是水稻）的收入，足够其生活支出。最后，考虑到汪鸣鹿夫妇的利益，建德县把汪吴氏名下的一块山地判给汪鸣鹿，同时汪吴氏居住的一间房（而不是一栋）也判给汪鸣鹿。这就保证了承继汪家香火的汪鸣鹿夫妇的利益，也有助于他们和汪吴氏的和善关系。

汪吴氏二十一岁守寡，收养儿子后又丧子、丧孙、丧媳，之后又面临族人干涉承继、垂涎家产的威胁；但她置之死地而后生，毅然放弃家产并把它捐献给官学，从而获得官府对她选嗣权的认可与支持。这样一来，因为没有了家产，觊觎汪吴氏的财产而强行推出嗣孙候选人的族人也就偃旗息鼓了。简而言之，汪吴氏用家产与官府作了一个交换，既博得助学的美名，又保证自己选嗣意愿的实现。汪吴氏超人的智慧和勇毅，实在令人佩服！

情理之外：沉默的女儿

在汪吴氏一案当中，还有几个模糊不清的地方，也就是汪吴氏的父家和女儿。这本是情理之中的关系，却偏偏在汪吴氏一案没有触及，实在是不合乎情理，可以说是在情理之外。

第一，是汪吴氏的父家。张丙震说汪吴氏出身于桐庐的儒族，则汪吴氏或受一定的文化教育，并非一般农家之女，这或许也是她坚忍不拔和非凡智慧的一个来源。可惜的是，我们不知道汪吴氏父兄与汪吴氏的关系如何，有没有在背后扶助和指点汪吴氏？我们知道，乾潭虽然属于建德县，可是从地理交通而言，和桐庐反而相邻相近，因此，婚丧嫁娶其实很常见。过去人类学家的研究表明，传统社会的婚姻往往在方圆三十里内解决，因为三十里是一个人一天步行往返的最大范围。乾潭到桐庐就在这个三十里直径的区域内。汪吴氏既然出于儒族，则她应当裹脚。那么，汪吴氏一方面受其性别限定，另一方面又因小脚而行动不便，出入官府必然需要委托可以信任的男性亲属，而其父兄理论上是最可能的人选。可惜，对此我们一无所知。（图 12.1）

第二，汪吴氏一案中另一个消失的人物便是汪吴氏的女儿。除了提到她的诞生外，这个女儿的一切情况我们都一无所知。如果她早夭了，按理应该提到。最大的可能就是，为了延续汪家的香火，甚至防止女儿女婿的干涉，汪吴氏早就安排女儿出嫁，并把她排除在外了。汪吴氏的女儿沉默无语，没有留下一丝踪迹，这虽然是父权社会的传统，却也令人颇为不解，因为她毕竟是孤苦伶仃的汪吴氏唯一的亲骨肉，其中另有隐情或不可知。

汪峰山的捐田

回到汪吴氏的捐田，在义举之后，《道光建德县志》又记载了其大伯汪峰山的捐田，或者说，汪吴氏捐田引出她大伯汪峰山的捐田，这不得不引起了笔者的又一轮兴趣。根据《道光建德县志》，嘉庆八年（1803），严州知府张丙震在为汪吴氏撰文勒碑之后，又作《监生汪峰山捐田碑记》。全文如下：

> 岁壬戌，建邑节妇汪吴氏捐田四十亩，作岁试泮首膏火，请详立案，即已奉各宪准给匾示奖矣。余嘉其节义，复为综叙始末，勒之石上，以垂于后。国学汪峰山复以捐田二十亩，作科试泮首膏火资，请附详立案，并奉宪准如前。癸亥十月，汪生峰山以《节妇吴碑记》既已刊竣，将峙诸学宫矣，亦呈请撰记，同时建立，以全义举。余见汪氏一门慕义，节妇倡于前，儒叟媲其美，洵乎一时盛事，可以历久而永人企慕者也。大凡慕义强仁之事，成于激发多所勉，笃于伦理者出乎诚。汪生有令子家度，英年采藻，艺冠黉宫，早茁兰芽，旋埋玉树，其心摧延寿之逸死久矣。年逾杖国，景顾桑榆，不惜长物，以遗后隽。吾知其数十年阅继起之文元，怀早逝之骥子，至是而假输田以发之。若汪生者，殆笃于伦而出于诚者耶？抑闻之"遗金满籯，不如一经"，又闻"方寸之地，可以留耕"。汪生尚节俭，赡饘粥，是举也，未可以"富而好礼"例也。假令策蓄畜于敛获，积升斗于子孙，方鳃鳃焉。以尺寸计目，笑迂阔者不少矣。然则汪生之重一经，在文士不在

籝金，留以耕，在方寸不在恒产乎。《书》曰："作善降之百祥"；《易》曰："积善之家必有余庆"。吾知过乾潭庄者，莫不群相指，曰仁里，曰德门，汪氏殆不愧欤？节妇吴，汪峰山胞弟景崶室，其事已勒之石，兹因汪生请，复述数言，附以田数户名，俾览者群识。善事之可传久远，且必有兴起者矣。其例则仍之《吴氏记》云。[1]

关于历史上建德的科第，《道光建德县志》记载最为详细，但监生名录中并无汪峰山此人；在卷十一"选举"之"耆寿"有"汪景辉（监生即峰山）"的记录，当时（1828）汪景辉年龄在八十以上，或可推断他出生在1748年前，[2] 则他比汪吴氏大四五岁，与常情相符。

《民国建德县志》对汪峰山的动机作了简略的介绍，说："汪峰山，国学生，好义勇为，节妇吴氏夫兄也。嘉庆间捐田二十亩，作科试泮首膏火，人以义士目之。子家度。英年藻采，艺冠黉宫，惜以不寿终。"[3] 则以后人的角度评价了汪峰山的捐田义举。首先以"好义勇为"来概括汪峰山，然后介绍其捐田，最后提及其子家度，来说明其捐田的动机。如此的叙事，完全呈现了一个因为失去了本来可以科第发达却英年早逝的儿子而捐田助学的老儒生的形象。那么，事情真的如此么？

从张丙震的短文我们至少可以知道，汪峰山捐田的一个关键因素是其弟媳汪吴氏的捐田，后者或许刺激或许启发了汪峰山。所以张丙

---

1 《道光建德县志》，卷十六"艺文志"，1356—1358页；《民国建德县志》，卷十四"人物""慈善"，70页。
2 《道光建德县志》，卷十一"选举""耆寿"，884页。
3 《民国建德县志》，卷十四"人物""慈善"，70页。

震在文章中说："余见汪氏一门慕义，节妇倡于前，儒叟媲其美，洵乎一时盛事，可以历久而永人企慕者也。""倡于前"和"媲其美"就在行文的暧昧之中揭示了汪吴氏和汪峰山的前后捐田的刺激、启发和竞争关系。当然，张丙震也对汪峰山这位将近花甲之年的老儒生加以赞许，说他"怀早逝之骥子，至是而假输田以发之"，"笃于伦而出于诚者"，与汪吴氏一起，使汪氏一族成为"德门"。最后，张丙震满怀期待地说："善事之可传久远，且必有兴起者矣。"希望乾潭庄垒柏村汪氏一门的善举可以流传，可以激励乡人。他也相信必然可以看到后来义举之兴起，这也是他作为府尹的德政和荣耀啊。

受启发的侄媳

张丙震说："汪生尚节俭，赡饘粥。"似乎暗示生活简朴的汪峰山把自己节俭下来的二十亩田捐给了县学，称赞这是比"富而好礼"还要高尚的行为。如此，汪峰山受弟媳汪吴氏的刺激，向县学捐田的事似乎到此为止了。可是，或有人问，汪吴氏捐田，这是因为她是未亡人，丈夫已死，不得不抛头露面；作为大伯和享有监生功名的汪峰山，即使内心抵牾，对于曾经过继收养自己亲生儿子汪济沧的弟妹汪吴氏有些不满，也没有必要和她相提并论，刻名立碑于县学之右啊？更何况，汪吴氏捐田四十亩，而汪峰山捐田不过二十亩，汪吴氏之碑在县学左侧，汪峰山之碑在县学右侧，女多男少，女尊男卑，作为汪氏年长的男性和带有功名的监生，汪峰山捐田之考虑何在？他这一行为究竟是为自己带来了光荣，还是损害了脸面？

汪峰山捐田的确蹊跷。《道光建德县志》卷十三"列女"记载了"生员汪家度妻胡氏"的事迹。"家度科举应试入郡庠，院府县三考皆案首，以攻苦赉志而殁。氏年二十一，无子，守节，又痛夫志不遂，请于翁，峰山将膳田二十亩零捐入邑庠，为科试首名文生膏火，详奉立案勒碑，知府张丙震旌其门。现年五十八岁。"[1] 由此可见，汪峰山的这二十亩捐田，其实并非汪峰山的财产，而是其寡媳汪胡氏的膳田（口粮田）。

汪胡氏为汪家度的未亡人，也就是汪峰山的儿媳；"现年"指的应该是道光八年《建德县志》的编撰时间，为何？因为此年汪胡氏的公公汪峰山八十多岁。假如嘉庆八年旌表的时候汪胡氏五十八岁，那么，1828年她当为八十三四岁，和公公年纪一般大，这是不可能的事。因此，"现年"指的应是道光八年（1828），此年汪胡氏五十八岁，则她大约出生于1770年。推测她十八岁（1787）嫁给了汪家度，二十一岁时丈夫病逝，到1828年已经守寡三十七年。

读者或者奇怪，汪胡氏青年守寡，公公汪峰山并没有为她寻找继子。其实，这并不稀奇。我们大致可以推测，汪胡氏或许想为自己收养一个族内的男童为嗣，然而这个请求却得不到大家长汪峰山的同意。原因很简单，汪峰山应当有三个儿子以上，一个是汪济沧，过继给了汪吴氏为嗣，可惜早逝；一个是汪家度，也就是汪胡氏的丈夫，

---

[1] 《道光建德县志》，卷十三，1127页；又见《民国建德县志》，卷十四，37页。笔者推测，胡氏或许是梅城大姓胡氏之女。胡氏在梅城经商，故和同样经商的垄柏汪家有婚姻往来。

他应该是长子，可惜也早逝；想必第三个儿子已经有男性后裔，那么，汪峰山就已经有了自己的嫡孙。这样，他必然不大愿意让儿媳汪胡氏去收养非自己血脉的男童为嗣，哪怕是汪氏同族的孩子，因为这会分走他的家产。只要汪胡氏不收养，那么在她百年之后，汪胡氏名下的家产就都属于汪峰山的孙子。这虽然只是推测，但笔者以为可能性极大。前面汪吴氏捐田的风波已经告诉我们，她要以汪鸣鹿为嗣孙的一个原因是近支萧条，则我们或可推定，汪峰山最多只有一个孙子。如果他有两个嫡孙的话，他一定会将其一过继给汪吴氏为嗣孙，或者过继给汪胡氏为嗣子。正是在这样的困境下，汪景岑提出将自己的孙子过继给汪吴氏，汪峰山即便不赞同，却也无法反对。

那么，究竟是汪峰山捐田，还是其儿媳汪胡氏捐田呢？虽然张丙震的碑文大大赞扬了汪峰山，称他热心助学，但笔者以为，这是汪胡氏的主张。只不过汪胡氏上有公公汪峰山，没有汪峰山的同意，汪胡氏的愿望不可能得到实现。因此，为伦理和情面计，张丙震写的是汪峰山的善举。话说回来，捐田的一切交涉，也必然通过汪峰山的安排，甚至亲自出面。

至此，汪峰山捐田的大概情形终于揭晓。笔者以为这其实是汪吴氏捐田引出的余波。看到汪吴氏捐田受到旌表，同门未亡人也就是汪吴氏的侄媳汪胡氏十分羡慕，受到启发，也向公公汪峰山提出捐出自己的膳田二十亩，供给县学，奖励三年一次科试的第一名。汪胡氏提出的理由也十分充分，汪峰山无法拒绝。因为汪胡氏的丈夫汪家度，也就是汪峰山的亲生儿子，曾经是秀才，而且"院府县三考皆案首"，这就为汪胡氏提出奖励"科试案首"提供了最好的理由。这样看来，汪胡氏的捐田，虽然是受到了其叔婶汪吴氏启发，其实也是她对被安排之命运变相的抵制和抗争。抵制的是汪峰山不给她过继男性为嗣的计划；抗争的是把膳田捐给县学，打破汪峰山想让自己的孙子继承其家产的算盘。自然，汪峰山也不能阻挡这样光明正大的要求，何况这也是自己的荣耀。不过，在和官府以及严州知府张丙震打交道的时候，不知道汪峰山是故意抹去了自己儿媳的角色，还是张丙震洞察其情，了解到汪吴氏的嗣孙问题"依例按序已生嫌隙"，掩盖了汪家内部的杂音和不谐，故意归功于监生汪峰山，书写了一段垒柏汪家一门两代并列捐田助学的佳话？

"有田才是万万年"

我们再来看看汪吴氏四十亩和汪峰山二十亩捐田的具体情况。《道光建德县志》不厌其烦地——记录了汪吴氏四十亩捐田的具体情况，包括官方赋税制度下的名称、面积大小和土名，也就是当地给某丘（块）田取的名字。以第一丘田为例，县志记载，"五保师字壹百拾叁号田柒分贰厘土名庙下坂"，这表明这丘田位于乾潭庄的五保师字，为一百一十三号，面积七分二厘，土名庙下坂，则大概是在某座庙的附近；而所谓"下"，只因为庙基一般都比较高，所以附近的田，一般都在庙基以下。需要指出，官方赋税制度的名称，往往因袭过去的记录，反而是一般当地人所不知道的。以笔者的经历，大队和生产队的几百丘田，往往约定俗成，以其地理位置、面积大小和形状称之，本地人一听便知，而外来人当然不明所以。如五亩丘，以其面积称之，这在乾潭属于面积很大的一丘田,不会混淆。比如牛角垅,以其形状称之。有的时候加上一些解释,如马家塘边上的二亩丘,这样一来,地理坐标非常明确,完全排斥了其他水田的可能性。汪吴氏的捐田,几乎每一丘都记载了土名,笔者听起来非常熟悉亲切。假如有乾潭老辈人物听到,甚至可以指出某田是在某处,乃至可以说出这丘田的确切位置。

《道光建德县志》记载"建岁文元膏火田"时称:"嘉庆八年,乾潭庄垒柏村节妇汪吴氏捐,知府张丙震有碑记,载《艺文》,碑石建立明伦堂左。"[1]并一一列举了这些膏火田的明细(表12.1)。

表12.1 汪吴氏捐田明细[2]

序号	面积(亩)	土名	序号	面积(亩)	土名
1	0.72	庙下坂	22	0.885	水磨堰
2	1.88	仝	23	3.043	横路下
3	0.3	蔡家前	24	1.14	竹园头
4	0.4	童家坞	25	1	澳口
5	0.996	埂下	26	3.035	竹园头
6	0.6	鸦鹊坂	27	0.15	澳口
7	0.955	苎园圩	28	0.637	连荷圩
8	0.955	仝	29	0.4001(肆分一丝)	庙前

---

1 《道光建德县志》,卷七"学校"之"学地",496页。此处的《艺文》指《道光建德县志》中的《艺文志》。
2 《道光建德县志》,卷七"学校"之"学地",496—501页。清代田地面积单位依次为亩分厘毫丝忽微。

续表

序号	面积（亩）	土名	序号	面积（亩）	土名
9	0.9	尖圹	30	0.852	灯圹
10	0.616	眼岑脚	31	0.995	西山跟
11	0.84	五亩圹	32	0.668	念堰头
12	0.68	墩上	33	1.65	鸟源
13	0.616	水磨堰	34	1.04	井圹
14	0.4	横圹	35	1.125	余粮仓
15	0.676	水磨堰	36	0.62	冷水塘
16	0.96	仝	37	1.553	桃树坞
17	0.88	葫芦圹	38	1.2025	鹅碓圹
18	1	牛角圹	39	2.749	东坂
19	0.487	四亩圹	40	2.25	脾石圹
20	0.65	庄屋后	41	0.7	大坂
21	0.374	仝			
共计	40.3182				

最后，县志中还记录了田亩总数、所在乡庄以及交税和田租之用，说："以上共田肆拾亩零叁分壹厘捌毫贰丝，在乾潭庄，建岁文元户供税，每三年轮挨，岁试新进第一名文生收租，准作膏火。"[1]

以上四十一丘田，共计40.3182亩。其中36号冷水塘、37号桃树坞、39号东坂，以笔者所知，非常明确都属于乾潭大队，也就是笔者所在的自然村。而33号鸟源，当是杳源。其他的如25号和27

---

[1]《道光建德县志》，卷七"学校"之"学地"，501页。

号澳口，24号和26号竹园头，29号庙前，3号蔡家前和41号大坂，都是乾潭附近地名，有些可见于图11.1与图11.2。[1] 以上大致可知，汪吴氏的水田，基本覆盖了乾潭附近的村落。以乾潭码头为基点，这些水田大致处在码头以西以北的十里之内。

不过，最引人注目的恐怕还是汪吴氏捐出的水田之琐碎，面积之小，实在令人惊讶！四十亩居然分散在四十一丘水田之中，平均每丘为0.98亩，不到一亩。面积在0.9亩以上的水田共计十八丘，占捐田总数的44%。最大的田为23号，面积3.043亩；最小的田为27号，面积0.15亩。这一方面说明这些水田是一丘一丘购买而来，则见汪氏创业之不易；另一方面则充分揭示了乾潭乃至建德的整个地理形势，也就是七山二水一分田。山多田少，有限的水田受到地理限制，因地制宜，都是一小块一小块地开垦而成。以传统的土地面积单位计算，汪吴氏的水田，居然精确到了丝，如20号和38号。我们不妨以一亩等于667平方米计算，则1丝不过0.0667平方米而已，也就是相当于一个笔记本电脑的大小。由此可见水田对于汪吴氏及乾潭乡民之珍贵。

我们不妨也看看汪峰山捐田的明细。《道光建德县志》记载："建科泮首膏火田，嘉庆八年乾潭庄垄柏村监生汪峰山捐，知府张丙震有

---

[1] 笔者的小舅回忆：我外婆曾经告诉他，我外公入赘后，家里便花十八担稻谷赎回（或买）了竹园头的一丘田；可是，第二年解放了，家里白白花了十八担谷。这竹园头的一丘田，是否是汪吴氏的捐田自然不从得知。不过，在太平军和湘军在建德的拉锯战后，乾潭人口损失极大，许多田地都成无主之田。汪吴氏捐的学田，到了1863—1864年之后，许多恐怕是田随租户或耕户了。

碑记载，艺文碑石建立明伦堂右。"而后也是一一列举这些膏火田（表12.2）。[1]

表 12.2 汪峰山捐田明细 [2]

序号	面积（亩）	土名	序号	面积（亩）	土名
1	0.9	横降	9	0.7605	金塘口
2	1.35	三亩丘	10	1.24	方坵
3	2.33	杨柳塘边	11	0.62	前埂
4	1.302	杨柳塘顶	12	1.14	宝盖坵
5	1.1	高坵	13	1.402	鱼塘下三角坵
6	0.7	高坵塘顶	14	1.964	长顶坂
7	1.1	金塘下	15	2.55	大井塘三角坵
8	1.005	泽坞口	16	0.531	双观塘边
共计	19.9945					

《道光建德县志》同样记录了汪峰山捐田的田亩总数、位置、交税和田租情况，说："以上共田拾九亩九分九厘四毫五丝，在乾潭庄，建科泮首户供税，每三年轮挨，科试新进第一名文生收作膏火。"[3] 则以上十六丘田共 19.9945 亩，每丘平均面积为 1.25 亩。最大的一丘田为 2.55 亩，最小的 0.531 亩；面积超过一亩的田有十一丘，占捐田总数的 69%。

由此可见，汪氏家族两次捐田总计六十亩田，分为五十七块，最

---

1 《道光建德县志》，卷七"学校"之"学地"，501 页。
2 《道光建德县志》，卷七"学校"之"学地"，501—503 页。
3 《道光建德县志》，卷七"学校"之"学地"，503 页。

大者不过三亩多，小者的一分半。假如当时有北方的地主看到这两份捐田明细，庶几要哑然失笑了吧。可是，在浙西南山区的建德，水田的大小就是如此。而且，这是有钱商户家庭出钱在外村买的水田，由此可推见其家族筚路蓝缕积累财富向略有水田的外村扩张发展的艰辛。这一丘一丘水田，须得花费多少时间、金钱和中间人才能买得？

根据以上情况，我们大致可以推断，垄柏依靠山林经济，专注于烧炭和木柴，为参差十万人家的杭州提供了燃料，为千里海塘提供了柴草，从而积累了财富。积累了财富的垄柏汪氏，除了造房之外，几乎无处投资，因而向一水之隔的乾潭购买水田，开始了在乾潭甚至其他临近乡村买田的传统。据我外婆回忆，我的太外公（她的公公）经常说一句话，"有田才是万万年"，可见他以及其他垄柏人心目中田产的重要性。根据母亲和二舅回忆，在1949年前，太外公已经在西桥附近买了田，而他之所以安排第五个儿子（我外公）入赘西桥郭家，恐怕也是看中乾潭田地相对富裕的情况。须知，垄柏除了一些山坡地，根本没有田。居住在江边山坡上的垄柏人，虽然经商富裕，但是没有田产，必须到乾潭才能购置这个传万万年的家产。他们对于田地的渴望，哪怕是琐细的巴掌之田，也不是一般人可以想象的。

由于建德山多田少，所以田价很高。在1935年，"好一点的农田总得一百二三十元一亩。就是容易荒旱的燥田，最低限度也得四五十元。一亩田租多半是每亩每年三担或二担燥谷，这种租法名为'包燥租'。分租很少，而且只有本地人才有租田的权利，而且没有面子或亲戚关系还难到手。因此，一般外来的侨民，只能到高山上去种玉蜀黍和豆麦等类杂粮"。[1]

由此我们也可以估算这两笔捐田为建德读书人提供的资助。捐田是以田租的形式为建德县学提供膏火费，则我们大致估算每亩产水稻小麦 600 斤，以一半为田租，则汪吴氏的捐田每年提供田租 8000—12000 斤干谷，汪胡氏的捐田每年提供 4000—6000 斤干谷，这都是非常可观的数字。

家产之争

如第一部分所述，汪吴氏捐田一事，假如我们看到的是一个寡妇为延续香火而努力，这只是故事的一个层面。汪吴氏的抗争涉及了一个隐秘而关键的问题，便是家产的继承和分配。延续香火必然要收养男童，收养男童的规则便是同族优先，同族中又有亲疏之分，血缘亲近的优先。这才是汪吴氏面临困境的本质。汪吴氏丈夫死后，她不得不按照大家庭的安排，收养了大伯汪峰山的儿子汪济沧为子；好不容易抚养继子长大后，又张罗娶亲，而后有了孙子，汪吴氏当时可以说长长地舒了口气；就在大功即将告成或者已经告成的轻松之下，汪济沧病逝，幼孙夭折，这是何等的打击！两代寡妇或可虽然形单影只，或可互相扶持；然而，丧夫丧子的儿媳又撒手西去，汪吴氏在二三十年的辛苦之后，又回到了原点，此时的汪吴氏已经不再年轻。面临着

---

[1] 张抵：《浙江建德的农民生活》，123 页。

| 第十二章 | 一名寡妇：汪氏之生

另一个夫/族兄要求将自己的孙子过继给她当嗣孙时，汪吴氏犹豫了，推脱了，最后想出了背水一战的捐田以作抗争，将择嗣与财产分开，避免了家族内部人的觊觎。这是何等的智慧，又是何等的无奈！

当然，过继冠冕堂皇的理由是香火的延续，这是无论像垄柏汪氏这样的大家族抑或是独门小姓的小家庭，都必然要面临的问题。汪吴氏的遭遇，让笔者有许多感触，虽然这些感触仅仅是个人的观察和乾潭的经历，或不足以推广。比如说，乾潭的收养、保养或者过继的现象，相当不少。

以笔者一家而言，四代以上无考，而四代以来就有许多收养的案例。笔者的太外公（外婆的生父）被西桥的郭姓收养，因而姓郭。笔者的二舅，则过继给了垄柏的同族（外公的族兄）。笔者的爷爷本姓黄，出生在高家地附近约十里的小山村董湾，家里六兄弟，他排行老二，过继给了乾潭丧夫的杨钱氏，时间约在 20 世纪 30 年代初。笔者的奶奶，有两个弟弟，大弟弟我称呼为大舅公，实际上本来是家里的放牛娃，后来被太公（奶奶的父亲）收养。太公是个教书先生，很早去世，大概是为了让家里有人抚养儿女持家，所以先安排女儿招亲，让我爷爷入赘，而且规定小孩出生后五年才许返回杨家，而后又收养放牛娃（这是我的猜测）以协助养家。此外，当时奶奶还有一个牙牙学语的小妹妹，马上就被送人了。这个被送养的小奶奶，我直到成为研究生才知道。有一年春节，奶奶在门口和一个老妇人聊天，这个老妇人我从来没见过，不是乾潭本地口音。奶奶介绍说，这是她的小妹妹（她还有一个大妹妹，嫁给了大畈的王家），生下来不久就抱给了杭州。我大吃一惊，因为我近三十年从来没听家里人讲过此事，此前也从没见过这个小奶奶。奶奶说，小妹妹每年来一次，给她拜年；可是，据我所知，我小时候这个小奶奶从来没有来过，则姐妹之间的联系，或许是 21 世纪的事了。

桐庐和垄柏的通婚，也可以从本人的家庭得到印证。我外公有个姐姐，人美手巧，特别擅长打毛衣，却被我太外公支配嫁给了她的表兄。他们一家在桐庐县的俞赵，我小时候还去拜过年。姑婆嫁的是她的表兄，则垄柏和俞赵的姻亲关系至少可以上推一代。据我二舅回忆，他的养父，从小在桐庐长大，因为桐庐是外婆家，则其母如汪吴氏一样是从桐庐嫁到了垄柏。

错过的马戛尔尼

汪吴氏居住的垄柏村，是唐宋以来大运河—钱塘江—新安江千年官道（贡道）的必经之处，史上多有记载。元朝末年的意大利人鄂多立克曾经亲历七里泷江，或许亲眼看到依山傍水的垄柏村。明清两代的琉球贡使，从福州登陆后北上北京，也曾记录了七里泷江岸边的垄柏村，则垄柏村民数百年来也曾看见外国使团从此经过。

汪吴氏的一生，恰恰处于乾隆后期和嘉庆时期。中外史学界都认为这一段乾嘉交替的几十年（18 世纪末和 19 世纪初），不但是清代从盛世走向危机的转折点，甚至还是中国两千年帝制和四千年文明面临前所未有之挑战的起点。那时的大清王朝，仿佛韶华已逝的贵妇，胭脂和华服之下是难以掩盖的皱纹与苍老。公元 1793 年，汪吴氏守寡二十一年后，也就是她四十一岁时，五十六岁的乔治·马戛尔尼伯爵（George Macartney，1737—1806）受英王乔治三世派遣，以祝贺乾隆皇帝八十大寿为名出使中国，这是英国首次向中国派出正式使节。马戛尔尼的使团随员80余人，包括天文数学家、艺术家、医生，还有95名卫兵，由兵船护送，此行的费用则由英国东印度公司承担。他们携带的"贡品"，一一用心选购，试图向大清帝国展示英国文明的成就，其中包括天文、地理仪器，图书、毯毡、武器等"奇技淫巧"，总计600箱，价值约13124镑。乾隆皇帝接见了马戛尔尼，款待了使团，但他在给乔治三世的回信中说："天朝德威远被，万国来王，种种贵重之物，梯航毕集，无所不有，尔之正使等所亲见，然从不贵奇巧，并无更需尔国制办物件。"马戛尔尼北上的旅程没有选择传统的东南贡道，而是乘船走海路，从广州经浙江的舟山在天津登陆。不过，该年11月，马戛尔尼使团从北京返回广州时却走了大运河和钱塘江。因此，不远万里而来的马戛尔尼使团和隅居于建德山村垄柏的汪吴氏在某一时刻只有一箭之遥。谁能想到，大英帝国的马戛尔尼伯爵和垄柏村的未亡人汪吴氏，这两个出身、经历、文化、地位千差万别的男女曾经是"时空伴随者"？然而，这两个异国男女之间的一箭之遥，却遥不可及，永远也不能达到。

马戛尔尼带来的是大清帝国生存与衰亡的外部机遇。这个机遇，用李鸿章的话来说，就是三千年未有之变局。这样的变局，几十年后的曾国藩和李鸿章等人亲历并在此间挣扎；而当时的乾隆皇帝，即使天纵神武也无法超越时空之限制得以预见。垄柏的汪吴氏还在为自己过继嗣孙的愿望而努力，严州知府张丙震为治下的汪氏一族之义举而自得，建德的乡民也一如既往地为生活而奔波。一百年后，在经历了几次鸦片战争特别是"长毛之乱"后，《建德县志》的编纂者对于乾嘉时期建德的关注，仍在水旱之灾。

《民国建德县志》记载建德的气候"流水不冰，春芽易发，山深水急，无海氛之苦，四五月或淫雨连绵，则有山水暴涨之患"。[1]的确，建德多大水，水灾频仍。不过，县志上记载的水灾多指县城梅城，因为它在地理上北枕乌龙山，南临大江，而江水从西南上游而来，到梅城前开始拐弯东行。五六月份季风来临之际，安徽上游山洪暴发，汇入新安江，对严州和建德冲击很大。乾潭位于乌龙上北麓，不在新安江畔，境内虽然有子胥溪以及一些小溪，历史上也有山洪冲垮桥梁造成不便的情况，但乾潭本身不受新安江的侵害，所以虽有水患，后果并不那么严重。

相对水灾而言，严重的旱灾对于建德的农业和经济生产影响更为严重。因为建德田少山多，田里的主要作物是水稻，山地的各种农作物和林业，依赖于天然水源。一旦出现严重的旱灾，溪流断水，则对农业和其他经济生产造成不可逆的后果。即使新安江水近在咫尺，可是，由于没有现代的抽水机，传统的水车以及人力担水对于严重的旱灾不过是杯水车薪而已。明末宋应星《天工开物》（出版于1637年）所绘的"人车"，也即人力踩踏的水车（图12.2）。在该书出版的三百四十年后，也即笔者大约四五岁的时候，曾亲眼看见父亲在踩水车，父亲还把笔者高举置于肩头，吓得笔者乱叫。不久之后，这台水车便被弃之村里的公厕一旁，风吹雨淋，终于有一天突然消失不见了。这大概也是中国农村最后的一台人力水车了。

---

1 《民国建德县志》，卷一"天文"，4页。

《民国建德县志》曾详细地记载了乾隆十六年（1751）的"亢旱"。这一年，"夏无雨。秋又无雨"，"亢旱，七分以上灾田八万三千四拾四亩"，"是年免通省钱粮三十万，建德县免十分之一"，"奉旨先行抚恤一个月"，"知县蔡其昌奉知府吴士进饬劝殷户出资，多者千余，少者数十，两合得一万数千余金，由司给赴江苏买米"，平粜还本，并以"拾分之一煮粥散赈"。[1]

　　那么，"灾田八万三千四拾四亩"是什么概念呢？关于田地，"建德山居什八，田居什二"。乾隆时期官民两共实存"田"1633顷87亩，官民两共实存"地"842顷40亩，官民两共实存"基地"83顷80亩，官民两共实存"山"5008顷40亩。[2] 这些数字，和县志所引载弘治时期"田""地""山"数目几乎一致，其中"地"亩数还有所下降。由此可见，建德的土地开发在明代就已经达到了极限。因此，1751年建德全县有一半以上的"田"受灾在"七分以上"，也就是近乎颗粒无收的境地，而剩下的一半田受灾也很严重。正因如此，建德县被迫去江苏买米救灾，所以《民国建德县志》加以浓墨记录。看来此年是一次严重的旱灾，对建德和浙江全省冲击都很大。

　　值得一提的是，从乾隆十六年（1751）开始，到嘉庆二十四年（1819）止，《民国建德县志》提到，"中间屡有水旱"（表12.3），符合18世纪下半期进入小冰期以来中国开启低温多雨的灾害模式的情形。

---

[1] 《民国建德县志》，卷一"天文"，9—10页。
[2] 《民国建德县志》，卷二"地理志"，16—17页。地分为"地"和"基地"两种。1顷为100亩。

表 12.3　嘉道年间建德灾害记录[1]

年份	灾害
乾隆二十七年（1762）	壬午夏水灾
乾隆五十一年（1786）	夏大疫
乾隆五十五年（1790）	五月大水，漂没田庐无数
嘉庆元年（1796）	正月大冰冻
嘉庆五年（1800）	正月大雪，平地深四五尺；夏，大水入城，旱禾已淹
嘉庆七年（1802）	大旱自五月不雨，至七月中始雨
嘉庆十二年（1807）	五月大水入城
嘉庆十六年（1811）	二月二十三日地震；秋大旱，九月大街火
嘉庆十九年（1814）	夏旱
嘉庆二十年（1815）	九月十九日地震
嘉庆二十五年（1820）	大旱，秋蝗

　　以上记录大致可见，《民国建德县志》所谓乾隆十六年至嘉庆末年的水旱灾害，主要还是发生在乾隆晚期（1781）到嘉庆年间，也就是1781—1820年间，其中水灾五次（1786年大疫当由水灾引起）、旱灾四次（1820年的旱灾也迫使建德县派商人去安徽太平镇买米）。水灾次数可能与小冰期到来有关。至于旱灾，如前所述，由于山地居多，只要不下雨，虽然不会像北方那样引起人畜饮水问题，但庄稼和经济作物会因此受害，导致旱灾。总的来说，对《民国建德县志》的编撰者而言，这段时间似乎是一个灾害期，在建德当地人的记忆中颇为深刻。可以推想，这些旱灾对于汪吴氏的捐田是一个个坏消息。这

---

[1] 《民国建德县志》，卷一"天文"，10—11页。

| 第十二章 | 一名寡妇：汪氏之生

些水田，位于山坡丘陵之间，其水稻的栽培，需要天然溪流、人工塘坝沟渠的供水。

并不孤单的汪吴氏

在当代人看来，汪吴氏的命运太凄惨了，不能不引起人们对她的同情，也必然会赢得许多人对她的坚忍、刚毅与智慧的赞叹。她无疑是一个普通乡村的杰出女性。而她一生能够如此坚忍不拔，我们完全可以断定，这是她秉持儒家节烈观的结果。在明清国家推崇节烈的氛围下，隅居山村的汪吴氏内心坚定，并不孤单。

明代建德县有七世同堂的佳话。明宪宗成化二年（1450）十二月，"旌表义民何永敬家为义门。永敬，浙江建德县民，七世同居，家庭无间言，积善仗义，为乡里所称。有司以闻，特旌表为义门"。[1] 建德的女性有清一代最早获得旌表是在顺治九年（1652）。此年，"建德县生员胡其朗妻黄氏妾王氏，丹阳县民陈邦正妻夏氏，夫死，俱抚孤守，四十年不变"。[2] "建德县生员王之冕妻孔氏"，"请照例旌表。章下礼部"。[3] 康熙二十四年（1685），"旌表浙江节妇。仁和县陈氏。长兴县钱氏。建德县陈氏。各给银建坊如例"。[4] 乾隆九年（1744），"旌

---

1 《明宪宗实录》，卷三十七，741 页。
2 《清世祖实录》，卷六十五，511-2 页。
3 《清世祖实录》，卷七十，555-2 页。
4 《清圣祖章皇帝实录》，卷一百二十二，288-1 页。

表守正捐躯之浙江建德县民余九伦媳张氏"。[1] 张氏或者是反抗强奸而遇害？四十七年（1782），"旌表守正捐躯江苏宝应县民潘文汉妻张氏、浙江建德县民罗鸿舜妻王氏"。[2] 嘉庆十七年（1812），"旌表守正捐躯浙江建德县民宋其才妻徐氏"。[3] 道光八年（1828），"旌表守正捐躯浙江建德县民吴玉成女詹吴氏"。[4]

以上女性因事迹突出得到了国家的旌表；此外，还有许多受到地方政府（省、府、县）旌表的例子。以道光《建德县志》而言，卷十三"列女"占据了很大的空间，共122页，记录历朝（主要是清代）的模范女性数百人，蔚为大观（表12.4）。

表12.4 《道光建德县志》清代"列女"统计表（至道光八年，1828）[5]

孝女	孝妇	贞女	烈女	烈妇	钦旌节孝	旌节孝	宪旌节孝	总计
2	7	9	2	9	83	456	129	697

以上统计大致可知，守节的寡妇是官方表彰的主要和核心部分，三个部分合计达668人（次）；从清代开国至道光八年共一百八十四年，平均每年旌表节妇3.63人。不能不说，这既是一个强大的伦理劝导和精神鼓舞的结果，又为后来者提供了精神支柱和榜样。以此而论，青年守寡的汪吴氏并不孤单。甚至在垄柏或者乾潭庄，都有相邻

---

[1] 《清高宗纯皇帝实录》，卷二百三十，971-1页。
[2] 《清高宗纯皇帝实录》，卷一千一百五十七，500-2页。
[3] 《清仁宗睿皇帝实录》，卷二百五十八，495-1页。
[4] 《清宣宗成皇帝实录》，卷一百三十四，43-1页，43-2页。
[5] 《道光建德县志》，卷十三"列女"，1043—1164页。其中"旌节孝"原稿缺二页（1125和1126页），则统计人数当遗漏约10人左右。不过，道光县志编纂略微粗糙，其中有重录者多人。

| 第十二章 | 一名寡妇：汪氏之生

女性乃至汪吴氏的亲族经历了同样的节孝之路。不必罗列整个建德县的情况，我们单单枚举建德县的北乡，也就是乾潭庄以及附近的几个大庄的情况，便可管窥一二。这些村庄和垄柏村距离不远，互相往来，有的甚至还有姻亲关系。

先看乾潭庄。"马兆蒸妻王氏，年二十，夫亡，守节，抚继子学成为诸生。矢志坚贞，倍尝艰苦，里党贤之，七十七岁卒。嘉庆九年旌。"[1] 则和汪吴氏同庄的马王氏也是收养侄子为儿，并送其进学成诸生。可见，寡妇如果没有亲生儿子，必须按照亲疏过继本族的小辈，这是惯例。"陈邦达妻葛氏，二十四岁，夫亡，守节，抚侄为嗣，孝事迈翁，现年四十五岁。"[2] 则在1828年，陈葛氏独自过继侄儿、赡养家翁已经三十年，实为不易。"生员汪方均妻吴氏，二十九岁，夫亡，遗腹生一子，上无翁姑，中鲜叔伯，惸惸孑立，形影相吊，氏能抚孤成立，松柏之操，晚而益坚，现年五十六。"[3] "汪绳恭继妻陈氏，二十八岁而寡，抚孤成立，旋殁，复刻苦抚孙，现年五十一。"[4] 这是几位丧夫丧子的女性的人生轨迹。"杨君如继妻程氏，三十三岁，夫殁，时舅姑早逝，遗孤仅六龄，茕茕孑立，茶苦自甘。终能抚孤成名，卒年八十，府学给匾曰'节并松筠'。"[5] 杨程氏守寡五十七年，抚孤成名，最终获得了官府的旌表。

"汪济洲妻韩氏"和"汪济泉妻吴氏"虽然未能表明属于何庄，

1　《道光建德县志》，卷十三"列女"，1063页。
2　《道光建德县志》，卷十三"列女"，1104页。
3　《道光建德县志》，卷十三"列女"，1127—1128页。
4　《道光建德县志》，卷十三"列女"，1128页。
5　《道光建德县志》，卷十三"列女"，1154页。

但她们丈夫为济字辈的汪家人，因而很可能是垄柏的，是本章主人翁汪吴氏的子侄辈。因此，汪济洲妻韩氏和汪济泉妻吴氏可能是汪吴氏的侄媳，加上另一个守寡的侄媳汪胡氏，而垄柏之守节寡妇亦有多人可知。她们之间互动如何，固然无法知晓，但相互之间的模仿与激励，可以想见。汪济泉妻吴氏"二十八岁，夫亡，守节，孝事迈姑，遗孤在襁抱，抚育成立，备历艰辛，现年五十二"。[1] 汪韩氏"二十五岁，夫亡，守节，现年六十七"。[2] 没有儿子的汪韩氏之孤独，是当代人无法想象的。

施家庄位于乾潭庄以北二十里地。"何秉心妻徐氏，年二十六，夫亡，誓以身殉，因孀姑劝谕，饮泣勉从，相与操持家计，并抚子熙载成名。姑殁，恸逾所生，一切丧葬皆如礼。嘉庆七年建坊旌表。七十七岁卒。"[3] 则何徐氏略早于汪吴氏，两人大致同一时代。何徐氏因为上有孀姑，下有幼子，所以不得不放弃殉死的念头，挑起操持家务的担子，抚养儿子成才，并给婆婆送终。这是一个两代寡妇和一个幼子的故事。

施家庄还有妯娌一起守寡抚子的案例。"施上选妻柴氏，二十八岁，夫亡，守节，抚子成立，卒年六十五"，"施上遇妻王氏，三十岁，夫亡，苦志守节，抚继子成立，卒年六十九"。[4] 根据姓名以及他们都在施家庄可以推断，施上选和施上遇是亲兄弟或者堂兄弟。又，在施

---

[1] 《道光建德县志》，卷十三"列女"，1128页。
[2] 《道光建德县志》，卷十三"列女"，1127页。笔者猜测，韩氏或许是乾潭庄韩家坞人士，韩家坞与垄柏相距不远。
[3] 《道光建德县志》，卷十三"列女"，1063页。
[4] 《道光建德县志》，卷十三"列女"，1089页。

| 第十二章 | 一名寡妇：汪氏之生

柴氏和施王氏之后又有施枝发妻陈氏和施枝华妻陈氏，均为夫亡守节的楷模。[1] 虽然不曾表明她们是施家庄人，读者亦可大致推断两氏为施家庄的妯娌。此外，施家庄还有"汪治瑞妻俞氏"和"汪治瀛妻潘氏"妯娌。汪俞氏"二十九岁，夫亡，守节，抚子成立，现年六十岁"。[2] 汪潘氏"年十九适汪，逾年夫殁，矢志守贞，现年五十一"。[3] 综合上述，施家庄的寡妇人数颇为不少，守节不移蔚然成风。

牌楼庄离乾潭庄西去十几里地。"仇鼎妻钱氏，年二十四，夫亡，无子，矢志守节，抚侄峻为嗣，教养成名，八十四岁卒，嘉庆十四年，旌表建坊。"[4] 这是寡妇以夫侄为嗣，仇钱氏比汪吴氏年长三十岁左右。又，仇氏一族人口繁盛，沿着子胥溪聚族而居，那时应该已成一村，目前在乾潭是一大村（仇村）。

牌楼庄"宋经妻董氏，年十八，夫亡，无子，家贫，简约自守，备历艰辛，抚侄其武为嗣，以纺织佐读，俾克成名，现年六十九，嘉庆二十五年旌表"。[5] 和汪吴氏相比，宋董氏年轻十几岁，但其家境贫困，所以需要纺织谋生，抚养过继的侄儿，这是另一番辛苦。贫贱家庭的寡妇，其遭遇在县志中往往以"备历艰辛"概括之，但其一生的痛楚，岂是这四个字可以揭示？以"俞大宾妻骆氏"为例，"二十六岁而寡，家极贫，为戚党浣濯度日，明礼义，寡笑言，抚子时可、时

1　《道光建德县志》，卷十三"列女"，1089页。
2　《道光建德县志》，卷十三"列女"，1127页。
3　《道光建德县志》，卷十三"列女"，1128页。
4　《道光建德县志》，卷十三"列女"，1064页。
5　《道光建德县志》，卷十三"列女"，1064页。

化成立，卒年八十三"。[1]《道光建德县志》未标注俞骆氏何处人氏，不过，俞氏是建德大姓，应当居于县城梅城，为人口和经贸繁华之地，故俞骆氏凭借为"戚党浣濯度日"。"明礼义"三字，大致可指她为人通情达理，不是耍泼之流，而"寡笑言"三字，一方面表明了她持身端正，另一方面又可管窥生活带给她的痛苦和压力，哪里能够言笑？

独自养家的还有"生员张万选妻余氏"。"张万选家贫，力学舍耕以供菽水，未几得咯血症，氏典尽衣饰百计医治，竟不起，时年二十九。子生甫一月，舅姑衰病，叔又幼稚，扶持奉养惟氏是赖。纺绩缝纫，寒暑昼夜无间，荼苦备尝，卒年五十三。"[2]张余氏可谓命苦，不但自己青春丧偶，哺育婴儿，同时还要赡养婆婆以及幼年的小叔，荼苦备尝，以致积劳成疾，五十三岁便告别人世。村民在怜惜之余，大概要慨叹她前世未修今生命苦。

里何庄也在乾潭庄附近。"儒童王杞妻施氏，年二十九，夫以呕血亡，抚子焜成立，为邑庠生。现年五十五岁。""生员王宗涞继妻潘氏，二十九岁，夫亡，守节，仅遗一女，抚侄林为嗣，举于乡，现年五十二。""儒童王宗湘妻邵氏，二十五岁，夫亡，守节，抚孤子榜，教养成名，现年五十一岁。""王作柸妻仇氏，二十六岁，夫亡，守节，遗腹一子，抚养成立，现年四十九。"[3]

以上记录的寡妇虽然艰辛，但终于抚养孩子成人甚至成名，有的还见到了儿孙满堂的天伦之乐。然而，艰辛守节并非必定能成就如此。

---

1 《道光建德县志》，卷十三"列女"，1092 页。
2 《道光建德县志》，卷十三"列女"，1113 页。
3 《道光建德县志》，卷十三"列女"，1121 页。

以"何三发妻陈氏"为例，她"年十九而寡，子甫二龄，立志抚孤成立，不幸子不率教，不能守祖父遗产，致饔飧不给，事抱恨以殁，戚里怜之，卒年五十七"。[1] 何陈氏的悲凉，或许是由于溺爱独子所致；须知，并不是每一个守节的寡妇都具备了养育子女的资源和能力。她的凄凉，必然也不是孤独的案例。

以境遇凄惨而言，"骆士瑛妻方氏"同样令人哀叹。她"二十七岁而夫亡，守节，抚遗腹子瑞彩已成室，又亡，孙以夭。氏偕媳洪氏形影相依，同甘冰雪，一门双节，里党共钦。现年六十有一"。[2] 则骆方氏独自抚养遗腹子成人，又为他娶妻生子，本来是个美好的结局。不料，儿孙先后离世，白发人送黑发人，婆媳相对，何其不忍？离府治不远的"仓前庄"，有"儒童沈士杰妻翁氏"同样令人怜悯。她"二十六岁而寡，氏性严，遗孤仅三龄，不少姑息，尝挞而泣曰，吾所以不殉尔父者，为沈氏一脉计耳。若不肖，吾复何望？彼以寡母而纵孤子，是存祀无异于绝祀也。闻者韪之。现年四十有三"。[3]

以上可知，在守节问题上，未亡人并没有什么选择权。按照传统的礼法，她们必须走向这条道路，除非一死了之。有的选择了死亡，也就是殉夫；有的欲死，却在上有公婆下有稚子的情况下不得不放弃死的轻易，选择了活的艰难。汪吴氏是富裕大族，家产丰厚，而其他许多未亡人家境贫寒，并无资产，全家的生活一下子压在了一个年轻寡妇的身上。谋生不易，何况养家？而守节更是为谋生和养家平添了

---

[1] 《道光建德县志》，卷十三"列女"，1108—1109页。
[2] 《道光建德县志》，卷十三"列女"，1145页。
[3] 《道光建德县志》，卷十三"列女"，1145页。

更多的限制和压力。她们有时要面临村民乡人的歧视甚至欺辱，乃至族人的觊觎。这些贫寒的乡村妇女，在此后数十年的日子里挣扎在贫困线上，根本没有汪吴氏的资源和智慧来筹划人生，得以表达自己的意愿，甚至抵制外来的干涉。她们中的绝大多数，都和垄柏这个千年古村一样，在历史的长河中被湮没了，遗忘了。

汪吴氏在1815年去世了。我们可以推测，她的内心应当是相当平静的。历经曲折，她不但完成了为夫家延续香火的神圣职责，而且实现了自己的心愿，选择了自己满意的嗣孙，并且将家产捐给县学，嘉惠士林，在地方历史上深深地刻下了丈夫和自己的名字，这是何等的光荣。因此，汪吴氏的一生，既是残缺不幸的，又是圆满成功的。严州知府张丙震为她作文立碑，朝廷赠与旌表，这些官方的认可与表彰，不仅充实了她的内心，也成为乾潭庄、建德县乃至严州府不幸丧夫的未亡人"贞孝节义"路上珍贵的启迪、源泉与动力。这一年，垄柏汪吴氏的两个侄媳，乾潭庄的陈葛氏，里何庄的王潘氏，施家庄的施氏和汪氏两对妯娌，牌楼庄的宋童氏，以及建德县、严州府和大清王朝的许许多多未亡人，她们拖曳着三寸金莲，还在这条艰苦而充满（渺茫）希望的道路上跋涉。

第十三章 一直修桥：山村社会的延伸

建德的古桥

七山二水一分田的建德，其交通除了船只，便只能步行。和北方不一样，建德的道路几乎都是山路，忽上忽下，盘左绕右，时不时还有溪流阻隔，因此，建德陆路便有许多桥梁。这些桥梁，或大或小，或石或木，或有风雨廊，构成了建德道路上的一道道风景。历史上的桥梁，不仅仅是交通枢纽，也是文化传播和传承的枢纽。这些桥梁的记载，也给我们研究建德村落历史沿革提供了宝贵的财富。这些桥梁，象征着建德乡村的社区凝聚力和张力，象征着传统山区社会的自治，象征着被崇山溪流阻隔的建德父老乡亲一步一步走出去的精神，可以说是传统山村生活的延续与延伸之隐喻。

《民国建德县志》记录了建德境内大约198座桥，其中城内16座，东乡35座，南乡54座，西乡46座，北乡47座。[1] 建于咸丰二年（1852）的青云桥（图13.1）便以风景幽美著称。青云桥位于目前大洋镇西北边的新源村，大洋溪环村而过，青云桥跨溪如虹。[2]《民国建德县志》记载，青云桥"在城南三十里杨村，嘉庆十二年，鲁德尚等造。鲁建

---

1 《民国建德县志》，卷五"驿传"之"桥梁"，18—41页。
2 《建德市地名志》，458页。

章并砌桥旁石路，咸丰壬子圮于水，鲁建功重修"。[1] 则此桥先修于嘉庆十二年（1807），再修于咸丰壬子年（1852），以此推算，此桥已经有一百七十年的历史。再者，此桥的修建全系鲁氏一族，从名字看，鲁建章和鲁建功当为同辈兄弟，鲁德尚或为其祖父？鲁德尚是大洋人，鲁之先祖为元朝建德路总管鲁祖，其子鲁显、鲁宝均出任建德路总管，目前大洋还留有鲁氏家庙、鲁氏花厅、鲁显墓。[2]

青云桥位于兰溪至严州府的驿路，极大地方便了来往的商旅。不过，此桥取名"青云"，意义在于此乃南乡学子前往建德县和严州府应试的必经之路，寄托着南乡父老对其子弟高中榜首青云直上的美好愿望。

南浦桥位于寿昌镇南浦村，原属寿昌县，是建德现存的一座明代古桥。南浦桥呈西南东北走向，本来是连接寿昌县和龙游县之驿道的一座古桥。[3] 它横跨于清潭溪之上，建于明景泰四年（1453），距今已有五百六十多年历史。和青云桥一样，南浦桥两岸植有四棵古樟，均有数百年历史，被列入浙江省省级文物保护单位。"南浦"即水之南岸，常在送别的诗文中出现，在屈原、骆宾王、杜牧等人诗文中均可发现。而最著名者，莫过于南朝江淹《别赋》中一句："春草碧色，春水渌波，送君南浦，伤如之何！"则古人亦在南浦桥送别亲朋故友离开严州府可知。

西山桥是建德现存最老的古桥（图13.2）。西山桥是一座折边石

---

1 《民国建德县志》，卷五"驿传"之"桥梁"，21—22页。按，建德当时有四座"青云桥"。
2 鲁显墓参见《建德市地名志》，451页。
3 《建德市地名志》，452页。

拱桥，造型优美独特，结构严谨，十分罕见。[1]它位于乾潭镇梓洲村，横跨梓洲小溪，为建德县（严州府）通往浦江县（金华府）必经之桥。西山桥东西走向，全长18米，宽3.1米，高5.5米，拱跨度11.2米，单孔实腹五折边。桥面用石板铺接而成，桥拱以石条用联锁式砌成。从侧面看，桥身呈五边形，各边以6根竖向石条上顶2根横向石条为一组，共五组，38根石条构成拱架，然后用青石铺砌而成。西山桥的桥面沿上仍留有石刻，尚能辨别的有"咸淳岁在乙丑"六字。据此，该桥应为南宋度宗元年（1265）所建，距今已有七百五十九年的历史。2013年5月，西山桥被列入第七批全国重点文物保护单位。

元末明初的文人翁合老，传说曾在梓洲隐居，曾有诗赞叹当地风光云："梓洲胜迹是炉峰，笔架排青接大空。玉柱昂霄丹凤宿，溪边垂钓峙西东。光照白璧山旨日，石渡桥横势跨虹。东坞岭高龙未到，西山山外夕阳红。"[2]石渡桥即西山桥。

此外，建德县境内目前还存有清代修建的古桥约十余座，不一一赘述。

宋代"乾潭"的桥

不妨以北乡也就是现在的乾潭来介绍下建德历史上的桥梁。由于

---

1 《建德市地名志》，451页。
2 建德市乾潭镇西山桥，http://www.china-qiao.com/ql15/hz_ql/hzvql329.htm。

第十三章 一直修桥：山村社会的延伸

乾潭境内溪流众多，而陆路从严州府城梅城往北去东南重镇杭州，必然要经过乾潭境内。我们大致可以知道，早在唐宋时期，乾潭境内就有一些大户人家及宗族居住，如胥村的王氏、上徐桥的钱氏、邵家的邵氏，他们为地方建设率先出钱出力。有些村落，甚至因他们居住而命名，如邵家，如孙蔡村，如仇村，等等。

乾潭的桥，早在宋代就有记载。《严州图经》提到了章家桥和上路桥在建德县东，风硎桥在建德县北。这是明确记载的乾潭的第一批桥。《景定严州续志》则详细得多，尤其对乾潭作为交通要道的地理形势作了高度概括，说："道城北，度仁安山与驿道合，阻溪而为桥者四：在龙山乡者曰大兴桥，在芝川乡者曰朱紫桥、治平桥、杜息桥等。"[1]

据《景定严州续志》，治平桥"有田百亩，给修造费。里人童天任所捐也，今命钓台九陇寺主之"。[2] 此句记载颇值得玩味。

其一，治平桥在芝川乡，大致在今天的安仁附近。造桥的费用，是乡亲童天任捐田百亩而得。其二，捐田的费用，恐怕不是卖了百亩田而得，而是通过收租而来。所以这百亩田是交给了钓台九陇寺主管（收租）。钓台早在唐代钓台就有寺庙，唐代分水籍状元施肩吾（780—861）有诗《题钓台兰若》云："山僧不钓台下鱼，几年空寄台边坐。有时手把干松枝，沿江乞得沙上火。"[3] 其三，根据以上记载，不仅治平桥在当时属于建德县管辖，钓台和钓台的九陇寺也在建德县境内。

---

[1] 《景定严州续志》，卷五，145 页。
[2] 《景定严州续志》，卷五，145 页。
[3] （唐）施肩吾：《题钓台兰若》，《严陵集》，卷一，7 页。兰若或阿兰若是梵语"Āraṇyakaḥ"音译，指寺庙。

这和现在的钓台位于桐庐境内不一样。因此，历史上的钓台，有时是在建德县的管辖下。其四，里人童天任应该是当时的乡绅，拥有田地上千亩；不然，他不会捐田百亩造桥。不管如何，他捐田修桥铺路的善举，值得敬佩。而捐建桥梁的传统，在严州和建德也一代代传了下来。

康熙年间乾潭的桥

《康熙建德县志》大致记载了乾潭境内的桥梁十几座，也包括捐建桥梁的乡亲贤达，展示了传统时代建桥的高峰。

其一，"寿禄桥，在城东十五里"。[1] 这个桥也许在今天梅城和乾潭的绿道上（当然，原址湮没在江水中），估计是为了跨过从乌龙山下来的溪流而建。

其二，"盛家桥，在城西北三十里"。[2] 盛家桥这个地名笔者听起来非常熟悉，应该就在高家地附近。《民国建德县志》记载："盛家桥在城东北三十三里碧塘村。"[3] 如此，则笔者长辈必定经过此桥。

其三，"流芳桥，在城东北三十里，胥村桥南，邑人王景贵建"。

其四，"胥村桥，在城东北三十二里。邑人王景贵建，知府李德

1　《康熙建德县志》，卷二"营建"，24页。
2　《康熙建德县志》，卷二"营建"，24页。
3　《民国建德县志》，卷五"驿传"之"桥梁"，39页。

恢记"。按，李德恢（1446—?），字叔恢，顺天府东安县（今河北廊坊）人。成化十一年（1475）参加乙未科会试，贡试第一百二十二名，殿试列三甲第一百四十六名，赐同进士出身，官至严州府知府。他在任上的一件大事就是纂修了《弘治严州府志》二十二卷。则王景贵是弘治年间人士，曾经修建或者重建了乾潭地区的三座桥，流芳桥、胥村桥以及治平桥。胥村位于原来的大畈村附近，旧址已无踪迹。王景贵所属的王家是大畈乃至乾潭和建德的大宗族，近代出了严州中学的创始人王韧先生，父子主修《民国建德县志》，对建德教育和文化事业功莫大焉。

关于流芳桥，《民国建德县志》记载："俗名麻车桥，在城北三十里，朱紫桥南，王景贵造；清嘉庆十六年圮于水，景贵裔孙王献、王缙修。"[1] 则流芳桥就在乾潭的麻车桥村，村以桥名，是翻越乌龙岭去府城的必经之路，而王氏数代一直维修此桥可知。

此外，王家也建造了朱紫桥。《民国建德县志》记载，朱紫桥"在城北三十里，俗作珠子桥，相传胥村王嬾兑珠造此故名。离桥半里有地名黄荆塂，父老讹言，王氏盛时以黄金叠塂珠子造桥"。[2] 朱紫桥在《严州图经》已有记载，则其传承已有千年。而王嬾捐珠造桥不知何时？

再者，同样宋代就有的渡息桥，根据《民国建德县志》，也是"胥村王氏造"。[3] 渡息桥历经千年，其中也可能几建几修，而王氏居间功

---

[1] 《民国建德县志》，卷五"驿传"之"桥梁"，38页。
[2] 《民国建德县志》，卷五"驿传"之"桥梁"，38页。
[3] 《民国建德县志》，卷五"驿传"之"桥梁"，40页。

劳最大。这几座桥，都在目前的乾潭镇境内，特别是流芳桥、义桥和朱紫桥，大致就在原来的大畈村周围，是大畈村民出入必经之地。因此，大畈的王家千年来建桥修桥，不但方便自己，也方便乡人，功莫大焉。这个修桥的传统，实在是乡村社会维系、延续与发展的基础和象征。

其五，"石母堂桥，在城西三十五里。明嘉靖中沈良辅建"。

其六，"乾峰桥，在城东北三十五里"。[1] 这个桥原址在乾潭的狮子岩下。

其七，"石塘桥，在城东北三十六里"。[2] 此桥原址也当在目前的乾潭镇中心附近。

其八，"石桥，在城西二十七里，里人倪禄始甃以石"。[3] 甃，音"zhòu"，有两个意思。一是名词，指井壁；二是动词，某些地区指用砖石垒砌（井壁等）。本地人倪禄用石头修建此桥。

其九，"潜风桥，在城西北三十五里。邑人钱立孝建"。

其十，"上徐桥，在城西北三十里。邑绅钱立孝建"。[4] 钱立孝出身上徐桥村的大户人家，出资修建了两座桥：潜风桥和上徐桥。另，《乾隆建德县志》记载钱立孝还修建了杨家埠桥。此桥"在城北四十五里，长十丈许，桥侧有石亭，邑绅钱立孝建"。[5] 长30多米的石桥，加上石亭，工程可谓不小。

---

1 《康熙建德县志》，卷二"营建"，24页。
2 《康熙建德县志》，卷二"营建"，24页。
3 《康熙建德县志》，卷二"营建"，24页。
4 《康熙建德县志》，卷二"营建"，24页。
5 《乾隆建德县志》，卷四"经略"，8页。

| 第十三章 | 一直修桥：山村社会的延伸

其十一，"龙源桥，在城西四十里，邵元僎、邵元春等建"。[1] 这个大概位于今天的邵家。

其十二，"金鸡窠桥，在城西北三十五里，余廷清建"。目前属骑龙桥村。

其十三，"通会桥，在乌龙岭后五十里"。[2] 按方位，当在安仁附近。

其十四，"济川桥，在城东北五十里"。

其十五，"渡息桥，在城东北五十里"，即宋代所记的杜息桥。

其十六，"治平桥，在城东北六十里，宋童天任建；明王景贵重修"。从宋代童天任到明代王景贵，修桥的善行一直在乾潭延续。

其十七，"翠微桥，在城西北六十五里。康熙十一年邑人宋维藩建"。[3]

这十七座桥，以笔者的判断，均在目前的乾潭境内。按中国古代传统，修桥铺路是广为推崇的善事善行，而拆庙毁屋则是人神共愤的恶行。自宋代至民国，历史上的乾潭曾经有这么多本乡贤达出钱出力修了这么多桥梁，方便行人，造福一乡，表明修桥已成为乾潭和建德的传统。童天任、王景贵、沈良辅、钱立孝、邵元僎、邵元春、邵珑、邵世良、余廷清、倪禄、宋维藩这些名字，值得后人尊敬，值得乾潭自豪。

---

1 《康熙建德县志》，卷二"营建"，24 页。
2 《康熙建德县志》，卷二"营建"，24 页。
3 《康熙建德县志》，卷二"营建"，24 页。

千年治平桥

《景定严州续志》记录了乾潭境内的三座桥，也即朱紫桥、治平桥和杜息桥。这三座桥，从宋代一直延续到了近代，历经千年，实在是建德历史的见证。当然，在这千年当中，这些桥也是几毁几建，展现了建德社会的活力。不妨以治平桥为例。

康熙年间的《建德县志》记载："治平桥，在城东北六十里，宋童天任建；明王景贵重修。"根据乾隆年间《建德县志》，治平桥即安仁桥，通往杭州的驿道必经此桥。此桥在宋代首先由童天任捐建，在明代由乡绅王景贵重修，桥下并建放生池云云。关于王景贵，《光绪严州府志》有传，云：

> 王景贵，建德人。性好施与，县北胥村路当孔道，环以大溪，往来病涉，景贵捐数千金建石桥，长十余丈，郡守李德恢题曰"胥村义桥"。又建安仁桥，砌钩台路，凿塘、筑堤，人多利赖。郡邑嘉之，授以义官。[1]

关于治平桥，《民国建德县志》记载："治平桥，在城东北六十里，宋童天任造，后圮于水；明王景贵重造。下有放生池，立碑，永远禁捕。俗名安仁桥。清嘉庆四年夏又圮。景贵裔孙宗溁等重造，复捐田

---

[1] 《光绪严州府志》（下），卷二十，570页。

三亩,入宗祠世义堂户,为岁修费。"[1]此则记载对于安仁桥(治平桥)的记载颇为详细,而乡贤尤其王家修建安仁桥之历史,可见一斑。

当时的府学教授陈沄特地撰写一文,详细记载了王宗溁和王宗淦兄弟急公好义的事迹:

> 陕左张公之来守睦也,多惠政,尤好嘉奖善类。己未,北乡遭洪水,公履亩堪灾,由胥村抵安仁,周视毕,归郡。予迎归,谒公,曰:"司铎有姻家王宗溁、王宗淦者乎?"予禀曰:"是孙倩兄弟也。"公曰:"建北乡胥村治平二梁者,阅府志,有明间其先世所建,经其先人所修。予观其遭水将倾,微示以当修之意。溁与淦不忍以裰,岁派资族中,将独成之。予询知为贤司训子孙也。有世德,其成也,司铎当为记以嘉励之。"予唯唯。
>
> 后予孙倩宗润来郡,予叩之曰:太尊以桥圮当修,两兄已自任之。但工费浩繁,今岁灾,租入少,俟来秋创工尔。予忆乙卯之修治平也,姻家宗沄、宗溁各捐资百金成其举。己未洪水异常,而安仁溪流涌急,坏梁数尺,波涛冲击,泻湍损石,梁垛势将复倾。
>
> 是年秋,宗淦既独修义桥,而治平者,宗溁专其任,弟润、侄桂襄其事。采石以卫其冲,镕铁以弥其隙,油灰胶筑,广庇材鸠工越数月而成,善治聿兴,道平如砥,往来行人啧啧颂其世德于勿衰。
>
> 夫始者,督学万公之题其桥曰"治平"也,以为外治恢弘,

---

[1] 《民国建德县志》,卷五"驿传"之"桥梁",24页。

人无不济，济人利物，物得其平，志其义者，寿诸贞珉矣。今宗浃是举，岂第凛郡公之命，夫亦以克家之治治其外，一心之平平人情，是即昔司训济灾荒、代逋赋、建义塾、修桥梁。德，意也。由世德而廓大之，治平者，将继三槐而济美，岂惟是成梁一事云哉？

桥成，宗人国学宗培建庠应拔请记于予。予本郡公之意而为之记，非以为嘉励，非敢阿所好也，聊以志其世泽之长尔。[1]

己未年是1799年，即嘉庆四年。不妨先介绍当时的严州知府和府学教授，再来理清关系。《光绪严州府志》卷十一"续增附"提到了严州知府张愈聚，"河南陕州人。嘉庆元年人。见《建德县志》《重建三先生祠序》"；而严州府学教授"陈沄，钱塘县进士。乾隆四十六年（1781）任。见府学卧碑勒石姓氏"。[2] 陈沄可能一直任教授到嘉庆七年（1802），才由萧山县进士陈家骐接替。而当时建德县知县是杨亨复，字心斋，顺天大兴县举人，嘉庆二年（1797）上任。[3]

1799年春夏之间，严州知府张愈聚去北乡勘灾，从胥村一路向北到达安仁。此前他翻阅严州历代府志，知道胥村桥和治平桥在明代曾经由胥村的王家重建，而后又有修补；此前的乙卯年即1795年，王氏兄弟已经出钱修缮二桥，这次洪水异常，桥又受损，张知府示意二桥应该及时修补。修补就要筹集经费，一般也就需要乡民或出力，

---

1 《民国建德县志》，卷五"驿传"之"桥梁"，24—25页。
2 《光绪严州府志》（上），卷十一，276、278页。
3 《光绪严州府志》（上），卷十一，181页。

或出钱。一旁陪同巡视的王宗渼和王宗淦，觉得洪水已经给乡民带来财产损失，不忍再给大家添加压力，便提出修桥由王氏宗族独立承担，不劳摊派。张知府十分宽慰，闲谈中得知王氏兄弟和严州府学教授陈沄有姻亲关系，于是回来询问陈沄，就有了以上的记录。

以后治平桥的维修继续由王家负责。"光绪初桥坏，庚辰，王世义堂合捐钱三百余缗重修。"[1] 也就是说，庚辰年（1880），治平桥又坏，根据当年王宗渼等人约定，王氏的世义堂捐出300多缗钱重修。表13.1大致概括了治平桥和乾潭乡贤童氏与王氏的千年缘分。

表 13.1 治平桥历代修建概况

时间	捐造人	修建情况
宋代	童天任	唯治平桥有田百亩，给修造费，里人童天任所捐也
南宋淳熙年间（1174—1189）		由钓台九陇寺主之
明弘治年间（1488—1505）	原桥已塌；王景贵重修（下有放生池，立碑，永禁捕。俗称安仁桥）	王景贵还修了胥村桥（知府李德恢有记）和流芳桥；根据陈沄，则明代王氏在王景贵之后，还有修桥之事，惜不可考
乾隆乙卯（1795）	王宗沄和王宗渼各捐资百金成其举	修补
嘉庆己未（1799）	王宗渼专其任	王宗淦既独修义桥，弟润、侄桂襄其事
庚辰（1880）	世义堂捐三百余缗修复	

---

[1] 《民国建德县志》，卷五"驿传"之"桥梁"，25页。

六百年的胥村义桥

　　从陈沄的短文可知，1799年，王宗渼独立负责修治平桥，其弟王宗润和侄儿王桂从旁襄助；而王宗淦独立负责修义桥（即胥村桥）。事实上，义桥也是王家数百年来负责修建。义桥"在城北三十里。明洪武三十二年造，正统间圮，弘治五年里人王景贵重造，长二十长。清乾隆甲寅王玙修。嘉庆四年夏圮于水，景贵裔宗渼等重修"。[1] 则到嘉庆四年（1799），胥村义桥已有四百年的历史。

　　乾隆年间，胥村王琏已经独自修复义桥。王琏，字禹珍，国学生，好善乐施。"乾隆乙卯大水，分给廪粟以赈邻里。越五载，胥村桥圮，独任捐修，行人赖之。壬辰、癸巳岁连歉，出己粟以贷亲族。次年有偿者蠲其息，不偿者亦不问也。邑令薛景珏以赈济委琏，悉心处置，北乡均沾惠焉。"[2] 则王家世代行善已成风俗。

　　关于王宗渼此次修桥，乡人吴兰瀫也即王宗渼姻家《重修胥村义桥记》有记，大致与陈文同。

　　　　己未之夏，淫雨经旬，夏至日雨甚，洪水泛溢激岸，坍田污下，民居间遭坍没。源内如严峰石桥荡然无存，杨埠石桥桥箄尽塌，石梁半倾。义桥虽岿然无恙，而巨浸裹梁冲激者经一昼夜，水落石出，外裂中空，已几几有崩坠之势，舆行者寒心焉。邑侯

---

1 《民国建德县志》，卷五"驿传"之"桥梁"，38—39页。
2 《道光建德县志》，卷十二，1006—1007页。

杨郡公、张相继履亩勘灾，抵胥村，驻旌于义桥之侧。

时余姻家王宗溁、宗淦兄弟陪从，郡公谓之曰："阅府志，北乡胥村治平二桥者，通衢要道。一倾圮，褰裳者不惟有过涉灭顶之凶，令先世创之，经盛族世修之，今二桥俱遭冲裂，贤昆仲盍倡其举乎？"对曰："遭此水灾，民力不给，何忍复派修资于族中？会当仰体大人仁惠，勉成之。"郡公欣然叹美曰："美哉！洵贤司训子孙也！"

是岁以灾祲，租入少，不果。今秋从昆弟相与谋曰："凡事之作，分任之则难，一专致之则易成。修梁之举，吾两家各任其一焉可。"于是义桥者，宗淦专其任，其昆季宗浡、宗浚共勷之，鸠工庀材，始于秋，竣于冬，焕然一新。既安且固，利济者称其义，与流水并长矣。

昔乾隆甲寅遭水，桥圮，太翁司训曾捐资独修之。今其裔孙不吝多金，成兹义举，岂以沽名？吾知其思祖宗之遗泽，不忍付之东流，而世泽之长，将与龙山并寿也。郡公之叹，不亦宜哉？桥既成，宗人、宗培应拔者请予为之记，爰叙其事而志之。[1]

这个修建过程与重建治平桥也大致一样。到了光绪年间，"族孙宝泉等又修"。[2] 此时王家修建义桥已有六百年的历史。表13.2概括了义桥和王家六百年的不解之缘。

1　吴兰瀫是建德人，还是王家的姻亲，曾任丰城知县。
2　《民国建德县志》，卷五"驿传"之"桥梁"，39页。

表 13.2　胥村义桥历代修建概况

时间	捐造人	修建情况
明洪武三十二年（1399）		正统（1436—1449）间圮
明弘治五年（1502）	王景贵	长二十丈
1740	王珽	胥村桥圮，独任捐修
清乾隆甲寅（1794）	王玙修	
嘉庆四年（1799）	王宗渼等重修	其昆季宗渟、宗潃共勷之鸠工庀材，始于秋，竣于冬
光绪年间（1875—1908）	王宝泉等重修	

综上所述，明代弘治年间的王景贵是千百年来王家修桥的首倡者和杰出者。王氏一族积累了相当的财富，也是书香门第，同时与本地出身的官宦（如吴兰潋）或者在本地任职的官员（如陈沄）联姻，的确可以称为乾潭世家。

修桥九座的包汝超

乾潭历史的王景贵、沈良辅、钱立孝诸位乡贤，不止修建了一座桥。到了清末民国初年，乾潭出现了修筑九座桥梁的乡贤包汝超，值得介绍。

包汝超，字亦元，号苏台。咸丰壬子副车，博学能文，尤精《周易》。粤乱时观察魏喻义奉檄备敌，亦元献策军门，一战而复。

> 左文襄时巡抚浙江，奏奖五品，辞不受。居乡以耕稼自乐。冬一裘，夏一葛，蔼然以处士自况。以无子，好行义举。平生造桥凡九：曰高溪，曰爱峰，曰会清，曰上徐，曰万安，曰永镇，曰荣兴，曰渐鸿，曰慈邬，又监造县文庙暨宝贤书院。督学瞿鸿禨以好义急公颜其庭。年七十，果得一子，八十岁卒。[1]

从中可知，包汝超是本地参与收复严州的一个关键人物，他也积极参与了战后建德及乾潭本地的恢复重建，实在是近代乾潭和建德的一位杰出人士。

包汝超曾经参与修纂1890年《建德县志》，当时头衔是"五品衔壬子科副车候选训导包汝超"，可见民国县志所记大致不虚。包汝超在咸丰壬子年（1852）中了乡试的副榜贡生（副车），也就是说，他就是所谓的秀才。秀才并没有品衔，而包汝超确为五品候选训导（训导为一县负责教育的二把手，在教谕之下），原因是他在清军镇压太平军时立了功劳，被左宗棠保举为五品衔。这里不得不展开谈一下当时任浙江巡抚的左宗棠镇压"所谓粤匪"即占据严州的太平军的经过。

严州自古以来是杭州的攻防必要之地，因此，督浙的左宗棠即使在兵力困窘的情况下仍然密令手下干将魏喻义夺取严州。当时太平军以金华为基地，与严州互为犄角，驻扎梅城的有覃富所部万余人。而战时临时提为严州知府的魏喻义（1822—1902）率领的质字营一军不过两千人，分扎在严州之铜关与寿昌县城两处。两相比较，兵力悬殊，湘军诸将不免胆怯，魏喻义则曰："定全浙必拔要域。"

---

[1]《民国建德县志》，卷十四"人物"，72页。

魏喻义，名璠，湖南桂阳城郊溪里魏家人，魏家村因参加湘军仕至六品以上军功者达几十人之多，其领导和核心便是魏喻义。咸丰初年，魏喻义组织乡民自保，始创营勇，因其号"质斋"，名曰"质字营"。咸丰、同治间，质字营先隶曾国藩，后归左宗棠，奋战六省，转进数千里，逐渐成为湘军中的一支劲旅。同治元年（1862）十一月十二日，魏喻义得知严州守敌倾巢出犯，先令质字营设伏以待。是晚，当严州守敌前队窜入钟脚岭时，伏兵齐起，四面围杀，贼五百人无一逃脱，后队惊窜回城。十三日夜半，魏喻义亲率质字营潜抵严州城下，十四日收复严州。严州收复之战，质字营以二千兵勇，歼敌万余，焚烧敌船二百余只，搜获伪印二百九十三颗，己方仅阵亡十八名，伤一百七十五人，实为晚清湘军以少胜多的经典战役。这一战改变了湘军的浙江战局，浙江各郡由此相继归复。

魏喻义的果敢多谋，与严州本地人士如乾潭包汝超的献计献策密切相关。战后论功，包汝超被左宗棠保举为五品。当时包汝超可以出去做官，但他淡泊明志，甘居乡里，恬然自得。唯一让他遗憾的是膝下无子，所以他在乡里积德行善。传统社会积德行善诸般行为中，莫过于修桥铺路和赈灾助学了。包汝超一件也没落下。他先后修造了九座桥，大致布满了整个乾潭地区，其中渐鸿桥、爱峰桥、会清桥犹在。

渐鸿桥，位于乾潭镇骑龙村塔石坞口，西通长宁源，为一东西向跨小源溪的单孔石拱桥。[1] 此桥长 14 米，宽 3.2 米，高 6.4 米。桥面以青石板及卵石铺砌，拱券为纵联砌筑。东西两端落坡略呈喇叭状，东端有台阶五级，西端有台阶八级，西端落坡下有一平台，平台两端

---

[1] 以下参见《建德市地名志》，459—460 页。

各设台阶四级。爱峰桥位于乾潭镇骑龙村，西向通往长宁源。原名岩峰桥，方言"岩""爱"音近，遂讹称爱峰桥。又以地处金鸡窠，明《万历严州府志》载称"金鸡窠桥"。爱峰桥东西向横跨小源溪，是一单孔石拱桥，全长11.2米，宽3.5米，高7.4米。桥面用青条石铺砌，拱券为纵联砌筑，两端落坡呈喇叭状。会清桥，旧名潜风桥，位于乾潭镇骑龙村。此桥建于清康熙二十三年（1684）之前，为一南北向横跨小源溪的单孔石拱桥，全长16米，宽3.2米，高6米。桥面以条石铺砌，拱券为纵联砌筑。南北落坡略呈喇叭状，各有台阶三级。落坡下有平台，由青石板铺砌，平台东西两端各有台阶三级。

这三座桥，《民国建德县志》均有收录。渐鸿桥"在城北五十里塔石坞口，旧名建洪桥。清道光十三年圮，光绪二十九年方圻昌、方兆清等捐修，包汝超有记"。[1]爱峰桥"在城北三十五里金鸡窠。明嘉靖徐廷清妻仇氏造，清咸丰七年圮于水，光绪三年方兆玑重造，包汝超有记。旧志误为金峰桥"。并指出，"按，《万历府志》，城北五十里有金鸡窠桥，徐廷清造"。[2]会清桥，"旧名潜风，在城西北三十五里，同里钱立孝造。清乾隆三十六年，徐公良、洪兆享修。光绪三十三年，包汝超集资拆造，更今名"。[3]

包汝超修永镇桥则颇费了一番周折。"永镇桥，在城西二十五里，久废。清光绪十六年，陈如东等集资修；二十年，包汝超创捐重造。"[4]包汝超自记云：

---

1 《民国建德县志》，卷五"驿传"之"桥梁"，39—40页。
2 《民国建德县志》，卷五"驿传"之"桥梁"，39页。
3 《民国建德县志》，卷五"驿传"之"桥梁"，37页。
4 《民国建德县志》，卷五"驿传"之"桥梁"，33页。

杨村之有永镇桥，旧名里派溪桥，历经数百年，永镇庵前旧有碑记，详载始末，不复赘。自咸丰以来，其成亏凡几易矣。潘、胡、陈、许诸公集资经营者数次，后陈君文才与在城孙君祥麟复集资修理而未底于成。迨光绪十三年五月，西乡蛟水陡发，而桥之北岸复就圮焉。龙山大源汪君常茂暨田寿、炳文两君各出己资，毅然以劝修为任，而田寿、炳文两君又先后谢世，是桥之举因之中止，仅购成有桥梁石四根，碑石一块。徒涉者莫不以未成为憾。癸丑冬，超晤汪君常茂于溪边村，而告以是桥之独立难支也。因与姻家潘君涵章言，谋成其事而未果。甲午秋，超病暑，儿辈以创修是桥为祷，而病旋瘳。爰于是年冬十月勉出微资以为始基，复约汪君常茂同劝集资，力任其事。而沈君善言、陈君飞熊、明清、洪君玉邦相与，告诸神而择吉兴工焉。洪君玉邦有石山，多石，相与咫尺，新建勘垛诸石，尽出于兹，而洪君绝不取租润。沈君善言督理桥工，戴星出入，不辞劳瘁。越丙午冬，而新旧告成，所用不下千有余金，皆赖乐善诸公慨助之力而乃得以聿观厥成也。[1]

永镇桥不在包汝超的家乡乾潭境内，而是在现在的杨村桥镇，是陆路连接府城和杨村桥的要道。此桥已经有数百年历史，咸丰以来，地方贤良数次集资修建，光绪十六年（1890）陈如东等集资修，大概不久即为洪水所坏，所以1894年包汝超筹划出资重建。不过，包汝超此次重修过程也非常复杂。先是附近乡民汪氏、田氏三人倡导，出

1　《民国建德县志》，卷五"驿传"之"桥梁"，33页。

资购买了桥梁石四根和碑石一块,不料田氏去世,修桥一事就搁置了;而后包汝超再与汪氏商量,并邀请潘氏参与,亦未果;最终促成此事的偶然因素是包汝超之病。1894年秋,大概天气很热,已经步入老年的包汝超中暑了,家人为他祈祷,并向神许愿:只要病好了,就修桥。不久,包汝超果然病愈,于是重新汇集乡贤汪氏、沈氏、陈氏、洪氏,花费了一千多两白银,经过一年多时间而建成。包汝超因病而修永镇桥的故事非常值得关注,这体现了民间以修桥铺路为一大善事的信仰和习俗:修桥不仅可以惠及相邻,也是为自己修行,公私两益,故乐为之。永镇桥是通往县治的咽喉,因而对于建德特别是西乡、南乡和北乡的交通和经济非常关键。杨村桥镇之名,或许因此桥而来?

包汝超还重修了万安桥。万安桥在建德有两座,其一在城西;其二"在城北四十五里,长十丈,旁筑石亭,里人钱立孝造,原名钱家桥。清道光三年圮。四年秋,仇贤皋妻叶氏重造,更名杨家埠桥。咸丰七年又圮于水,光绪二十七年,同里包汝超集资造,易以今名"。[1] 仇叶氏造桥,与明代的徐仇氏造桥一样,都是女性参与地方公益的代表,这也是她们自身修行的一个重要组成部分。需要指出,这些仇姓人,应该都出自目前乾潭镇沿胥溪而居的仇村。

除了修桥,包汝超还参与修建了文昌阁和宝贤书院。文昌阁在建德县学内,宝贤书院就在西湖的宝华洲上;他也是《光绪建德县志》修纂的重要人物。正因为他的急公好义,当时的浙江学政瞿鸿机对他十分欣赏。或许是因果循环,包汝超的积德行善果然有了回报,他七十岁的时候居然生了一个儿子,终以八十高龄逝世。

---

[1] 《民国建德县志》,卷五"驿传"之"亭址",34—35页。

有亭"一览"

除了修桥，修建路人歇脚的亭子也是建德的一大公益。建德的陆路，一般都在山岭间盘旋，不是上山，便是下坡，因而行路艰难。于是，修建供行人休憩避风躲雨遮阴的亭子便蔚然成风。可以说，凡行山坡处，必有亭翼然。

《民国建德县志》卷五"驿传"有"亭址"，它引用《风俗通》说："亭，留也。行旅宿会之馆也。"[1] 并记录了建德县境内的122座亭子。[2] 这是一个相当可观的数字，自然是当时建德官道上的一道道风景线，想必也有文人楹联题咏，可惜的是，这些已经不复再见。不过，这些亭的名字颇有文化气息，如府治澄清门外临江而立的既济亭，城东的待渡亭，城南的安济亭、顺风亭，城西的华云亭、回龙亭、青云亭，城北的白云亭、步云亭、来仪亭，等等。根据《民国建德县志》，我们可以看到亭子的地理分布：在府城附近的有2座；其余的分在四乡，东乡14座，南乡17座，西乡40座，北乡也就是现在的乾潭镇和钦堂乡最多，有49座。

建德修建亭子的历史当然很久远，至少可以推到唐宋时期。很多亭子也屡建屡修，成为本地传统。以府城兴仁门外锦麟庵前的大石亭为例，它始建于明代万历十四年（1586），主事者为严州知府郑锐；

---

1 《后汉书·百官志》注引《风俗通》曰："亭，留也。盖行旅宿会之所馆。"，见《后汉书》，（上海：中华书局，1965年），3625页。
2 《民国建德县志》，卷五"驿传"之"亭址"，41—49页。

清代嘉庆年间僧瑞祥重修；民国四年（1915）县人胡巽和重建，并改其名为振东。[1] 这座石亭，从明朝到民国，经历三朝，也经历三次修建，而且主事者分别是官府、僧人和地方民众特别是富户，十分有趣。这三类发起人或出资方大致也是其他亭子修建的资金来源。大石亭在民国改名为振东亭，也契合当时的社会风潮，就是要振兴东亚。

建亭成为建德传统，也可以从某些家族修建和维护中看出。如县城福运门对岸的安流亭，道光五年（1825）由严昌凤复建，同时他还捐地四亩六分作为修缮安流亭的费用；到了光绪二十六年（1900），严昌凤的孙子严正鹄重修。[2] 钦堂村的吴国佐、吴国仕、吴国任于康熙二十四年（1685）修了回澜亭。[3] 城北三十五里的暂停亭（大致位于今天的乾潭镇仇村村）则是在乾隆五十年（1785）由仇日升、仇日昂两兄弟修建。[4] 有的人还修建了几座亭子。胥岭附近的陈士仪就修了胥乐亭和雨仓亭，均在胥岭下；而其乡亲乃至同族陈名洪则在胥岭上修了步云亭、登云亭和得路亭；光绪三十二年（1906），冯德昌则在城北塘坞口和杨塘分别修了上云亭和杨塘亭。[5] 当然，更多的亭子是同里公建，也就是附近的村民一起出钱修建。和严昌凤一样，有的建亭者同样捐赠了田地，或作为维护费，或捐给附近的寺庙请其施茶来方便行人。

到了19世纪中期，由于战乱，"庙祠寺观、桥梁津渡，克复后存

1　《民国建德县志》，卷五"驿传"之"亭址"，41页。
2　《民国建德县志》，卷五"驿传"之"亭址"，42页。
3　《民国建德县志》，卷五"驿传"之"亭址"，47页。
4　《民国建德县志》，卷五"驿传"之"亭址"，46页。
5　《民国建德县志》，卷五"驿传"之"亭址"，47—48页。

少废多"。[1] 因此，《民国建德县志》记载的122座亭子，大约有101座是在光绪—宣统—民国初年重修或新修，可见在"长毛之乱"后建德的确有一复兴的过程。一些亭子的简短记录也反映了这个毁建的过程。到了20世纪70年代，这些亭子大多不见。但乾潭有3座亭子值得一记。

第一座是中保亭，"在城北乾潭中保庙左，宣统二年汪耕莘、方克山等建"。[2] 按，中保庙是清代乾潭庄的一个小村，坐落在胥溪左侧，是当年从乾潭去垄柏必经之处，笔者的母亲和舅舅从西桥村经高家碧塘、杳岭脚然后沿山顺河（胥溪）前往张村，一定经过中保亭。等到笔者出生之际，中保亭和中保庙已经被水湮没，不复存在，但此地名还在乡亲口中。笔者上小学时，春暖花开之际，常常跟着哥哥等一批大孩子去山里拔野生竹笋，每每经过这些被水淹没不见的村址，总会听他们说到中保庙，等等，可惜究竟不知其含义。

其余两座与笔者有或多或少的联系，一座在杳岭，另一座在高家地。笔者少时从高家地经杳岭脚爬杳岭到陈家拜年或者吃酒席的时候，必然要在杳岭的半山腰一座四方亭中休息。这座凉亭以四根石柱支撑，四面没有遮拦，但有廊座，石柱上还刻有对联，当年也曾一一拜读，可惜没有记下。根据《民国建德县志》，此亭为"且止亭"，"在城北三十八里杳岭上，清嘉庆十三年同里公建"。[3] 遗憾的是，后来山路改成水泥大道，这座四方亭也被拆毁，石柱不知所终。

---

1 （清）吴世荣：《严州府志重刊凡例》，见《光绪严州府志》（上），3页。
2 《民国建德县志》，卷五"驿传"之"亭址"，48页。
3 《民国建德县志》，卷五"驿传"之"亭址"，46页。

另一座是高家地的一览亭,"在城北胥村上首高家地,杨早喜新建"。[1](图13.3)此县志修于1919年,一览亭新建不久,则此亭或修在1918年,甚至有可能是听说了要修县志而有意为之,以便事迹可以入志。笔者推测,杨早喜或是笔者名义上的高祖父?或有人追问,既然你不知道家里三代以上的事,如何可以如此推断?无他,只因为在那时的高家地,大致只有两户人家,一户是张家,一户便是杨家。

"一览亭"之名源于杜甫的"会当凌绝顶,一览众山小",其典故是孔子登东山而小鲁,登泰山而小天下。一览亭的命名有其写实之处,盖高家地是小山墩,比乾潭的商业中心崎头要高出两三米,故此亭居高临下一览无余。一览亭又暗示了杨早喜当年财富的高峰,故借着王韧先生总纂《建德县志》的机会青史留名。或许正是杨家新贵的做派导致了个别崎头人的不满,不久就发生了吃大户的事件,杨家在一览亭修建后不久也走向了衰败。

---

[1] 《民国建德县志》,卷五"驿传"之"亭址",48页。

第十四章

一团乱麻：我的家族故事

从杨早喜说起

不妨在杨早喜是我高祖父的推测上开始叙述高家地杨家的故事。

杨早喜有两个儿子,大儿子叫杨郎贵,大约出生在19世纪90年代,小儿子叫杨广深。杨家在乾潭不是大姓,因为崎头有汪家祠堂,但没有杨家祠堂。那么,杨早喜情况如何呢?我对此一无所知,我的父母辈对此也一无所知。我爷爷应该知道一些,可是,他几乎没有提过任何信息。大家知道的就是杨家二兄弟。

2017年夏,我在老宅的宅基地挖出了一座青石石磨的上半扇,清洗过后,便放在院子里。2019年5月19日,一早起来在客厅里坐着,突然发现摆在小天井里青石磨盘的侧面有字,而且分外清晰,是个"杨"字。我赶紧清洗数遍,又用刷子将黏土尽力刷去。磨盘的侧面一周共发现四个字,"杨"和"春"字清晰,正好在磨盘侧面相对,另外两字经过仔细辨认,为"遇"和"办",四字为"杨遇春办"(图14.1)。此四字刻得干劲利索,颇有法度,可见严州民间石匠之水平。"杨"字左右结构,尤其难刻。我见普通刻石,"杨"字总是不美,而磨盘之"杨"端正大方。

严州府淳安县自古以来出青石,尤其是茶园的青石最为著名,前已述及。建德自钱塘江一带至杭州都用淳安青石,而淳安、建德一带石匠也是钱塘江一带最为有名者。建德民间青石用处颇多,建筑中常见的有青石板，可以铺路、作台阶、铺天井；有石柱，方形常作门框门梁；有山鼓，即石墩，用作当年支撑房子的木柱的底座，防止木柱潮湿腐烂；当然还有石臼、石磨。差的青石，农村常常凿刻为猪槽。家里的这块磨盘用石细腻，色彩淡青，遇水则有雨破天青的感觉，确实是上乘的青石料。当年老祖宗选了一块好料，可以用上数百年，子孙永其宝用。这块磨盘只是石磨的小半扇，大的在地基里没有挖到，颇为遗憾。1978年，拆高家地老房子的时候，许多青石包括这个老磨都直接埋到了地基里；2017年夏天拆房子的时候只挖到了这上半扇。

那么，杨遇春为何人呢？"杨遇春"这个名字从来没有听到过，因此，他应该是在杨早喜之前。从磨盘的磨损程度看，应该有两三百年历史以上。这个磨盘，我小时候并没有见过，因为在20世纪70年代，乾潭已经有了现代的米面加工厂。除了磨盘，杨家还传下来一个青石臼，每年清明节前周围乡亲必然用它来打糯米，做家乡的特产清明粿。那么，杨家从哪里来的呢？我隐约记得爷爷说过，杨家可能来自淳安县，也就是海瑞当官的地方。

杨家老屋

杨氏兄弟大约在20世纪10年代发了财，于是在高家地修建了一座带天井的徽式住宅。青砖白瓦，坐北朝南，正对着乌龙山。进门便看到青石铺就的天井，东西两厢前后各有两个楼梯，颇为气派。我七岁以前，便住在这个杨家老屋，因此还有清晰的印象。

1997年，美国东海岸的马萨诸塞州色楞镇（Salem）从安徽全盘照搬了一所老房子荫余堂，花了上千万美元，原样迁移重建，并辟为博物馆，我也曾去参观。荫余堂原坐落于皖南休宁县黄村，是一栋18世纪晚期的徽派建筑，由一位黄姓商人所建，曾有八代黄氏子孙在此居住。家族后代最终于20世纪80年代中期后都离开了黄村。1996年，美国人将这一栋四合五开间的两层砖木结构建筑买了下来，移到美国。色楞的荫余堂共包括十六间卧房，以及中堂、贮藏室、天井、鱼池、马头墙等，是典型的徽派民居。杨家老屋论面积或规模和荫余堂差不多大，可惜已经荡然无存了。

说说老屋的结构吧。老屋朝南，面对《水浒传》中提到的乌龙山。门口据说有一小水塘，塘边有几株垂柳，但我没有亲见。在我的记忆中，门口已经是平地了。从平地上几级青石台阶进大门，大门是黑漆漆的。大门进去是4—5米深的走廊，两边是板壁。右边（东边）的板壁便是我家的厨房餐厅和会客室的墙。走廊直通向天井。走廊和天井的相接处，分左右两条路，进去之后绕到天井北侧，便是中堂。

天井，顾名思义，就是天的水井。天井呈长方形，和走廊方向一致的是宽，大约3—4米；和走廊垂直的是长，可能5—6米，当然全是估计，实在说不清了。天井的地面是水沟，顶上没有屋顶，通着天，所以叫天井。下雨下雪，雨雪就飘了下来，落进水沟，从暗渠流出去。

天井就是老屋的中心，四面建筑连在一起，绕天井成为四方。进大门东面（右手）是我家，西面是外地人的。东面的中间是爷爷奶奶家。再往里面就是东北角，是叔叔家。正北房，和大门相对分成三间，大堂后面一间是爷爷奶奶吃饭的地方，西面一间是别人家的。总之，老屋靠东的一半是我们的，靠西的一半是另外两家的。

这是老屋的一楼。还有二楼，也是类似的结构。四角应该有四个楼梯。我家在东南角，楼梯就在东南角，上楼之后每家有一个房间。只是楼上和爷爷奶奶在东面隔开了，在南面和外地的那家隔开了，虽然隔不住声音。我记得有一次西边隔壁的老太太晚上喝了酒，鼾声震梁，屁声不绝，我们全家在床上哈哈大笑。

老屋的墙是砖头的，老屋里的板壁是木头的，厚实得很。后来建新房，很多旧木料都用上了。我一向以为杨家老屋很宽敞高大，但据哥哥说，地基打得不好，地基的石头一撬就开了。拆房的时候哥哥算半个劳力，所以他是亲见，比较可信。

杨家的繁华没有什么见证，除了老屋。后来爸爸和哥哥都说起，家里以前有一块木板，上面有凹轮，就和银行放硬币的那种一样，是用来放大洋或者铜钱的。木板上还有杨家某人的名字。可惜我没记住。1978年拆老屋的时候，据妈妈说，她和爸爸掘地三尺，希望老祖宗在地里埋点啥，结果什么也没有。老屋拆了之后，家里两次重建，新房依然建在老屋的旧址上。

吃大户

那杨家又如何走向衰败的呢？这个事情似乎发生不远，因为是外婆告诉的,而且有鼻子有眼,提到了几十里路外的某村某姓。

杨家因为有天有地,所以养了一头水牛,专门雇了一个小放牛的。水牛在南方的农业生产的重要性是无法低估的。水田的耕种完全依赖水牛来犁田,否则无法播种水稻。所以谁家有水牛,谁家就是有钱。这一天,小放牛的不留神,水牛吃了别人家的稻谷,人家就来家里告状。长辈就说了小放牛的几句,要他以后当心点。谁知小放牛的受不了,跑回了几十里路外的家里。小放牛的家里起了歹心,把小放牛的藏了起来,然后带着村里人跑到杨家要人。杨家拿不出人,外村人就进了老屋,翻箱倒柜,明抢暗偷,折腾了好几天。我外婆说,他们跑到老屋的楼上,把挂在梁上的火腿从楼梯扔了下来,结果火腿整整铺满了一楼梯。老屋的楼梯我是爬过的,有印象,没有十几只火腿是铺不满的。

这样,小放牛的村人在杨家吃了几天大户,连吃带拿,杨家损失惨重。不过,损失的只是财物,杨家在高家地周围还有很多田地。我上小学的时候,有一次跟外公经过屋后山的东侧小路,外公用手指了指旁边的稻田,突然冒出一句:以前都是杨家的。又有一次,外公讲了一件事,说有一年西桥的杨关铃家要造茅棚屋,因为杨关铃家是从东阳移过来的,没有木材。外公好心,就跑到高家地找我爷爷说:过几天带人来"偷树",意思就是从杨家的地里砍几棵树,让我爷爷不要去阻拦。因此,杨家依然有田有地,吃大户没有伤到筋骨。

关于吃大户,外婆后来告诉我说,其实是有人在其中挑拨。因为杨家新富,崎头有些人很眼红,其中一位姓傅的就唆使小放牛的全家来闹事。根据我哥哥的回忆,他还见过小放牛的本人,时间在他上小学的时候（20世纪70年代末80年代初）。有一天，他也从屋后山的小路经过，路上碰到一个老头。老头就问他："小鬼，你是哪个村的啊？"我哥哥回答："是高家地的。"老头继续问："姓啥啊？"我哥回答："姓杨。"老头一愣，说："高家地没有姓杨的啊？"我哥说："谁说的，我就姓杨。"

小放牛的说高家地没有姓杨的，并没有错。吃大户虽然没有弄垮杨氏兄弟，但抽大烟使杨家开始败落。首先是杨广深，因为抽大烟，不但败光了家产，还把杨家老屋的西半边典了出去，最后自己也死在了碧塘附近的一个稻草堆里，时间应该是在20世纪20年代。这位抽大烟的杨氏祖宗已经成婚，但可能没有孩子，他的老婆来自董湾，可能回了娘家，可能改嫁了，其踪迹无人提及。同样不幸的是，杨郎贵不久也去世了，原因不明。这时，家里的田产就委托他的一个远方表兄弟郭承祖（我太外公）管账。他们两人曾经在杭州合影，有一张照片传下来，"文革"时也烧了。

杨郎贵兄弟去世后，他们的父亲还在，娶了一个小老婆，姓汪，来自垒柏。因为裹的小脚有些烂，大家叫她烂脚奶奶。按照我外公汪姓的辈分排，我有个汪姓姑婆（母亲的堂姑），烂脚奶奶便是她的嫡亲姑姑。汪姓姑婆小时候，还到过杨家老屋她的姑姑家玩儿。按照杨家的辈分排，汪姓姑婆便和杨郎贵同一辈分，是我爷爷的姑姑辈。不过，她称我爷爷为哥哥，这是让了一辈。汪姓姑婆的丈夫在供销社工作，是我小外公的中学同学，我叫他姑爷爷。我考上大学后，他很高兴，有时也说起小外公，说小外公到北京上大学后也跟他通信联系，谈到小外公的遭遇，不胜惋惜。那时候，汪姓姑婆的母亲还健在，颤颤巍巍的，我称她为"太太"（太婆的意思），太太是乾潭桃树坞上官家嫁到垒柏的。我总觉得她看我的目光特别慈祥,后来才意识到公主下嫁,皇后和太子亲送这里有一层杨家的关系。

太奶奶钱秀珠

到了20世纪20年代末,高家地的杨家只剩下三个人:公公、烂脚奶奶以及杨郎贵的未亡人钱秀珠。公公死后就剩下婆媳两个寡妇。钱秀珠,个子很高,很漂亮,长得像外国人,她就是我的太奶奶。钱秀珠从东湾抱养了我爷爷,只是不知道抱养是在什么时候,是在在其公公死前还是死后。不过,我爷爷出生于1915年,据说是七八岁的时候到了高家地,所以抱养时间大约在1922年。钱秀珠还从芝峰山给爷爷要了一个童养媳,名字叫香。

钱秀珠有个弟弟叫连胜,我爸爸妈妈称为舅公,经常来姐姐家里吃喝。钱秀珠心疼弟弟,有时候就偷偷地接济这个弟弟。我们本地有句话,叫作"袖筒里塞狗腿",意思就是偷偷摸摸接济娘家人。钱秀珠去世后,到我父母结婚了,这个舅公还常来高家地。人还没到杨家老屋,声音先从围墙外传了进来,高声呼叫我妈妈的名字,说:"炒面吃。"他的炒面,很简单,就是先把湿面用油炒一遍,捞起;再又油炒一遍,捞起;最后用油炒第三遍。农村缺油水,用油炒了三遍的面,再来一杯老酒(黄酒),肯定惬意得很。每次爸爸妈妈谈到他们这个舅公,都不由自主地笑,想必这个舅公一定是一个幽默风趣、知道享受生活的人。这个舅公还给杨家办了件事,就是把我的二姑姑介绍给了桐庐县芝厦的一户人家。芝厦和建德接壤，离乾潭不过二三十里地，离严子陵钓台很近。妈妈说，这个舅公的命好，他的子孙兴旺得很。

钱秀珠的父亲死后，她的母亲再嫁到芝峰山包家，生了个儿子；儿子娶妻为建德最北部的谢田人，名为吴月菊。非常不幸，吴月菊成亲进门时，包家一连死了七口人，包括公公和丈夫。因而，吴月菊的一生，非常凄苦。包家是地主，到了土改时家产被分，就剩她自己住在大堂后的一间老屋，还因为是地主成分常被揪出去批斗。我妈妈十几岁去包家那边的山上砍柴，有时候就给她送一担柴去，因为是老亲（我妈妈称她为舅婆），有时还在她那里住上一两个晚上，一老一小做伴。舅婆有时就送块布之类的作为回谢。妈妈说吴舅婆长得很漂亮，长身玉立，看着像观音菩萨。

由于杨家没有男性传人，所以当务之急就是要收养个男孩继承香火。一般而言，收养最好是同族同辈的孩子，可是，杨家是小姓，并无宗族，于是不得不找一个外姓的孩子。不久，钱秀珠就从董湾收养了一个男孩，就是我爷爷。之所以从董湾收养，可能和钱秀珠的妯娌黄凤珠（杨广深之妻）有关。黄凤珠来自董湾，应该是爷爷的姑姑辈。据说她长得小小巧巧，死得早，没有子嗣。虽然已经去世，但渊源还在，所以有人就介绍了董湾的男孩来杨家。

董湾离高家地七八里地，是一个小山村。从高家地去董湾是一路往东二三里，经过碧塘、杏岭脚两个村，往北爬上杏岭，东边就是陈家（也就是我奶奶的村），然后再往西翻一个小坡，就到了。董湾三面是山，就像一个脸盆，中间一个小水塘，地方极其狭小。董湾最早可能是姓董的居住，故以此名，但到了那个时代，黄家已在董湾这个小村兴旺了。黄家有六个男孩，家里实在养不起，就把老二过继给了钱秀珠。我没见过董湾的太公太婆。爷爷六兄弟，所以牵牵扯扯，整个董湾都是亲戚（陈家也一样全是亲戚），分不清楚谁是谁。当然，老辈心里是清楚的。董湾令我印象最深刻的是大爷爷，那完全是因为他的勤劳。每天天不亮，他就从菜地里拔了青菜或者菜秧，走十几里地挑到公社所在地的马鞍岭去卖，来回必然经过我家门口。因此，我对大爷爷的印象完全是上学前的，也就是八岁以前。他高个儿，红脸膛，早上我起床后见到他往往都是他挑着两个空畚箕匆匆回家的时候。我就叫一声，大爷爷。他乐呵呵地答应了。其他的印象都很模糊。

我爷爷被收养的时候，已经懂事了，这很可能是他和养母钱秀珠关系不亲的一个原因。我从来没有听他讲过自己亲生父母或者养父母的故事，想来一个七八岁的孩子被过继出去，必定是一生的隐痛。这也是一百多年前垄柏村汪吴氏择嗣面临的难题：孩子大了和养父母不亲，孩子小了怕多病多灾，养父母很累，实在两难。

钱秀珠死后，棺材最先搁在四尺凳上，放在高家地杨家屋后的竹园里。后来因为逃日本佬，连夜埋了，埋在屋后山上自家的地里。因为没有男性后裔，就由侄儿钱学方捧牌，那年外婆六岁。后来生产队开发山坡荒地，需要移坟，我爷爷就移了。等到大家单干了，上坟的风气又恢复了，巧得很，那块地又分给了我家。我上小学的一天，我爸爸把我领到屋后山的一块岩石下，说：明天外婆来的时候，你就领她到这里。第二天，我领着外婆到这里，她点了香，烧了锡箔，大哭了一场。

从董湾到了高家地，爷爷想必非常孤单。那时的高家地，没有几户人家。幸运的是，他找到了一个比他小的男孩一起玩。这个男孩姓张，他的姐姐嫁给了寇姓人家，从外地移到高家地。寇张氏因为是外来户，加上最初杨早喜家比较富裕，所以就认了钱秀珠为姨妈。寇张氏还带来两个弟弟，其中一个常和钱秀珠的养子也就是我爷爷一起玩。我爷爷去世二十多年了，他小时候的玩伴还健在。2020年春节，我回家的时候，专门问了这个张姓爷爷，他已经九十多了，虽然身体还行，但小时候的事也只能说到和我爷爷一起玩为止。

寇张氏有两个儿子，小儿子后来娶了我大姑姑，成了我的大姑父。他为人开朗幽默，好酒，我们非常喜欢听他讲笑话。大姑父长寿，现在也九十了。寇张氏也长寿，小时候去大姑父家也常常看见，直到90年代才去世。

我爷爷是酒鬼。这我从小就知道。从睁眼看人而且记忆能够清楚地回想的时候，他就享受他的老酒。老酒又叫黄酒，那可是陆游《钗头凤》里的"黄滕酒"。于文人墨客是浪漫情怀，于美人闺秀是情意绵绵，于我爷爷是天大的嗜好。他一大早起来就温酒，可也并没有斩华雄，几杯黄酒开了怀，轻飘飘地出工去了。傍晚回来也是老酒第一，一个人独享。美好的生活，幸福的体验，全在酒杯、酒坛和酒桌上了。

后来我三姑姑回忆，有一次家里杀了一头猪，爷爷背走了。几天后醉醺醺地回来了，身上除了酒葫芦，头顶还有几顶斗笠，一头猪就没了。爷爷好酒，直到去世。六十多岁的时候他中风一次，还高血压，医生让他少喝，或者只喝一点啤酒。开始他还能自制，后来全抛一边，经常让我在供销社的姨夫给村里的小店送货时帮他捎一坛老酒。后来还说，现在的酒全是勾兑的，没什么劲儿，和以前的比差远了。颤巍巍的爷爷一天三顿，又喝了二十年，活到八十三岁时去世了。去世的日子很好记，与邓小平是同一天。

招亲

我爷爷年轻时的事情大家都不清楚。既然无征，只好凭我的记忆和感觉说了。爷爷小时候被杨家寡妇抱养，延续杨家的香火。后来还给他安排了童养媳，两人结了婚，可惜不久女方就去世了。杨家的寡妇也接着过世，于是爷爷就成了光棍，好像跑出去当了兵。有时据他酒桌上的话，好像是先被抓了壮丁（应该是当兵）。总之在外面混了一阵。爷爷有时也在酒桌上说一阵话。几杯酒下肚，爷爷就开始用浙江官话闲聊。官话说得不土不白，让人起鸡皮疙瘩，故事也讲得乏味，远没有大姑父那样流畅从容，生动活泼。偶尔记得，他说曾当挑夫给国民党军挑了好长的路，然后哀求长官放他走。长官很和蔼，说再挑两天吧。挑了两天后，长官真的给了钱，就回来了。这些故事，究竟是他亲身经历，还是道听途说，已经分不清了。

根据我哥哥的回忆，爷爷当兵曾经守过衢州机场。1942年4月18日，美军轰炸机从航空母舰起飞，空袭东京，这次任务是美军杜立德中校（James Harold "Jimmy" Doolittle）一手策划，故称杜立德空袭（Doolittle Raid）。此次空袭，对日本造成的损失很小，军事意义不大，但政治意义极大，日本朝野震惊，于是在1942年5月便计划了浙赣战役，目的是摧毁中国近海的飞机场，防止日本本土再次被空袭。5月中下旬,日军便从杭州经过建德、寿昌、淳安等地,进军衢州。6月3日,日军占领衢州机场。当时爷爷在黑夜中听到动静,便用浙江官话大喝一声:"哪一个?"

大约在浙赣战役后,爷爷便回了老家,那时他应该快三十了,仍孑然一身。正在惆怅的时候,有人介绍他入赘到我奶奶家。奶奶姓陈,住在陈家村。顾名思义,全村人基本姓陈。奶奶是长女,下面一个妹妹(其实是两个,另外一个生下不久就送人了),一个弟弟,我叫他小舅公。弟弟和她年龄相差很大,有十五岁吧。此外,家里还有一个放牛娃,后来被家里收养了,也改姓陈,我叫他大舅公。陈家有个传说,男丁活不过六十岁。奶奶的父母也去世得早,所以她当了家。但是要照顾弟弟,所以只能找人倒插门。我奶奶个子很高,年轻时应该是个引人注目的姑娘。那时也不缠脚了。顺便说一句,我见过缠脚的老太太非常之少,基本没什么印象。爷爷上陈家招亲时,我太外公带着我外婆也去吃酒了,还在陈家住了一晚上。

我奶奶的父亲是教书先生。2005年,我回国后曾经向奶奶打听老辈的事,可惜已经太晚了。她只是反反复复告诉我,她的爸爸曾随身带着她去读书,可是她不肯读,她爸爸要打她,被她妈妈阻拦了,因此她就没读书。奶奶不到二十就当家了,因为父母已不在。家里唯一的男性继承人,也就是我小舅公,还不到五岁,因此不得不找人来帮助持家。这就让我爷爷走了运。招亲可能也是我奶奶父母最后的安排。按照双方约定,我爷爷要在陈家待多少多少年,帮助抚养小舅公长大后才能离开。具体怎么相亲,怎么说和,什么条件,因为长辈都不在了,所以并不清楚。

我爷爷招亲的时间,应该是1943年底或1944年初。1944年底,就有了我爸爸。我爸爸在陈家第二代是头一个，名字有个华字，所以后来他几乎所有的表弟都有个华字，光叫小华就有好几个。奶奶还有一个妹妹，我叫小奶奶。小奶奶后来说，我奶奶在桌上打麻将，她在一旁带我爸爸，实在很吃力。因为她年纪小，抱不动孩子，累得要命。这个小奶奶嫁到了大畈王家。我爸爸比我小舅公才小五岁，所以虽然是两辈人，却一起玩泥巴，和小舅公感情很好。每年春节我和堂弟去拜年的时候，小舅婆必定要给我们煮白糖鸡蛋，这是当年最好的待遇，也是我最怕的待遇。白糖鸡蛋，就是水烧开，打鸡蛋，加白糖。这是人民公社时期农村最热情的待客之道，比如款待刚上门的新女婿。鸡蛋还有多少之分，有时三个，有时四个。小舅婆说四个，我们就讨饶，一个就好了。但哪里可能是一个，总是要成双的。我不爱吃甜的，最怕白糖鸡蛋，内心愁苦，欲哭无泪，总是受刑一般吃下两个白糖鸡蛋。

我爸爸是家里老大，弟弟一个，妹妹四个。大约60年代初，公社征兵，他被选上了。奶奶考虑到他是老大，弟妹很多，要把他留在家里当劳力，所以就连夜跑到公社，退了名额。我想，这当然是爷爷奶奶一起商量好的意见。

太外公

某年某月某日，在我爷爷在陈家待了几年的时候，在我爸爸还是孩子的时候，一个五十岁左右的人来到了陈家。找到爷爷，说："根达（爷爷的名字），还是回高家地吧。"此人是我太外公，也就是外婆的父亲，我妈妈的外公。

太外公是杨郎贵的结拜兄弟，两人还在杭州拍过一张合影。他不忍心看到杨家香火断绝，就劝我爷爷回高家地去。于是爷爷和奶奶就带着爸爸回到了高家地，也许还有大姑姑，从陈家搬回了高家地。爸爸因为小时候的光阴是在陈家度过的，所以对那里特别有感情，总说那里的水都是甜的。那时，杨家老屋的西半栋（大概原本分给杨广深）已经典给了别人，活当死典，要不回来了。东半栋长期没住人，不得不花钱加以修缮——花了十担谷，我奶奶告诉我。

太外公的身世非常复杂。太外公姓郭，可他本姓曲。曲家原是衢州人（也不敢确信，有时又听说是青田人），逃荒到了乾潭的丁畈（现在是仇村下面的一个自然村），就在那里定居了。人穷，四个儿子，母亲是哑巴。老四死得早。老大留在家继承香火，老二和老三都被抱养到了西桥村。太外公就是曲家过继给西桥郭家的老三。太外公到郭家的时候，郭家还没有孩子，后来郭家又娶了小老婆，生了孩子。郭家在西桥是大户，我小的时候还在那已经零落的老房子住过，虽然被几个弟兄分开，面积和气势都应该比高家地的老屋要辉煌。尤其地砖，异常光滑。我外婆说，这种地砖，是用糯米粉加石灰搅拌制成的。

曲家的老二被西桥的胡家收养，外婆称之为桥头老伯。他结了婚，有老婆，抱养了一个女儿，从附近的莲塘蓬来的。后来桥头老伯死了，老婆招了一个人进来，妈妈叫她桥头外公，外号山楂老头，帮助养大养女。养女后来招了亲，老公来自安仁，生了一个儿子，儿子留给母亲带，养女夫妻两人回去了安仁，在安仁生了儿女二三人。其中一个儿子叫全，每年还来外婆家拜年，在2003年2月过年时他来拜年我还碰见过。可惜那时不知道什么关系。不过，养女夫妻后来离了婚，养女先回到西桥，后来又嫁到罗村东邬口，生了三个女儿。其中有一个女儿谈了一个对象，家里不同意，她还到我外婆家住了半个月。这事我有印象，当时我已经上小学一二年级了，但那时根本不知道她究竟是什么亲戚关系。

西桥郭家本有三兄弟，老大就是太外公的养父，但老三才是正房所出。太外公到郭家是抱来作儿子的，改名郭承祖。郭家的养父前后娶了两个老婆，大老婆未生育，二老婆自长崎来，后来生了个儿子。郭家的祖上，也就是太外公的爷爷（郭文昭）貌似当过保甲长。妈妈说，可能是先头祖上做过官的，因为她小时候见过郭家的家谱，见过官帽，有两个翅膀，和戏台上见过的一个样。后来家谱在"文革"中被外公烧了。烧家谱和我爷爷有关。我爷爷到西桥村，说高家地的家谱都烧了，"文革"闹得很厉害。外公害怕了，就烧了。

太外公大约出生于1888年左右。被抱养后，在郭家务农，看牛，一般的犁耙农活都会。郭家在小厅里开了学堂，请教书先生教书，没有几个小孩。太外公没有机会上学，但上过夜学。那时郭家的老三，也就是正房，虽然辈分上是太外公的叔叔，可是年纪差不多。老三心很好，所以偷偷地教给了太外公手艺，包括算盘。每天天还没亮的时候，太外公就到家中菜园里的柏树下练算盘。太外公那时已经结婚，练习算盘的时候就先让太外婆听听：他练算盘的时候，家里人能否听见。太外婆说听不见，他才练习开来。后来太外公打得一手好算盘，因此生活过得不错。太外婆叶氏，来自上徐桥。

分家后，太外公分得大概四五亩田，这在本地也算不错了。不过，太外公的副业收入很多，他给别人管尺。什么叫管尺？就是帮人量田量地量谷。当时农村识文断字的不多，能写会算少见，特别是算平方立方，比如山地的面积，谷堆的多少，所以太外公的生意不错。郭家有个姑奶奶，嫁到了梅城蒋家，但在西桥附近买了山地，所以委托太外公管尺，也就是租给别人种，让太外公管收租。太外公从中抽头，所以日子应该不错。

太外公四十四岁有了外婆，当然开心得很。在外婆没出生之前，他就开始考虑外婆的生计，因为自己年纪大了，于是决定开一个水碾坊，利用水力加工谷物，从中谋利。西桥村前有自山里流出的一条小溪（东南流到崎头称作后溪，现在称为东干渠），太外公就引水在门前公路下挖了一个涵洞，水经过涵洞到水碾坊。水碾坊正式开工舂米是阴历八月二十四日，那天也是外婆出生的日子，在1932年。那天对太外公来说真是双喜临门！也许他是特意选那天开的工。

太外公开水碾坊就是为了外婆以后的生活，果然，外婆小时候的生活比较舒适。然而，人算不如天算，水碾坊在"大跃进"吃食堂的时候（大约1958—1959年）收归集体，作价120块，记在账上，但却没有拿到手，等于被没收。

水碾坊后来成了加工厂，我小的时候外公外婆去碾米，我也跟着去，只是不知道这份渊源。家里人后来谈天，也常常提及水碾坊，那是家里的辉煌时期。妈妈说，她骑在外公脖子上，外公走到汽车路上的时候，就从汽车路这边爬到汽车路那边，对孙女可谓宠爱之极。太外公整天笑嘻嘻的，人也聪明。他曾经对外婆说，人要想不吃亏，记得三个字：是，好，对。这是他的人生经验。

外婆姐妹三个，她最小。大姐叫郭夏姑，因为夏天生的，比外婆大很多。她嫁到陵上了，距离西桥只有两三里路。夏姑的女儿叫外婆小姨，但年纪比外婆还大六岁。陵上外婆我也见过几次。有一次去陵上，可能给她做生日，在六月初五。她还牵着我的手，从围裙布里掏出钱，给我买油炸的零食吃。她也来西桥玩过，我有一些印象。外婆的二姐叫秋姑，秋天生的。嫁回上西桥，也就是舅舅家，和表哥结了婚，姑表婚，所谓亲上加亲，在农村颇为流行。结婚后因为长久不曾生育，所以抱了一个男孩，不料是个哑巴。后来秋姑又生了两个男孩，不久就去世了。

外公

　　外婆出生时，两个姐姐已经出嫁，所以外婆要承担承嗣郭家的重任，也就是要招上门女婿。我外公汪姓，来自垄柏。外公总共六兄弟，他排行老四，此外还有一个姐姐。当时内战激烈，国民政府要抽壮丁，为了躲壮丁，他就出来招亲。招亲当然也有人牵针引线，就是郭开祖，太外公的堂弟。

　　西桥郭家的郭开祖当时在垄柏砍柴，西桥有很多人在那里砍柴。砍柴不是为了自己，而是打工。当时垄柏人家很多做生意，生意的一个大项就是给杭州供应燃料，每年秋冬季节就雇外地人来山头砍柴烧炭。

　　外公的爸爸，也就是我的太外公就承包了浦江人的一片山头，雇了郭开祖、杨关铃等人砍柴，一来二去，他们就开始撮合外公和外婆。郭开祖和两边父母说好之后，外公还去了西桥看人，看看外婆的长相和为人。杨关铃领着他到西桥,说是来买糠。这一切外婆都不知道,蒙在鼓里。1947年,阴历三月,外公一个人到了西桥,是空手而来。先订了婚,外公就在西桥住下,开始学着干农活,主要是农田的活,包括用牛,等等,因为垄柏没有稻田,外公从小没有学过农活。1947年,阴历十二月,外公和外婆就结婚了。当时外婆虚岁才十六岁,外公大她七岁,应当是1925年生人。成婚之前,外公回了一趟垄柏,结果遇上了土匪。

20世纪40年代末的那几年,乾潭附近匪患很是厉害,土匪队伍有好几支,正如柯灵在1946年的游记中提到的。为什么在那个时候会出现匪患呢?原因很简单,就是国民政府的统治已经失序,哪怕像建德这个离国民党的中心沪杭地区不远的山区,也出现了各种武装。这些武装,四处洗劫。垄柏人因为和杭州生意往来,银钱货物目标很大,土匪自然要光顾。所以很多垄柏人就到土匪队伍里交点钱报个名,相当于买个平安,这样,土匪就不会抢自家了。

1947年底结婚之前,外公回垄柏想要准备一些东西来结婚,结果他的父亲很吝啬,父子吵了一架,才要到一床棉被,还是几个月前外公的哥哥结婚用过的。在外公招亲前,只有大哥结了婚;在他成亲前,二哥三哥分别在十月和十一月成了亲。此外,外公还要到了旧币200万,给新娘子做衣服用。于是他挑了一对小箩筐,装上棉被,往西桥赶去。

从长崎到韩家坞过渡后,外公碰到了土匪。土匪抓住他,收走了钱,还倒打一耙,说外公是小土匪,要不怎么挑着旧东西。外公被关在胥口的祠堂里,从早到晚。幸亏有一个垄柏的姑娘嫁在胥口,嫁的还是保长,认出外公是垄柏自己人,就让保长放他走。不仅如此,保长还从土匪那里要回了 200 万。

外公被土匪抓走的消息一传回垒柏，外公的二哥就急匆匆地赶到韩家坞。当时共产党的金萧支队正和土匪交火，他在弹雨中奔到西桥时，已经半夜，而此时外公已经安然到西桥了。虽然是虚惊了一场，但外公多少受了刺激。

外公外婆成亲的时候是旧历年底，阴历十二月十五日，婚宴摆了三四十桌。外婆头披纱披，粉红色，有花，纱披后面有两根长带拖地，需要有人牵着。婚宴摆了那么多，是因为垒柏的汪家都来了。除了上徐桥、丁畈、下包、芝峰山的亲戚外，西桥、大龙里、莲塘蓬的乡里乡亲都来了，连芝峰山的老外婆（钱秀珠的母亲）也坐着轿子来了。

汪家六兄弟

汪家在垒柏没有田地，经济收入主要靠做生意。外公的父亲是个歪嘴，被山风吹的。母亲胡姓（长寿，我还见过），是长崎来的童养媳。她有两个弟弟，一个被抓壮丁，跳了火车，吐血而死；另一个在乾潭的牌楼村作长工，常来西桥，后来在洋堂买了一点平房，不幸生病死了，由外公安葬。

外公的父亲是个传统中国社会典型的守财奴，家里应该比较有钱，即使比不上村里大财主。家里的铜器很多，比如很多铜的火囱，南方冬天放入炭火用来暖手暖脚的。妈妈小时候上学想要一个，都被太外公（她的爷爷）拒绝了。太外公六个儿子，都要参加砍柴背柴，同时也雇人砍柴。平时生活吝啬之极，家里男性每天吃干饭，女性每顿吃稀饭，因为粮食要从杭州买。所谓的菜，就是把干菜汤用来当酱油用。攒了钱干什么用？买田买地。太外公有一句名言：砍柴刀只养一口（人），有田才是万万年！

垄柏的大财主有的在外面买了百十亩田，太外公没有，所以才放外公到外面田地多的地方当女婿，这是一个考虑。当时太外公已经在陵上买了五亩田。

汪家六兄弟依次是承滨、承鸿、承升、承雷、根来和承余，还有一个姑娘，排行老三，叫梅娇。梅娇小时候就给她姑姑的儿子作了童养媳，也就是姑表亲。她的姑姑嫁到了桐庐县的俞赵。由于丈夫早死，生活困难，就和娘家的哥哥哭诉，没能力给儿子娶媳妇。歪嘴太外公就把女儿给了他的这个妹妹，当时梅娇九岁。那时，梅娇、她姑姑和她表哥一家三口全给俞赵的俞姓大地主干活。梅娇当丫头，表哥放牛，梅娇洗洗涮涮。梅娇干的是细活，学了一手打毛衣服的绝活儿，几乎给全家都打过毛衣。到了1949年后，一个南下干部看上了她，但她终究没有离婚。

外公的大哥是个商人，那时已经分家。他和垄柏的许多人一样，贩卖东西。从垄柏运剁好的柴，烧好的黑炭、白炭到杭州，作为燃料。柴剁成一尺来长，用藤或竹篾捆成一捆，码在船上，整整齐齐。从垄柏到杭州的船，柴堆得高高的，给杭州百万居民带去了温暖。不知道当时垄柏一带的商人提供了杭州城的多少燃料，这肯定是一个非常有意思的问题。在杭州卖了柴炭，垄柏人便从杭州运回布匹等生活用品来卖。

土匪抓了外公，不仅造成一场虚惊，而且对汪家影响极大。为了保护家产，外公的二哥、三哥都在土匪队伍报过名。二哥还当过副保长，更要命的是他在国民党军队里混过，最后真的要了他的命。他的部队中有人当逃兵被抓，被毙了。1949年后二哥、三哥都被召集到大畈开会，借住在陈家，主要就是坦白历史，说清问题。会上就有人指控二哥是逃兵被抓的告人，追问了十几天。二外公急性子，那天晚上就在陈家用柴刀割了喉咙，呼哧呼哧地爬过三弟住的房间，再爬到门前的一个小水塘，不知道是想喝水还是投水，没到水边就咽气了。第二天早上被发现后，家人就用晒红薯的竹帘把他抬回垄柏安葬了。这是汪家六兄弟第一个死于非命的，却不是唯一的一个。

三哥也就是三外公，我还见过。80年代，他得了癌症，做了手术后还在我家住过一两个月，恢复得不错。不料，回家的时候他在门口摔了一跤，大家都觉得不是一个好兆头，后来就病发去世了。

五弟叫根来，他还在西桥待过几年，干农活，因为汪家当时在陵上买了几亩地，加上西桥的，加起来有十亩左右，所以和外公两兄弟一起操劳，农忙的时候也雇工。这样，垄柏家里就不用买粮食了。根来后来娶了亲，一两年没有孩子。一次夫妻吵架，要离婚，根来受不了，跳水死了。

老六承余，本来是汪家翻身的希望，50年代到北京上了大学。为了给小叔子凑学费，外婆卖掉了自己的金戒指。小外公大学毕业后分到了山西，"文革"时候受不了批斗跳了井，留下孤儿寡母。这样，汪家六兄弟就有三个死于非命。汪家的兄弟都是山里人，急脾气，不善与人交际，吃得了苦，受不了委屈。

吃食堂

长辈们谈到生活之苦，必然要提到吃食堂。"大跃进"这个词对农村来说比较陌生，大家谈起来都用"吃食堂"来指代那不堪回首的几年时光。

西桥的食堂包括西桥和岗脚村，食堂放在郭家的厅上。开始的时候，大家在食堂里是放开吃，可也没有米饭吃，而是苞谷，整箩筐供应。不久，"大办钢铁"，壮劳力都去新安江（寿昌的横山钢铁厂）帮助炼钢，也有的去山里烧炭，包括外公。所以村里只剩下老人、妇女种田，种得不好，收成也不好。可是，上报千斤亩，来参观的时候就把几亩的水稻并到一亩田里。上报得高，国家征购的就多，农民剩下的口粮就少。到后来，粮食没了，大家也不到食堂聚餐了，每家按人口往家里领吃的，主要是汤和糊。一斤米要烧三十二碗粥，基本上是水，每人分几瓢，每家端着钵头装。

食堂出现问题，县里派了干部下来，提倡要吃得好。怎么才算吃得好呢？就是两干一稀。早上：萝卜丝和番薯丝煮的稀饭；中午：萝卜丝和番薯丝蒸的干饭；晚上和中午一样。说是饭，可不是现在意义上的饭，因为没有米在里面。萝卜丝和番薯丝是混不到一起的，加上萝卜丝气味浓，实在难吃。话说回来，有这个吃算是不错的，以后连"两丝"都没有了。

那时家里的锅、锁全部上交"大办钢铁"，所有的铜器和铁器都上交，连灶台都拆了。开始大家在食堂是一桌一桌地吃，仿佛农村的酒席，很开心。后来桌子搬回去了，每家只能分汤，分几瓢，也没有菜，辣椒炒盐当作菜，每家几匙。当时大舅还是毛孩子，正是想吃要吃的时候，每天吃完饭的特权就是舔钵头，把附在钵头里的星星点点舔干净。大阿姨1958年刚刚出生，可怜没吃的，幸亏家里的抬灶没有没收，就用抬灶把分来的玉米糊汤烧干成玉米饼，喂阿姨。抬灶其实就是一个可以移动的小灶台，两人可以抬着走，故称。

除了玉米糊、萝卜丝、番薯丝，还吃过荞麦糊，后来荞麦糊也没有了，大家都浮肿了，挖野菜，吃糠。糠就是谷壳，用锅炒过，嚼着吃。而后山上能吃的都找出来，包括三十六桶、山奇粮、葛藤、冷树皮、狼棘根，等等。三十六桶有毒，长得像大蒜瓣，煮熟之后，剥去黑外壳，放在以前筛米的竹筛上，用手磨，一磨就碎了，掉在米筛下面的桶里沉淀。把桶里的水滤去，接着放在米筛上磨。这一个过程叫作洗，一共要洗三十六次，才能把毒素洗得差不多。可能是因为要倒掉三十六桶水，所以称为三十六桶。最后一次过滤后，用包袱包好，像做豆腐一样成形。由于三十六桶没有黏性，必须要加点米粉才能黏成形。冷树皮就是一种树皮，树皮带汁，晒干后磨好，用米筛筛，加点米粉，做成丸子，颜色是红的，只是很难下咽。虽然难吃，可是不会吃坏。山奇粮和糠吃完后，大便困难，只好让家里人挖。狼棘根则相对好吃一些，晒干后磨成粉，只是有毛。大舅吃后肚子疼了一晚上，叫了一晚上。外婆说，以后再也不吃了，就是饿死也不吃了。葛藤则打碎后清洗过滤，洗的方式如同三十六桶，留下的是淀粉。

除了一些野生的植物茎、根、皮等，那几年天上又放下许多不常见的食物，如竹米、箬笠子。竹米就是竹子开花后结的食。竹子一开花就死了，但竹米可以吃。那几年，各地好像不断地发现竹子结实，不知救了多少无辜的百姓。箬笠子就是南方用来包粽子的箬笠的果实。箬笠子像大麦,那年门前的乌龙山结了不少,很多人偷偷地去采集。说偷偷,是因为大队不允许,派人在村口守着。一天晚上,外婆想和别人一起去,结果被大队干部拦住了,只好让妈妈跟着大人去。妈妈那时才十岁,从后山湾爬到陡峭的乌龙山。怎么摘箬笠子呢?箬笠叶子很大,四处展开,没法采集。妈妈他们用竹簸箕接在箬笠叶的下面,然后抖动竹叶,成熟的箬笠子就纷纷掉进簸箕里了。那天晚上妈妈采集了大约20斤箬笠子。可是,山陡,妈妈还是个孩子,下山的时候是大人帮助背下来的。

传说箬笠六十年一结子,竹子也是难得开花,可那几年全国各地好像都赶上了。不知哪位有心人能统计一下地方志,说说大致的情况。其实,箬笠和毛竹开花结籽在那几年和平时一样,只是平时谁也不会关注这些现象。那几年大家饿惨了,才会注意一切可以吃的东西,于是发现了这么多的箬笠子和竹米!天可怜见!

写信

高雷锋叔叔是乾潭的"秀才",因为家里成分不好而无法进一步上学,在坎坷的生涯中养成了苦中作乐、风趣幽默的性格。他善于讲故事,经常给《故事会》等通俗杂志投稿,屡有收获。有一天,我去他家里闲聊,他分享了他如何学会写信的故事。

高家大概也是1900年后从绍兴移居到建德的,开始靠做小生意逐渐积累财富。高叔叔小的时候,家里条件不错,给他请了一个保姆。

保姆是本地人，她的丈夫跟着国民党去了台湾省，不得不当保姆谋生。

高叔叔那时上了小学，粗识文字。有一天放学后，保姆请他写一封信。高叔叔一听慌了，因为自己才认识几个字，怎么写信老师还没教过，赶紧推辞，说我不会写。保姆说，没关系，我怎么说你就怎么写。万般无奈之下，高叔叔就坐下来，拿着铅笔，从作业本上撕下一页纸，准备写信。保姆就口述，大致意思是：某某（指他的丈夫），我现在一切都好，女儿也好，希望你见信后速速来信。高叔叔一听，这怎么写啊？他绞尽脑汁，把口述的白话改成书面语言，一番折腾之后，满头大汗，终于把信写好了。保姆问：写完了？我的意思都写进去了？高叔叔连连点头称是。于是保姆把信折好。

自此之后，保姆隔一段时间就要高叔叔帮她写信，这成了高叔叔的梦魇。有一段时间，他放学后故意在学校玩得很晚，天黑了才回家，以为保姆肯定也回自己家里休息了。当他从后门悄悄溜进家门的时候，保姆却依然还在等着他。等到吃完饭梳洗完毕后，保姆依然口述，请高叔叔写信。一次，两次，三次，几次煎熬过后，高叔叔终于开窍了，能够熟练地把保姆的意思写进信里，写信终于不再成为他的负担。

而后有一年运动来了。保姆作为国民党士兵的家属被揪斗，从她卧室的木箱里，搜出了一札叠得整整齐齐的信件，那正是高叔叔帮她写的信。这些信，高叔叔以为早就发出去了；其实，保姆根本不知道丈夫的地址，更何况，当时海峡两岸也不通邮！这些写好的信，一直藏在保姆的身边，放在保姆的心里。她根本没有机会寄出！

这就是高叔叔学会写信的故事。其实，故事还未讲到一半，我就拦住高叔叔说："我知道她是谁。"高叔叔吃了一惊，因为他根本没有提到保姆的名字或家世。我说："就是某某，我的堂奶奶。"高叔叔说：

"对对对。"

我这个堂奶奶是我奶奶的堂妹,当然也是陈家嫁出去的。1949年的时候,丈夫被迫去了台湾,留下了她和一个女儿。大概在20世纪70年代末,也就是我上学之后,我就记得她一个人住在我们大队。60年代,杭州的知青上山下乡,有的来了我们大队,大队就在一个坡上建了一排一层的隔间,堂奶奶就住在那里。她的女儿,也就是我的堂姑,在梅城工作,但两人因为脾气不投,特别是我的堂姑不愿意她妈妈一再想联系去台湾的亲人,因而堂奶奶选择自己住在乾潭。但她有女儿女婿供养,不参加劳动,所以比较闲,总是来找我奶奶聊天,因而我上小学的时候几乎每天都会看到她,见面必然要叫一声"奶奶"。她总是穿着灰色或青色的大襟衣服,用的是传统的纽襻,头发往后梳成一个发髻,一丝不乱。天热的时候,手里总是摇着一个蒲扇。和别的农村老太太不同,堂奶奶穿着干净整洁。我小时候听这群老太太聊天,也学到几个词,比如"东司",指的是厕所。崎头人一般称厕所为"肥缸",不会说"东司"。我一直不知道"东司"怎么写,前几年旁听了同事朱天舒教授的佛教艺术史课程,才知道"东司"是佛教用语,指的是厕所。这也可见佛教在日常生活中的影响。其实,唐宋以来,佛教在建德极为流行,乌龙山山上山下寺庙庵观极多,这个状况一直延续到明清时期。

堂奶奶也找过我爸爸写信,时间估计在1980年前后。1979年1月1日,全国人大常委会发表《告台湾同胞书》,呼吁海峡两岸实行"三通"(通航、通邮、通商);同年5月,国家邮政部就比照香港、澳门地区资费计算邮资,正式开办寄台湾邮件;1981年9月,叶剑英提出关于台湾回归祖国实现和平统一的九条方针政策。这是堂奶奶决定给在台湾的丈夫写信的大背景。此外，堂奶奶找我爸爸写信，是在我的新房，而且应该是我上小学二三年级的时候。我隐约记得有几个晚上，我和哥哥都准备上楼睡觉了，堂奶奶来敲门，我们当然都不管大人的事，但隐约听到是写信的事。我爸爸有些犹豫，因为他知道梅城的堂妹反对这件事，但最终还是帮写了信。令人欣喜的是，堂奶奶终于联系上了丈夫。20世纪80年代末（具体哪一年我不知道），她的丈夫也回来探亲，一家人终于团聚。

2019年还是2020年初，我回家过春节的时候，发现家里的院子有一株凤仙花。这株凤仙花让我想起了堂奶奶，于是把上面写信的故事告诉了三姐（堂奶奶的三外孙女）。之所以凤仙花会让我想起堂奶奶，是因为村里的凤仙花最早是她从梅城女儿家带来的。她从梅城带回了凤仙花籽，然后分给大家，于是我家的路边就长满了凤仙花。

乾潭参加国民党军队的人不少，其中有几位还是黄埔军校武汉时期的毕业生。一位是汪伍章，就住在我家后面。他和高叔叔一样，也是一个风趣幽默的人，最会讲故事，一个又一个，大人小孩都喜欢围在他身边听故事。有的故事我听了很多遍，依然津津有味，不觉厌烦。汪伍章曾经失去自由很多年，后来自学成为工程师，在本地的建筑公司工作，晚年幸福。因为他生性乐观，所以有个外号"不老"，就是永远不会老的意思，我就叫他"不老爷爷"。他的妻子是个裁缝，有个女儿嫁到了新安江，暑假的时候，他们的外孙女会来高家地玩。我上小学的时候，有一次从他家门口经过，"不老奶奶"和她的外孙女在玩飞盘，就叫我一起参加。大家玩得很开心，我此后还一直念念不忘，想什么时候可以再玩一次。

另一个黄埔军校的毕业生是诸葛焘，他晚年在乾潭的街上（马鞍岭）补鞋为生。我上大学的时候，路过他的补鞋摊，看见他靠着墙根，黝黑的肌肤宛如乌龙山岩石的肌理。他双手的手指异常灵活，一边忙着补鞋，一边抬头笑着给我分享他还记得的英文：Today is Monday; Tomorrow is Tuesday……

以上或是我从小听到的故事，或是自己亲身的经历，或是自己亲自的观察，当然还有自己的猜想和感悟。杨家的故事，千头万绪，想必读者读后，就和我小时候听了一样，觉得一头乱麻，怎么理也理不清。实际上，我 2005 年回国后多次和外婆、妈妈以及其他长辈交谈，还做了笔记，但有时依然发现他们说的也有纰漏和矛盾。这也正好证实了曹树基教授在农村田野中所作的总结：记忆不过三代。简单地说，在没有文字记录的情况下，家族或村庄的记忆只能传递延续三代，这是因为在乡村生活中祖孙往往有重合和交流的时间与空间，因而祖辈往往能将自己的生活经历叙述给其孙辈，祖辈以上也只能依靠祖辈的回忆和复述。笔者的经历和经验正是如此。

读者可以发现，这一章里讲了乾潭的很多寡妇，其中很多人都在丈夫死后再次嫁人，这不是和第十二章大量寡妇守节自相矛盾吗？这个矛盾，其实可以从阶级和时代这两个角度去理解。

第一，在传统社会能载入地方文献（如地方志）的女性，往往是精英阶层的女性，也往往是孝女节妇。因此，一大批社会底层的女性，包括再嫁的寡妇，都没有机会列入其中。当然，有一些贫困家庭的节妇，由于事迹突出，也获得官府的旌表，从而被载入地方志。但无论如何，载入史册的一定是少数，一定不同于常人。这就和历史一样，有文献记载的永远是全部历史的一部分，一小部分，甚至是极其微小的一部分。

第二，我们还必须考虑到"长毛之乱"后建德的人口问题。从19世纪70年代到20世纪40年代，建德处在人口匮乏到人口逐渐恢复的过程中。在这个过程当中，和过去田地的稀缺珍贵相比，人力的稀缺珍贵更加突出。在这样的大背景下，人力是最宝贵的资源。因此，一方面，附近地区的移民大量涌入建德；另一方面，已有的人力资源也要进行合理地调整和安排。寡妇再嫁就是一个理性的社会选择，有助于人口增加和社会的发展。也正是如此，过继和收养在那段时间的乾潭非常普遍。

后记

何以家乡？

习以为常的遗忘

《民国建德县志》记录了乾潭胥岭下的山洞（俗称黑洞）。当时有人进洞探险，留下了栩栩如生的描述：

> 胥岭洞，在城北六十里，与分水连界，一明一暗。明曰玉泉，暗曰金粟。明者广高数丈，内有石床几棋竈狮龟等形，宛如镂刻。宋陆佃题名其间，明陆可教有诗。旁有凤麓崖，与狮子岩皆天然成形。清计楠诗：岭上一洞明，岭下一洞暗。明者广而浅，石门高若闬，暗者深不测，欲入须鱼贯。点炬为导引，蛇行细细看。可坐亦可眠，天生石几案。阴风从中来，腥气逆鼻观。不觉心胆寒。浑身多骇汗。土人为予言，洞中多怪幻。木魅与狐妖，逢人每戏玩。亦或藏猛兽，行客为其啖。我闻此语惊，气馁脚反偄。急急循途归，夕照人形散。[1]

---

[1] 《民国建德县志》，卷四"疆域"，22页。

到了笔者这一代，虽然曾经听说过这个洞，但它基本已经不为人所知了，更不为人所知的是这个洞曾经引人注目。

作为一个历史学者，笔者深感遗憾而不能的是，不但家乡现在的面貌与笔者生活的 20 世纪 70 年代大不一样了，而且一些头脑中栩栩如生的人物陆续老去。苜宿花开时的躁动、乌龙山的鸟啼、小溪的游鱼、稻田的青蛙、山林的松针、树梢的松鼠、行走的路人、村民的面容却不时在笔者脑海里跳动，笔者即使有生花妙笔，也写不尽家乡的流逝。

遗忘，习以为常的遗忘，恐怕才是生活的真谛，恐怕才是历史的常态和本意；而历史学者不过是用竹篮在井中努力打捞明月，唯恐它的遗失。竹篮入水之际，便是明月破碎之时。

被遗忘的才是家乡

家乡总是难以遗忘。

家乡作为一个地理文化概念，不仅仅是某人出生之地，更重要的是某人成长之地。这个"地"，绝非指简单的地理空间，更重要的是培育熏陶人成长的家庭、社会之文化空间。因此，家乡不能等同于籍贯，更不是祖籍。正是因为社会文化这个无形空间的关键性，人们才会产生第二家乡的感叹与比拟。

需要强调的是，家乡是一个移居才有的概念。确切地说，离别后才有家乡。没有时空的转换和对比，没有移居的空间，就没有家乡。也就是说，家乡不能单独存在。家乡必须和异乡（最好的异乡便是所谓的第二家乡了）同时并存，两者互为依存，互为前提。从这个意义上，一辈子待在自己出生地的人没有家乡。也正是在这个意义上，我们才能理解历史上"流寓者""谪迁者"对家乡的思念与牵挂。这种情感，在1978年后翻天覆地的变化当中，也成为中国人民普遍具有却很少亦很难诉说的文化现象。

自20世纪50年代中期以来，中国社会实行了严厉的户籍制度，城乡二元对立，人们无法流动。20世纪70年代末实行的农村改革，10亿农民被松绑，几乎一无所有的他们，仅仅凭借着自身的体力和基本技能，挤入仍在计划经济主导下的城市空间里讨生活。城乡开始沟通，然而，谁能想到，人们不再返乡，乡村开始废弃，回不去的家乡成为这十几亿人的共同牵挂。除了老去的亲人，家乡逐渐陌生，逐渐远去。在城市出生的下一代，不但没有自己的家乡，于情于理也不能接受父母辈的家乡。即使如此，家乡也有努力和挣扎。在乡村振兴的口号下，乾潭也出现了以垒柏为名的家庭农场和以生态农业为目标的胥岭，这或许是乡村的一丝希望吧。

然而，被遗忘的才是家乡，这句话虽然有些刺耳，却是实情。

致 谢

我从没有想到写一本家乡历史的书，这本书的产生，或许是人到中年的产物吧。自然，我也没有想通过这本书与研究江南或浙江的学者进行学术对话。本质上，这是一本自娱自乐之作。这本书的渊源不是因为什么课题，其完成并不是为了证明什么。全书也没有一个核心的观点。如果说有，那或许是拾年鉴学派之牙慧，强调地理环境对人类社会之长期塑造与影响。

回过头看，这是一本不同于一般模式的地方史著作，它结合了微观史、区域史、跨区域史，同时与人文地理交错，其间有一些严谨的考证和分析，也分享了我本人的一些的情感与旨趣。因此，这本书仿佛是京都清水寺中的回首佛，回首可以看得更清楚。历史就是回首而看。需要指出的是，此书涉及面颇广，许多内容非我所长，分析与论断或有偏颇；而材料之多寡也导致各章叙事和写作方式不尽相同。自然，严州历史中一些重要的环节也未得以关注，如唐宋以来的佛教和佛寺，如新安江上的"九姓渔民"，如建德的南部地区，等等，又如这三四十年来建德成为全国闻名的"草莓之乡"和"快递之乡"之历程。同时，本书虽然是地方史，但主题庞杂，线索繁多，本人能力未逮处颇多，摘引文献未必完备，注释亦不尽完善，纰漏之处恳请读者批评指正。

我在此首先要感谢《杭州文史》的编辑倪素浓女士,是她在十几年前首先约稿,于是有了《湮没的垒柏》这篇文章;而后《杭州文史》又发表了严州浮桥一文,其中一些应《建德日报》之邀改为短文发表。第八章曾以《七里滩：官道、商路、贡道、传教士与海上难民之路》发表于《文化杂志》122期(2024年12月,84—99页),第十二章应王笛教授之邀,发表在《新史学》第十六卷"历史的尘埃：微观历史专辑"(46—82页,2023年),收入本书均有修订。在研究建德历史时,我还邂逅了一些有着同样旨趣的建德乡亲如周俊等人。2020年初,有一位在杭州定居、一直热心家乡历史的乾潭乡亲徐重光老人看了拙文,辗转找到了我的联系方式,打电话告知：他自20世纪50年代离开乾潭,而我的文章把他带回了那个时代,因此一定要来拜访我。小子何能,作为后学我当然要先去拜访这位前辈乡贤。可是,受疫政所困,三年不能出行,最终没有见到这位老人。此外,我要感谢黄鸣教授帮助制图,孙莺女史、甘良勇博士、孙福磊博士以及澳门大学历史系同学张晨、雷天月、刘婕、吴敏超、王喆昊帮助搜罗辑录有关文献。本书的研究,得到了香港城市大学staff start-up grant (PROJECT NO: 7200793)的支持,特此致谢。当然,最后能够成书出版,依然得益于董风云、董素云、董曦阳、温浚源诸位师友的认同与支持。

本书当然要献给我的家人。假如没有他们从小就对我谈及家族的故事(这些故事已经完全融化在我的心灵之中),我或许并没有研究家乡历史的兴趣,自然也没有几年前根本没有计划的这30万言了。假如没有深入的搜寻、阅读和思考,我们很难想象,贯穿严州的新安江与两岸连绵的山脉，形塑了严州的社会与文化，镌刻了清灵与执拗的性格；我们也很难想象，严州（建德）这一浙西南偏隅之地，居然曾经激励了无数大宋和大明的遗民，成为他们的精神源泉；我们同样难以想象，建德江（和兰江）千百年来是东南海外来华的必经之路，把严州带到了东亚以及更广阔的世界。严州虽小，建德虽偏，却属于一个跨地区、跨文化乃是跨国的世界，其意义远远超越了政区划分的狭隘与封闭。

　　本书也要献给建德与严州的乡亲。假如他们中有人，无论一位还是几位或者成百上千位，能够以此而产生一丝一点共鸣，那便是本书的成功了。我当然也奢望（或者不敢奢望），和我相同背景从农村走向城市，寓居外部世界的国人，在回望家乡的时候，能够分享类似的思古之幽情。

图书在版编目（CIP）数据

江南以南 / 杨斌著. -- 上海：上海译文出版社，2025.6. -- ISBN 978 - 7 - 5327 - 9867 - 4

Ⅰ. K295

中国国家版本馆 CIP 数据核字第 2025AS1526 号

江南以南：被湮没的严州府
杨斌 著
选题策划 / 火·與·風　　责任编辑 / 李欣祯　　装帧设计 / 众己·设计

上海译文出版社有限公司出版、发行
网址：www.yiwen.com.cn
201101　上海市闵行区号景路 159 弄 B 座
山东临沂新华印刷物流集团有限责任公司印刷

开本 890×1240　1/32　印张 16.75　插页 12　字数 301,000
2025 年 6 月第 1 版　2025 年 6 月第 1 次印刷
印数：0,001—5,000 册

ISBN 978 - 7 - 5327 - 9867 - 4
定价：98.00 元

本书中文简体字专有出版权归本社独家所有，非经本社同意不得转载、摘编或复制
如有质量问题，请与承印厂质量科联系。T：0539 - 2925659